· 新版国外体育教材

体育管理学

理论与实践

（第四版）

弗朗西斯 J. 布里奇斯
李比 L. 洛克摩　著

蔡楚元　冯　岩　译

原著英文版：ESM B ooks
译著中文版：中国地质大学出版社有限责任公司
ZHONGGUO DIZHI DAXUE CHUBANSHE　YOUXIAN ZEREN GONGSI

图书在版编目(CIP)数据

体育管理学/(美)布里奇斯,洛克摩著;蔡楚元,冯岩译.—武汉:中国地质大学出版社有限责任公司,2012.7

ISBN 978-7-5625-2867-8

Ⅰ.①体…

Ⅱ.①布…②洛…③蔡…④冯…

Ⅲ.①体育-管理学

Ⅳ.①G80-05

中国版本图书馆 CIP 数据核字(2012)第 170691 号

体育管理学

布里奇斯 洛克摩 著
蔡楚元 冯 岩 译

责任编辑:段连秀 王 荣　　策划编辑:郑启贵　　责任校对:戴 莹

出版发行:中国地质大学出版社有限责任公司(武汉市洪山区鲁磨路 388 号)　　邮政编码:430074
电 话:(027)67883511　　传真:67883580　　E-mail:cbb @ cug. edu. cn
经 销:全国新华书店　　http://www. cugp. cug. edu. cn

开本:787 毫米×1 092 毫米 1/16　　字数:480 千字　　印张:18.5
版次:2012 年 7 月第 1 版　　印次:2012 年 7 月第 1 次印刷
印刷:武汉中远印务有限公司　　印数:1—1 000 册

ISBN 978-7-5625-2867-8　　定价:68.00 元

如有印装质量问题请与印刷厂联系调换

作者简介

弗朗西斯 J. 布里奇斯，佐治亚州立大学管理学荣誉教授，阿拉巴马大学商务管理学院博士，乔治亚科技学院工业管理硕士，乔治亚科技学院及美国商船学院（琴斯点市）双学士，曾在哈佛大学商务学院从事博士后工作。

布里奇斯博士曾主编或参与编写10本管理学类书籍，在佐治亚州任全职教授时曾荣获19项校友会及学生团体颁发的优秀教学奖。

除教学之外，布里奇斯博士还担任了23年的校际运动主任，从事教练工作30多年。

布里奇斯博士专注于推进管理科学与艺术的发展，他坚信要成为一名优秀的管理者需要学好管理学基础知识。

布里奇斯博士在全国高校体育教练协会的管理与领导研究院担任了25年的教学工作。

李比 L. 洛克摩，佐治亚州亚特兰大管理教育服务公司（一家管理培训与咨询公司）的董事长兼任首席财务官，佐治亚州立大学经济学工商管理学士及硕士。洛克摩女士在佐治亚州州立大学从事校际运动工作18年，在此期间，曾担任男子和女子项目的管理人员，在大学女子体育运动联合会（AIAW）各级机构任过职，积极促进全美女子大学运动的发展和成长，是大学女子运动委员会创办人和全国高校体育教练协会成员，并曾在全美大学生体育协会下成立的布洛德里克（现为本田—布洛德里克）奖顾问委员会任职。洛克摩女士曾编写或参与编写4本管理学及商务相关的书籍，并为许多大学教材的编写提供资源和编辑工作。

译者简介

蔡楚元，1965年出生，1987年大学毕业后一直在中国地质大学（武汉）从事行政管理工作。管理科学与工程专业研究生毕业，硕士学位，副研究员，2006—2010年担任中国地质大学体育部主任，主持（参加）完成了人文社科课题研究项目10多项，发表论文20余篇，参与编撰出版各类著作10余种，获得多项奖励。

冯岩，1964年出生，1985年从北京体育学院毕业后，一直在中国地质大学（武汉）体育部从事体育教学与管理工作，担任教授、体育部副主任10余年，在省部级等各级别体育组织中担任职务，完成科研课题10项，发表体育专业论文25篇，获得省、市、校级奖励近10项。

译者的话

由美国管理学学者弗朗西斯 J. 布里奇斯、体育运动管理工作者李比 L. 洛克摩共同著述的《体育管理学——理论与实践》，是在体育管理领域较早将管理学的基本原理、观点、方法应用于体育管理工作实际的一本著作。该著作系统阐述了体育及体育组织管理的一系列重要、基本的问题，研究的触角涉及到体育管理环境及道德与社会责任、体育管理的计划和决策职能、体育组织中的人力资源管理、管理的人性化、管理的有效控制过程等主要方面。该著作的最大特点是将管理学基本理论与体育管理的各环节实践有机结合，将庞杂、具体、情况多样的体育组织与管理工作建立在科学的理论基础之上。

全书立论新颖、观点鲜明、信息量大，理论与实践相结合，高校与体育社会工作紧密结合，较全面地汇聚了美国管理学界、体育界最新的教学和研究成果，具有鲜明的体育工作时代性和实用性。

该著作通俗易懂，图文并茂。相信本译作对在高校从事体育专业教学与研习的师生，对社会体育工作者均具有较强的指导和参考作用。

本译著由蔡楚元、冯岩共同选题翻译、编撰统稿与策划出版，其中蔡楚元主笔翻译了第二、三、四部分，冯岩主笔翻译了《序言》及第一、五部分。在本书翻译成稿过程中，得到了陈凤英教授、欧高志博士等大力帮助；中国地质大学出版社郑启贵、段连秀、王荣、戴莹对本译著的编校出版付出了大量心血，张晓红、陈琪等为本译著获得正规合法手续付出了辛勤劳动，在此一并致以衷心的感谢！

由于译者的水平有限，本译著中难免存在一些值得商榷之处，敬请各位读者批评指正。

译　者
2012 年 6 月于武汉

序 言

对于《体育管理学——理论与实践》第四版的成功发行，我们倍感自豪。更为欣喜的是，在美国和加拿大乃至全球各地，超过100所大专院校和大学采用本书作为其体育管理和体育活动课程的教材。

我们倾注了大量的时间和精力对第四版的内容进行梳理，并修改和更新了许多章节，使得本书更加通俗易懂，方便读者学习。

自1992年本书第一版发行以来，体育管理学术界历经诸多变迁，而更多的变化亦将接踵而至。本修订版的发行正是为了顺应这些变化发展和趋势，同时保留了在理解和应用上被普遍认可的传统理论和概念。

本书由五个部分组成，分别是：专业前景（共四章）；计划和决策职能（共三章）；组织人力资源（共三章）；管理的人性化（共四章）；控制过程（共三章）。

本书特色

各章均有专为学生设计的特色内容，用于加强学生对管理的理解以及理论结合实际的能力，从而成为专业的体育管理者。

(1)将质量考核的有关问题以一种便于理解的方式呈现出来，从而让学生能够理解材料，并且最大限度地汲取课堂以及课外各方面有益的知识。

(2)第四章的综合性比较强。本章讨论了体育法的出现，与体育法相关的问题以及这些问题对体育产业各方面的影响。

(3)各章结尾都安排了供参考的教学法，教师可以灵活采用。案例及个人能力实践是第四版的新特点，当布置给学生后，可以加强班级讨论或让学生将所学理论用于体育管理的实践中。

(4)各章末尾均列有关键术语，方便学生阅读和复习。

(5)本书还保留了传统特色，例如：各章开头均设置了“学习目标”(引言)，以引起学生的注意力；各章结尾时进行小结并提出思考题，帮助学生消化吸收所学内容。

为了便于教育工作者使用这本书，第四版还提供了综合性的教师使用手册和题库，其中每章两套试题，(每套25个题)。教师使用手册包含所有课后习题答案以及对使用案例分析和个人能力实践(课外题)的评论和建议。

另外，教师使用手册还提供直接与书中主题相关的“透明大师”。

致 谢

谨以本书奉献给数以百计的体育管理者和体育管理学先驱，正是这些同仁不遗余力地收集资料和审核材料，本书才能在他们的鼓励支持下得以付梓出版。他们中大多数人已经退休，有些甚至已不在人世。其中很多人为第四版的发行贡献尤为重大，他们是：全国高校体育教练协会(NACDA)执行主任迈克尔 J. 克里利及其全体成员、全美大学体育协会(NCAA)的罗斯·斯托曼及马修·斯塔其、全美运动和体育教育协会(NASPE)课程主管克里斯蒂·博尔格、国家高校女子体育管理者协会执行主任詹妮弗·埃利、罗得岛社区大学运动教练文森特·卡伦(已退休)、罗得岛大学运动教练唐·滕切尔、鲍林格林州立大学体育管理学副教授雷·斯奈德(已退休)、美国海军军官学校运动教练杰克·棱格耶尔(已退休)、乔治敦大学运动教练弗朗西斯 X. 瑞左(已退休)、美国体育学院院长托马斯 P. 罗迪以及阿姆斯特麻省大学体育管理学院格伦·王和莉萨·派克·马斯特拉利克斯。

最后，感谢玛丽 B. 布朗和奈尔·克格为本书制作插图。

我们希望《体育管理学——理论与实践》第四版能为体育管理学的教育工作者提供有利的教学资源。

弗朗西斯 J. 布里奇斯

李比 L. 洛克摩

目录

第一部分　专业前景

第一章　体育管理…………………………(3)
引　言…………………………………(3)
体育的定义……………………………(4)
体育产业的范围………………………(4)
体育管理专业…………………………(5)
体育管理学的发展趋势………………(6)
体育管理学……………………………(7)
对管理专业人士的要求………………(7)
管理运动………………………………(8)
管理学先驱……………………………(8)
管理思想的分类 ……………………(13)
管理思想目前的发展趋势 …………(14)
本书特点 ……………………………(14)
小　结 ………………………………(15)
复习题 ………………………………(16)
个人能力实践 ………………………(16)
关键术语 ……………………………(17)
参考文献及本章注释 ………………(17)

第二章　管理概述 ……………………(18)
引　言 ………………………………(18)
管理的性质 …………………………(19)
管理的定义 …………………………(19)
管理的职能 …………………………(20)
基本管理过程 ………………………(23)
管理职衔 ……………………………(23)
管理层次 ……………………………(24)
管理者应具备的一般技能 …………(25)
管理科学和管理艺术 ………………(26)
《1972 年教育修正案第九条》的 30 年
历程 …………………………………(27)
体育管理的多样性 …………………(28)
管理作为职业 ………………………(30)
小　结 ………………………………(32)
复习题 ………………………………(33)
个人能力实践 ………………………(33)
关键术语 ……………………………(34)
参考文献及本章注释 ………………(34)

第三章　管理环境以及管理的道德责任和
社会责任 ……………………………(35)
引　言 ………………………………(35)
管理环境 ……………………………(35)
内部约束条件 ………………………(36)
外部约束条件 ………………………(37)
影响管理的主要当代趋势 …………(40)
管理者的经济责任 …………………(45)
管理的道德责任和社会责任 ………(46)
小　结 ………………………………(53)
复习题 ………………………………(54)
个人能力实践 ………………………(54)
关键术语 ……………………………(55)
参考文献及本章注释 ………………(55)

第四章　体育管理的法律方面 ………(57)
引　言 ……………………………(57)
体育法概述 ……………………………(58)
法院系统 ……………………………(59)
合同法 ……………………………(63)
侵权行为的赔偿责任 ……………………(65)
代理法 ……………………………(67)
宪　法 ……………………………(68)
性别歧视 ……………………………(70)
反托拉斯法 ……………………………(75)
劳动法 ……………………………(79)
小　结 ……………………………(80)
复习题 ……………………………(82)
关键术语 ……………………………(82)
参考文献及本章注释 ……………………(83)

第二部分　计划和决策职能

第五章　计划职能 ……………………(89)
引　言 ……………………………(89)
计划的性质 ……………………………(89)
计划的重要性 ……………………………(90)
计划的目的 ……………………………(90)
计划的整体效益 ……………………………(92)
计划的类型 ……………………………(93)
组织准则 ……………………………(94)
组织准则的推荐 ……………………………(96)
计划和控制 ……………………………(97)
计划的步骤 ……………………………(97)
计划程序 ……………………………(98)
小　结……………………………(101)
复习题 ……………………………(102)
个人能力实践……………………………(102)
关键术语……………………………(103)
参考文献及本章注释……………………(103)
第六章　战略管理……………………(104)
引　言……………………………(104)
长期计划……………………………(105)
战略管理……………………………(105)
战略计划的定义……………………………(106)
为什么要制订战略计划？…………(106)
战略计划过程……………………………(108)
小　结……………………………(113)
复习题……………………………(114)
个人能力实践……………………………(114)
关键术语……………………………(115)
参考文献及本章注释……………………(115)
第七章　解决问题及作出决策………(117)
引　言……………………………(117)
决策的责任……………………………(118)
决策的类型……………………………(118)
不确定性的条件……………………………(119)
问题的性质……………………………(120)
决策方法……………………………(120)
理性决策方法……………………………(122)
团体决策……………………………(123)
创造性的问题解决方法和决策……(124)
激励创造性……………………………(125)
小　结……………………………(126)
复习题……………………………(127)
个人能力实践……………………………(127)
关键术语……………………………(128)
参考文献及本章注释……………………(128)

第三部分　组织人力资源

第八章　组织的职能……………………（133）

引　言…………………………………（133）
组织的重要性…………………………（134）
组织的历史……………………………（134）
一些有关组织的理论…………………（136）
影响组织结构和设计的因素…………（138）
主要的组织结构………………………（140）
体育世界里的矩阵组织………………（144）
组织的步骤……………………………（144）
组织图表………………………………（148）
小　结…………………………………（149）
复习题…………………………………（149）
个人能力实践…………………………（150）
关键术语………………………………（151）
参考文献及本章注释…………………（151）

第九章　个人和团队组织………………（153）

引　言…………………………………（153）
组织工作………………………………（153）
工作设计的影响因素…………………（154）
工作设计的方法………………………（155）
工作设计的执行………………………（157）
团队组织………………………………（159）
特殊团队………………………………（160）
小　结…………………………………（163）
复习题…………………………………（164）
个人能力实践…………………………（164）
关键术语………………………………（165）
参考文献及本章注释…………………（165）

第十章　组织人事安排…………………（166）

引　言…………………………………（166）
人事管理………………………………（167）
人事安排和法律环境…………………（168）
人力资源的获取………………………（170）
让员工融入组织：新员工引导计划
…………………………………………（174）
开发员工的潜力………………………（176）
维持劳动力……………………………（178）
小　结…………………………………（178）
复习题…………………………………（179）
个人能力实践…………………………（180）
关键术语………………………………（180）
参考文献和本章注释…………………（182）

第四部分　管理的人性化

第十一章　激励和员工绩效……………（185）

引　言…………………………………（185）
激励的含义……………………………（185）
激励理论………………………………（186）
激励理论分类…………………………（192）
士　气…………………………………（193）
士气和绩效……………………………（193）
工作满意度和绩效……………………（193）
小　结…………………………………（194）
复习题…………………………………（195）
个人能力实践…………………………（195）
关键术语………………………………（196）
参考文献及本章注释…………………（197）

第十二章　领导力……………………（198）
引　言……………………………（198）
领导力的定义……………………（199）
领导者和管理者…………………（199）
权力、权威和影响力的来源 ………（200）
对于领导力的早期研究兴趣 ……（201）
领导风格和态度…………………（202）
领导力研究………………………（203）
领导理论的应用…………………（204）
小　结……………………………（207）
复习题……………………………（208）
个人能力实践……………………（208）
关键术语…………………………（209）
参考文献及本章注释……………（210）
第十三章　沟通过程………………（211）
引　言……………………………（211）
沟通的重要性……………………（211）
人际沟通…………………………（213）
沟通过程…………………………（213）
有效人际沟通的障碍……………（215）
克服人际沟通障碍………………（216）
沟通和正式组织…………………（218）
小道消息的传播…………………（220）
外部沟通…………………………（221）
电子沟通…………………………（222）
小　结……………………………（222）
复习题……………………………（223）
个人能力实践……………………（223）
关键术语…………………………（225）
参考文献及本章注释……………（225）
第十四章　变化、冲突和压力管理 …（226）
组织变化…………………………（226）
变化的分类………………………（227）
抵制变化…………………………（228）
执行变化…………………………（228）
组织发展和变化…………………（229）
冲突管理…………………………（229）
冲突的解决………………………（231）
压力管理…………………………（231）
应对压力…………………………（233）
过劳死……………………………（233）
员工帮助计划(EAPs) …………（234）
员工帮助计划的趋势……………（235）
健康计划…………………………（235）
小　结……………………………（236）
复习题……………………………（237）
个人能力实践……………………（237）
关键术语…………………………（238）
参考文献及本章注释……………（239）

第五部分　控制过程

第十五章　控制职能………………（243）
引　言……………………………（243）
控制的起源和含义………………（244）
控制过程…………………………（245）
控制的需要………………………（246）
控制程度…………………………（247）
计划和控制………………………（247）
控制的类型 ……………………（248）
有效控制的特征…………………（249）
员工抵制控制……………………（250）
组织和控制………………………（250）
调控式控制………………………（251）
财务控制方法……………………（251）

预　算…………………………………（254）
零基预算（ZBB）………………………（254）
全面质量控制（TQC） ………………（255）
小　结…………………………………（256）
复习题…………………………………（257）
个人能力实践…………………………（258）
关键术语………………………………（258）
参考文献及本章注释…………………（259）

第十六章　绩效评估和奖励…………（260）

引　言…………………………………（260）
绩效评估的定义………………………（260）
绩效评估的应用………………………（261）
实施问题………………………………（262）
影响评估活动的政府规定……………（262）
影响员工绩效的因素…………………（263）
评估标准………………………………（264）
评估过程………………………………（264）
评估方法………………………………（264）
选择绩效评估方法……………………（268）
常见的评估错误………………………（268）
评估面谈………………………………（268）
绩效评估和奖励………………………（269）
小　结…………………………………（269）
复习题…………………………………（270）
个人能力实践…………………………（271）
关键术语………………………………（271）
参考文献及本章注释…………………（272）

第十七章　管理信息系统……………（273）

引　言…………………………………（273）
信息和管理……………………………（274）
有用的信息……………………………（274）
管理信息系统（MIS）…………………（275）
MIS 系统的开发 ………………………（276）
操作 MIS 系统 ………………………（277）
决策支持系统…………………………（278）
全球信息基础设施……………………（279）
内联网…………………………………（279）
数据安全………………………………（280）
全球电信………………………………（280）
小　结…………………………………（280）
复习题…………………………………（281）
个人能力实践…………………………（282）
关键术语………………………………（282）
参考文献及本章注释…………………（283）

第一部分　专业前景

第一章　体育管理

第二章　管理概述

第三章　管理环境以及管理的道德责任和社会责任

第四章　体育管理的法律方面

第一章　体育管理

本章内容包括：

- 体育的定义
- 体育产业的范围
- 体育管理专业
- 体育管理学的发展趋势
- 体育管理学
- 对管理专业人士的要求
- 管理运动
- 管理学先驱
- 管理思想的分类
- 管理思想目前的发展趋势
- 本书特点

引　言

体育管理不是一个新事物。几千年前就有人举办了各种运动会和比赛，而这些赛事的组织者都是体育管理者。《圣经》中多处提到鹰猎、竞走、投掷、舞蹈、赌博和开玩笑等比赛（具体引文见表1－1）。

表1－1　《圣经》中提到的比赛（运动）

运动项目	引　文
鹰猎	约伯记：第41章第5节
竞走	诗篇：第19章第5节 传道书：第9章第11节
投掷	撒母耳记：第20章第20节 士师记：第20章第16节
舞蹈	马太福音：第11章第16、17节
开玩笑	箴言：第26章第19节 耶利米书：第15章第17节
赌博	马太福音：第27章第35节

美国体育起源于美洲土著人和早期移民的非正式游戏和比赛，这些游戏和比赛发展成为现在组织严密的体育比赛。大量丰富详实的资料记载了开始于清教徒在新英格兰定居时期的美国体育的发展。

体育的定义

韦氏字典将体育定义为“消遣；娱乐；户外游戏或运动的娱乐。”[1]也有将体育定义为一种具体的娱乐，它是拥有一套固定规则的身体运动。[2]

在阿默斯特马萨诸塞大学哈罗德·德兹瓦(Harold Vanderzwaag)教授将体育定义为一种使用专门设备和设施，在特定时间和空间，并努力创造记录的竞技性身体运动。[3]我们可在这个定义中加入一点：体育包括身体活动和心理活动。

体育产业的范围

今天，“体育”是一个价值几十亿美元的产业。它的组织者性质多样：有营利性和非营利性的组织，有公共和私人的组织，有业余和专业的组织。它是世界上最多样化的产业之一。数以百万计的来自不同社会经济层次、不同种族和国家的男女老幼直接参与娱乐活动，他们或为运动队员，或购买运动器材，或为热心观众。

对体育运动的兴趣让人们积极购买体育运动会员资格、体育赛事门票、体育器材和用品，热心于为体育旅行，购买电视台体育频道。体育明星是商业代言人的最佳人选。此外，体育语言、体育行话随处可见，例如，检察官把一个刑事案件称为“大力灌篮”；商人在做了一次成功演讲后，人们称他击中了一个“本垒打”。在这种兴趣的刺激下，体育产业发展起来，并产生了对能够胜任体育产业中各种工作的人才的强烈需求。表1-2是体育产业各部门的一些典型工作。

表1-2 体育产业各部门的一些典型职业

职业运动队	体育记者	温泉及健身中心
业主	体育记者	健身俱乐部经理
运动队总经理	体育摄影记者	有氧运动教练
宣传总监	体育播音员	私人教练
票务经理	解说员	高尔夫/网球教练
人事/发展总监		救生员
专业侦查员		设备管理员

学院间体育运动	校际体育运动
体育指导主任	体育指导主任
副/助理体育指导主任	教练
业务经理	高中体育协会主任
执行官员	
体育信息主任	**公园及娱乐**
融资/发展部主任	主管/委员
票务经理	各种副职
器材/设施管理者	公园/场所维护员

续表 1-2

批发与零售	体育官员	运动医学
体育产品/器材设计师	［业余与职业］	训练员
制造商代表	篮球官员	理疗师
店主	篮球裁判	营养师
百货商店经理	足球裁判	体育心理学家

体育商业	联盟/会议办公室
职业体育代理商	联盟/会议专员
体育/娱乐律师	助理/副专员
体育产业广告	资格协调员
职业运动员	锦标赛/职业联赛监督员

人们对体育活动的兴趣使得体育产业迅速发展起来，并产生了对能够胜任体育产业中各种工作的人才的强烈需求。

未来体育管理者将要面临的一个问题是体育管理从业人员的供求失衡。希望从事体育产业的人的数量在一定程度上超过了目前可提供的岗位数量。尽管入门工作薪酬低，工作时间长，每个空缺岗位经常有两个或更多的竞争者。这就意味着，想要进入体育产业的学生必须做好充分准备，学习所需技能和背景知识，以便成功地竞争这些工作岗位。

体育管理专业

在美国，超过 180 所高等院校在本科和研究生阶段设立了体育管理专业。虽然名称不同，但其目的都是使那些希望从事体育事业的学生做好充分准备。在过去仅仅 35 年中，体育管理专业的数量就从原来的一个增加到现在的水平。此外，其他国家和地区也有体育管理专业，如加拿大、韩国、日本、台湾、澳大利亚、法国、英国和南非等。

虽然现在大部分体育管理专业都设在体育教育系和/或娱乐部，但是我们不难预测将来商学院和其他学院如公共及城市管理学院也会开设这些专业。教育学院或许会觉得体育管理最适合并入他们的教育管理专业中去。因为体育管理专业广受欢迎，大学里的各院、系会为引进这一专业展开激烈的竞争。

体育管理专业为毕业生进入体育产业的许多领域奠定了基础：中学和大学体育管理；专业体育组织的工作；社区娱乐项目；业余体育组织；私人俱乐部；社会机构的体育活动；体育场馆的管理；体育营销和咨询公司；公共关系和体育新闻媒体；健身中心；体育用品产业。以上并非包含体育产业的所有领域，但我们可以看到体育产业所提供的丰富的机会。某些毕业生也可以继续深造，获取更高学位，再回到该领域，担任体育管理专业的教授、研究人员或顾问。

体育界意识到有必要在大学设置一个专业，培养成为体育管理的专业人才。它也是美国几大产业中最后意识到这一点的产业之一。俄亥俄大学于 1966 年最早开设了体育管理专业。其他大学，如圣托马斯大学（前身为比斯坎学院）和圣约翰大学，也相继设立了这个专业。

一些专业的大学体育机构早在几年前就认识到了改善体育管理的必要性。全美高校体育管理者协会（NACDA）从 1967 年开始每年为成员组织一次体育管理培训。来自社区学院、主要大学和高校体育联合会办公室的超过 2 000 名的体育管理者参加了这一年一度的培训。全美高校女性体育管理者协会(NACWAA)也为其成员组织了一些管理教育培训项目。这些培训每年6月在美国东部和西部举行,体育管理者研讨会在7月举行,每年10月的秋季论坛还有管理发言人参加。该协会于1979年成立,当时的名称为全美高校女性体育管理者委员会(于1991年改名),该协会一直关注的焦点是女性体育管理者的教育、个人和专业发展。此外,高校体育商务管理者协会(CABMA)多年来为其成员举办了多次管理研讨会。

全美高校体育管理者协会和美国体育学院在2002年共同投资成立了一个合资公司,该公司为全美高校体育管理者协会成员和其他体育专业人员开设经完全认证的网上证书课程项目。这个包括六门课程的项目将为新老体育管理者提供提高专业知识和继续教育的机会。

全美高校体育管理者协会还协同体育管理学院(SMI)为体育专业人士提供学习课程,以填补本科生学位课程与研究生学位课程之间的空隙。该课程包括如下科目:管理策略、法律和道德行为、市场营销、财务管理、媒体关系以及物质和人力资源。学完全部课程需7个月,其中两周要入住举办机构中的两个机构。该课程的举办机构包括:密西根州、北卡罗莱纳州、南卡罗莱纳州、南加利福尼亚州和德克萨斯州。

目前许多专业体育组织和协会都通过正规的培训课程和精选的培训经验为其成员提供职业发展机会。获得体育管理学位并非是成为该领域合格人才的唯一途径;但是,如果你有时间、兴趣、经济基础和意愿,这是最好的途径。

体育管理学的发展趋势

影响体育管理专业的主要学术动态如下:

• 越来越多的大学设立了体育管理专业。

• 越来越多的体育管理专业为校外学生提供远程教育机会。这一趋势将可能影响所有其他专业。博林格林州立大学体育管理专业副教授雷·施奈德(Ray Schneider)博士描述了远程教育在未来的作用,其将成为体育管理专业许多学生的教育方法。施奈德博士认为需要将远程教育并入体育管理专业,使体育管理专业的学生可以在校园外获得有价值的经验(通过工作、实习,甚至志愿者工作),并且可以同时完成其学习课程。目前,学生为完成课程学习在校园内外往返,以后学生所获得机会将大大多于在现在的教学模式下所获得的机会,并从中受益。

• 越来越多的体育管理班级的全日制教员具有体育管理领域的学术背景以及体育产业的工作经验。

• 越来越多的教科书专门为体育管理课程编写。

• 大量的研究论文在学术期刊上发表。北美体育管理学会的官方期刊《体育管理杂志》正属于此类。该杂志的编辑政策表明其发表的文章都是围绕与体育、锻炼、舞蹈和比赛有关的管理理论和实践展开。其他杂志也发表体育管理专业人士的学术研究。

• 体育管理的一流机构在范围和研究上越来越具有国际性。美国第一个世界性的体育管理机构是位于阿拉巴马州达佛涅的美国体育学院。该学院在校内和许多其他国家都开设体育和娱乐管理领域的本科、硕士和博士学位专业。另外,他们建议处理体育管理问题的世界体育组织和政府在世界范围内为体育协会举办研讨会和学术会议,并为美国和国外学生提供远程教育的机会。

随着开办体育管理和运动管理专业的学校日益增多，这些专业的学术带头人为其开发了一套认证程序。美国体育管理课程评审理事会(SMPRC)是由美国全国运动与体育协会(NASPE)和北美体育管理学会(NASSM)共同开办的一个独立机构。当一个课程满足指定内容区块的课程标准并经过教授该课程的主要教员的批准，美国体育管理课程评审理事会就批准该课程。到2004年5月为止，美国体育管理课程评审理事会已经批准了34个本科课程、25个硕士课程和4个博士课程。首次批准之后，每个被批准的课程每7年更新一次。为达到大学开设体育管理课程的最高标准，从2000年开始美国体育管理课程评审理事会制定了更明确更严格的标准以控制课程的批准。

过去10年中体育产业发生了巨大变革，并且以后将发生更为显著的变化。毫无疑问，体育管理专业也相应地发生了变化。这个变化同时涉及新问题、新产品、新法律决策、立法更改、新管理组织、合并等。通过开设新课程、从事研究项目、回顾当前的案例研究和阅读专家关于最新话题的意见，体育管理专业逐渐适应这些变化。

未来特别要关注的问题是学生对于通讯电子时代的准备(见第十七章)。目前，大多数组织都要求其管理人员和员工熟悉计算机并精通信息技术。信息技术指计算机和通讯技术及其应用。如同所有的主要产业，体育产业的业务将在很大程度上依赖电子通信。体育管理专业需要开设能够应对这种挑战的专业课程以使学生为之做好准备。

体育管理学

体育产业所应用的管理学与所有正式组织运营所应用的管理学相同。关于管理的含义，存在许多荒诞的说法和误解。比如，我们听说过许多管理职业，如设施管理者、营销(门票)管理者、设备管理者、水疗管理者、娱乐管理者、业务管理者等。这些都是错误的职业名称，因为被“管理”的只能是人。通常管理者对设施、资金、设备和其他资源的控制和使用负责，而不是对人进行管理。在一个组织中，最具有挑战性的职位是对有效地使用人力和其他资源的结果负完全责任的管理者。

管理是指通过他人(员工)实现预定目标。这表明成为任一指定领域的知识渊博的专家，如注册会计师，与成为有效力的管理者并没有直接关系。

管理学非常广泛，包括数百个主题。并不是每个人都擅长管理，也不是每个人都应该成为管理者。但是，如果你乐于学习并做准备；你能够享受挑战和刺激；如果你希望与众不同，那么体育管理中就有一个职位等待你来选择。

对管理专业人士的要求

根据经验，在所有新管理者中，超过98%的人在担任其第一个管理职务时没有事先接受管理培训。这种“成败全靠自己”的方法是不可理解的，但是在全世界的组织中每天都会发生。你能够想象雇用一个完全不懂比赛的足球主教练会怎样吗？同时，大约80%的新管理者是从非管理员工中选拔出来的。最好的非管理员工容易被选择来担任新管理职务，这通常让组织提拔了一名优秀的员工却对新管理者的绩效并不满意。未能进行职业经理人培训是美国管理失败的首要原因。这种现象在体育界以及企业和政府内部都普遍存在。学生应该尽可能学习与管理学有关的知识。了解管理学并不保证在毕业并承担体育管理工作时能取得成功，但是却与那些新近雇用或提拔的缺乏管理知识的人明显区别开来。

各种类型组织的各个管理层都缺乏有能力的职业经理人。真正了解管理学，知道如何有效地使用资源并按时达到高质量的有效结果的经理人始终是急需的，不管是男性还是女性。职业经理人为自己所实现的目标、为自己所管理的人员的全面发展感到自豪，就好像评价主教练是根据其成败记录和开发其队员的潜力的程度。对于结果，不管是好是坏，职业经理人承担全部责任，并且每天都期待迎接新挑战。你认为所有的经理人都会有这种态度吗？

管理运动

作为一项实践，管理从正式组织创立之初就开始存在。几千年前，人类认为组织起来的集体力量能完成比个人力量更多的事情。对集体成绩负责的人，不管其称呼是什么，都属于管理者。这些管理者有能力指导和控制人们的活动。虽然管理学作为一个正式学科已经发展了几个世纪，管理的一般理论却是近些年才出现的。

如上所述，美国在 20 世纪 60 年代才开设了第一个体育管理专业。直到 20 世纪，管理才作为一门公认的学科出现，并且直到 20 年代才在美国大学作为一门学科来讲授。最初，重点在于工业管理，而不是综合管理。这是可以理解的，因为这个国家的发展和作为世界力量的优势是建立在其工业力量的基础上的。

20 世纪 40 年代，商学院流行，管理学成为主要的研究领域。20 世纪 50 年代，大学开设综合管理方面的课程，并强调管理是一个基本过程。事实上，这表明:任何地方任何类型组织中的管理者在通过他人实现工作目标时都进行着管理的基本过程。这个基本过程涉及规划、组织、实施和控制活动的职能。

管理学先驱

现代管理运动开始于 100 多年前。从 1880 年到 1920 年，大约有 20 个人开始研究，开创了目前普遍使用的管理理论和管理方法。在此之前，上溯到有文字记载的历史之初，一些集体和个人就开始致力于管理学的发展。表 1－3“美国管理学发展的精粹”展示了从 1900 年到 1985 年对管理学发展的一些主要贡献。

从表 1－3 可以看出，就现代意识而言，最重要的人是弗雷德里克 W. 泰勒（Frederick W. Taylor）、弗兰克 B. 吉尔布雷斯（Frank B. Gibreth）、莉莲 M. 吉尔布雷斯（Lillian M. Gilbreth）、亨利·法约尔（Henry Fayol）、亨利 L. 甘特（Henry L. Gantt）和埃尔顿·梅奥（Elton Mayo）。这些管理学先驱在他们各自的时代就已经极富盛名，并且持续影响到当今的管理实践。

弗雷德里克 W. 泰勒（1856—1915）被誉为“科学管理之父”。他出生于宾夕法尼亚州杰曼顿，1883 年获得新泽西州斯蒂文斯理工学院的机械工程学学位。另外，于 1881 年赢得美国业余双人网球锦标赛冠军。

当被任命为宾夕法尼亚州米德维尔钢铁公司的总工程师时，泰勒通过自己的观察和试验寻找更好的管理方法，他也是这时得到管理训练的。离开米德维尔公司之后，他作为管理顾问工程师设法通过工时和动作研究确定一名工人应花费多长时间完成任一指定任务；开发工作

表 1-3 美国管理学发展的精粹

时间(年)	个人或集体	对管理的重要贡献
1900	弗雷德里克 W. 泰勒	科学管理;系统应用;需要工人和管理人员之间的合作;高工资;工人和管理人员之间的平等的劳动分工;职能组织;成本体系;方法研究;时间研究;工作标准
	弗兰克 B. 吉尔布雷斯 莉莲 M. 吉尔布雷斯	动作研究学;therbligs(基本元素);人事关系心理学;降低疲劳;对残疾人进行再培训适应新工作
1901	亨利 L. 甘特	任务加奖金制;对工人的人文管理;甘特图;管理人员培训工人的职责
1911	于果·明斯特伯格	心理学在管理人员和工人上的应用
	哈林顿·埃默森	效率工程;效率的 12 个原则
1911	哈洛 S. 珀森	在美国发起第一次科学管理会议;给予科学管理学术认可
	J. C. 邓肯	关于管理学的第一本大学教科书
1915	托马斯 A. 爱迪生	设计军事演习,躲避和摧毁潜水艇
1916	亨利·法约尔	第一套完整的管理理论;管理职能;管理原则;管理概念的通用性;管理思想的基本过程学派;承认在学校教授管理学的需要
1923	奥利佛·谢尔顿	提出管理哲学;管理原则
1924	H. F. 道奇 H. G. 罗明 W. A. 休哈特	通过统计学方法将统计推理和概率理论用于抽样检查和质量控制
1927	乔治·埃尔顿·梅奥	集体行为的社会学概念;霍桑效应;士气的概念
1930	玛丽 P. 福莱特	个人激励基础上的管理哲学;解决管理问题的集体过程方法
1938	切斯特·巴纳德	组织理论;系统的重点;管理的社会学观点;沟通的需要
	P. M. S. 布莱克特等/英国	运筹学
1943	亚伯拉罕·马斯洛	需求层次理论
1947	马克斯·韦伯	称作官僚主义的组织理论
1954	彼得 F. 德鲁克	管理是一种实践,应重视结果;人是最重要的资源,而技术仅是一种工具
20 世纪 50 年代	弗雷德里克·赫兹伯格	卫生和激励因素基础上的激励理论;工作丰富化
1957	诺斯科特·帕金森	对行政管理的幽默看法;帕金森定律:工作会自动占满所有可用的时间
1960	道格拉斯·麦格雷戈	关于工人和管理者的 X 理论及 Y 理论
1961	伦西斯·利克特	参与性管理
1964	维克托 H. 弗鲁姆	激励的期望理论
1981	威廉·大内	管理的 Z 理论
1985	吉福德·平肖三世	提出术语"企业要人(intrapreneur)",用于在大公司里独立开展业务的新型管理者

资料来源:克劳德·小乔治.《管理思想史》. 新泽西州英格伍德克里夫:Prentice Hall, Inc. ,1968

的统一标准；寻找使工人与工作相匹配的方法（考虑技术的差异）；并寻找管理和刺激工人的更好方法。

泰勒广泛地描述了管理的“泰勒体系”，并且很多次在对其怀疑的批评家面前为自己辩护。当泰勒到一家公司工作，他会设法完成以下四个目标：

1. 增加实物产量。
2. 降低单位生产成本。
3. 降低员工疲劳。
4. 通过增加利润提高工资。

泰勒重视工人和管理人员之间的合作，提倡对个人生产率超过标准生产率的工人进行奖励。泰勒的目的是重视盈余总量的增加，而不是盈余在管理人员和工人之间分配。[4]泰勒的管理原则简单地示于表1-4。

表1-4 泰勒的科学管理原则

1. 对工人操作的每一个动作进行科学研究，用以代替旧的、单凭经验的劳动操作。
2. 科学地挑选工人，并进行培训和教育，使之发展。然而在过去，工人是自己选择工作并且自我训练。
3. 管理人员与工人之间紧密协作，以保证一切工作都按建立起来的规章制度去执行。
4. 管理人员和工人在工作和职责上要分离，各自承担最适合的工作，以代替所有的工作和大部分责任都推卸给工人的办法。

资料来源：弗雷德里克 W. 泰勒. 科学管理原则. 纽约：Harper & Bros.，1991：36～37

泰勒开发了一套激励方案，称作“泰勒差别计件奖励制”，在工业领域也被广泛接受。目前，该方案被认为是传统激励理论的典型例子，工资的支付与工作绩效或生产率直接相关。

泰勒将“科学管理”定义为其四个原则（见表1-4）的综合。泰勒的科学管理体系更具有哲学性和概念性而不是机械性；泰勒对管理学的贡献的重要意义在于他不仅吸收了其他理论，而且将其付诸实施并证明是可行的。

弗雷德里克 W. 泰勒在管理学方面的主要贡献是其管理体系所产生的心理革命。泰勒体系要求为工作各个元素的标准的确立进行研究，要求执行规划和控制使体系合理运行，并使管理人员和工人合作以实现双方的利益最大化。

弗兰克·吉尔布雷斯（1868—1924）和莉莲·吉尔布雷斯（1878—1972）同泰勒处于同一时代，是一对杰出的夫妇。在兴趣上一致，在能力上互补。莉莲协助弗兰克进行动作研究，这一研究为工作简化、有意义的作业标准和工资激励方案的现代应用奠定了基础。

弗兰克·吉尔布雷斯采用胶片的定时装置消除每项工作中浪费的动作。他一生都在寻求执行任务的最佳途径。在此过程中，他认为自己能够消除浪费的动作并降低工人疲劳，同时增加产量并提高工人工资。他创造了一个术语“Therblig”用于17个基本动作中的任何一个（“Therblig”是由弗兰克的姓“Gilbreth”倒着拼写得出的，其中“th”颠倒顺序）。弗兰克·吉尔布雷斯被认为是“动作研究之父”，但是他直到1924年去世之后才逐渐出名。

莉莲·吉尔布雷斯有“管理学第一夫人”之称，她参与了弗兰克的许多试验。另外，她自己在心理学和管理学方面也表现出独一无二的才能。弗兰克去世之后，莉莲同时担任管理顾问和大学教授。她受过高等教育，并且对管理的人性因素有极大兴趣。她在心理学方面的学习使其致力于研究车间中的工人疲劳，并帮助参加过第一次和第二次世界大战的残疾士兵进行再培训。她是残疾人适应工作和谋求职业方面研究的先驱。

吉尔布雷斯夫妇开发的技术包括：程序图和流程图；人事工作中的卡片制度（现行的考绩制度就是从此发展而来）；许多技术装置（用于测量按时间顺序进行的动作）；以及采用书面说明减少混淆和误解。但是吉尔布雷斯夫妇对科学管理的贡献超过了动作研究。吉尔布雷斯夫妇都致力于通过更好更有效的培训，采用经改善的作业方法，在更好的工作环境中利用更有利的工具并有健康的心理使工人的潜力得以最大程度的挖掘。

莉莲在弗兰克去世 48 年之后于 1972 年离世，享年 94 岁。弗兰克去世之后，她的余生都贡献在工人的生理和心理健康研究上。她曾获得布朗大学的心理学博士学位，并获得 26 个名誉博士学位。她的博士论文《管理心理学》作为书籍出版。莉莲的一生曾经是心理学家、讲师、教师、诗人、工业工程师、管理顾问、大学教授以及 12 个孩子的母亲。

亨利·法约尔（1841—1925），法国人，被誉为“现代管理理论之父”。1916 年，法约尔完成了其经典著作《工业管理和一般管理》（法语），本书在 20 世纪 40 年代末期之前被翻译成英语。法约尔对管理发展的贡献比泰勒更大。

法约尔是法国一个煤矿公司的总经理，他所有的研究都是关于执行经理的角色（与泰勒的研究相反：管理的实施层面）。法约尔自上而下进行研究，而泰勒则从管理的最低层向上研究。

法约尔在其著作中采用一个词语“行政管理”。他将行政管理定义为履行规划、组织、指挥、协调和控制的一般原则，后者是法约尔所定义的管理职能。

法约尔提出了第一套完整的管理理论。他对管理职能进行明确而完整的定义，并称其是“通用的”，是适用于任何形式的集体活动（这个概念被称作“管理的普遍性”）。法约尔提出了对管理的有效实践的必不可少的 14 项管理原则（见表 1-5）。最后，法约尔认为，从小学到大学，应对每个学生讲授管理学。这种管理教育理念使其发展了自己的管理理论。

亨利 L. 甘特（1861—1919）和泰勒处于同一时代，也是泰勒的追随者。他在科学管理中增加了人道主义因素。甘特在其晚年不断努力，使人们普遍认识到人的因素在管理中的重要性，以及寻找除金钱之外的能够影响员工行为的激励因子。[5]

甘特对管理发展的贡献不是独创思想，而是对科学管理的发展和意义的重要改进。在他的四个主要贡献中，第一个就是甘特图，目前仍然被广泛使用，用于将实际绩效与计划绩效进行比较（关于甘特图的完整论述见第五章）。

甘特的第二个主要贡献是被称作“任务加奖金制”的工资激励制度。在该制度中，如果工人产量低于标准，则保证日工资；如果达到标准，则在日工资之外提供奖金；如果超过标准，则进一步为工人提供奖励。[6]

甘特的另外两个重要贡献都建立在人道主义基础上：强调应教育、训练和引导工人工作，而不是强迫，并且重视服务而不是利润。甘特认为后者对企业体系的生存至关重要。他在改进行业责任的理论方面的努力多于过去的任何人。

乔治·埃尔顿·梅奥为哈佛大学教授，他通过对管理理论的实验，增加了社会因素方面的知识。从 1927 年到 1947 年，梅奥一直在哈佛大学工业研究部进行实验。该方案产生于著名的霍桑实验的结果，而霍桑实验则是梅奥在位于芝加哥附近的西方电气公司的霍桑工厂进行的。霍桑实验是第一个生产性研究实验，经过科学构建，具有认真完整的文件编制，由经过培训的专业研究人员进行，并且得到管理人员和工人的全面合作。霍桑实验的资金由洛克菲勒基金会提供。[7]

表1-5　亨利·法约尔的14项通用的管理原则

1.劳动分工:指"专业化"。劳动分工的目的在于同等劳动强度的情况下创造更多更好的工作成果。
2.权责:职权是指发布命令和要求服从的权力。职责是职权的孪生物:职权不能与职责分离而独立存在。
3.纪律:主要指服从、应用、性能和对外尊敬的表示。建立和维持纪律的最佳手段是:各层合格上级(监督者或管理者);尽可能明确公正的协议;明智地采用处罚。
4.统一指挥:员工应只从一个上级接收命令。双重指挥始终是冲突的来源。
5.统一指导:组织中每个成员的所有工作应集中于一个目标。
6.个人利益服从整体利益:一名员工或一组员工的利益不得凌驾于组织的整体利益之上。
7.报酬:工作报酬的确定应根据:时间定额、工作定额或计件工资率。工作的所有报酬应公平合理。
8.集权:一个产业应找到集中或分散的最佳程度。提高下属的角色的重要性就是集中,而减少则是分散。
9.等级链:法约尔将职权线表示为链形连接。在此,他建议在两级下属之间建立一个桥梁使其可以互相沟通(称作法约尔"跳板")。
10.秩序:社会秩序——必须为每名员工指定一个职位,并且每名员工必须处于所指定的职位。
11.平等:由仁慈和公正产生的平等可以带来忠诚。
12.员工任期的稳定:员工任职的不稳定既是管理不善的原因,也是其结果。成功的管理拥有稳定的员工。
13.首创精神:制订并实施计划和构想的能力就是首创精神。一名优秀的管理者允许其下属拥有首创精神。这样可以产生员工的高满意度,并且是企业业务增强的源泉。
14.团结精神:指统一与和谐的能力。真正的管理人才需要协调工作,鼓励首创精神,让每个人的能力得以发挥,并根据每名员工的价值提供报酬,同时不导致嫉妒,不破坏和谐的人际关系。

资料来源:亨利·法约尔.《工业管理和一般管理》。英文版译者:康斯坦斯·斯托尔斯.伦敦:Isaac pitman & sons,1949

梅奥的研究成果对管理发展的影响是惊人的。10年中,员工和人事关系管理者引用梅奥的研究成果证明了一个观点:个人的问题对组织的有效运行是非常重要的,因此每个管理者都应关注员工和人事关系。[8]通过进行实验测试工作条件对生产率的影响,梅奥发现影响工人行为的除工作条件之外的因素——称作社会因素,比如自尊、士气、状态和良好的工作关系。霍桑实验的最终结果是行为科学家整个职业的发展:人事顾问、工业教师、敏感性培训员、集体动力学家、社会关系分析家、间接访谈员、角色扮演指导员、危机事件教师、工业心理学家和体育心理学家。这些行为专家继续努力去满足管理的需要,创造有利于使生产率长期最大化的工作环境。[9]

上述对现代管理学先驱的简单介绍应帮助学生认识目前仍然使用的技术和惯例。吉尔布雷斯利用胶片对人类活动进行的研究开辟了利用胶片分析体育活动的方法,目前这已成为一个完整的产业。如今,许多组织在为设施、活动或事件进行安排时都采用甘特的可视控制图。承认部门和团队士气的重要性是梅奥、莉莲·吉尔布雷斯等人的研究成果的根基。吉尔布雷斯女士在使残疾人适应工作方面的首创性研究是设立残疾人体育比赛的一个因素。目前各种类型组织承担社会责任、发展可接受的伦理行为、将提供服务作为首要目标,这可以归源于亨利 L.甘特的研究。泰勒用于经营活动的科学方法及其建立公正的绩效标准的决定在当今的体育产业广泛使用。在法约尔的通用管理准则中,有许多已经应用在体育团队和体育产业:如专业化(足球运动员和团队,以及教练专攻防守、进攻、射门,等等);使个人目的与组织(团队)目的相一致;机会平等,无性别和种族歧视;团队精神,统一与和谐通常是体育比赛的特色。

管理思想的分类

管理学的发展历史并没有终止,但是已经被思想、原则和准则的组合所取代。这些并入管理研究和实践的不同学派,通常称作"管理思想学派"。

1961 年,管理学者哈罗德·孔茨(Harold Koontz)将管理研究的现有的六个不同学派命名为"管理理论丛林"。[10]

对这些理论的最言简意赅的总结就是"没有最佳管理方式"。为了解管理理论的发展并找寻其未来的发展方向,本书介绍以下五个思想学派:

1. 传统或"科学管理"学派。
2. 行为学派。
3. 基本过程学派。
4. 定量或管理科学学派。
5. 协同体系学派。

传统或"科学管理"学派。这是生产或车间管理的导向,旨在减少浪费和提高效率。该学派的倡导者为泰勒、吉尔布雷斯夫妇、甘特及其追随者。目前,有一种比科学管理学派更系统的管理学派(由于 20 世纪 90 年代的技术进步)对管理尤其必要,用于防止美国制造商生产率降低并使其可以同外国生产者竞争。

行为学派。从历史的观点来讲,甘特引领了管理的人文主义的潮流。作为个体的人是任何合作工作的中心(管理者对人进行管理)。行为学派中,管理者重视工人及人际关系。行为学家研究激励因素、集体动力学、士气、个人需求、员工的需求和愿望、沟通和领导技术。该学派应用了许多社会科学:心理学、社会学、社会心理学和人类学。

基本过程学派。该管理学派建立在亨利·法约尔的著作和研究成果上,对所有其他学派有重要意义。管理是一个基本过程。世界任何地方、任何组织(营利性的或非营利性的;资本主义或社会主义的)中的所有管理者都致力于执行相同的管理职能(基本过程):通过他人实现预定目的和目标,使员工直接承担任务(比如人员配备和指导,通称"实施");但是理论上一名管理者的行动过程或职能具有普遍性:规划、组织、实施和控制。

定量或管理科学学派。该管理学派通常称作数理研究学派或运筹学派,主要是因为其重点在于开发数理模型模拟管理状况并测验管理假说。定量学派强调决策过程中的逻辑性和客观性,在解决技术问题方面对管理有很大帮助。然而,由于许多管理问题涉及到人,数理模型的使用存在一些局限性。

协同体系学派。当今管理者的真正使命是将其领导下的资源进行有效综合,随着时间的推移,最终结果的价值大于所使用资源价值的总和。这就是"管理协同作用"。协同体系学派的提倡者在假设整体大于各部分的总和的情况下,通过综合体系各部分对管理进行研究。

管理思想目前的发展趋势

管理思想的最新学派称作折衷学派、形势学派、权变学派或一般管理理论。这是对从现有管理思想和方法学派中提取的相关方法、技术和理论进行汇编,可自由运用常识解决问题(见图1-1)。这种管理学"常识学派"采用数理技术解决可定量的问题,并采用激励因素和领导技术获得工人的尊重与合作。在应用经验和所学得的原则和概念时,其在更大程度上取决于管理的艺术,而不是科学。

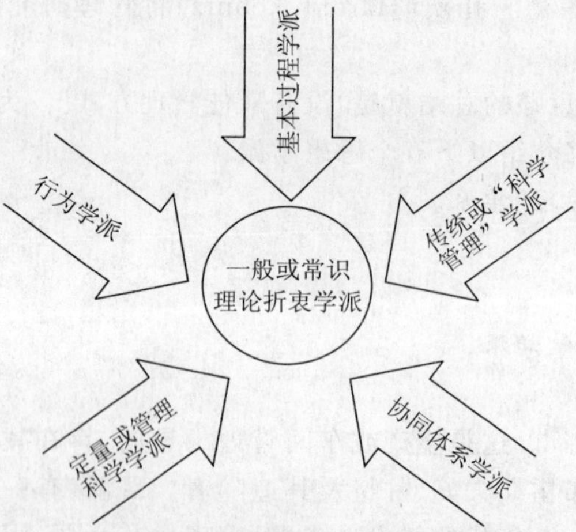

图1-1 管理学的收敛学派

管理思想的这种趋势使管理的个人哲学成为实现成功管理的必要工具。在经过时间证明的理论和方法的引导下,当今的管理者可以在对待员工的问题上取得一致(这正是员工和政府规定所需要的)。他们将选择管理历史和管理思想中自己认为适合的部分加以应用(个人的管理艺术)。许多现代管理者都会承受压力或遇到与压力有关的问题,这可以通过尽量不模仿不适合自己的个性以及/或者哲学的管理方式得以减少。

管理权变学派认为同样的管理方式并不适用于每一个人或每一种情况。管理者对个人进行管理,必须制定一套适应于其管理下所有个人需求和愿望的管理方法。这在一系列关于体育产业的商业片中可以得到很好的体现,性情多变的主教练如何通过人性的途径接近明星运动员。总而言之,管理的发展趋势就是采用最适合现实条件和所涉及的人的方法。这就要求学习各种产业管理的学生尽可能多地了解管理学以及管理技术和理论,从而在所有特定环境中都可以找到最有效的管理方法。

本书特点

通过阅读"目录",学生可以了解本书所介绍的主要内容。书中所讨论的所有主题适用于任何类型组织中的管理人员,包括体育产业。

本书深入讨论了管理者的首要职责,以及不断解决问题、作出决策的行动。重要章节包括

“体育管理的法律方面”、“激励和员工绩效”、“领导”、“变化、冲突和压力管理”、“绩效评价和奖励”以及“管理信息系统”。

本书中，作者作出种种努力向学生介绍有关管理的最重要主题。除此之外，本书还尽力将管理主题同体育界的实例相联系，以使学生可以轻松地了解管理知识的价值。每章末都有“案例”和“个人能力实践”，这样学生就需要将本章的管理知识应用于体育产业。

谨记：管理活动在本质上是普遍存在的。无论是在体育产业、一般公司还是任何类型的政府机构，管理者的基本职责都是相同的。在通过他人实现目标的过程中，所有管理者必须执行规划、组织、实施和控制的职能。所有管理者都会遇到问题并进行决策。所有管理者都根据其绩效接收评判，并且必须对自己的行动结果承担全部责任。同时，如上所述，管理并不是一种适合每个人的职业。

本书中所论述的方法具有普遍性，而没有专业化。有些学生毕业后从事娱乐经理、健身中心经理、教练、体育运动经理、私人俱乐部经理等职业。无论你是从管理促销/公共关系、筹资、设施运营、体育信息；或者从中学、大学或职业体育管理者；或者在客户体育产业的某个领域开始自己的事业，你都可以从学习本书开始。当你成为其他人的管理者，本书就实现了其最大价值。你所获得的技术和工具将在体育管理的任何领域为你提供帮助。

本书将帮助你认识管理者的职责。由于管理所涉及的是人，所以管理学并不是一种精确的科学。管理中不存在法律、法规和一对一的关系。关于管理，存在一些会影响管理者行为的原则、概念和研究成果。但是，所有管理者都是单独行动的，并且通常不知道目前所采取的行动是有益的还是不利的。了解的管理知识越多，在采取管理行动时就越感到自信。

然而，任何一个管理者都不是十全十美的。在与人相处、执行规划和控制活动、作出决策、分析问题和实施决策时，所有管理者都可能犯错误。只不过出色的管理者能够更有效地履行管理职责，而且所犯的错误少于平均数。一名.300 棒球击球员在十次击球中只比.200 击球员多击中一次，但是.300 击球员所赚的钱却是.200 击球员的两倍，甚至三倍；签订更长期的合同；声名远播，受球迷崇拜。出色的管理者具有同样的记录：同样的工作总是比其他人好一点。对本书的学习应可以增加你的管理知识，并且为你提供以后成为一名出色的管理者的机会。

小　结

在美国，超过 180 所学院和大学在本科和研究生阶段设立了体育管理专业。尽管该专业有各种不同的名称，其目的都是为那些希望从事体育事业的学生做好充分准备。

人们对体育活动的兴趣始终处于高涨阶段。据估计，目前体育在美国是一个几十亿美元的产业，并且仍在持续发展。随着体育产业不断扩张以及越来越多的人参与体育活动，产生了对能够胜任体育产业中各种工作的人才的强烈需求。这种需求也直接影响了学术机构中体育管理/行政管理专业的发展。

体育管理专业并没有一个标准的学术核心课程体系。目前，由大学体育管理专业的代表们建立的一个官方认证机构正在努力解决这个问题。

体育产业的管理研究与对通用汽车公司或政府机构的管理研究相同。管理是一种通过他人实现预定目标的活动，而不是管理资金、设备、设施、票据或其他东西的活动。

对于很多人而言，真正的管理并不是一个理想的职业。管理适合于某些特殊人才，他们能够承担责任、处理问题、作出决策以及通过他人达到有效的最终结果。

体育管理需要大量的专业人员。在任何类型的组织中,大多数新管理者在担任管理职务时都没有事先接收管理培训。

上溯到有文字记载的历史之初,个人和民族就开始致力于管理的发展。从1900年开始,涌现出许多有影响力的管理学先驱,他们的研究成果目前仍然被广泛学习和实践:弗雷德里克W.泰勒,弗兰克·吉尔布雷斯,莉莲·吉尔布雷斯,亨利·法约尔,亨利L.甘特和埃尔顿·梅奥。管理研究和实践的不同学派包括科学管理学派、行为学派、基本过程学派、管理科学学派和协同体系学派。关于管理思想,目前新兴的学派为权变学派。权变学派是对从现有管理思想和方法学派中提取的相关方法、技术和理论进行汇编,并且自由使用适用于现有情况的常识。

本书将管理定义为一种一般性的事物,而不是专业性的。管理是一种普遍存在的活动,即任何地方、任何组织或产业中的所有管理者在通过他人实现预定目标的过程中都执行同样的工作或职能——规划、组织、实施和控制。

复习题

1. 你认为为什么有那么多人想要从事体育管理/体育行政管理?
2. 在作为体育管理者/体育行政管理者开展工作之前学习管理的好处是什么?
3. 你对管理的定义是什么?
4. 关于管理者或管理界,有没有哪些方面对你没有吸引力?
5. 体育管理教育的发展趋势是什么?
6. 列举每个现代管理先驱的主要贡献。
7. 论述管理思想的目前新兴的趋势。

个人能力实践

采访两名或三名经验丰富的体育管理者,询问他们在执行自己的第一份管理工作前接收了什么类型的管理培训。

在课堂上与其他学生交流采访结果,评价这些管理者所接受的培训以及所做的准备。

案 例

中年的选择

布拉德·艾伦(Brad Allen)今年44岁,他是一个丈夫,也是一个父亲,同时他也有着开辟新事业的梦想。布拉德已经在一家大型的国际建筑承包公司里担任了20多年的项目经理。在这个职位上,他可以赚足够多的钱送自己的三个孩子读私立学校,这也是他目前进退两难的原因。

布拉德最大的孩子所就读的学校要举办一个校际体育项目,并且需要外界协助,因此他自愿将自己的管理和组织才能应用于这项工作。他强烈希望迎接挑战，现在他希望在校际体育活动中得到一个职位。他通过网球奖学金读了大学，并且获得企业管理学位，但是他离开大学已经20多年了。

布拉德制订了在其老板那里兼职工作的安排，并且获得妻子和家人的支持。但是，他怎样才能够从一名私立学校兼职体育指导成为一名专业的体育管理者呢？

问题：

1. 布拉德怎样将其企业管理学位和经验应用到体育运动管理？
2. 为布拉德建议一个行动方案，使其能够开辟体育管理的事业。对你的建议进行论证。

关键术语

CABMA：高校体育商务管理者协会。

信息技术：计算机和通信技术及其应用。

《体育管理杂志》：北美体育管理学会的官方期刊。

管理：通过他人（员工）实现预定目标。

NACDA：全美高校体育管理者协会。

NACWAA：全美高校女性体育管理者协会。

NASPE：美国全国运动与体育协会。

NASSM：北美体育管理学会。

管理学先驱：20世纪初期，通过自己的研究引领美国现代管理运动并对当今的管理实践具有持续的深远影响的个人。

体育：一种使用专门设备和设施，在特定时间和空间，并努力创造记录的竞技性身体（和心理）运动（许多定义中的一种）。

参考文献及本章注释

[1]Webster's *Dictionary* (U. S. A.: Ottenheimer Publishers, Inc., 1970), p. 361

[2]*The American Heritage Dictionary* (New York: Dell Publishing Co., Inc., 1983), p. 660

[3]Harold J. VanderZwaag, *Policy Development in Sport Management* (Indianapolis, Ind.: Benchmark Press, Inc., 1988), p. 3

[4]Lyndall Urwick, ed., *The Golden Book of Management* (London: Millbrook Press, 1963), p. 74

[5]Urwick, ed., *Golden Book*, pp. 89～91

[6]Henry L. Gantt, "A Bonus System for rewarding Labor," *Transactions of the American Society of Mechanical Engineers*, Vol. 23 (1901), p. 373

[7]第十一章有对霍桑实验的完整论述。

[8]"Workers Can Be a Team, Too," *Business Week*, May 25, 1963, pp. 49～50

[9]Claude S. George, Jr., *The History of Management Thought* (Englewood Cliffs, N. J.: Prentice-Hall, Inc., 1968), p. 130

[10]Harold Koontz, "The Management Theory Jungle," *Academy of Management Journal* 4 (December, 1961), pp. 174～188

第二章　管理概述

本章内容包括：

- 管理的性质
- 管理的定义
- 管理的职能
- 基本管理过程
- 管理职衔
- 管理层次
- 管理者应具备的一般技能
- 管理科学和管理艺术
- 《1972 年教育修正案第九条》的 30 年历程
- 体育管理的多样性
- 管理作为职业
- 如何测试你对管理职业的真诚度

引　言

学习完第一章，我们知道体育管理产业正在不断发展壮大。今天，体育在美国空前流行：成千上万的人愿意把他们现在的工作换成体育产业某领域的工作。对于专修体育管理的学生，当你们步入该行业时，就要为成为一名称职的专业体育管理者而努力。此外，体育管理工作的竞争也十分激烈，最后留下的只有那些最优秀的人。

第二章对管理领域作了全面纵览。本章强调了管理的真正含义并描述了所有管理者应具备的一些一般技能。同时，本章还探讨了管理者的特定职能以及管理科学与管理艺术之间的区别。学生应掌握管理学的基本原理，并逐步巩固，如同任何教练要训练高水平运动员时，会向他们强调基本原理一样。本章还包括"管理真诚度测试"。该测试将帮助学生确定他们是否有可能步入管理领域。

管理活动已历经几千年历史。但是，作为一个正式的研究领域，管理学却是一个相对较新的学科。同样，尽管体育管理已有几千年历史，体育管理专业却是一个相对较新的专业。管理是一种普遍性活动，理解这一点十分重要；这就是说，管理领域的所有原理、概念和理论皆适用于任何类型组织的管理者，不论组织位于何处，组织的活动属于何种性质。

管理的性质

管理要想作为一种职能存在，必须满足以下三个条件：

1. 必须成立一个正式组织。
2. 该组织必须设定一个明确的目标。
3. 该组织必须建立某些人管理其他人的等级结构。

很明显，管理者就是在正式组织中管理其他人的人员。管理者通过任命或者选举产生，或者是决定成为拥有者-管理者的组织创办人。

美国劳动力人数约达 14 670 万人。其中只有 11%的人（约 160 万名雇员）一般被认为是"管理者"。那这些人管理什么呢？他们是在管理其他人。但是，他们职位的名称常会引起困惑：他们究竟管理什么？例如，行政经理、库存经理、货运主管和很多其他的误称。在体育领域，我们常提及以下一些管理头衔，如教练、委员、总经理、体育指导主任、设备经理、业主、娱乐服务部主任和俱乐部经理。需要说明，管理者负责并掌管许多资源，如资金、设备、存货、供应以及人力资源；但是，本章仅着重阐述他们管理人力资源。

管理活动着眼于对组织的所有资源进行合理的协调和利用，这些资源包括人力资源、财政资源、物质资源和信息资源。管理的目的是达成既定的组织目标。

除此之外，管理者还必须注意可能影响计划和决策的环境变化。当今的社会环境日新月异，较以前复杂许多，管理者必须清醒地意识到社会和科技的变化，以及将影响到他们的管理活动的政府法律、法规。还有，现在的自然资源匮乏日益严重，其成本不断增加，而且几乎所有行业，包括体育行业，都在逐步走向国际化。

管理者如何在这些特殊的环境制约条件下合理地协调和使用组织资源呢？为了最有效地协调和利用组织资源并顺利实现组织目标，管理者应采取合理的计划、组织、执行和控制活动，以及及时的决策活动。这些活动是管理者的主要职能（工作），因而本书后面篇章将对这些活动作更深入的论述。

管理的定义

不同的学者和管理实践者给管理下了不同的定义。尽管这些定义之间的差别很大，但它们仍有着相似之处。其中，最重要的相似之处为管理是一个为实现预定目标而对组织资源的使用进行协调的过程。管理活动是一个过程，因为在管理者为实现目标与被管理者携手努力，并协调使用其他资源的过程中，要做好许多重要的工作，履行很多重要的职能。虽然以往将过程定义成为实现预期结果以一种特殊方式安排步骤或工作的逻辑顺序，但是管理和该定义的过程不相符。管理不是一个能以逻辑和顺序的方式进行计划的活动。管理过程不能被安排成1、2、3 等时间顺序的步骤，并导向最终结果。

本章采用的管理定义强调作为生产要素之一的人力资源的重要性，人力资源可以不断壮大，为个人、老板（经理）和公司创造更多的利益。虽然其他资源也很重要，但是这些资源的价值不能与人力资源的价值相比，因为职员是在管理者的指导下运用脑力和体力技能来实现预期结果。因此，本章所用的管理定义是以最高效率和最有效的可能方式最佳使用人力资源，以实现预定目标的过程(见图 2－1 图形演示)。

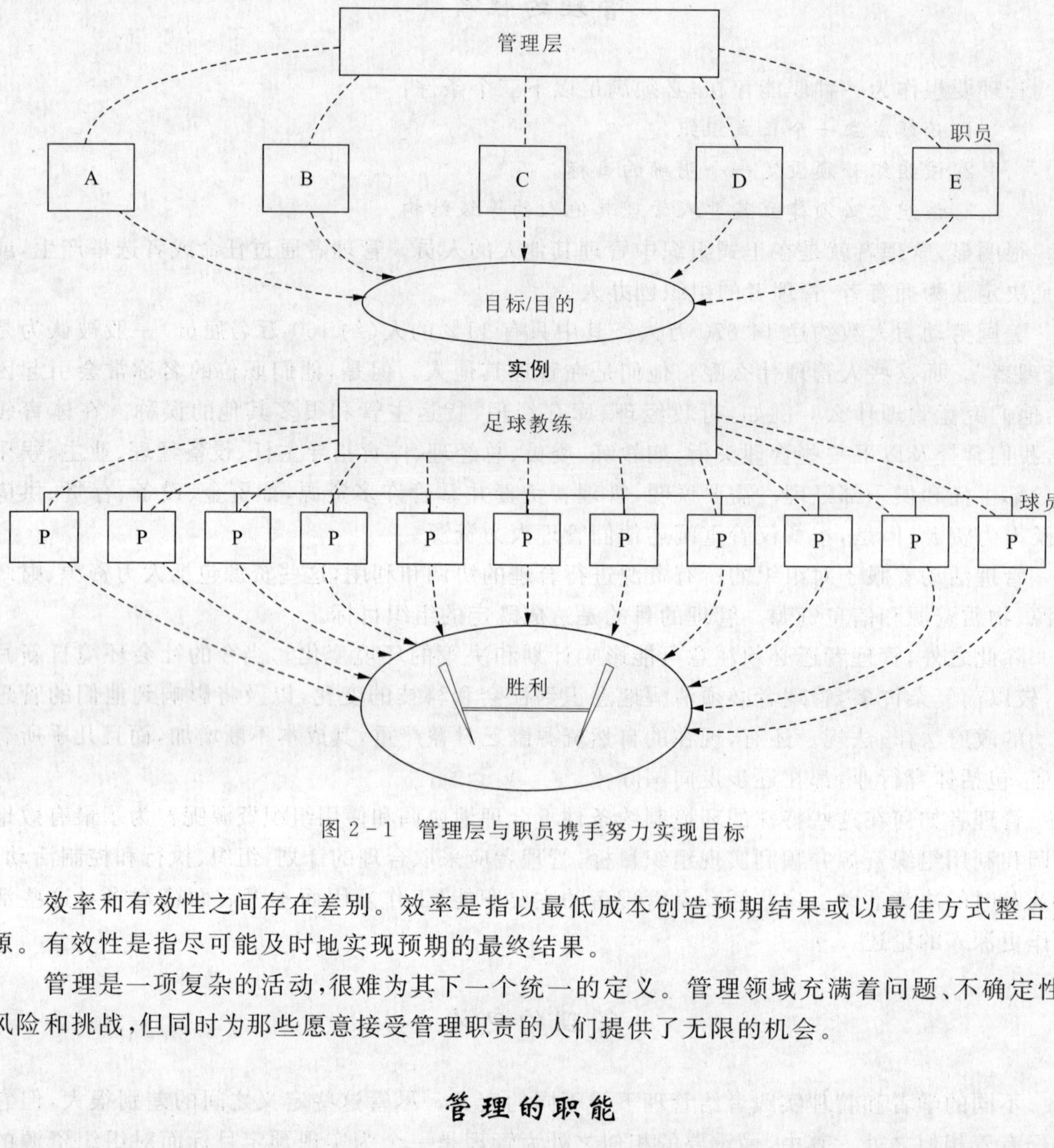

图 2－1　管理层与职员携手努力实现目标

效率和有效性之间存在差别。效率是指以最低成本创造预期结果或以最佳方式整合资源。有效性是指尽可能及时地实现预期的最终结果。

管理是一项复杂的活动,很难为其下一个统一的定义。管理领域充满着问题、不确定性、风险和挑战,但同时为那些愿意接受管理职责的人们提供了无限的机会。

管理的职能

管理职能是指管理者执行工作时所进行的主要活动。表 2－1 列出了管理者从事的典型日常活动,当然还有其他活动。很显然,管理者每天都很忙。

但是,根据管理者具体情况,管理的主要职能可以减少到 4 个、5 个或 6 个。历史上,从管理学先驱弗雷德里克 W. 泰勒所生活的 19 世纪末期到今天,管理学专家们已经确定了他们所认为的管理者的主要工作或职能。被称为"科学管理之父"的泰勒曾说过,管理者的主要工作是"计划",而工人的主要工作是"执行"。法国著名的管理学先驱和经理人亨利・法约尔在其著作《工业管理和一般管理》中陈述:管理的五大职能是计划、组织、指挥、协调和控制。

根据现在的大部分管理学文献,管理者的主要职能是计划、组织、人员管理、指导和控制。尽管作者、学者和实践者对管理者所有职能或工作的看法存在一些差异,但是他们都一致认为以下三项活动是管理的基本活动，即计划、组织和控制。

在本章中，我们将确定管理的四大职能，这四大职能是所有管理者的主要活动。当管理者履行这四大职能时，人们就会称他们在从事基本管理过程。这四大职能是计划、组织、执行、控制。

表 2-1 管理者的典型日常活动

计划	创造	安排时间	指导
聘用	解决问题	传达	改正
解聘	组织	执行	理解
评估	训练	实施	聘用职员
控制	评价	编制预算	提拔
决策	创办	纠正	领导
协调	引导	沟通	委派代表
检查	安排进度	激励	审核

如果你仔细查看表 2-1 中所列出的活动，你会发现管理者的所有工作可以根据管理的四大职能进行归类。例如，协调可归入组织职能；日程安排可归入计划职能；评估可归入控制职能；动员可归入执行职能。但是，解决问题和决策不能归入任何一种职能，因为他们渗透在管理的四大职能之中。

某专业运动队的总经理或任何规模学院或大学的体育指导主任的职责涵盖表 2-1 中管理者的几种日常活动呢？答案是以上所有的日常活动。

通过区分和分别研究管理者不同的主要活动，我们就能够将它们结合起来，并更清晰地理解管理过程：计划、组织、执行和控制。因此，管理者在为实现预定目标与被管理者共同努力的过程中，如何运用好这个管理过程，就变得很明显。

后面章节将分别对各个职能进行深入的论述。而下面将对每个职能作大致的定义和描述，并评述决策和解决问题的重要性。

计划

作为一项管理活动，计划指先设定目标，然后制订一个具体方法，在指定时间内以最高效率和最有效的可能方式来实现目标，并使问题最小化。

计划可以是长期计划或短期计划，也可以是整个组织计划、部门计划、团队计划或个人计划。体育管理计划可以为一年（如一个赛季）或几年（如大型设施计划或资助捐赠计划所需的时间）。需记住，所有计划的活动都是未来的活动。一个大型组织的高层管理者可能制订 5 到 10 年的长期计划，而基层管理者会制订两周或一季度的生产计划。无论计划时间长短，管理层次高低，计划活动处理的对象是未来事情。

从 A 处进展到 Z 处的过程中，良好的计划可使问题最小化，还可以事半功倍，实现更好的最终结果。高效率和有效性意味着更高的生产率。良好的计划将会成为标准，且有助于控制职能的履行。

相反，不良的计划通常是个人和组织无法实现其预期的最终结果的首要原因。在美国，不良的管理计划是组织失败的主要原因。

组织

管理者应负责组织被管理者执行各项任务，以成功达到目标。这是指管理者应知人善用。有效组织的唯一目的就是提高工作效率。这就要求管理者应有效地协调利用人力资源和其他所有资源。

各种各样的组织结构为各组织的活动提供了一个健全的框架。而组织结构类型取决于所执行的工作活动的性质。

一个正式的组织是朝着共同目标一起努力的一个团队，并具有一套清晰的职权、职责、责任和交流的等级制度。

管理者的职责是在这种等级制度下团结所有职员为实现共同的目标而一起努力。

执行

执行是指管理者与被管理者一起实施管理计划。执行还可以说成实施、实行或领导。所有标准词典都将动词执行定义为“实行，实施”。

如果没有发生意外情况，管理的成功取决于合理的计划和有效的组织。但是，如果执行不力，计划和组织的努力将会付之东流。

履行该项管理职能需要直接与被管理者一起努力，有效并高效地实现目标。擅长执行的管理者了解其被管理者各方面的情况。他们常常是优秀的领导者和知识渊博的管理者，熟练掌握了动力、动机、工作满意度和其他所有以人为本的技巧。

成功的执行者通常会和职员一起努力，以实现预期的最终目标，与此同时，他们也会使被管理者、组织和顶头上司受益。卓越的管理者和执行者与普通的管理者和执行者的不同之处在于，卓越管理者和执行者所管理的人不但执行他们分配的任务而且希望把任务做到最好。

控制

控制职能的主要目的是确保计划的任务能够按时完成。这时，出色的计划者会运用各种控制技巧，保证计划一旦付诸实施，计划的实施绩效就能够被自动评估。当计划和实施行为存在不一致时，则立即纠正。

所有控制程序都有以下三个基本步骤：

1. 制订一份标准（计划）。
2. 评估实施行为是否符合该标准（检查）。
3. 当实施行为不符合该标准时，宜采取纠正或补救措施。

理论上，如果计划、组织和执行完成得很完美，那么控制职能就可以省略。但是，由于管理者并非完人，不可能完美地控制他们周围的所有情况，所以我们需要控制职能。

对控制程序的需求因工作精度、活动类型、职员技能和能力的不同而不同；但是，引进所有控制程序都要十分小心，且当不需要控制程序时，要立即撤除。为节约成本，解决少数问题和达到较高质量产量等引进控制程序时，其价值必须要超过控制程序的执行成本，这样才能达到高效和有效的效果。相反，如果控制程序带来的收益不能抵消其执行成本，那么该程序就不值得引进。

基本管理过程

管理的四大职能——计划、组织、执行和控制在任何组织中都是管理活动的基石。它们相互关联、彼此交迭。很少有管理者仅仅履行计划或组织职能。在执行每个职能时,好几个活动可能会同时发生。这时,管理者可以审视并将自己在某时点要做的事情分离开来,但是,他们也可以迅速地将这些活动归类到基本管理过程四大功能的某一项中去。表 2-2 列出了各职能的一般管理活动。

表 2-2 管理的四大职能

精选的职责	
计划	执行
• 设定组织目标	• 领导
• 编制预算	• 引导工作
• 安排工作进度	• 实施计划和项目
• 预测需求	• 奖励工作业绩
• 开展研究	• 加快工作进度
组织	控制
• 协调资源	• 规范标准
• 聘用职员	• 评论工作活动
• 制订工作说明	• 采取纠正措施
• 分配工作	• 评价员工
• 规范沟通机制	• 审计财务

该管理研究方法可称为过程研究法。如果管理者在为实现目标而与员工共同努力的过程中进行计划、组织、执行和控制,那么他们就是在实施基本管理过程。

决策通常不归为某一项独立的管理职能。但是决策活动渗透到每个管理职能中。当你计划、组织、执行或控制时,你要做出决策。但是,决策的重要性不能过于夸大。

决策活动被单独列为管理者的唯一一项最重要的日常活动。世界上每一个管理者都要处理问题、事情和人际关系,并作出决策。人们通常根据决策的结果判断大多数管理者的能力。如果无须作出决策,并且在管理过程中,所有输入因素都被仔细衡量并判断,那么管理者就不必作出决策。

管理职衔

管理专业的新生可能会对管理职衔感到困惑。表 2-3 列出一些在军事领域、商业领域、政府部门和教育领域常用的职衔。

尽管以上职衔级别不同，但这些职衔和更多的职衔都说明了担任这些职衔的个人都处于管理职位。他们身居权力要职；他们要为结果负责；他们的职责是与被管理者一起努力实现预定目标。

表 2-3 精选的管理职衔

军事职衔：将军	政府职衔：总统
少校	州长
中尉	首长
中士	专员
上士	市长
	警察局长
商业职衔：首席执行官	教育职衔：学术院长
业主	体育指导主任
主管	院系教授
部门主任	主教练
总监	教务长
领班	大学校长

管理层次

管理者通常被划分为高层管理者、中层管理者和基层管理者，如图 2-2 所示。

高层管理者 任何组织的高层管理者一般是指组织的最高执行者：首席执行官(CEO)、主席、执行副总裁和副主席。体育界的典型职衔有执行董事、业主、大会委员、体育指导主任和公园与娱乐部主任。这些管理者全面管理整个组织。他们设立目标，制定政策；拟定长期计划；作出影响组织各个方面的决策。

中层管理者 中层管理者，如分公司经理、主管、人力资源经理以及类似的职衔等，他们通过其他管理者进行管理。在体育管理领域，他们被称为职业运动队总经理、球员总监或主教练。中层管理者的主要职责是根据高层管理者制定的方针政策，通过基层管理者[基层管理者是中层管理者的直接被管理者(下属)]实施行动计划。执行这种任务，中层管理者通常应具备良好的领导能力、高效的沟通能力、控制技巧和理解任务技术信息的能力。

基层管理者 通常被称为一线管理者。他们的职衔一般有监理、领班和部门主管。在体育界，这些职衔则为职业棒球队经理、设施维修监理。这些管理者直接与非管理或操作职业打交道。由于他们在这些职员面前代表的是组织，所以他们对于任何组织都至关重要。任何组织如果缺少高素质的基层管理者，就不能有效且高效地运作。基层管理者负责把任务分配给非管理人员，指导他们正确地执行任务，纠正他们错误的操作行为，并对所有任务的执行进行控制。基层管理者必须深知将要做什么，如何做，什么时候做，并要确保完成任务。

图 2-2 管理层次

管理者应具备的一般技能

基本管理过程强调计划、组织、执行、控制和及时的决策是最重要的管理活动。为了有效地执行这些管理职能，罗伯特 L. 卡茨认为管理者应具备以下三种一般技能。

专业技能：对于专业领域相关流程及知识的了解和熟悉，并以此技能解决该特定领域的问题。

人际技能：协调合作、良好领导、有效交流和理解职工的能力。

概念技能：这种技能是最稀缺的技能。综合联系并理解组织各个方面，领会相互影响的各个部分的重要性，“绘制宏伟蓝图”的能力。作为主要管理活动，战略计划、决策和协调要求管理者具备这种概念技能。[4]

图 2-3 显示出一般技能对于大型组织中各层领导者的相对重要性。在小型组织中，高层管理者需同时具备上述三种技能。

直接管理操作（非管理）人员的基层管理者需具备良好的人际技能和较强的专业技能，因为他们要分配工作，控制操作，以及常常要将职工培训成熟练的操作人员。

活动于各层管理者之间的中层管理者应具备良好的人际技能，但其专业技能通常可以低于基层管理者。专业技能对于这些管理者的必要性因工作性质和组织的种类而异。此外，他们还必须具备概念技能，因为他们要经常参与组织的总体计划。

大型组织中的高层管理者被视为“概念化者”，即负责全面引导和指导组织，以顺利达成组织目标（包括短期目标和长期目标）的管理者。这些管理者兼备出色的人际技能和丰富的专业知识，但他们应具备的主要技能为良好的概念技能。

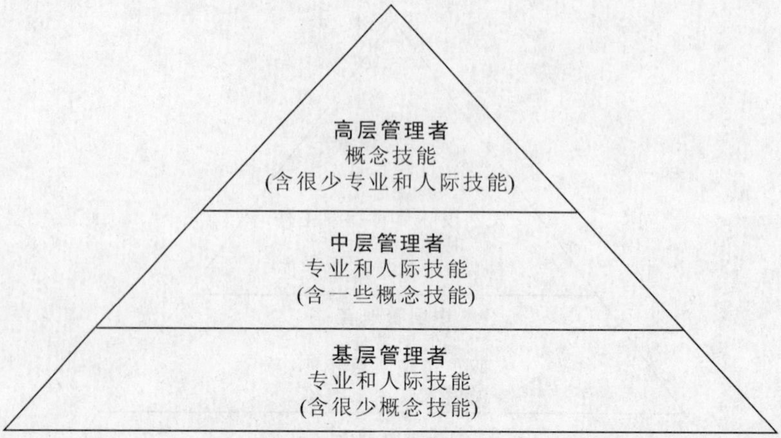

图 2-3　大型组织的各层管理者及其应具备的一般技能

管理科学和管理艺术

管理理论家和实践者通常一致认为，管理既是一门科学，又是一门艺术。虽然根据管理的内容很难将管理学定位为一门纯科学，但是科学方法在解决问题上的应用，过去和现在研究的系统化数据的积累，以及理论和原理的创立足以称管理学为一门社会科学。

管理的原理是基本原理而非根本原理，是自然科学的不变规律。管理原则通常源自观念、信仰或对组织活动的观察结果，并最后成为愿意遵循它们的管理者的行为标准。管理原则可得到有效实施，但这些原则并不是管理时必须严格遵循的绝对真理。

大学图书馆收藏有大量各种管理学科的文献。管理学被认为是一门学术学科，美国商学院的很多学生都选择这门学科作为他们的主攻方向。体育管理学者们也在进行管理学研究，并将研究成果发表在美国各重点期刊上。因此，管理学领域的文献迅速增多起来。学生特别感兴趣的是发表在《体育管理杂志》上的文章，这些文章主要研究体育、运动、舞蹈和游戏的管理理论及其应用。

管理也是一门艺术。管理者在处理人际关系、执行决策和解决问题的过程中，他们的经验和知识会影响他们的行为。管理艺术主要指管理者履行其职责或特殊管理者执行其任务的方式。管理者是“表演者”，如同音乐和戏剧领域的艺术家一般。管理艺术带有强烈的个人色彩，每位管理者都有自己独特的管理风格。古语有云：“管理者应是不墨守成规的人，他们知道何时遵守规则何时破除成规。”这句话的意思是管理者履行其职责时有一定的自由范围。但是，所有管理活动必须遵从组织容许的行为规范。

原理、理论和科学方法的应用为管理者解决组织问题和作出组织决策时提供了合理的方法；但是，所有决策和行动计划都必须由职员有效地执行，以实现预期结果。因此，管理不仅是一门科学，同时还是一门艺术。

《1972 年教育修正案第九条》的 30 年历程

2004 届的多数大学生都听说过《1972 年教育修正案第九条》(Title IX，以下均简称为《第九条》)，但是很多学生却不了解其起源或完整的历史。教育修正案由理查德·尼克松总统签署于 1972 年，其规定如下：

任何接受联邦政府赞助的教育计划或活动，在基于无性别歧视的基础上，不得拒绝接纳任何美国学生，限制他们的教育福利，或歧视他们。

教育部公民权利委员会(OCR)是教育修正案的执行机构。该法案适用于因任何目的而接受联邦政府赞助的学校和学院，也包括享受补贴的幼儿园儿童餐饮计划和接受联邦政府补助的大学助学贷款等。

为实施大学校际体育法，政策解释机构于 1979 年设立了三种方案，供各院校选择。

1. 证明"比例性"，即是，为男女学生提供的体育活动参与机会与男女招生人数成比例。这是最明确的检验标准。

2. 阐述持续发展计划的历史和方法，该计划基于人数不足的男/女学生的兴趣和能力而制订。院校应证明当要求"足够"时，其已为女学生增加了参与体育的机会。但该衡量方法不易界定。

3. 证明院校已经通过各种计划满足了人数不足的男/女学生的兴趣和能力要求。院校不清楚如何确定女学生的"兴趣和能力"，或如何确定各个时期的学生适应情况，因为学生人数每学期都在变化。

OCR 已在 1996 年前就宣布了"比例性"测试。该测试可帮助院校确定它们遵守《第九条》规定的状况，并避免来自个人、群体和 OCR 的诉讼。(第四章：体育管理的法律方面，对《第九条》及其在大学体育的应用进行了更详细解析。)如果男女运动员比率不高于男女学生比率的 20%，男女运动员就可获得参与体育的平等机会，并受法律保护。

2003 年 1 月，由美国教育部长 Rod Paige 委派的 15 人委员会报告了《第九条》有效性和必要性的研究结果，但没有要求对该法案解释或进行重大改动。虽然委员会的建议不具有法律约束力，但是 Paige 部长和布什政府必须对《第九条》的实施政策做出最后决定。该委员会最重要的两大建议或许是：①允许院校根据其对学生的调查结果确定真正喜欢参与体育运动的男女学生人数；②鼓励院校不必为遵守《第九条》规定而裁减男子运动团队的数量。根据独立妇女论坛(该组织认为《第九条》的实施已对男学生不公平)估计，自 1993 年以来共有 366 个大学男子运动团队被裁减。另外，活动家也不满该委员会的建议，因为这些建议与 1996 年 OCR 的为男女学生提供体育运动机会的"比例性"规定相去不远。

《第九条》规定对教育机构的体育管理产生了重大影响。遵守该规定意味着必须对平常有限的资源作出预算和分配决策；人事决策和薪酬必须受《第九条》标准约束；必须对提供体育课程的问题作出艰难选择等。表 2-4 总结了教育修正案第九条的某些重要方面。

表 2-4 教育修正案第九条影响体育的时间轴(1972—2001)

1971—1972:共 29 977 名女生和 170 384 名男生参加大学体育运动(NCAA),高中运动员中女生占 7.4%,大学运动员中女生占 15% ,女高中生运动员有 294 015 名,男高中生运动员有 3 666 917名。

1972:教育修正案第九条通过议会决议并被尼克松总统签署成为法律。

1972—1973:妇女校际体育协会(AIAW)(第一个管理女大学生体育比赛的国家机构)组织第一次妇女校际锦标赛。

1976—1977:62 886 名女生和 168 136 名男生参加校运动队体育运动。

1979:OCR 公布执行教育修正案第九条的三种政策解释文件。

1982:AIAW 开始解散后(组织了两次短暂的锦标赛),NCAA 开始主办妇女校际锦标赛。

1984:美国最高法院规定修正案和其他民权法仅适用于直接接受联邦政府赞助的项目——包括财政补助,但不包括体育运动和其他活动。

1988:议会通过民权复原法案;教育修正案第九条和其他民权法适用于任何一个接受联邦政府赞助的教育机构所有运作活动。

1990—1991:92 778 名女生和 184 595 名男生参加校运动队体育运动。

1992:美国最高法院规定学生可根据教育修正案第九条就金钱损失起诉教育机构,女运动员也可根据该法规要求教育机构给予更多的体育运动机会。

1996:OCR 根据科恩和布朗大学的教育修正案执行情况公布了"政策澄清"文件(见第四章),其允许作出 5%变化以满足"比例性"要求。执行情况有所改进的机构可免受处罚。

2000—2001:共 150 916 名女生和 208 866 名男生参加校运动队体育运动,高中运动员中女生占 41.5%,大学运动员中女生占 42% ,女高中生运动员有 2 784 154 名,男高中生运动员有 3 921 069 名。

在 1972—2001 的 30 年内,参加高中生体育运动的女生人数增长了 9.5 倍,从 1972 年的 294 015 人增加到 2001 年的 2 784 154 人;而参加大学生体育运动的女生人数增长了 5 倍,从 1972 年的 29 977人增加到 2001 年的 150 916 人。

资料来源:选自全美大学体育协会和全美女孩及妇女教育联盟的报告,The Atlanta Journal - Constitution, 2002 年 7 月 23 日,第 A11 页;D6

体育管理的多样性

多样性是有关人口种族和性别方面的术语(多样性的更多详细论述,详见第三章)。现在几乎没有数据可准确给出多少妇女和少数民族人处于体育产业管理者的职位。体育产业范围太广,因此很难给"管理工作"下定义。媒体主要关注了很多专业体育组织缺乏妇女和少数民族的管理者,这促使前瞻性方法和手段被采用,以吸引妇女和少数民族人士进入体育产业,增加他们在这些组织中作为管理者的人数,并设法将他们留在这些管理岗位上。

但是,人们已经对大学校际体育管理的多样性进行了研究。全美大学生体育协会少数民族机会和利益委员会完成了为期两年的研究,并向委员会全体会员公布了研究报告。表 2-5 给出了成员机构(995 : 1041)中体育管理人员的种族和性别信息。尽管这些信息没有与以往年份作比较,但是给未来研究提供了一个基准年。现在全美大学生体育协会每两年对这些数据进行更新,2001—2002 年研究结果(2003 年 1 月发布)显示在表 2-6 中。较少机构(839 :

995)参与数据更新。这两组研究结果比较并不具有权威性,但从中可得出以下信息:在2002年共19 352个工作中,妇女(所有种族)占7 767个(2000年为7 361个);黑人(包括男子和妇女)占1 332个(2000年为1 668个);其他少数民族人数(包括男子和妇女)占723个(2000年为676个)。1995年9月,Dorothy J. Lovett和Carla D. Lowry发表于《体育管理杂志》的一篇科研论文指出,妇女体育指导主任和女教职工体育代表分别有92人和116人(1992—1993学年)。根据全美大学生体育协会的2002年报告,妇女占有140个体育指导主任职位和193个教职员体育代表职位,但在妇女最擅长的岗位,如学业顾问/辅导员、业务经理、执法官和票务经理,妇女人数几乎等于或超过男子人数。

表2-5　基于种族和性别分类的体育管理人员职位(全美大学体育协会成员机构,1999—2000)

职　位	总人数	白种人		黑种人		其他少数族裔		总人数	
		男	女	男	女	男	女	男	女
体育指导主任	995	746	159	61	10	17	2	824	171
体育副指导主任	896	523	295	40	23	9	5	572	324
体育指导主任助理	1 283	781	369	75	27	18	13	874	409
高级女行政官	819	6	723	0	71	4	15	10	809
行政助理	1 319	142	959	18	113	13	74	173	1 146
学习顾问	962	329	388	126	83	17	19	472	490
商务经理	551	254	218	31	22	12	14	297	254
法规协调员/执行长官	804	360	327	51	44	12	10	423	381
设备经理	916	647	109	90	11	46	13	783	133
资金筹集员/发展经理	588	412	128	23	10	9	6	444	144
设施经理	757	537	115	62	6	34	3	633	124
全体教职员体育代表	974	682	201	54	11	22	4	758	216
促销/营销经理	514	346	120	26	7	9	6	381	133
体育信息主管	952	784	110	37	7	9	5	830	122
体育信息主管助理	621	397	177	7	16	13	11	417	204
体能教练	801	596	79	89	8	26	3	711	90
票务经理	494	212	216	22	21	7	16	241	253
体育主教练员	987	673	256	22	8	26	2	721	266
体育教练员助理	1 274	584	597	25	22	26	20	635	639
研究生助理	1 361	720	485	86	33	25	12	831	530
实习生	513	243	180	35	33	15	7	293	220
其他	743	346	250	68	34	24	21	438	305
总人数	19 124	10 320	6 461	1 048	620	393	283	11 763	7 361

资料来源:"基于种族统计的全美大学体育协会成员机构中的体育人员",全美大学体育协会少数民族机会和利益委员会为期两年的研究(全美大学体育协会提供)

表 2-6 基于种族和性别分类的体育管理人员职位(全美大学体育协会成员机构,2001—2002)

职位	总人数	白种人		黑种人		其他少数族裔		总人数	
		男	女	男	女	男	女	男	女
体育指导主任	839	661	131	28	3	10	6	699	140
体育副指导主任	989	557	350	46	14	14	8	617	372
体育指导主任助理	1 228	777	339	59	23	20	10	856	372
高级女行政官	749	6	686	2	37	1	17	9	740
行政助理	1 397	173	998	36	107	12	71	221	1 176
学习顾问	1 019	332	444	123	86	17	17	472	547
商务经理	499	211	244	5	13	8	18	224	275
法规协调员/执行长官	769	345	335	32	26	14	17	391	378
设备经理	811	597	106	55	6	38	9	690	121
资金筹集员/发展经理	616	439	131	28	3	9	6	476	140
设施经理	775	543	115	68	4	37	8	648	127
全体教职员体育代表	833	598	184	27	6	15	3	640	193
促销/营销经理	544	340	152	21	13	11	7	372	172
体育信息主管	817	694	91	10	4	13	5	117	100
体育信息主管助理	727	498	196	9	5	13	6	520	207
体能教练	835	633	100	72	3	23	4	728	107
票务经理	453	207	203	14	4	9	16	230	223
体育主教练员	837	596	213	6	2	13	7	615	222
体育教练员助理	1 482	682	695	22	20	41	22	745	737
研究生助理	1 752	852	687	87	57	37	32	976	776
实习生	832	385	321	51	31	25	19	461	371
其他	549	215	235	36	28	27	8	278	271
总人数	19 352	10 341	6 956	837	495	407	316	11 585	7 767

注:历史上黑色机构除外。

资料来源:全美大学体育协会,2003 年 1 月公布

管理作为职业

今天,学生可选择的专业很丰富,其中之一便是管理专业。学习管理并不确保某人一定可以找到工作,也不意味着某人一旦找到工作就可以顺利成为一名管理者。管理者位居要职,握有重权,承担责任,同时他们的工作充满刺激和风险。如果某人可胜任其第一份管理职位,那么其将拥有无数机会,提高自己的管理能力。

是否每个人都应学习管理且把它作为自己的职业呢？答案是否定的。即使是职员中最优秀的员工，也未必适合管理职位。

使人们成为优秀管理者的因素有很多，但是有一个事实是不变的。如果你想把管理当成你的职业，你就应做足准备。虽然这些准备并不确保你工作顺利开展，但是缺乏合理的准备往往是管理失败的主要原因。学习管理学和过去积累下来并经过时间考验的原理便是做管理职业准备的最好方法之一。此外，管理者必须认识到管理领域的特殊情况，因为这些特殊情况使管理职业成为一种挑战。管理者经常长时间工作，全权负责其下属职员的工作，并承受巨大压力。这些仅仅是管理者面临的一些特殊情况，具体见表 2－7（表 2－7 为你对管理职业真诚度的调查问卷）。

表 2－7　管理真诚度测试

你真的想从事管理吗？

如果你认为你已经准备好接受管理职位的挑战，请回答下列问题。如果你的答案是肯定的，那么就表示你真心想从事管理职业，并且你也已经认识到使管理成为挑战的一些条件。对于那些没有从事过管理工作的人来说，管理是一个崭新的领域，接受这些条件并不是一件容易的事情。管理职业是要求最苛刻的职业，只有特殊的人才能取得成功，并在管理领域表现出色。

为检查你对管理职业的真诚度，请先回答下列问题：

1. 你喜欢管理其他人吗？
2. 你喜欢负责其他人的行为吗？
3. 看到某人在你的指导下取得成功，你会感到满意吗？
4. 你愿意让别人评判你的工作结果吗——好或差？
5. 你想要一个你上司不喜欢听到任何借口的工作吗？
6. 你喜欢成为一名“团队”队员吗？
7. 你喜欢知名度吗？
8. 你认为你能够带领其他人朝着某目标不懈努力吗？
9. 你喜欢为员工树立榜样吗？
10. 你能接受自己经常一周工作 50～60 个小时，而非管理职员只工作 40 个小时吗？
11. 你认为你了解管理知识和管理职责吗？
12. 在一些不寻常的需要、最后期限、时刻表和处理不同性格的人而带来的压力下，你能挺住吗？
13. 你喜欢解决问题、作出决策并承担实施决策的风险吗？
14. 你能够将个人利益和喜好放在一边，为组织作出最大的贡献吗？
15. 你能处理好来自你同事、老板和下属的压力吗？

资料来源：Francis J. Bridges. So You Want To Be A Manager?（Decatur，Georgia：ESM Books，1984），pp. 7～8

除了学术上的准备，管理者还应从工作经验中学会管理。如果管理者能将他们的经验和知识很好地联系起来，经验将是他们最好的老师。许多组织会开展内部管理课程培训，送工作人员参加研究班讨论会进修课程，提高他们的管理能力，此外，还定期举行各种活动，评论和讨论管理文献。可采取很多方法，让管理者时刻注意现代趋势，并继续他们的管理教育。结合经验和知识是提高管理能力的基石。

组织中有很多新管理者是从非管理职员中提拔上来的。现有职员如果胜任他们的工作并显示出管理潜能(由高层管理者观察),那么他们通常会被提升到基层管理职位上。尽管这些职员具备良好甚至优秀的技术知识,他们还需参加特殊的管理培训,为他们从事管理工作做好准备。然后,他们就要从经验中学习管理,如果组织定期开展培训课程,他们还可以参与这些课程学习管理技能。

学生还将进行"管理真诚度测试"(表 2-7)。这些问题的否定回答并不意味着你不能成为一名优秀的管理者,而仅仅指你特别不喜欢管理和管理者工作的某些方面而已。

小　结

美国劳动力中约 11%的人成为管理者。管理是一种关注组织资源的合理协调和使用的活动。管理的目的是实现组织目标。

管理有很多定义,本书中使用的定义描述如下:管理是一种最有效、最高效实现预定目标和目的而最优化使用人力资源的过程。

管理者执行他们的工作时要从事四大活动。这些活动被称为:"管理职能"。管理的四大职能为计划、组织、执行和控制。决策是另一大职能;但是,决策是上述四大职能各功能中的一部分,所以不给予单独分类。

所有管理者和职员在一起努力实现组织目标的过程中,都要进行计划、组织、执行和控制,所以管理被称为是一种"基本过程"。

商业、政府和教育等领域有各种管理工作职衔。这些职衔说明管理者位居权力要职,直接负责其下属职员的工作。典型的职衔有市长、将军、州长、首席行政官、院长、教练、总理等。

大型组织共有三个管理层次,即高层管理者、中层管理者和基层管理者。各个层次管理者都应具备一定的一般技能,以进行有效的计划、组织、执行和控制。这三个一般技能为专业技能、人际技能和概念技能。

人们普遍认为管理既是一门艺术又是一门科学。根据管理内容,很难将管理定位为一门科学;但是,科学方法在解决问题上的应用,正在进行的研究,以及大量管理学科文献的积累足以称管理为一门社会科学。管理艺术是指管理者与职员一起工作和执行他们计划及项目的方式。管理者基于他们已学的管理知识形成他们自己的管理风格,并从他们的管理经验中学习管理技能。管理者如同音乐家和演员,当他们和职员一起工作时,他们的效率往往取决于他们的做事方式。

《1972 年教育修正案第九条》已有 30 多年历史,其对体育比赛和体育管理产生了巨大影响。现在越来越多的女性参与中学和大学校际体育比赛,《第九条》的实施准则由教育部公民权利委员会(OCR)制定并作定期修改,但目前以"比例性"测量法为准。

多样性——这里仅适用于体育管理中妇女和少数民族人员人数,因为其很难作测量,全美大学体育协会自 2000 年起对其成员组织进行的为期两年的调查。

管理学是供学生选择的一个专业。学习管理并不确保某人一定可以获得工作,也不意味着某人一旦被录用后就可以顺利成为一名管理者。管理者位居要职,握有重权,承担责任,同时他们的工作充满刺激和风险。

如果某人胜任其第一份管理工作,那么他将拥有无数机会,提高自己的管理水平。

复习题

1. 管理作为一种职能存在，必须满足哪三个条件？
2. 请给管理下定义。
3. 列举并解析管理的四大职能。
4. 为什么决策被视为管理者唯一一项最重要的日常活动？
5. 管理者应具备哪三种一般技能？
6. 解释管理艺术和管理科学之间的区别。
7.《1972 年教育修正案第九条》如何影响体育管理？
8. 如果某人选择管理作为其职业，你能给他提供哪些最重要的建议？

个人能力实践

采访两名体育管理者。让他们列出或告诉你他们遇到的最困难的管理问题。然后，请他们列出他们最认同的成为一名管理者的影响因素。与班上同学讨论各种回答，这样，你将会更真实地理解管理者工作。

案 例

提拔自普通职员

Inez Armas 是美国职业棒球大联盟宣传和促销部门的最资深职员之一。该部门负责制订球队的媒体向导、比赛计划和其他出版物中的各种计划项目。在特殊事项上，部门人员还与赞助商携手合作，此外，他们还协调队员出场着装、宣传比赛以获得大众支持。最近，限期到期的问题，以及某些出版方面的错误屡屡发生。

老经理突染重病后，Inez 被指定接任经理之职。尽管 Inez 并无期望或特意追求这个职位，但是她熟悉该部门工作，并且，她明白自己同其他 8 名全职职员一样，有资格接手该工作。

Inez 深知她和部门正面临的问题：约一半职员的工作繁重，而另一半职员却“无事可做”。旷工严重，抱怨频繁，作为新经理，Inez 觉得她必须改善这种情况。接手新工作一周后，Inez 发现部门的工作业绩不断下滑，并且，她其中的几个朋友似乎对他们的这位新上司抱有嫉妒之心。

她决定召开她的第一次会议，并努力使所有职员进入工作状态。

问题：

1. 作为一名基层管理者，Inez 要履行管理职责应具备哪些技能？
2. Inez 要召开她接任经理之职以来的第一次会议，你有哪些建议？她应采取哪种管理风格？请给予解释。

关键术语

管理艺术:当管理者的经验和知识影响他们处理人际关系和工作问题时。管理艺术主要指管理者做事的方式——个人管理风格。

基本管理过程:指管理者与职员一起努力实现预定目标时,执行管理职能的过程。

控制:主要为确保工作任务根据计划或标准按时完成的一项活动。

多样性:人口在种族、性别和年龄方面的一般术语。

创业者:根据自己的想法创办组织,以生产产品或提供服务的个人。

正式组织:在明晰的权力、职责、义务和沟通的制度下,为共同目标而一起努力的团体。

管理者应具备的一般技能:人们普遍认为,管理者执行他们的管理职责时应具备三种一般技能:专业技能、人际技能和概念技能。

执行:和职员一起实施管理计划和项目的活动。

管理:为最有效最高效实现预定目标而最优化利用人力资源的过程。

管理职能:管理者的主要工作、职务或活动是计划、组织、执行和控制。

计划:作为管理者的一项活动,计划指设定目标或目的;然后,制定详细的方法,以在规定时间内最有效最高效地实现目标或目的,并将问题减至最少。

管理学原理:管理学原理是基本真理,但并非是自然科学等领域的基本规律。

管理科学:科学方法在解决问题上的应用,系统化数据的积累,正在进行的研究,以及理论和原理的创立。

参考文献及本章注释

[1]Bureau of Labor Statistics, April, 2004

[2]Frederick W. Taylor. *Principles of Scientific Management*(New York: Harper and Brothers, 1911)

[3]Henri Fayol. *Industrial and General Administration*, trans. J. A Courbrough. Geneva: International Management Institute, 1930

[4]Robert L. Katz. Skills of an Effective Administration. *Harvard Business Review*, 52, No. 5(September-October, 1974), pp. 90～102

[5]Dorothy J. Lovett and Carla D. Lowry. Is Liberal Feminism Working in the NCAA? *Journal of Sport Management*, Vol. 9, No. 3, September, 1995, p. 267

第三章　管理环境以及管理的道德责任和社会责任

本章内容包括：

- 管理环境
- 内部约束条件和外部约束条件
- 影响管理的主要当代趋势
- 管理者的经济责任
- 管理的道德责任和社会责任
- 道德决策模型

引　言

第三章总览了美国21世纪初的社会和经济环境，讨论了主要的立法、趋势和运动。体育行业中的管理者们必须意识到总体的环境，不应仅仅关注自己特有组织中的趋势和问题。整个社会的问题影响着各行业（包括体育行业的所有部门）管理者的行动和关注的问题。下列人士必须紧跟时代并意识到社会的趋势：娱乐项目、中学、大学及职业体育项目的管理者或指导者；体育设备的制造商和经销商；营销顾问和筹款顾问；健身中心的经营者以及体育行业某个方面的管理者。

管理要在美国社会以一种专业的和令人接受的方式发挥作用，就必须遵守一定的道德准则和社会责任准则。在经常与年轻人共事的体育行业中，这一点尤其重要。本章有一节讨论了体育管理者的道德责任和社会责任。能够指导决策过程的道德决策模型对于希望成为体育管理者的学生而言具有特殊的意义。

本章旨在为学生和个人管理者提供机会来学习总体环境的构成，尤其是认识影响他们工作的环境因素。每个行业中的管理者都应将社会事件和当代问题与他们自己的情况联系起来，这是很重要的。职业体育社团面临的问题与大学、中学或娱乐项目面临的问题不同；但是都必须在同样的大环境中发挥作用。管理在任何有争议的情况下可能采取的行动力度受到环境中的法律、社会和道德方面的调节。

管理环境

任何行业的管理环境都是所有社会、文化、经济和自然因素的综合，这些因素影响个人、组织或社团的生活方式（图3-1）。没有个人或组织能够远离这些环境而单独发挥作用。管理者可以行使权力或职权，但是他们必须适应环境。内部和外部环境约束条件限制了管理的职权（行动或反应的能力）。

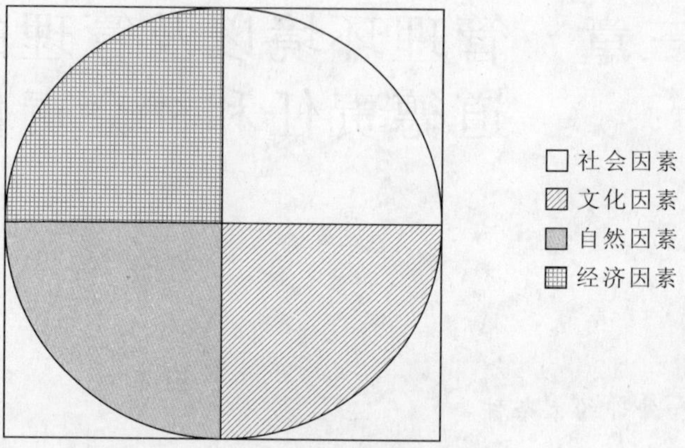

图 3－1　管理环境

内部约束条件

在大量环境约束条件中，影响管理者的是那些源自组织内部的条件。这些条件被称为内部约束条件，包括以下内容：

组织文件施加的约束条件。许多公司、政府机构和非营利性组织制定了组织文件，规定了组织能做什么和不能做什么。这些文件可以是公司章程、法人章程、公司组织细则和它们的修订文件。许多大学运动项目有组成公司的运动协会，协会具有公司章程和公司组织细则。任何职业团队或机构，例如乡村俱乐部、健康俱乐部、健身中心或矿泉疗养地，也是由这类文件指导的。影响体育管理的其他内部约束条件包括雇佣合同、职位描述以及雇主的个人手册中的规定。这些文件的作用是定义组织、说明组织应该发挥的作用以及对组织的行动进行限制。这些组织的管理行动受到这些文件的限制。

资源有限性施加的约束条件。一个组织拥有人力、物力、财力，其中的任何一种都不是无限的。一旦组织的任何一种资源达到了极限，其管理行动都会受到限制。操作和管理人员也都能限制管理活动。如果没有合适数量的具有适当技能的员工支持，生产扩大就可能被延迟。如果已经扩大了当前的管理团队而新的管理人才还未到位，则新的生产线或领域可能被搁置。物力也能限制生产或生产的扩大。体育行业的有限资源造成的约束类型没有那么大的差别。职业运动队常常买卖高收入的运动员，因为他们的工资费用太高了；或者取消与适合的（且需要的）运动员之间的签约，因为工资上限和收入的缺乏不能证明投资的正确性。许多中学和大学缺乏物质设施来进行他们预期水平的体育项目。每种类型的有限资源对所有的管理决策都有影响。

组织指导方针施加的约束条件。组织指导方针是管理层用来影响员工行为的任何事情。组织指导方针包括政策、程序、规定和许多其他具体的计划。所有的组织方针都对组织及其管理者可以做的事情进行了限制。例如，管理者不能低价出售公司，这就对管理者进行了价格限制。如果组织规定同一部门不得雇佣同一家庭的成员，人员雇用和安排就会受到影响。如果在购买新设备时要办理规定的手续或经过一系列步骤，管理者购买的灵活性就受到了限制。许多大学都是由中心采购办公室控制所有设备和供应品的采购，要求其价格不能超过预算。这样就可能使教练不能获得他自己想购买的设备，而且通常交付的时间延长了。健身中心和矿泉疗养地的许多全国连锁店规定必须使用特定品牌的产品，这使当地的管理者在这一点无法作出决策。高层管理者制定了组织指导方针，他们还制订了被称为战略的广泛、长期的计划来达到目标。这些战略中的指导方针也限制了中层和基层管理者的行动。例如，在体育行业中，如果一个大会委员办公室为向公众宣传和财政激励，协商优惠安排一条航线，交换条件是团队的所有旅行都必须搭乘此航线，那么会员学校的体育指导主任和教练就不能灵活地安排旅行。

习惯和长期存在的惯例施加的约束条件。惯例是在双方同意的情况下长期进行的实践，已成为了不成文的法律。惯例通常与在特殊领域工作的员工有关。在美国的一些地区，将哥伦布发现美洲纪念日作为节日是一个惯例；而在另外一些地区，复活节前的星期五是传统节日。如果管理者试图改变这些惯例，可能会影响士气并且很难成功。如果一个组织的惯例是宽大处理病假或因病缺勤时无需出示医生的证明，则管理者试图再次要求出具医生证明时会面临限制并且可能无法实现这种改变。惯例可以对管理行动产生强有力的限制，特别是在关系到管理-员工关系和管理-社团关系时。在体育管理中，许多社区是不会同意将体育比赛安排在宗教节日的。最近考虑到电视收入和压力的原因，大学比赛才开始在星期日举行。多数大学的惯例是不将体育赛事安排在期末考试期间。

外部约束条件

外部约束条件是从组织外部施加给组织的环境约束条件。外部约束条件一般不在组织的直接控制范围之内。以下是一些能限制管理行为的主要外部约束条件。

法律和政策施加的约束条件。法律、政策约束条件包括法律法规、税收和政治稳定性。法律常常起源于某种滥用权力的管理类型。如果限制组织、行业或其管理的权力能获得社会的最大利益，法律就被通过。例如，当空气污染成为了国家灾难，人们就会通过法律来迫使企业停止污染排放。在下列领域中，管理者的行动权力受到法律的限制：公平雇用、最低工资标准、工作条件和工人安全、竞争行为、定价、产品安全、库存销售、收购其他公司或与其他公司合并、企业场所以及许多其他因素。

企业场所尤其受到法律和政策约束的影响。在美国，地方分区法、自由港免税法、国税法和劳动权法（规定不得要求个人加入工会来维持工作，各州规定不同）关注管理的决策并限制管理的行动。在国际上，政治稳定性可能是限制管理活动最重要的因素。

一个组织不能控制外国政府的行动。在海外经营的组织要按照所在国的规定缴纳税费、雇用一定比例的当地工人，甚至要遵循财产的国有化规定。政府的稳定性对于跨国组织的管理至关重要。组织在国外继续经营的能力受到政治决策的影响，而非组织采取行动的影响。体育行业也受限于政治。政治活动破坏过几届奥运会：在 1972 年的慕尼黑奥运会上，恐怖分子绑架并杀害了数名参赛者，此后所有的奥运会组织者都提防此类事件的发生。在 1996 年的亚特兰大奥运会，一枚炸弹在比赛场地外爆炸，炸死和炸伤了许多观众。2000 年以来，由于恐怖威胁的增加，国际比赛的所有主办国和组织者都非常重视参赛者和观众的安全。多年来，一些国家也因为政治原因抵制过奥运会。

在外国经营的任何组织总是受到外国风俗习惯(道德态度和习惯)对其管理活动的限制。今天,美国体育行业也是如此。许多大学和职业队伍出国参加表演赛以展示对访问国来说陌生的运动,或与国际队比赛。美国运动员及他们的教练和团队管理者到世界各地参加棒球、足球和篮球比赛。体育管理者可以在国际比赛(如奥运会或世界比赛)中找到工作岗位并且可以凭借专业知识在国外的运动队中获得有吸引力的职位。但是出国的队伍和个人必须提前了解当地的惯例、法律和文化。他们应当仔细准备,以应对可能会引起政治麻烦和个人麻烦的问题。这类问题可能与在其行李中发现毒品或纯文化上的问题(如队服的类型和颜色)一样危险。国际比赛中的体育管理者必须意识到其工作中的各个方面可能出现的问题。

在美国,管理者确实能通过某些方式来影响地方、州和国家级政府的行动。管理者常常在政府委员会面前提供证据或游说议员来影响政府行动。但是,一个组织通常不可能控制任何政府机构的行动,而且这种做法可能带来更加不利的宣传作用,并且比最终的政府行动危害更大。即便是体育行业也不能免受政府调查和行动的影响。国会举行了关于大学体育管理组织效力的听证会,以确定是否限制这些组织的权力,并特别将职业体育联盟排除在反托拉斯立法范围之外。

公众施加的约束条件。作为消费者,公众对任何组织的行为都有巨大的影响力。任何组织的管理者作出的生产决策都取决于公众对该组织的产品的认可。如果不能说服公众购买某一产品,那么管理活动就会受到消费者群体的约束。如果一个公司的公众形象很差或其质量监控差而被曝光,公众就可以通过抵制它的产品或寻求更大的公共影响力来约束其管理活动。在体育行业中,1994—1995 年的美国职业棒球大联盟罢工就是公众影响管理行动的例子。让选手协会大联盟以及所有者停止罢工并启动 1995 年的赛季,公众的压力对此有多大的影响力?即使过早结束了,1994 年赛季的争端还未解决,但双方都同意稍迟一点开始 1995 年赛季,这就足以说明问题。公众远离成群结对观看比赛以自己的行动作出回应,这持续影响着所有者、参赛队的管理者以及选手协会的管理者。

在过去的几年中,公众对药物滥用的全国性问题表现出关注并做出了反应。仅仅是在体育行业就有数量庞大的公众关心此问题。运动员因为使用心智改变药物和/或体能增强药物受到处罚、禁赛甚至取消参赛资格。许多参赛队强制要求在组织内部制订特殊的计划来处理队员的这类问题。对运动员进行周期性药物检测是在公众压力下推动的。这种额外责任是体育管理者的新负担,他们必须平衡公众的利益和运动员的权利。

在最近几年中,艾滋病是影响体育管理的第一大问题。一些职业运动员最近几年自愿承认其艾滋病病毒呈阳性,即携带导致艾滋病的病毒。由于体育运动具有风险并且艾滋病可通过与伤者的接触传染,很可能会对所有的大学运动员和职业运动员进行常规检查看其是否携带导致艾滋病的病毒。位于佐治亚州亚特兰大的几个疾病控制和预防中心在 1992 年 3 月公布,有 100 万美国人被确认感染了导致艾滋病的病毒。这相当于每 250 个美国公民中就有一个携带这种致命病毒。体育管理者必须确定采取什么必要行动来保护接触运动中的运动员和使用公共设备的运动员。每个体育组织都将需要制订计划来处理感染了艾滋病病毒的运动员,还要制订现场方案,用于检测、保护运动员的权利以及确定受影响运动员的情况。必须谨慎地保持个人权利与队友及公众的需要和利害关系之间的平衡。这是一个要面对的重要问题,迫切需要提前做好准备。

公众以其他方式影响着中学和大学的体育管理。由于有关学生运动员的学业标准（或缺乏标准）的报道，公众要求采取责任制，一些州在许多领域通过法律，规定参加课外活动（主要是体育运动）的学生"考试不及格，不能参加比赛"。许多优秀大学因为运动员学生糟糕的毕业率而采取了检查措施，重新重视学生运动员学业上的"自然进步"，并每年比较他们与普通学生的毕业成绩。对高校学生运动员的学业检查限制了体育管理者和教练的行动。

竞争对手行动施加的约束条件。很少有组织能不受他们竞争对手行动的限制。在体育行业，体育器材公司总是受竞争和竞争对手行动的影响，因为这是一个高利润并且公司云集的领域。如果一个公司开发了销路好的网球拍，竞争对手公司的管理者就必须投入更多资金来研发和生产更好、更受欢迎的网球拍。健康俱乐部或矿泉疗养地必须以更吸引人的价格提供比竞争对手更好的所有设施、设备和服务，否则就会停业。

工会施加的约束条件。管理者与工会之间的契约限制了管理者的行动。这些契约影响管理者关于下列方面的决策：工资、休假政策、退休计划、工作条件、投诉程序和雇佣（包括雇佣关系的终止）政策。尽管工会仅代表了美国 14.6%（2002 年）的雇员并且不再为其成员行使契约中的权力，但是在有工会的行业里，它们仍然具有强大的力量。在所有的职业运动联盟中，选手协会和各种官员（例如棒球裁判员）的协会对管理者的行动具有重要影响并且影响运动的举行。这些协会的能力各不相同。1999 年，棒球裁判员们试图通过辞职来强迫棒球队大联盟的业主签订新合同并使之在赛季结束前生效。然而，不仅裁判员的辞职得到批准，许多人也被替换下来，棒球赛季也没有中断，因为棒球大联盟的管理者早已做好处理这种事件的准备，使裁判员代表们措手不及。

社会施加的约束条件。社会通过选出的官员，最终确定了组织运行的法律和社会环境。如果社会的任何部门关系到产品安全、污染、环境和自然资源的保护、能源节约、不公平的雇佣行为等方面，这种关系最终会以限制管理行动的法律法规形式出现。本章的后面部分将讨论影响组织行为、社会责任、公司及其管理的道德的现行法律。

如果一个组织或行业需要有特殊技能的劳动力，就必须在社会上寻求具有所需的学历和技能的人。如果不能获得这些人，管理的决策就会受到影响。

社会从总体上影响管理的最重要的方式之一就是利用对工作、利润追求和变化方面的社会学态度。这些态度与人们渴望工作和渴望被管理的强烈程度限制了管理的行动。

经济施加的约束条件。影响管理行动的经济因素包括资金的可用性、利率、通货膨胀率以及政府制定的其他金融和财政政策。美联储拥有对利率和货币供应量的实际控制权。美联储的行为限制了管理者获得所需货币量、获得所需货币的时间和享受优惠利率的能力。这可能意味着管理者关于扩大规模、新产品和新技术研发以及定价的决策都受到了影响。大数额的可用资金也能影响管理决策的时间和决策的实施。如果经济环境不适合借款，管理者就必须通过内部融资来资助项目；这会是满足财务需要的一种昂贵的方式。任何组织必须为所需资金付出的代价不在其控制范围之内，而这种对资金成本控制的不足会影响和限制管理的行动。

显然，不景气的经济条件会影响全国或某地区的体育行业。很多体育用品公司因为缺乏可用的资金被迫停业。当数百万工人在萧条时期失业时，健身中心遭受了收入和会员损失。大学和职业体育比赛的季票销售是主办者的主要收入来源，在经济困难时期销售量急剧下降。这些都是经济施加的约束条件影响并限制体育管理行动的例子。

体育管理特有的约束条件。体育管理者最熟悉的外部约束条件是体育管理协会制定的条件。全美大学体育协会(NCAA)、全美大学体育联盟(NAIA)、大专和中学的体育协会以及职业运动团体联盟办公室制定了详细的规则和规定来引导体育指导主任、教练和所有相关人员,其中包括一些外部团体,如校友会和拥护者俱乐部。下列行为受到这些严格的限制条件的影响和控制:教练招收学生运动员,管理者和业主与预期选手进行协商,所有人员支持和参与赌博性运动以及公开个人行为,等等。体育管理者必须学习包含这些指导方针的手册。

影响管理的主要当代趋势

当今社会一切都在变,惟有变化不变。管理者必须保持灵活,以适应有关下列方面的变化:工作和权力、政府干预的增强、国际市场的扩大、受过更好教育和维权意识更强的顾客提出的要求以及影响劳动力人口结构的变化。此外,管理者还必须应对美国持续的经济运动(从生产型经济转变为服务型经济)。

管理是极具挑战性的职业,其原因之一是,管理者必须准备好处理这种持续变化的环境。学习体育管理课程的学生应该意识到体育行业主要是面向服务的。这意味着体育行业中任何方面的成功或失败都会直接影响到顾客的满意度。为了让使用或购买产品或服务的顾客满意,管理者必须及时了解影响他们的社会变化和技术变化的因素。体育管理中设计成熟的高等院校项目应使学生能紧跟当代社会趋势并适应它们。例如,到 2010 年,美国人口的平均年龄将远远高出现在的平均年龄。到 2010 年,6 500 多万美国公民将超过 65 岁,并且这些人会比之前的任何老年人都更健康、更积极和更富有。到那时体育管理者能准备好向数量如此庞大的人口提供他们需要和期待的服务和产品吗?下面的内容详细描述了影响所有组织的管理的有关趋势。

关于工作和权力的变化的观点。 没有人将工作定义成游戏,但是今天的人们对工作的认识很模糊,甚至创造了新的术语来描述它。旧的清教徒式的职业道德,即工作对保持良好的道德是有利并且必要的,已经被“新职业道德”和劳动力的多样性所代替。

在 20 世纪 60 年代和 70 年代,年轻人引起的社会变革给美国社会带来了全新的价值观。阿尔弗雷德 L. 锡雷(Alfred L. Seelye)对这一代人的目标做出了如下描述:“提倡表达对‘更高质量的生活’的期望,更高质量的生活定义为更清洁的环境,消费者至上主义,包括妇女在内的少数群体的权利、强调重新调整所有经济和社会中不公平现象的平等主义以及更具参与意识的决策制定。”[1]这也可以被描述成美国梦的修订版。

美国梦的修订版可以看成是“自我一代”的产物。这一代强调保持身心的良好状态、劳逸结合、更高的个人满意度和对无趣、没有挑战性的工作的不满,这些取代了为获取更多物质成功而努力工作。[2]自我实现和获得个人幸福得到了明显的强调。

一些观察者认为,职业道德的退步是面向福利社会的转变引起的。因为有福利计划、食品券、失业保险、社会保障和类似的计划,不用工作就能获得生存所需的经济来源。因此,人们不愿意做他们不喜欢的任何工作。职业道德退步的第二个原因可能是,带来当今发展的技术进步让很多人认为工作枯燥,尤其是那些受过更好教育的人。实际上,从整体上看,相比 20 年前,劳动力受到了更好的教育。此外,年轻的工人不像年纪大的工人那样以工作和技能自豪;他们不希望参与到公司和团体的事务中;而且他们对一个组织的忠诚度也减少了。[3]除这些因素以外,对一般权力的挑战也在增加,很明显,管理者在处理员工问题上面临着巨大的挑战。

在20世纪60年代，被征召入伍者挑战联邦政府的权威并拒绝服役，在此之后，对权力的挑战就升级了。当企业解雇员工的权力在各种法庭诉讼中受到质疑时，这种挑战扩大到了商业界。曾经作为实际指导者的管理者正在被其他人取代，后者必须在行使权力前获得认可。

权力受到挑战的原因有很多。管理者滥用权力是最重要的原因。当管理者滥用他们的权力并将其扩大到常规范围之外时（例如对员工施加不合理的条件限制），他们的权力就会受到挑战。社会的普遍许可是员工挑战权力的第二个原因。如今许多有权力的人拒绝使用权力，而权力没有行动支持不久就会变弱。最终，商业和体育丑闻使得人们对权力拥有者大失所望。20世纪90年代晚期爆发了涉及国际奥林匹克委员会、美国奥林匹克委员会和奥运会组织者团体的受贿和腐败丑闻。到2004年已经进行了各种调查，其中包括美国国会进行的调查，结果对奥林匹克委员会和相关程序进行了大规模重组。虽然没有执行刑事处罚，但人们将对奥委会的关注转移到了运动员和国际竞赛上。

美国工人态度的这些变化给管理带来了许多问题。过度缺勤、低劣的技艺、高人员流动率、消极怠工以及其他迹象对于管理者来说都是明显的问题。这些变化的总体结果是美国生产力的下降和美国失去世界市场上的地位。今天对管理者的挑战是他们能做什么来扭转新职业道德的影响以及怎样做才能恢复美国工人对权力的尊敬。

合格的以人为本的职业管理者能处理社会中的所有负面趋势和态度。管理者要想和任何其他需要付出努力的领域中的顶级专业人士（如医学）一样，就需接受挑战。

除了丰厚的薪酬和慷慨的附加福利外，遵循新职业道德的人们还希望工作具有挑战性和有意义。他们也需要非金钱的回报，如同行的认可和尊敬。要使工作更加有趣，管理者可以采用的一种方式是工作轮转（将工人从一个任务调换到另一个）。管理可以采用的另外一种方式是工作增加（工人执行更多的任务）。这两种方法都能避免工人觉得常规工作无趣。

特别是今天的工人希望管理者采取直接行动来应对社会上的平等主义思想。平等主义提倡社会、政治和经济上的平等。已经颁布的《平等就业机会法》规定在雇佣、薪酬、升迁和终止合同方面都应遵循这种平等概念。然而当劳动力变得更加多种多样并且有更多女性和少数民族就业时，管理者必须缩小男女之间以及白人和少数民族之间持续存在的收入差别，并消除白人男性和所有其他人之间在管理地位上的不平等。

管理者必须记住，他们管理的是个人而不是群体；他们必须非常了解他们的员工，以便使个人目的与组织目的协调一致。这种一致将有助于激励工人，这是管理最大的挑战。

《平等就业机会法》只是影响企业的现行法律中的一个。尽管20世纪70年代末和80年代初曾试图减弱对交通业、金融业、石油业和其他行业的干预，但政府控制企业的整体影响增加了。这表现在，当社会变得更加复杂并且个人权力需要保护时，这种影响持续增加。

2003年，有更多的女性和少数民族在各行各业中（包括体育行业）担任主要管理者。尽管他们的数量不多，但这已经成为一种趋势。美国的许多大学让女性担任最高体育管理者，被任命为主教练、经理和执行官的黑人比以往任何时候都多。少数民族也在管理职位中看到了更多机会，尽管职位的数量很少。为空缺的管理职位做好准备对于任何人而言都是在就业市场中取得优势的最好方法。想从事体育管理的人，应该从该领域的教育和知识开始准备。

40年前，雇主刊登职位空缺广告时可以规定申请者的种族、性别和年龄范围。雇主还可以因不可证明的理由向同一工作岗位上的工人支付不同的工资。很少有女性和少数民族能被提升至管理职位。如今，以上任何一种行为都是非法的，并且做同样工作的工人有权获得同等工资。作为对社会运动(如20世纪60年代的民权运动)的答复，政府以文件形式消除了这样的歧视。平等就业机会委员会(EEOC)(这是直接向总统汇报的机构)为女性和少数民族争取了他们的平等就业权力。1964年的《民权法》第七章规定，组织必须采取平权行动(特殊的努力，通常是通过制订专门计划来增加女性和少数民族群体在管理职位中的比例)来消除女性和少数民族在地位上的不平等。因为这些计划给企业带来了很多改变，企业也要遵循很多新的文件，所以这些计划进展缓慢。20世纪90年代末，许多这样的平权行动计划都受到了企业和各级政府的严重质疑，其中包括有效地削弱定额计划指令的法院裁决。有些州和城市通过投票废除了平权行动计划。

所有的组织都受到了联邦、州和各级地方政府的影响。政府要求企业必须报告以下活动：如工资(预提联邦、州和地方所得税；预提社会保障税，以及从工资中扣除的其他税项)；营业税；工作环境安全规范；政府甚至对所有美国组织的营业场所的开张和停业也做出了要求。联邦政府要求雇主每季提交报告，说明从员工工资中预提的所得税和社会保障税的数额——即使企业的规模小到只有一个(也许还是兼职的)员工。只要支付了可征税收入，组织(包括营利性和非营利性的组织)就必须将报告归档。这些报告还不包括提交给州和/或地方政府的报告、提交给州劳动部门的(每个雇主都必须报告和缴纳的)失业税报告以及可能提交给平等就业机会委员会的关于员工状况变化的报告。

在过去的15～20年，对美国管理的行动有主要影响的其他政府管理机构是职业安全健康局(OSHA)和环境保护局(EPA)。职业安全健康局成立于1970年，其职责是保证每个工人都有一个安全和舒适的工作环境。管理者认为其目的是好的，但并不是都认为其制定的规定和要求是好的。《美国联邦法规》中关于职业安全健康局的部分章节几乎有1 500页，管理者必须经常熟悉这些规定对他们以及工作环境的要求。环境保护局成立于1970年，目的是保护环境不受污染的侵害。当公司没有达到环保要求时，工厂关闭、工人失业，因此环境保护局并不受欢迎；但是它解决的是一个严重的问题，这个问题需要美国管理者与政府合作继续努力改正。

政府对企业的持续干预是怎样影响当今的管理者的呢？管理的行动受到一些政府规定的限制，但是主要的影响是使管理者的工作更加复杂，并且管理者必须详细记录员工雇用、解雇和提升情况；工作场所的安全和事故；女性和少数民族在各管理级别的份额以及日常工作的许多其他方面。

没有人认为政府的干预是不必要的，但是许多管理者都认为遵循不断增加的政府规定是一种额外的负担。

扩大的国际市场。国际竞争不是未来的问题，它是当今经济的一个事实。美国生产力的减弱和美国出口品的质量下滑程度非常厉害，所以许多消费者开始购买外国生产的产品。其中一个例子就是非常流行的磁带录像机(VCR)。据说在不久的将来，所有家庭中的75%～90%都会拥有至少一部VCR，但没有一部是由美国制造的。在过去的10年中，美国消费者购买了大量国外制造的产品，因此美国的贸易逆差急剧上升。

国际竞争的加剧迫使美国管理者提高生产力、效率和创造力。美国在国际市场中的实力在于其高技术行业和服务业。

打开国际市场的因素包括更好、更快的沟通和更加便捷的世界交通。许多美国高层管理者的工作会因国际贸易而变得复杂。他们必须懂不同国家的语言、法律、风俗和传统、外国政治环境以及每个贸易伙伴国家的其他方面。另外，他们必须了解影响这些国家的任何美国关税和/或贸易协议。而且，许多管理者必须出国，这也是他们职责的一部分。也许运动鞋公司的一个中层管理者与外国制造商之间订立了生产合同。他(她)将到外国确认交易、签订正式协议以及监督合同条款的履行。

将美国有关体育管理及其分支学科的知识和专业精神运用到国际市场中，位于亚拉巴马州的美国体育学院就是一个极好的例子。该学院与外国政府协商签订了许多合同，提供受过培训的人员指导和教授体育学科：教练法、体育行为、体育医学和健身、体育研究和体育管理。

消费者至上主义的兴起。相比过去，如今的美国消费者受到了更好的教育，更加不愿接受有缺陷的产品。自从20世纪60年代拉尔夫·纳德开创了消费者保护的趋势后，美国消费者就开始要求更好、更安全的产品并且获得了消费者“权力法案”(由美国总统约翰 F. 肯尼迪在1962年成立的消费者顾问委员会出版)。

在这些权力中，消费者现在要求的权利如下：

安全权。消费者有权受到保护从而使他们免于购买到危险的或误用后有危险的产品。法律要求产品上要有警告和清楚的使用说明。

知情权。面向消费者的信息不得是欺骗性或误导性的。联邦贸易委员会的政策保护消费者不受虚假信息的侵害。1969年的《诚实借贷法》要求应明确告知消费者利率和贷款条件。说明标签法律告知消费者应以适当的方法保养服装(洗涤、干洗等)以保护它们并维持纤维的特性(例如防火的儿童服装)。

选择权。一些贸易法和反托拉斯法规定竞争不得受到非法限制，保护了消费者。

表达权。1975年的消费者保护法案和消费者保护机构让消费者在影响他们的立法事务中有表达的权力。

管理者在制造产品和提供服务时必须清楚仔细地考虑消费者的利益和他们关心的问题。管理者必须重视提高产品质量，以达到消费者的要求，并且必须提供消费者期望的产品和服务。服务-生产行业也在消费者审查的范围之内。

人口统计资料与多样性。人口增长的变化对于一个国家来说非常重要，但是对于管理而言更加重要的是人口组成的变化。人口统计学是对人口的统计研究，重点是人口的规模和密度、分布和重要数据。在美国人口现状如下：人口的增长速度比过去慢；低死亡率和出生率导致了人口老化；人口成分比之前的任何时期都更具多样性。多样性是给定人口在性别、年龄、种族或种族划分、宗教、文化信仰、社会等级、体能和性取向方面的差别。[4]

劳动力反映了人口的变化，影响劳动力性质的任何事情都会影响管理。人口的慢速增长加上低出生率使可用工人的供应减少，雇主为了获得更好的员工产生了激烈的竞争。这影响了工资标准并可能导致管理者对雇用的员工的质量降低要求。员工的退休时间更晚。因此，管理者必须为一些年纪大的员工做准备。管理者面临的最大变化是劳动力的多样性。人们普遍认为，在不久的将来移民将成为劳动力中最庞大的部分之一。

许多体育管理者对多样性并不陌生。多年来，许多民族、种族和文化群体的选手一起参赛已在职业体育中习以为常。许多年来，大学校际体育活动反映了美国的种族多样性和许多地区文化的多样性(例如美国西南地区和加利福尼亚的西班牙参赛者)。在县市举行娱乐活动的管理者在决定主办何种活动和/或体育项目前，必须考虑他们服务的人口的特点。人们可能会不断要求在美国以外的、历史上更受欢迎的项目上举办更多的比赛。

管理者能应付多样性的方式之一是接受多样性培训。多样性培训是指通过教育来提高意识和技能以应付劳动力多样性带来的问题。[5]这是组织的管理培训中持续进行的部分,但是当管理者与员工共事时,这也适用于管理者。在 1999 年和 2000 年的棒球大联盟赛季发生了一起备受关注的事件。最显眼参赛队伍之一的一个投球手在一次公开访谈中说了一些关于少数民族的没分寸的话。棒球委员会对他进行了罚款和禁赛的处罚。球队的管理者采取了更加积极的方法,引进了一位专业顾问在春季训练中对球队进行多样性培训。

人口的老龄化也会在积极的方面影响体育管理者。预计现在这一批老年公民将会是历史上最健康、最富有和最积极的。这样庞大的体育和休闲活动市场需要新的设施和项目以及产品、设备和指导,这些都需要体育管理者的加入。

表 3－1 和图 3－2 显示了到 2008 年时劳动力预期的变化。

表 3－1　劳动力的变化

关于当今各种劳动力的统计数据。

- 女性:1998 年在劳动力中占 46.3%;预计到 2008 年占 47.5%。
- 男性:1998 年在劳动力中占 53.7%;预计到 2008 年占 52.5%。
- 美籍非裔:1998 年在劳动力中占 11.6%;预计到 2008 年占 12.4%。
- 西班牙裔:1998 年在劳动力中占 10.4%;预计到 2008 年占 12.7%。
- 亚裔和其他:1998 年在劳动力中占 4.6%;预计到 2008 年占 5.7%。
- 白人和非西班牙裔:1998 年在劳动力中占 73.9%;预计到 2008 年占 70.7%。
- 年龄:1990 年,平均年龄为 36.6 岁,呈增加趋势;1999 年,估计为 39.0 岁;预计到 2008 年为 40.7 岁。
- 工作分布:服务-生产工作从 1975 年的 70%上升到 1990 年的 77.1%,预计到 2005 年会上升至 81%。货物-生产工作从 1975 年的 29.5%下降至 1990 年的 22.9%,预计到 2005 年会下降至 19%。

资料来源:劳动统计局. 职业展望手册. 2000—2001 版,pp.1～6

转变为服务性经济。根据劳动统计局的数据,就业从物品生产向服务生产转移的长期趋势将继续下去,尤其在医疗服务和商业服务领域。许多服务行业的主导力量是小型的私人公司。这限制了对一些层次的管理需要但是却向提供管理服务的整个行业敞开了大门。[6]

这样的趋势能使未来的管理者中产生更多的企业家。这也许是与如今工人的个性最相配的:有更高的满意度,除了自己,不责备和回答任何人;制订个人的工作/休闲计划;获得期望的所有物质成就,等等。还有一个事实是,小企业创造了更多的发明,它们强调管理和员工的创新素质。服务行业与制造行业中的管理具有相同的职能,但是也有区别。服务组织的管理者的工作更贴近消费者。只有少量的中层管理职务,因为许多服务组织是小公司;因此,基层管理者会受到更多的重视。在有些服务行业中,员工在中心办公室以外(例如在家)工作是很常见的事情。这样,管理者更难监督这些员工,管理者的工作变得更加复杂。

技术持续的重要性。多年来,技术是工作场所中的主导因素并且没有减弱的迹象。管理者虽然不管理技术(如机器),但是技术对管理者有重要的影响。从事高技术行业的管理者参与研发、创新新机器、现有机器的新功能和其他设备。他们还必须销售自己的发明。与创造技术进步没有直接联系的行业中的管理者必须确定是否使用新技术和如何使用新技术。人力在任何一种情况中都会受到影响,因为管理者得确定应该在替代人力的机器中投入多少资金。

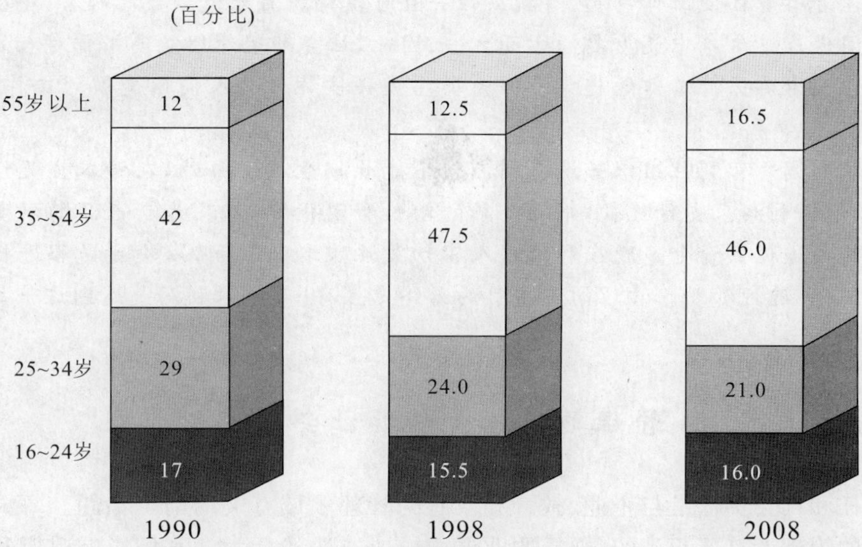

图 3－2　劳动力的年龄分布在改变

资料来源：劳动统计局. 职业展望手册. 2000—2001 版，p. 2

参与技术改造的管理者得出的结论是：组织应该努力创造并保持一种鼓励创新的氛围从而推动技术进步。管理者还应不断训练人际关系技能，来处理当高技术成为员工工作环境的一部分或代替人力时员工可能会遇到的问题，特别是怎样让他们接受变化以及怎样重新培训被机器代替的员工。

管理者的经济责任

多数人都同意管理的首要责任是经济方面的：提供产品和服务，提供就业机会以及赚取利润。甚至是在非营利性的组织中，管理者也必须提供服务、就业机会并获得继续营业的资本来源。任何类型的组织中的管理者都不能免于承担经济责任。

提供产品和服务。管理的第一个经济责任就是生产和销售消费者需要的产品和服务。管理者必须确定消费者的需求，然后采取满足他们需求的行动。由于美国的消费者在挑选产品和服务上有很大自由，因此管理者对生产和提供服务的决策是复杂的。管理者必须注意到消费者的喜好变化并采取迅速的行动来适应这些变化。

提供就业机会。如果美国的私有制企业没有为需要工作且有能力的人提供充足的工作机会，政府就要进行调解。在美国，私有企业提供了大约 85％的工作，各级政府为剩下的 15％的人提供了大多数的工作。

就业率是一个关键的经济因素。大多数经济学家都认为任何时期的最高就业水平都是 96％。当劳动力中的 96％就业时，国家处于充分就业状态。当就业率在 90％和 96％之间时，会出现经济衰退，比例更低，说明衰退更严重。如果就业率降低至 90％以下，国家就处于经济萧条时期。劳动力的定义是年龄在 16 岁及以上的、有能力立即工作的人。

管理者有责任使工作有趣、有挑战性并且可获得。对于大多数人而言,花在工作上的时间代表了生命中最重要的方面之一;因此,社会期望管理能使工作对人的心理有益。管理者要保持工作的趣味性并为那些被科技替代的人们创造新的工作,这是一种挑战。

赚取利润。营利性组织若没有利润就不能长期生存。另外,在资本主义经济体系中,必须用利润来支付税款,推动金融的增长和现代化,以及为新产品的研发和现有产品的改进提供资金。股东和债权人密切关注赚取的利润,以决定是否进行资本投资,对项目进行资助。管理的首要目的始终是生存,而赚取利润是达到这一目的的必要条件。

管理的道德责任和社会责任

道德责任和社会责任是与企业、教育和政府的管理领域有关的两个话题。每天都有一些组织或它们的管理者有不正当的、缺乏职业道德的或非法的行为。它们影响政府和其他非营利性组织与影响营利性企业的机会是平等地;对不同种族、性别或国籍的人也没有差别。联合劝募协会和美国国家促进有色人种发展协会以前的执行董事都被指控挪用了资金;而大型药店连锁店的创始人/董事长和小型教会学院的常任校长据说是贪污了组织内的资金。

体育行业也未能避免这样的问题。根据各管理机构的指令,大学体育项目常常花时间在"检查"上,检查是否违反了规定。几年前,这个问题非常普遍,所以全美大学体育协会给反复受到处罚的项目判了"死刑",这种检验/惩罚非常严,甚至威胁到了大学项目的继续存在。职业的和大学的体育项目受到了赌博检查的冲击,大牌明星、业主以及整个项目都受到了惩罚。药物使用(非法街头毒品和类固醇激素)在各级体育行业中引起了骚动并迫使形成了检查和执法项目,这些检查和处罚因"道德的"正确性和侵犯隐私而受到争议。

对国际奥委会(IOC)和希望举办奥运会的地区的一些团体的行动进行了调查,调查关注这样一个道德问题:至少有两个美国城市(也许还加上世界上的其他地区)的奥运会组织者向过分影响比赛裁决的国际奥委会成员提供过精心准备的好处(昂贵的礼物、奢侈的度假、大学奖学金,等等)吗?接受过这种好处的国际奥委会成员和提供好处的奥运会组织者都明显违反了国际奥委会对招待标准的限制,受到了审查,有些人因此辞职。

学院和大学为了应对这一挑战,修改了课程表,规定开设有关道德、社会责任和影响现代人的社会问题的课程。任何级别的和从事任何类型行业的管理者都有义务熟悉道德方面的事宜和制定道德行为准则。如果管理者的行为不道德,一些管理机构最终会制定和执行各自的道德行为制度。社会对道德行为的要求从未如此强烈。

为防止组织企图采取的行动会损害环境的最佳利益、消费者权力和公平竞争,人们通过并不断修订法律。这些规定可以是将社会责任法律化的尝试。

从事体育管理的人们清楚地知道一些道德问题:使用药物提高成绩是非法的;任何选手或教练/管理者对自己的参赛队打赌(可能并且确实影响比赛结果)都是不正确的;篡改学生运动员的成绩单来获得和/或保持参赛资格是不合法的。但是有关道德的其他问题受到的限制却不充分:健身俱乐部用销售其他产品成功(和经常)使用的策略劝说人们加入它们是不道德的吗?如果少数民族和女性在管理职位中的代表名额不足,组织的雇佣行为是如何发挥"道德性”的呢？这些问题引起了关于道德定义的大讨论。

道德规范

古希腊哲学家认为人类主要的追求之一是道德上的追求，他们将其定义为对善良和美德的追求。[7]在企业中，在个人行动的合理性和对价值观或思想的寻求（当个人或组织行动可能会与其他人或整个社会相冲突时，相关的价值观和思想能够引导他们的行动）方面，道德规范受到更多的重视。[8]

“道德”行为已经成为“合法的”、“善良的”或非常“有德行的”行为的代名词。今天，在所有类型的行业中，道德行为都受到了许多关注。各级政府都有官员因非法和不道德的行为被捕，这让美国人民对政府采取的行动产生了质疑。商业受到行业丑闻的损害，例如 20 世纪 80 年代的内幕交易、（连环的）储蓄和借贷失败以及关于产品操纵和限价的各种报道，使消费者必须提防几乎所有的企业行为。宗教也有丑闻，包括从筹资诈骗到轻率性行为等方面。在组织内部员工对他们的管理者大失所望。波士顿大学管理学院的唐纳德 L. 坎特和学校应用社会学中心的菲利浦 H. 米尔维斯发现了这些令人吃惊的事实：在员工看来，①5%～15%的上司在工作时间表现出异常行为；②10%～20%的吸毒者是管理者、企业所有者和专业人员；③78%的工人不信任他们的主管。[9]如果美国有将近 4/5 的员工不信任他们所在组织的管理，很明显美国管理者的道德有问题。

道德规范被普遍认为是一套道德价值观或原则。道德规范分辨什么是好的，什么是坏的以及规定个人或社会的道德责任和义务。一个专业组织可能有一套“道德准则”来管理其成员或出资人的行为。人们常常混淆了道德行为和合法行为。道德行为凌驾于合法行为之上并增加了行为的社会可接受性。道德规范可随社会态度的改变而改变。例如，拥有一件貂皮或其他华贵皮毛做成的外套曾经是被大多数女性视为成功的标志；今天，许多女性认为饲养这些动物来制造毛皮外套是令人不齿的，她们通过游行强烈反对这类产品。鳄鱼曾是濒临灭绝的物种，不得非法捕杀；但是如今它们的皮却被制成皮靴、皮带和钱包，因为暂禁捕杀使它们的数量过剩。体育行业中的变化同样反映了这一点。例如，奥运会的参赛变化：多年来美国不允许任何运动员作为职业选手参加奥运会；现在，很多职业选手可以并确实是代表美国参赛。在道德行为环境下，一个行为是否符合道德规范有时取决于许多因素。

道德品行和道德规范之间的差别通常属于语义学的范畴。道德品行确定了限制行为的一个价值结构。道德规范涉及道德标准的合理性和应用。多数词典认为这两个词是同义词。

管理的道德责任

最广为人知并最经得起实践验证的道德理论是以道义论（道德义务理论）或目的论（关于终结或结果是自然界中真实的、现实的道德学说）为基础的。道义论强调行动的基本德行；而目的论是道德理论（主要是功利主义），强调最终结果——简单地说，将最广大群体的最佳效果最大化。

当体育管理者或任何行业的管理者作出决策时，他（她）必须衡量决策最终结果的和决策过程的道德意蕴。法律、管理组织和公众要求甚至会将决策的强度增加到这些因素中。

管理者每天的行为都涉及到道德规范。在经营任何组织的过程中作出的每个决策都必须包含下列三个核心活动：①达到目标；②维持内部系统；③适应外部环境的要求。[10]道德规范涉及到人们和他们的机构之间的相互联系。管理者根据自己的道德准则作出决策；然后，开始采取行动，这些行动是正确或错误的、符合或不符合公众的最佳利益的，公平或不公平的，合法或有问题的。对这些问题的答案是：为符合道德的决策建立一个模型。

作出道德决策

管理决策不是精密的科学，因为管理决策包括以个人道德信仰为基础的价值判断。有关决策未来的模糊性增加了决策的难度。一旦将特定环境的元素及其影响因素添加到决策过程中，管理者为了作出符合道德的决策，就得衡量所有的事实、价值观、利害关系和可能性，这是一项困难的工作。开始决策过程应清楚地认识到希望采取的行动和最终结果都应是合法的。

只要确认了情况和问题的合法性，在制定基于道德约因的决策时可以采用图 3－3 中显示的模型。模型中采用了四个标准来评估决策的道德质量：效用、权力、正当性和意图。如果对这四个标准有混淆或不确定的地方，必须深入分析每个因素的重要性、采取行动的自由度和对不良结果的预料。在每次判断中，决策人的道德规范和个人道德信仰是对事实和信息作出任何考虑的基础。使用这个模型作出决策后，决策人应继续确定决策的实际后果或效果与预期的后果或效果之间的接近程度。

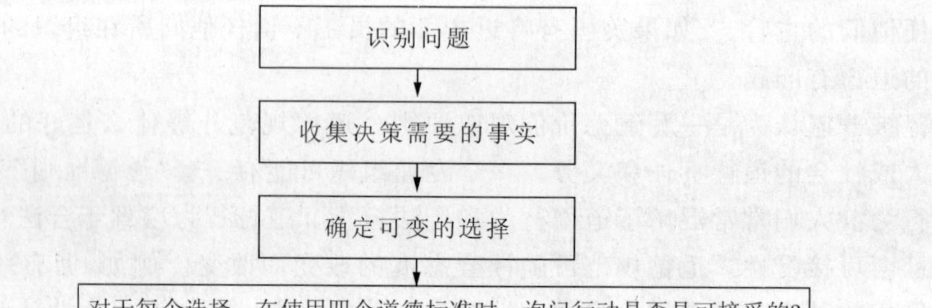

图 3－3　道德决策模型

（据 Cavanaugh G.《美国企业价值》(第 2 版). 新泽西州英格伍德克里夫：Prentice Hall，1984）

职业道德规范

为其成员制定自律性道德准则的职业组织陷入了争议之中。但是大多数人都认同这种职业行为并相信这将会是正确的发展方向。

体育管理行业领域的范围广，难以制定独立的道德准则。但是人们还是努力制定了这种准则。北美运动管理学会（NASSM）批准了适用于体育管理者的道德信条（表 3-2）。

表 3-2 北美运动管理学会的道德信条（于 1989 年批准）

生活在自由、民主社会里的北美运动管理学会的专业成员应尊重社会中所有人的价值和尊严。作为专业人士，我们应尊重对基本人权的维护和保护。我们致力于高水平的专业实践和服务。以健全的管理理论的应用为基础的职业行为是由一个科学团体制定的，这个科学团体研究体育运动在所有人生活中的作用。对于所有年龄和条件的客户，不论是加速型、正常型或是特殊型，只要与他们的状态或条件有关，他们就应享受到这种专业服务。

因为北美运动管理学会的成员追求的是专业的服务，所以我们将尽一切力量保障那些需要我们帮助的人们的利益。我们只会将我们的专业技能用于符合社会价值观、规范和法律的方面。尽管我们作为专业人员需要在符合社会价值观的调查和交流中获得最大自由，但是我们充分认识到这种自由要求我们是负责任的、有能力的，并且能客观地应用我们的技能。我们应始终关注我们的客户、我们的同事和广大群众的最佳利益。

资料来源：E. Zeigler. 为北美运动管理学会建议的职业道德信条和准则. 体育管理杂志. p. 3，2～4

这种信条或准则是向专业主义发展的又一进步。影响行业细分的许多因素都是由法律法规控制的，但是许多行为却取决于专业人员的个人道德。个人必须考虑他们的个人道德价值的力量；他们的个人尊严和遵从良知的勇气；道德行为在工作环境中被需要或被鼓励的程度；以及影响着他们的态度和工作环境的各种角色模型和指导者。任何团体的职业道德都仅仅是个体成员或专业人员的个人道德的总和。在体育行业中，漠视各细分行业的规则和规定的许多人员（例如主教练）发现工作难找。这是另一种自律的一个例子。

社会责任

关于管理的社会责任，还没有一个清楚的、广为接受的定义。一位权威人士将其定义为："超出由法律原则和市场经济实用要求的有关管理决策和企业决策的道德内容。"[11]也有人将其简单地定义为"增进（或至少不损害）社会福利的企业责任"。[12]当人们考虑到各行业中的社会责任和道德行为的概念时，他们应该看到产生的复杂因素和问题。在本书中，我们将管理的社会责任定义为按照总体社会的最佳利益采取行动。

社会责任的概念是由亨利·甘特（参见第一章中关于管理学历史的介绍）提出的，他提出的人性化的管理方法包括行业进行工人培训的责任。甘特为鼓励行业责任所做的贡献比他之前的任何人都多。近年来，公众愈加要求所有类型的机构都要承担责任。

管理未能根据公众的最佳利益履行职责，导致公众对其组织和整体商业丧失信心和信任。当公众愤怒变得强烈时，政府通常会介入并制定某些类型的规定或惩罚。

以下是组织的和作出并执行决策的管理者的最重要的社会责任：

提供安全产品。组织应提高其产品的安全性或从市场中撤出不安全的产品。如果产品伤害了消费者，公众会要求制造商承担责任。

提供安全和健康的工作环境。当工作中的事故和伤害多发时,公众会要求采取行动。这是以政府规定(OSHA)的形式出现的。现在管理面临的关于工作场所的问题包括视频终端引起的眼疲劳和高技术影响健康。此外,许多公司迫于社会压力将药物滥用咨询和健身计划作为健康工作环境的一部分。

提供自然环境。自20世纪60年代早期开始,人们就非常关注保护资源和消除环境污染。管理决策受到了公众压力和政府的最终规定的影响。许多有社会责任意识的企业采取了进一步的行动,它们对工厂进行环境美化,使之成为类似公园的地方,超出了政府的污染控制要求,并且这些行动所需的资金必须安排在工厂建设计划中。

为女性和少数民族提供平等机会。我们在本章中讨论过这一点,但是许多组织把有意用女性或少数民族填补空缺管理职位作为对公共利益(机会平等)的响应。制定了成熟的平权行动计划的组织公布这些计划,赢得了有利的反响。超出政府要求的一个影响是,因此原因被忽视的白人男性提出的反歧视诉讼不断增加。管理者必须注意在不遭遇法律难题的情况下继续提供平等机会。

遵循法律精神和法律条文——符合道德。公众要求组织和它们的管理者不仅应遵循法律,还应尊重规定包含的意图。如果一个公司选择忽视污染控制要求(因为遵循要求所需的费用比不遵循的罚款更多),批评人士也不会满意。规定的意图是控制污染,而不是收取罚款;公众压力会加大,直到管理者为此决策承担个人责任。组织可以在法律范围之内操纵资源,但是如今公众期望更多的道德行为。道德行为的定义是:采取正确、正当的及符合认可的行为标准的行动。公众日益要求管理者不仅要采取合法的行为,而且还要求行为是非常道德的。

提供公共服务项目。社会要求组织向其返回一些利润。许多公司回收废品;有些公司为员工的子女提供奖学金;还有些公司向联合劝募协会和其他慈善机构免费提供组织时间和人才。职业运动队鼓励和支持主办高尔夫比赛或类似比赛的选手筹集慈善资金。许多出身贫寒的选手帮助需要积极生活影响的儿童,以此回报社会。支持这些行动的管理者相信这些行动不仅能增加组织的长期最佳利益,而且是社会的善举。

影响管理者的社会行为和道德行为的法律

正如之前提到的,当公众愤怒或要求达到一定程度时,政府和其他管理组织会采取措施来确保管理行动在社会和道德方面都是适当的。这以法律、规定和法规的形式出现。这类法律、规定、法规和执行机构有几百个。在第四章“体育管理的法律方面”中讨论了适用于体育行业的这类联邦法律和规定。在第十章“组织人事安排”中讨论了适用于就业的联邦法律。表3-3列示了这些联邦管理机构,它们处理影响体育管理者和其他管理者的行动的社会责任和道德问题。有一些专门的联邦法律在解决产品安全和环境问题方面可能对体育管理者有意义,尤其是那些涉及到一些产品(例如枪)并且严格要求保护儿童的专门的联邦法律。

管理者在未来面临的环境和道德问题

制订计划和保持消息灵通。管理者必须注意到环境中的变化并灵活应对。关键之一是制定有效的计划和应变计划。在第五章中我们将详细讨论计划的制订,包括何时以及怎样为意外情况做准备。

表 3-3 处理社会责任和道德问题的主要联邦执法机构

管理机构	来源	活动或作用
联邦贸易委员会(FTC)	《联邦贸易委员会法》(1914)	与司法部一起执行反托拉斯法;为不公平竞争方式和欺骗消费者的行为(包括虚假广告)制定标准
平等就业机会委员会机构(EEDC)	《民权法》第七章(1964)	调查与就业时的性别、年龄、种族、肤色、宗教或原国籍方面的歧视有关的投诉和问题
环境保护局(EPA)	《国家环境政策法》(1969)	为控制污染制定标准并执行联邦法律
职业安全健康局(OSHA)	《职业安全健康法》(1970)	负责规定员工的安全健康工作条件
国家公路安全管理局(NHTSA)(成立于1970年)	《机动车安全标准法》(1966);《公路安全法》(1966)	规定汽车和其他车辆的安全标准
消费者产品安全委员会(CPSC)	消费者产品安全法(1972)	制定生产消费品的安全标准
联邦选举委员会(FEC)	《选举筹资法》(1974)	管理国家选举的筹资,包括企业出资和政治行动

管理者还可以通过收集和使用信息来适应环境变化。内部信息很容易获得:缺勤报告、销售数据、设备维修记录、质量控制报告等为管理者制订新计划和更改现有计划提供了宝贵的信息。对于大学体育管理者而言,明智的做法是让教练将详细记录了招募和活动行程的表格进行归档,以确认他们是否符合规章制度。学生的成绩是大多数学术信息的来源,各级体育管理者需要这些信息来确定学生的毕业资格以及取得的进步。

任何行业的管理者都可以通过阅读通讯、专业期刊和流行杂志以及出席专业大会、参加专业团体、参加学术会议和使用其他外部资源来获得有关经济和各自行业的(包括那些涉及体育管理的)趋势和发展的信息。

道德官员。在美国1 000个大型行业和服务组织中,大约20%的组织设有道德官员。马萨诸塞州沃尔瑟姆的本特利学院商业道德中心主任 W.迈克尔·霍夫曼称道德官员是美国企业中最新的和数量增长最快的职位。设立执行道德准则的职位的想法产生于20世纪80年代中期之后,当时经常有关于非法商业行为的丑闻。1991年通过的联邦判刑指导规则(用于减轻备有道德计划的组织的罚款)推动了设置道德官员职位的趋势。道德官员制定了一个组织的道德规范,以确定企业价值观的使命及其表述,以及认可的行为得到了遵守。该规则提出了一个关于此职位的问题:道德官员必须有权影响组织运行中的变化,使这些运行符合道德规范。道德顾问芭芭拉·雷·托夫勒强调说,不要让人们在符合道德和增进生产力之间进行选择,否则人们会走捷径或违反规则,这一点很重要。这两个目标应是互补的,而不是相互排斥的。组织的行动符合道德规范应能增加公众对该组织及其产品的信心,使其生产力提高。[13]在体育行业,许多大学运动项目增加了人员来填补此种类型人员的空缺。他们的头衔不一样,有合规官员,也有学术顾问,但是目的是一样的:所有的工作都是为了让人们在规则的范围内以符合道德的方式活动。

道德规范和策略。哲学中有一个被称为共同道德的概念。共同道德是适用于必须作出道德判断的多数情况的一般规则。大部分人在多数时候按照一套共同道德生活。我们在定义一套共同道德的原则时，可以从商业和管理道德规范中获得一些经验。体育管理专业的学生将看到这些基本的共同道德规则能够被非常好地应用到体育行业的活动中：

遵守诺言的原则：大部分人在多数时候应该遵守他们的诺言。

避免伤害的原则：大部分人在多数时候都不应该给其他人造成身体或精神上的伤害。

互助的原则：他人需要帮助时，如果人们可以承受帮助的费用，应该给予帮助。

尊敬他人的原则：大部分人在多数时候只有获得他人同意后才能使用他们的财产。

从这些简单的共同道德行为原则中，我们可以得出一些一般原则来指导管理道德规范。弗里曼(Freeman)和吉尔伯特(Gilbert)阐述了七个原则来引导人们作出决策，使之符合更好的商业道德规范：

1. 在广告中总是告诉消费者事实。
2. 在法律约束的范围内将股东的利益最大化。
3. 平衡所有股东的利益。
4. 尽力做出最多社会善举。
5. 在多数时候遵循标准的商业行为。
6. 履行合同义务和约定的义务。
7. 让员工感受到尊严和尊敬。[14]

道德规范适用于策略，因为它通过每个决策的制定引导着任何组织的事业。商业道德规范必须能让管理者做好应对新情况的准备，在这些情况中通常会有相冲突的目标并需要新的方法来作出决策。

有道德的管理者。当21世纪到来时，管理者开始面临更多的价值观问题，他们使用公众认可的个人道德规范来作出组织决策。公共组织不能继续承受不道德和非法的管理行为带来的丑闻。如果组织不遵循道德管理的认可标准，政府将根据公众要求加强限制。

管理学会前会长及杰出的执行管理教育家哈罗德 F. 斯米迪在其著作《2000年的管理者》中建议了六种方式，让管理者在有益并且有挑战性的职位上工作的同时为未来做好准备：

1. 在评估候选人时采用新的管理道德标准来监控领导层的发展。
2. 通过继续教育将改变正常化。
3. 通过鼓励创新奖励“内部创业”。
4. 让管理者参与社会计划，以遵循组织对于所有股东的社会责任。
5. 提供外交或政治程序培训以便管理者知道怎样在对抗情况下施加影响。
6. 通过帮助管理者选择管理风格(最适合正在被管理的特殊活动)，采用适合的管理风格。[15]

管理者制定关于资源和股东(在一些情况或决策的结果中有利益或股份的每个人)的决策。衡量管理者成功与否的最简单方法是利润最大化，或者对于体育管理者而言，是胜利或冠军。但是现在公众并不满意或接受这个目标。管理者还必须考虑社会价值观并且平衡资源贡献者和股东的要求。这要求管理者理解政治程序以及怎样使用政治程序来获得最大优先权。

今天的管理者通过教育机构和组织发展计划中的继续教育计划，必须能将自己培养成商界中的“外交家”。管理者成功的新方法将包括怎样成功地评估价值观问题以及管理者是怎样运用技能获得最大优先权。

小　结

管理环境是影响管理行动的所有社会、文化、经济和自然因素的总和。管理权力受到环境中的各种外部和内部约束条件的限制。一些主要的内部约束条件包括组织文件、有限的资源、组织方针和顾客。外部约束条件是由法律、政治、公众、竞争者、工会、社会和经济施加的。

管理的执行受到许多当前趋势的影响。最重要的趋势是人们对以下方面的变化的态度：工作和权力、政府不断干预企业、扩大的国际市场、消费者至上的兴起、人口规模、多样化和人口统计学变化、从生产型经济转变为服务型经济以及高技术的持续发展及重要性。

管理的经济责任是提供产品和服务、提供就业机会和赚取利润(或者对于非营利企业，是产生继续运营所需的资金)。

为了应对快速变化的环境，管理者必须保持灵活性并精通计划的制订，包括为意外情况做准备。总之，美国各行业的管理者必须以更专业的方式来履行他们的责任和职责。

道德规范和社会责任是有关商业和管理领域的两个话题。此外，道德的和有社会责任的行为也影响非营利组织和政府。

国家颁布相关法律，以防止组织企图采取的行动会损害环境的最佳利益、消费者权力和公平竞争。这些规定是将社会责任法律化的尝试。

一般认为道德规范是一套道德价值观或原则。“道德”行为已经成为“合法的”、“善良的”或非常“有德行”的行为。最广为人知和最经得起实践验证的道德理论是以道义论(道德义务理论)或目的论(关于终结或结果是自然界中的真实现实的学说)为基础的。道义论强调行动的基本德行，而目的论强调最终结果或后果，即将最广大群体的最佳效果最大化。道德规范涉及到人们和他们所属的组织之间的相互联系。一些专业组织还为其成员制定了自律性道德准则。

关于管理的社会责任，还没有一个清楚的、广为接受的定义。在本章中，管理的社会责任是按照社会总体的最佳利益采取行动。组织及其管理者最重要的社会责任是提供安全的产品，提供安全的工作环境，保护自然环境，为女性和少数民族提供平等机会，遵守法律以及提供公共服务项目。

联邦政府通过了许多有关管理道德规范和社会责任的法律。这些法律中的大多数是针对不道德行为和滥用权力行为颁布的。这些规定的一般类别是：竞争行为和贸易；消费者保护；产品安全和环境保护。国家成立了许多管理机构来执行此领域的各种法律和法案。当企业未能对影响社会需要的问题做出响应时，政府会制定社会责任法规。

管理和商业领域的一个趋势是在大型组织中设立道德官员职位。美国的大型组织中大约有 20%设有此类职位。

未来的管理者需要接受政治程序或外交方面的培训，以熟练地处理其职位要求的所有职责。

复习题

1. 说出管理环境的定义。
2. 列举并讨论管理行动的内部约束条件。
3. 列举并讨论管理行动的外部约束条件并解释它们的意义。
4. 讨论多样性和人口统计学变化对劳动力和管理者的影响。
5. 政府规定是怎样影响管理的?
6. 管理的经济责任是什么?
7. 讨论道德规范和道德品行之间的差别。
8. 给社会责任下定义并说明社会对管理有什么期望。
9. 在有"准则"或"信条"的行业中,一群专业的敬业的同事有什么样的重要性?

个人能力实践

假设一所一流大学的一个足球主教练正因其员工、后援者、选手和他自己违反了管理规则而受到调查。而一所二流大学为他提供更好的工作,即担任其足球主教练,他接受了,立即上岗。二流大学的行政人员根本不知道上述调查,而这个教练在综合面试中也没有提及这一点。教练、一流大学的体育指导主任、二流大学的行政人员以及调查人员的道德责任分别是什么?

案 例

事实或后果

菲利普·卡莱尔认为他享受着迷人的生活。他两年前在一所重点大学获得了体育指导主任的工作,接收了一批优秀的教练和管理员工,这些员工一直创造着成功。现在,他遇到了大麻烦。

学院院长的一个电话引起了他的问题。这个院长一直在调查一个主教练,后者的工作是教授关于教练法的特别暑期课程(此课程是学院体育管理项目的一部分)。在检查此教练的学术背景时,他发现教练没有获得他简历上声称的硕士学位。实际上,他告诉菲利普说,学院没有记录表明教练曾经在那儿上课并获取学分。然后,菲利普打电话给他的高级副主任并让他检查了教练的简历上列出的多年参赛和教练经验。结果同样惊人。教练从来没有参加过学院队伍的比赛,并且他的一些教练经验也是夸大其词。

现在菲利普·卡莱尔必须决定该对此做些什么。

问题:

1. 如果你是菲利普·卡莱尔,你会怎么做?给出你的理由。
2. 个人的道德观是怎样反映到组织的?是怎样影响组织与其环境之间的关系的?

关键术语

平权行动计划:消除女性和少数民族的不平等地位的特殊计划。

道德准则:专业组织制定的专业行为和预期的自律性陈述。

共同道德:适用于必须作出道德判断的多数情况的一般规则。

人口统计学:对人口的统计研究,重视人口的规模和密度、分布和重要数据。

道义论:道德义务理论。

多样性:给定人口在性别、年龄、种族或种族划分、宗教、文化信仰、社会等级、体能和性取向方面的差别。

多样性培训:通过教育来提高意识和发展技能以应付劳动力多样性产生的问题。

平等主义:提倡社会、政治和经济平等的社会哲学。

管理环境:所有社会、文化、经济和自然因素的综合,这些因素影响个人、组织或社团的生活方式。

道德行为:成为了"合法的"、"善良的"或非常"有德行的"行为的代名词。

道德规范:一套道德价值观或原则。

道德官员:大型组织中设立的职位,用于确保组织价值观的使命和陈述,以及认可的行为得到了遵守。

外部约束条件:影响管理行动的、来源于组织框架外的环境限制。

联邦贸易委员会:在消费者保护和执行反托拉斯法规方面有广泛权力的联邦机构。

食品和药品管理局:保护公众远离不安全食品和药品以及贴错标签的产品的联邦权力机构。

1978 年的《反海外腐败法》:禁止美国的组织用任何付款(贿赂)获得外国合同的联邦法律。

内部约束条件:影响管理行动的、来源于组织内部的环境限制。

1969 年的《国家环境政策法》:创建了环境保护局的联邦法律;此法律的通过是为了维持、保护和改善环境。

1970 年的《职业安全健康法》(OSHA):建立了影响多数美国组织的特殊安全指导方针;此法用于减少工伤死亡、保护在职员工和改善工作条件。

主动管理:企业和管理在被施加压力之前主动应对社会和经济问题;采取主动措施应对影响公众的社会和经济问题。

工作生活的质量:工作为个人提供机会以满足多种个人需求。

管理的社会责任:按照总体社会的最佳利益采取行动。

目的论:认为终结或结果是自然界中的真实现实的道德学说,例如,功利主义。

参考文献及本章注释

[1]Alfred L. Seelye. Societal Change and Business - Government Relationships. *MSU Business Topics* 23 (Autumn,1975):7

[2]Daniel Yankelovich and Bernard Lefkowitz. The New American Dream. *The Futurist* 14 (August, 1980):14～15;Daniel Yankelovich. New Rules in American Life: Searching for Self－fulfillment in a World Turned Upside Down. *Psychology Today* 15(April,1981):35～91

[3]David Cherrington. The Values of Younger Workers. *Business Horizons* 20(December,1977):18～30

[4]Samuel C. Certo. *Modern Management*. Eighth Edition. Upper Saddle River, N. J. : Prentice－Hall, 2000,528

[5]*Ibid.* ,543

[6]Charley Blaine. Services field leads job growth. *USA Today*, February 24, 1986, p. 1E.

[7]Russell L. Ackoff. *The Art of Problem Solving*(New York: John Wiley & Sons,1978),p. 14.

[8]R. Edward Freeman and Daniel R. Gilbert, Jr. , *Corporate Strategy and the Search for Ethics*(Englewood Cliffs, NJ:Prentice Hall,Inc.),1988,pp. 44～45

[9]Lisa Crowe. What Does Your Staff Really Think of You? *Atlanta Journal/Constitution*, March 2, 1987,pp. 1C,11C

[10]Chris Argyris. *Integrating the Individual and the Organization*(New York: John Wiley & Sons, Inc. ,1964),p. 120

[11]Robert H. Bork. Modern Values and Social Responsibility. *MSU Business Topics*, Spring, 1980, p. 7.

[12]Ferdinand F. Mauser and David J. Schwartz. *American Business*. 6th ed. (San Diego, CA: Harcourt Brace Jovanovich,1986), p. 94

[13]"More Businesses Recruit Ethics Officers," Associated Press, August 24, 1993 as reprinted in *The Atlanta Journal/Constitution*,p. F3

[14]Freeman and Gilbert. *Corporate Strategy and The Search for Ethics*, pp. 55～60.

[15]Harold F. Smiddy. The Indispensability of Voluntary Teamwork. in *Managers for the Year* 2000, ed. by William H. Newman(Englewood Cliffs, NJ: Prentice－Hall, Inc. ,1978),pp. 116～118.

[16]William H. Newman. Irrepressible Opportunities. in *Managers for the Year* 2000,pp. 119～129

第四章　体育管理的法律方面

格伦 M. 王(Glenn M. Wong)

莉萨·派克·玛斯特拉利克西斯(Lisa Pike Masteralexis)①

在本章中,您将熟悉以下词汇:

体育法	文字诽谤	项目法
集体谈判协议	口头诽谤	机构法
联邦法院系统	代理法	平权修正案
审判系统	独立订约人	同酬法
合同法	宪法	《1964 年民权法案第七条》
侵权责任	正当程序	反托拉斯法
故意侵权	平等保护	谢尔曼反托拉斯法
非故意侵权	不合理的搜查和扣押	克莱顿法
威胁和殴打	侵犯隐私	劳动法
轻率的不当行为	性别歧视	就业歧视
过失	《1972 年教育修正案第九条》	美国残疾人法
诽谤		雇佣年龄歧视法

引　言

体育法是体育产业中不断成长的部分,因此涉足本行业的人员必须熟悉体育法。

本章讲述体育法这一领域出现的与体育法相关的问题,这些问题是怎样影响到体育业的不同团体,例如:管理者、教练、官员和参加者。本章指出并定义了法律的主要方面及其与体育业的关系。这些主要方面是合同法、侵权责任、代理法、宪法、性别歧视、刑法、反托拉斯法和劳动法。

本章也讲述了法律的各个方面对体育业的影响,体育管理者对于这些问题应知道哪些内容以及运动员怎样能更好地对待可能发生的诉讼。

---

①本章由阿姆斯特麻省大学体育管理学院的格伦 M. 王教授和系主任莉萨·派克·玛斯特拉利克西斯撰写。作者感谢马萨诸塞大学体育管理学院的助理教授卡罗尔·巴尔,她的研究和写作对第一版本章作出了贡献,感谢莫林·克肯特整理手稿。

体育法概述

对体育法的研究是一个比较新的领域。罗伯特 C. 贝里(Robert C. Berry)教授于 1972 年在波士顿大学法学院首次讲授名为"职业体育规则"的体育法课程,该课程反映了 1972 年的大部分体育法律问题都涉及职业体育运动这一事实。到 20 世纪 80 年代末,业余体育法律问题变得与职业体育法律问题一样普遍。自从贝里首次讲授体育法课程以来,许多法学院和体育管理专业都将体育法课程并入其课程表中。这个趋势也许将持续到 20 世纪 90 年代,这是由于对体育业的不断扩大的货币投资驱使体育运动的各个方面都朝着商业化方向发展。

什么是体育法?体育法是法律的各个方面在一个特定的行业——体育业的应用。法律在体育中的应用使法官、律师和体育管理者面临许多新的法律难题。这些法律问题产生了对联邦和州的立法需求,在某些情况下,产生了专门针对体育运动的联邦和州的法律。另外,这些独特的问题要求颁布法规、条例和专门针对体育运动的法律文件。其中,联邦立法有《1972 年教育修正案第九条》,它规范了小学、中学和大学中的性别歧视问题,并适用于接受联邦政府资金的机构中的体育课程。另一个例子是 1978 年通过的《业余体育法》,它规范了美国境内的奥林匹克运动。为体育而颁布的州立法有代理人法,24 个州通过了该法,该法规范代表运动员与职业团队进行合同谈判的代理人的行为。另外,许多州都有关于体育教练和/或医生的法律,要求他们在某些中学体育赛事中出现。数个州进行了关于体育迷对裁判和官员的行为的立法,还有一些州有关于健身和训练设施的立法。除了法律之外,由全美大学体育协会(NCAA)出版的《NCAA 手册》中还列有一些专门规范体育运动的法规和条例。现行格式的《NCAA 手册》最早发行于 1965 年,而 NCAA 章程(先前的形式)早在 1913 年就开始印刷了。

在体育运动的商业方面,合同也成为其重要部分。现在有专门针对职业团队运动员的标准合同。而且,各个职业团队体育联盟还商定了集体谈判协议,该协议规定在各自的联盟中雇用运动员的条件。对于大学中的教练、出租设施和/或在电视上或广播中播放赛况的团队、加入健康俱乐部的个人来说,通常采用单独商定的合同。

对于体育管理者来说体育法越来越重要。这一点显而易见,在体育运动中,许多重要的领导职位都由律师担任。例如,职业团队运动中有三位现任专员都是律师:美国国家篮球协会(NBA)的大卫·斯特恩(David Stern),国家曲棍球联盟的加里·贝特曼(Gary Bettman)和国家橄榄球联盟的保罗·塔格里亚布(Paul Tagliabue)。几家职业运动队的总经理、大学会议专员和体育指导主任都是律师。

尽管许多律师担任了领导职位,但法学学位并不是获得关键的领导职位的先决条件。总的来说,在体育方面担任关键的管理职位的大多数人肯定不是律师。然而,如果这些非律师管理者能认识并处理法律问题,肯定是有益的,这是由于法律问题出现的频率比前些年更大。能认识和了解体育法律问题的体育管理者将更容易作出适当的管理决策以避免陷入司法困境,能更有效地交流、理解和提出疑问,也可以在出现困难时,对组织的律师给予指导。

本章为欲精通体育法的体育管理者提供了一个起点。探讨的话题包括:法院系统、合同法、民事侵权法、代理法、宪法、性别歧视法、刑法、反托拉斯法和劳动法。

法院系统

为了有效地处理今天所面临的各种法律事务，体育管理者需要对美国的法律系统有一个基本了解。美国有两大基本法律系统：联邦系统和州系统。

联邦法院系统

美国的联邦法院系统包括最高法院、13 家上诉法院、94 家地方法院、一些专门法院以及行政机关(图 4-1)。尽管有些案件可能一开始就在上诉法院或最高法院审理，但由联邦法院审理的案件通常首先在地方法院审理。经地方法院审理后，提出上诉的案件通常在上诉法院进行审理，在极少情况下，会直接在最高法院审理。

最高法院是美国最高级别的法院，也是所有案件的终审机构。一旦最高法院对某个问题作出裁决，所有其他联邦法院都必须按其命令来解释法律。美国最高法院有 9 位大法官，包括 1 位

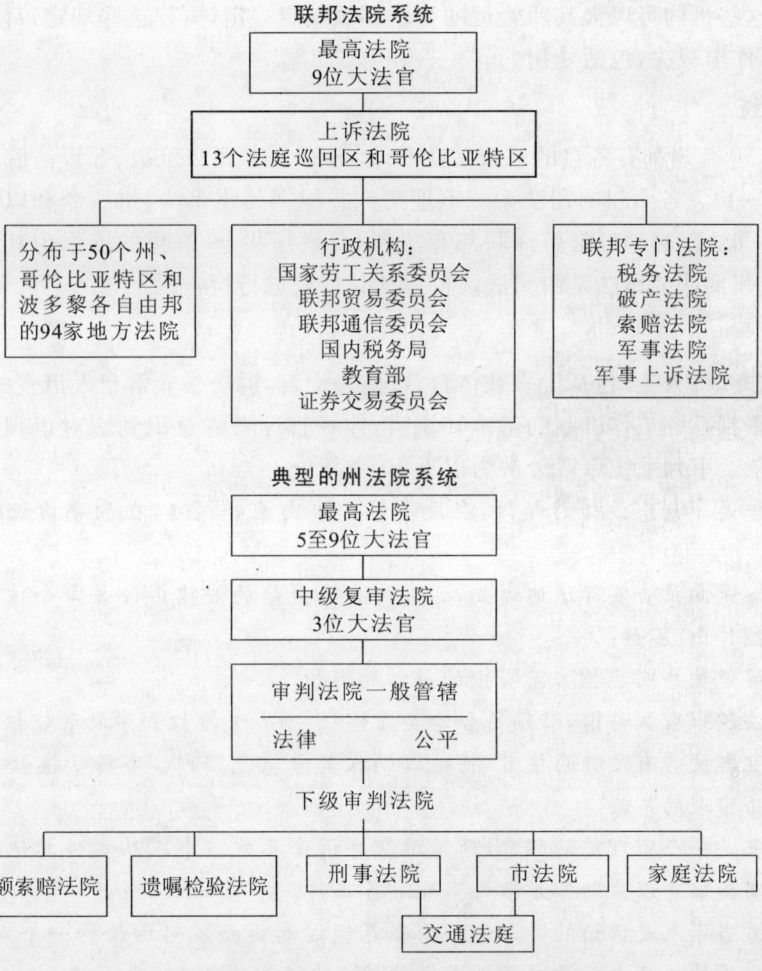

图 4-1 联邦和州法院系统

资料来源：Wong G. 业余体育法要件(第 2 版). 康涅狄格州韦斯特波特：Praeger Publishers，1994

首席大法官和 8 位大法官。最高法院的大法官由美国总统任命并经美国参议院确认。大法官是终生制。

大法官们在听取双方当事人的口头陈述并阅读双方当事人的辩护状或书面论据之后,作出最高法院的裁决。各位法官就作出某种裁决的理由提出意见,然后大法官们按资历顺序进行投票。在按多数投票得到裁决之后,大法官们选择他们中的一位书写法院意见书。不同意该意见并且在投票中没有对多数意见投票的大法官可以书写反对意见书。同意多数意见但不同意做出裁决的理由的大法官可以书写并存意见书。

美国划分为 13 个司法区和哥伦比亚特区,这些区被称为法庭巡回区,各区都有一家美国上诉法院。这 13 家上诉法院只有上诉管辖权,即它们复审联邦地方法院审理过的案件和联邦行政机构(例如,国内税务局和国家劳工关系委员会)审理并作出裁决的案件。

地方法院是联邦法院系统中的审理法院。各个州至少有一家地方法院,总共有 94 家地方法院分布于 50 个州、哥伦比亚地区和波多黎各自由邦。

诸如联邦贸易委员会、国内税务局、国家劳工关系委员会等联邦行政机构所做的裁决属于行政法的范畴。这些机构可以为其所管理的行政领域制定规定,执行这些规定,针对违反规定的行为举行听证会,作出裁决,包括处罚。

州法院系统

总的来说,50 个州都有各自的三级法院系统,分别为审理法院级、上诉法院级和最高法院级(复审)(见图 4-1)。各个州的司法系统审理案件并根据其州宪法、州法令和以前的法院裁决检查法律。另外,州法院必须经常解释联邦宪法和/或联邦法令,解释的依据为其对州刑法或民法的影响,而这些州刑法或民法是由州法院根据其管辖权进行检查的。

审判系统

对于许多非律师人士(包括大多数体育管理者)而言,诉讼是非常令人沮丧的事情。然而,具备一定的关于审判系统工作机制的基本知识后,体育管理者将意识到应对审判系统并没有最初想像得那么复杂。审判系统可以分解为以下 10 个部分:

1. 控告是审判中最初的起诉,在民事诉讼中由原告提起,在刑事诉讼中由起诉人提起。

2. 传唤是向被告实际送达通知,通知被告已提起的法律诉讼并命令被告在指定日期前对指控作出"答辩"。

3. 答辩是被告回应控告而提出的最初的辩护。

4. 在法院审理案件前,必须符合二类管辖权:个人管辖权和事物管辖权。个人管辖权要求法院与被告有足够的接触,将被告纳入其管辖范围内。事物管辖权要求法院有权审理即将审理的事物。

5. 透露是一个审理前的程序,通过该程序诉讼各方当事人从案件其他方获得关于案件的事实和信息以协助各方做好审理准备工作。

6. 各方当事人是诉讼的参与者。原告是通过起诉而发起诉讼的一个人或一群人。被告是被起诉的并且向其寻求补救或补偿的一个人或一群人。

7. 审判系统中的二类法院是审判法院和上诉法院。审判法院是具有初审管辖权的法院,所有争议在此提出,进行辩论并由法官或陪审团裁决。上诉法院是复审法院,在审判中被裁决的争议在此进行复查以检查是否存在误判。不能向上诉法院提出新证据或新争议。

8.陪审团由根据法律选择的一定数量的个人组成,他们宣誓询问事实并基于面前所摆的证据宣布真相。审判为陪审团审判或非陪审团审判取决于审判的性质。法官指导审判,但是对陪审团审判中作出的裁决只有有限的控制。

9.判决是在结案陈词之后所作的裁决。法官指示陪审团成员根据自己的选择作出裁决或在无陪审团的审判中由法官作出裁决。

10.当声称审理有误的一方(上诉人)要求由更高级别的法院审查审理程序时,可能对审理法院作出的判决提出上诉。上诉法院可能完全或部分撤销(不同意)较低级别的法院的裁决,将案件发回(送回)较低级别的法院进行进一步审理,或确认(同意)较低级别的法院的裁决。

案例引文

本章中所列举的案件的依据是其案例引文。案例引文由案例名称和案例引文组成,包括法院判例汇编,可以从中找到判决、卷号、作出判决的法院以及页码。例如:Shelton(谢尔顿) v. National Collegiate Athletic Association(全美大学体育协会), 539 F. 2d, 1179 (9th Cir. 1976)是在联邦上诉法院作出判决的案件(表示为F. 2d,意为联邦判例汇编系列2,第539卷,1179页)。该案件由第九巡回上诉法院审理,于1976年作出判决。州法院案件列入州判例汇编和/或地方判例汇编。

引文的案件名称反映案件的类型,即民事审判或刑事审判。例如:Jones v. Smith是民事案件,由一位个人起诉另一位;State(州) v. Smith(史密斯)是州刑法案件;而U. S.(美国) v. Jones(琼斯)是联邦刑法案件。

司法审查

体育管理者每天都在作有关体育规则方面的决策。作为决策者,体育管理者必须认识到由于其决定可能受到法院的审查,他们并不能完全地控制学生运动员。历史上法庭曾拒绝干预管理体育活动的自愿组织的内部事务,除了满足以下条件之一的情况:

1.某规定因存在欺诈性或不合理而违反公共政策。

2.某规定超出体育协会权力范围。

3.体育协会违反其自身的规定。

4.以专断和/或反复无常的方式执行规定。

5.某规定违反个人的宪法权利。

规则的严厉性本身并不是司法审查的原由。只在符合以上条件之一时才给予赔偿。例如,在一个案件中,法院反对一位声称受骗与NBA球队签订合同的运动员,支持一项NCAA规则,该规则规定披露虽签订了职业合同但不具备资格的大学生运动员。虽然法院承认执行资格规定可能产生不合理的结果,但该规定没有违反运动员的平等保护权[参见Shelton v. NCAA, 539 F. 2d, 1179 (9th Cir. 1976)]。另外,法院取消规范运动员的赛季外行为的良好行为规则,其理由是该规定超出体育协会权力范围[Bunger(邦格) v. Iowa High School Athletic Ass'n(爱荷华州中学体育协会), 197 N. W. 2d 555 (Sup. Ct. 1972)]。在另一个案件中,法院发出初步禁令以制止被告体育协会禁止原告的女子篮球队参加季后赛,其原因是当该协会禁止该球队参赛时,没有遵守其自身的规定［Christ the King Reg. High School v. Catholic High Schools Athletic Ass'n，624 N. Y. S. 2d 755（Sup. 1995）］。

即使一项规定受到审查，法院的作用也是有限的。法院不会审查规定的法律依据，只根据是否符合以上所列条件来决定该规定是否有效。

起诉权

起诉权是原告在法院提出控告的权力。为了确立起诉权，原告必须符合三个标准：

1. 提出诉讼的原告事实上遭受了伤害。
2. 法院拥有对原告寻求保护的利益给予补救的权力。
3. 原告能从案件的结果中获得利益。

起诉权的问题通常由争取驳回案件的辩方提出，法院一般不会提出这个问题。换言之，原告不必在初始阶段证明其起诉权，但是当被告在案件中提出这个问题时，原告就必须证明其起诉权。

禁令救济

当原告试图使体育协会的决定受到司法审查时，原告也要求某种形式的禁令救济以禁止规定的执行。禁令救济旨在防范未来的错误，而不是惩罚过去的行为，只是用来防止无法挽回的伤害，这种伤害是当赔偿金不能向受害方提供足够的赔偿时所遭受的。当伤害涉及身体伤害和死亡风险、失去特别的机会或剥夺独有的无法替代的财产时，伤害是无法挽回的。例如，可能授予禁令使一位中学高年级学生运动员能参加锦标赛，因为他/她可能永远不会再有那样的机会。

禁令救济分为三种：临时限制令、初步禁令和永久禁令。临时限制令通常在紧急情况下向原告发出，无需通知被告，通常其有效期最多只有 10 天。在法院给予临时限制令之前，原告必须证明他/她将面临无法挽回的伤害并且赔偿金将不足以弥补其受到的伤害。初步禁令是在充分审理之前向原告发出的并在案件审理过程中持续有效。原告将收到通知并且可以对初步禁令提出反对意见。在授予初步禁令之前，原告必须证明：

1. 若无初步禁令，原告将面临无法挽回的伤害。
2. 赔偿金无法提供足够的补偿。
3. 原告能证明如果原告不被授予禁令其所受的伤害将大于授予禁令后被告所受伤害。
4. 根据未决案件的情节，原告拥有成功的可能性。

永久禁令也要求证明以上四点，但在充分审理后作为补救措施根据案件的情节而授予。

Christ the King Reg. High School v. Catholic High Schools Athletic Ass'n，624 N. Y. S. 2d 755（Sup. 1995）就是一个使用禁令救济的绝佳例子。原告中学女子篮球队于 12 月份去宾夕法尼亚州和俄亥俄州准备参加比赛。按照协会附则规定，成员学校的球队每年只能参加一场市区之外的比赛。依据协会规定，制裁应由资格和纪律委员会提出并且经校长委员会认可。资格和纪律委员会决定不要求立即取消其参赛权力，充分制裁是限制原告参加 1995—1996 年期间的联赛。校长委员会没有认可该裁决而通知原告将取消其参加 1995 年赛季剩余比赛以及至少另一个赛季的比赛权力。原告寻求初步禁令以允许该队参加即将到来的比赛并且颁布永久禁令以禁止执行停赛制裁。法院同意了这两项请求，其理由是被告方体育协会在给出与资格和纪律委员会所建议的制裁不同的制裁时，违反其自身的附则。

合同法

合同法是体育组织多项日常活动的基础。经常与合同法打交道的体育管理者需要处理涉及以下领域的合同：比赛、裁判、人事、电视和广播、会员资格、设施租赁协议、卖主、供应商和大学体育奖学金。合同是产生按照协议履行所做承诺的法律义务的双方或多方当事人之间的协议。合同可以是书面合同或口头合同。

法律概念

法律要求有效合同应包括要约、承诺、订约要因、合法性和法定资格。

1. 要约是要约人向被要约人所做的有条件允诺。要约通常包括以下主要条款：①所涉及各方；②标的；③执行标的的时间(和地点)；④应付价格。

2. 承诺只能由要约的对象做出。

3. 订约要因涉及价值交换，在议价过程中一方同意作出让步或对另一方的同样行为做出回应。订约要因经常被视为合同所需的重要条款，使其在法律上具有可执行性。若无订约要因，则可能具有执行行动的承诺，但是不能做为合同在法律上具有可执行性。

4. 合法性是指为了使法院承认合同的有效性，合同的基本协定必须合法。法院不会执行非法合同，例如，赌博合同、与无执照的专业人员签订的合同、与"高利贷者"签订的合同，等等。

5. 法定资格的定义为理解其行为的性质和后果的能力。就合同而言，一般规定是达到成年年龄的个人(大多数州要求满 18 岁)具有订立合同的法定资格。未成年人可以订立合同，但未成年人可以保留随时取消合同的选择权。如果未成年人取消合同，他/她必须归还未根据合同赚取或支付的任何有价之物。另外，精神上无能力的个人订立合同时，将采用对待未成年人的方式对待他们。换言之，精神上无能力的个人有订立合同的和履行合同的法定资格，但是可以随时取消合同并且归还根据合同接收的有价之物。

违约

在通过确立这五项条件而表明合同成立后，经常提及的另一个法律问题为是否发生违约行为。违约即未能履行合同项下规定的职责。体育业中出现过无数的违约情况。例如，一位教练没有收到针对解雇时作为教练所收到的额外津贴的赔偿金，他提起诉讼并提出理由证明出现了违约行为[参见 Rodgers v. Georgia Tech Athletic Association, 303 S. E. 2d 467 (Ga. Ct. App. 1993)]；一位职业运动员针对球队不履行合同条款的规定而违约提起诉讼[参见 Hennigan v. Chargers Football Co., 431 F. 2d 308 (5th Cir. 1970)]；体育馆当局针对体育队不履行租赁义务，企图转移到其他城市而提起诉讼[参见 City of Cleveland v. Cleveland Browns (1995) 和 King County v. Seattle Seahawks (1996)]；一位学生运动员针对其所在大学未能给予合理的途径以获得教育课程而提出诉讼，并证明学校违约[参见 Ross v. Creighton University, 957 F. 2d 410 (7th Cir. 1992)]；学生运动员提出诉讼并提出理由证明大学校长和体育管理者取消摔跤队，因而违反了与他们签订的合同[参见 Cooper v. Peterson, 626 N. Y. S. 2d 432 (Sup. Ct. 1995)]。

违约的补救

违约的补救通常是法院判给受害方的货币性损害赔偿金。货币性损害赔偿金的原则是赔偿受害方的经济损失。受害方必须向法院说明自己所要求的损害赔偿金的合理性。

合同法是体育法的重要方面,表 4-1 的提示旨在协助组织审查和制定合同。表 4-2 是大多数体育合同所包含的典型条款。

表 4-1 订立合同时需考虑的信息之检查表

1. 如果双方事先有交易行为,应通知起草新合同的律师这些交易的性质,以便决定他们是否与新合同有任何联系。
2. 如果只能由合同的原当事人履行合同,应通知律师,以便在合同中说明合同的不可转让性。
3. 如果要求一方提供保函或押金,该信息需要写入协议。
4. 如果双方商定任何特殊条件,起草合同的律师必须知道这些条件以便将它们纳入协议。
5. 必须明确合同的订约要因。
6. 应提供合同标的描述。如果财产是标的,则应提供财产的描述。
7. 如果在某种情况下,可以免除一方履行合同的责任,则应详细说明这种情况并将其纳入协议。
8. 必须告知律师是否协议双方需要检查对方的帐簿和记录。
9. 律师应知道双方针对合同标的商定的付款方式、关于在出现违约的情况下支付律师费的协定、关于支付由此引起的税款的协定。
10. 律师应拥有协议各方的姓名、法定资格和住所以及关于他们签订合同的能力的信息,并以契约约束双方或其所代表的组织。
11. 协议必须包括合同的生效日、合同的期限、在合同期满前终止合同的方式。
12. 必须告知律师协议双方的责任以及双方的责任是否限于协议项下的责任。

资料来源:Wong G. 业余体育法要件(第 2 版). 康涅狄格州韦斯特波特:Praeger Publishers,1994

表 4-2 体育合同的典型条款之检查表

1. 开始。指出协议双方以及合同签订日期和生效日。
2. 陈述和保证。包含有关双方签订协议的权力和资格的信息以及关于合同标的的明示的或暗示的保证。
3. 所使用的专用语。包含合同标的。解释双方在合同项下确切的权力和职责。
4. 其他条款。根据合同的性质,可以加入某些其他条款。其他条款通常有赔偿金、分歧的仲裁权、转让合同的权力。
5. 终止。讨论合同的限期以及结束协议的方式。
6. 完整契约条款和修正条款。详细说明合同的完整性及其与其他协议的关系以及修正合同的方法。
7. 结尾。包含合同双方的签字、确认声明、见证人的签字。

资料来源:Wong G. 业余体育法要件(第 2 版). 康涅狄格州韦斯特波特:Praeger Publishers,1994。

弃权书和免责书

弃权书和免责书是一方同意放弃其依据民事侵权法起诉的权力的合同。在参加某些赛事或活动中可能受到伤害,弃权书是在这类赛事或活动开展之前签订的。在该类合同中,参与者放弃针对提供机会的赛事管理或组织机构的过失的起诉权,以换取参与赛事或活动的机会。参与者只能在弃权书中放弃针对过失的起诉权,不能放弃针对重大过失或故意侵权行为的起诉权。免责书与弃权书相似,但在伤害发生后签订,受害方通过免责书放弃日后的起诉权以实现财务清算。

在使用弃权书时,体育管理者应注意起草方式,使其很有可能得到确认。管辖权将按弃权书是否在法院得到确认而变化。许多法院将宣布弃权书无效,如果措词中有漏洞,使法院发现签署弃权书的个人并非有意自愿地同意放弃自己的起诉权。因此,应使用清晰、明确和无歧义的语言起草弃权书。一些法院依据公共政策裁定弃权书无效。为了确定弃权书是否违反公共政策,法院将考虑以下六个因素[Tunkl v. Regents of the University of California, 383 P. 2d 441 (1963)]。依据该考察,法院检查以下六个因素以决定弃权书是否可执行:①所涉及的事情是否为通常所规范的类型;②依赖弃权书限制过失赔偿的一方是否向公众提供重要服务;③寻求过失免责的一方是否提出为寻求该种服务的公众成员提供服务;④所提供的服务的主要性质是否给寻求过失免责的一方带来谈判力上的决定性的优势;⑤这种谈判力是否导致公众被迫“接受或放弃”标准化合同(无关于支付合理的额外费用以获得针对过失的保护的条款);⑥使用该服务的公众是否由于该合同而受到控制并因此必须承担寻求逃避过失责任的一方出现疏忽的风险。至少有一起案件采用该标准,依据公共政策宣布强制性使用的针对中学生运动员的弃权书无效[Wagenblast v. Odessa School District, 758 P. 2d 968(1988)]。

有关弃权书的另一个重要问题是未成年人使用弃权书。由于弃权书是一种合同,未成年人可能取消合同,建议让家长也在弃权书上签字。在允许孩子取消合同并和未签字的家长一起提起过失诉讼的同时,至少有一家法院针对已签字的家长的索赔确认了弃权书。[Childress by Childress v. Madison County, 777 S. W. 2d 1 (Tenn. Ct. App. 1989)]。

侵权行为的赔偿责任

民事侵权行为是由于某人的行为致使另一人所遭受的个人(或民事)侵权或伤害。民事法向受害的个人提供诉讼事由,据此他们可以通过取得损害赔偿金获得赔偿或保持“完好无损”。在民事侵权诉讼中,受害方作为个人提起诉讼,试图取得作为对所受伤害的赔偿的损害赔偿金。民事侵权法涉及以下方面:

1. 故意的人身伤害
2. 对有形财产的故意损害
3. 过失
4. 妨害
5. 严格赔偿责任
6. 对有形人身利益的损害
7. 对有形财产利益的损害

下面所讨论的是体育界最常见的民事侵权行为。

故意侵权和非故意侵权

民事侵权法分为故意侵权和非故意侵权。故意侵权具有实施行动的意图和伤害原告的意图,如威胁和殴打。非故意侵权或过失不具有实施行动的意图和伤害原告的意图,但未能给予合理的注意。轻率的不当行为或严重过失介于故意侵权和非故意侵权之间，具有实施行动的意图，但不具有伤害原告的意图。

威胁和殴打

威胁和殴打民事侵权行为是故意侵权，即具有实施行动的意图和伤害原告的意图。这类诸如威胁和殴打的故意侵权行为以关注被告的思想状态为特点。在针对所犯过错取得赔偿中，不要求恢复实际损害所带来的后果。

威胁是对迫近的伤害性接触或殴打的忧惧。构成攻击的行为必须具有三个要素：被告造成原告伤害的意图；原告对即将发生的伤害的忧惧；缺乏原告的同意。例如，在棒球比赛中，投手失手扔出球，球危险地接近击球手，击球手生气地冲向投球区土墩，将其球棒朝投手扔去。投手俯身躲过球棒。投手可对击球手的威胁提起诉讼，因为投手不会同意在比赛过程中那样被球棒击中，并且自己躲避球棒的行为可以证明他对被球棒击中的恐惧。球棒没有打中投手，但因这种行为，投手可以对击球手的威胁提起诉讼。

殴打是未经允许触碰他人的行为。构成殴打的行为必须具有三个要素：被告的殴打意图、实际的殴打行为、缺乏原告对触碰的同意。例如，在篮球比赛中，球员 A 故意从后面推球员 B 并且打他的后脑。当球员 B 倒下时，球员 A 再次欧打他，致使球员 B 昏迷。球员 B 可以对球员 A 的殴打行为提出诉讼，因为存在伤害的意图、实际的殴打并且球员并不同意这样的触碰。

轻率的不当行为

轻率的不当行为是介于过失非故意侵权行为和故意侵权行为(威胁和殴打)之间的一种民事侵权行为。轻率的不当行为的特点是被告具有实施行动的意图，但无通过行动伤害原告的意图。该行为可以被定义为故意的、恶意的或轻率的行为。

在体育中，在涉及共同参与者的案件中经常采用这种责任理论。法院发现已针对许多运动建立了安全规则以帮助定义参与者之间的可以接受的行为和不当行为之间的模糊界线。1976年的案件，Nabozny v. Barnhill, 335 N. E. 2d 258 (Ill. Ct. App. 1975)，确定了参与者应对其他参与者履行法律义务以制止故意的、恶意的或轻率的不当行为。Nabozny 确定当运动员违反完全规定时，如果违规被视为故意的、不负责任的或轻率的，法院主张运动员应对侵权行为负责。然而，在 Gauvin v. Clark, 537 N. E. 3d 64 (Mass. Sup. Jud. Ct. 1989)案件中，马萨诸塞州的高级法院认为当 Nabozny 的语言暗示违反安全规定是确定可起诉的侵权行为所需的全部条件时，Nabozny 实际上确立了轻率的漠视安全的行为的标准。在 Gauvin v. Clark 一案中，在大学曲棍球比赛中当被告的曲棍撞上原告时，被告给原告的腹部造成严重的伤害。陪审团发现虽然 Clark 违反了安全规定，但他并不是故意的、恶意的或轻率的，因此，免除了他对 Gauvin 的责任。马萨诸塞州法院因以下两个理由采用该判据：①如果由于轻率的漠视安全，允许归责可以减少运动员的报复需要；②如果由于过失且无轻率的不当行为，阻止归责可以支持“诉讼不应使积极参与运动有危险”这一政策。

过失

体育运动中最常见的侵权行为都源于过失。过失是非故意的侵权行为，关注个人的行为或行动。受害方能起诉并针对过失取得损害赔偿金是基于行动人应预料给他人带来不合理的危险的后果的观点。法院对照“合理的人”标准“衡量”各个过失案件中的行为，即在类似的情况下，一个具有普通理智的人投入普通注意运动普通技能会怎样反应。对于构成过失的行为，原告必须确定四个要素：①原告和被告之间存在被告应对原告履行注意义务的特殊关系；②被告违反了应对原告履行的注意义务；③对原告造成伤害的实际和直接原因；④原告蒙受损害。

诽谤

诽谤法与保护个人名誉有关。《侵权法重述(第二版)》第559节将传播诽谤性言论定义为“意图毁坏他人名誉以降低社会对其的评价或阻止第三人与其交往”。诽谤是故意侵权行为，在诽谤中被告只需要打算公开陈述或材料。被告是否不打算毁坏原告的名誉并不重要，如果被告打算做诽谤性的陈述，就仍应承担责任。

诽谤分为文字诽谤和口头诽谤。文字诽谤是通过写作公开诽谤，而口头诽谤是通过话语公开诽谤。必须出现公开行为，原告必须由于诽谤性陈述而被拦截并遭到鄙斥和嘲笑。

公众人物即从事公众感兴趣的职业的人或在社会事务中担负特别重要的职责的人很难打赢诽谤官司，因为他们还必须证明被告公开做出书面或口头陈述带有实际恶意，即明知材料不真实或对它是否真实持轻率的漠视态度。证实实际恶意很难。由于大多数运动员、教练和许多管理者都可能被视为公众人物，除非他们能证明实际恶意，否则他们将不能在诽谤案中取胜。

代理法

代理法确定委托人和代理人(代理或代表委托人的利益的人)之间的关系中的法定因素。代理法的一个目的是使委托人(对第三方)为代理人的行为负责，只要代理人是根据委托人的授权而行动的。第二个目的是确立委托人和代理人应对对方履行的义务。依据代理法，委托人应对代理人履行三项经济义务：向代理人付酬、报销和赔偿。代理人应对委托人履行五项信用义务：第一项是遵循委托人的意愿。第二项是保持忠实，避免利益冲突。由于经常出现利益冲突，当出现利益冲突时，法院将允许代理人继续代表委托人，只要代理人向委托人披露该冲突并给其在别处寻找代理服务的选择就可以了。第三项是在代表委托人开展的所有行动中投入合理的注意。第四项是通知委托人对其来说重要的信息。第五项是按合理的期限向委托人报账的责任。

在体育运动中，代理法应用于雇佣问题中。例如，在侵权责任案件中，监督者或/和公司/企业/教育学院由于所声称的雇员的疏忽行为而被起诉。侵权责任案件涉及对所犯民事过错应承担的责任。在许多案件中，当声称一位老师、教练、培训师或全职健身俱乐部雇员出现疏忽时，原告将能证实一个代理机构而非某一个人应承担责任。这个理论也被称为代理人责任，允许原告针对雇员的疏忽对雇主提出诉讼。依据代理人责任，雇主不应出现疏忽行为。然而，如果雇主出现疏忽，雇用了不合格的雇员或没有提供适当的培训，还可基于雇主的疏忽，提出另一项针对雇主的索赔。然而，体育业出现了许多独一无二的情况，司法系统不得不决定委托人是否应承担责任或事实上某个个人是否为独立订约人。

独立订约人

独立订约人是尽管在某些方面与雇主有联系，但并不受雇主控制的个人。因此，雇主不对独立订约人的工作承担责任。在以下情况中可能提出某人是否为独立定约人的问题。

1. 大学体育部雇用的兼职医生。通常举办体育活动的学校所提供的医生被视为独立订约人。尽管由学校付酬，但在做医疗决定时，医生却不受学校的控制。

2. 裁判。有些法院已经决定确保遵守规则是裁判的责任，违反规则导致受伤应被认为是裁判方面的疏忽行为。

法院还需决定学区和裁判之间是否存在雇主和雇员之间的关系——导致学区对裁判的疏忽负责——或裁判是否为独立订约人。当前的趋势是法庭认为裁判是独立订约人。

3. 健康健身俱乐部的兼职教练。法院可能必须决定指导员是否为健康健身俱乐部的授权代表，因此形成雇主和雇员之间的关系。法院主要应该决定：俱乐部是否对兼职教练实施控制。

故意侵权

应该强调的是当存在代理关系时，雇主不必对雇员的所有行为负责。雇主只对雇员职责范围内的行为负责。在代理法案件中，通常雇主不对雇员的故意侵权行为负责。故意侵权行为具有实施行动的意图和伤害原告的意图。例如，当一位卡车司机与另一位司机打斗时，另一位司机严重受伤，当依据代理理论对雇用卡车司机的公司起诉时，该公司不必承担责任，因为打斗不在卡车司机的职责范围内。

体育运动有时会给司法系统带来有趣的难题。在 Averill v. Luttress, 311 S. W. 2d 812 (Tenn. Ct. App. 1957)案件中，一位投手向击球手发出头侧球，击球手向投球区土墩冲去，接球手从击球手后面追上并打了击球手，致其重伤。由于球队是接球手的雇主，它应依据代理理论承担责任吗？接球手保护投手是在职责范围之内的行为吗？在这个特殊的案件中，法院认为接球手应负有责任，但球队没有责任，因为打斗不在职责范围内。在一个涉及篮球的案件 Tomjanovich v. California Sports, Inc., No. H-78-243(S. D. Tex. 1979)中，球队承担了责任。在洛杉矶湖人队和休斯顿火箭队之间的一场比赛中，爆发了一场打斗事件，湖人队球员打伤休斯顿火箭队球员。因为湖人队该球员被视为联盟中的"执行者"，以"危险趋势"而著称，所以湖人队被起诉。尽管在雇主和雇员之间的关系中打斗通常被认为在职责范围以外，本案的裁决认同了原告，湖人队应作为球员的雇主负有责任。起诉湖人队所依据的观点是作为球员的雇主，他们有责任抑制"危险趋势"，但他们却没有做到。

运动员代理

当代理人(也称为运动员代理人或运动员代表)在合同谈判和/或财务管理中代表运动员时，代理法也很重要。运动员代理人是经运动员授权以他或她的名义行事的个人，并且代理人受委托处理该运动员的事务。尽管通常都提供报酬、报销和赔偿，但确立这种关系时，并不要求承诺给予报酬。

有些运动员因所声称的违反信用关系对代理人提起诉讼[参见 Brown v. Woolf, 554 F. Supp. 1206 (S. D. Ind. 1983); Detroit Lions, Inc. v. Argovitz, 580 F. Supp. 542 (E. D. Mich. 1984)]。诉讼可能包括所声称的不当合同谈判或更普遍的所声称的对运动员的资金管理不善。不幸的是，涉及被无道德的代理人利用的运动员的案件数量在不断上升。

宪 法

宪法是美国的基本法，由制宪会议在费城于 1787 年起草。宪法包含有关重要的社会、经济和政治问题的法定条文和司法解释。

通常美国宪法不适用于私人机构，例如，职业体育队、体育协会和私立中学和大学。然而，当可以证明私人机构与公共机构不可分割时，法院可能发现州政府行为并将宪法应用于私人机构［参见 Ludtke v. Kuhn，461 F. Supp. 86 (S. D. N. Y. 1978)］。

正当程序

正当程序是一个不明确的概念。正当程序的一种定义是"为保护和行使私人权力在法律体系中确立的法定程序"［Pennoyer v. Neff，95 U. S. 714 (18)］。正当程序的概念可能发生了变化，这取决于三项基本考虑因素：①违法的严重程度；②可能对当事机构或个人造成的后果；③所给制裁或处罚的程度。

在第五修正案和第十四修正案中都可以找到正当程序的宪法保证。第五修正案于 1791 年颁布，适用于联邦政府。该修正案中提到"未经法律正当程序，不应剥夺任何人的生命、自由或财产"。自由权益包括美国宪法明确保证的那些基本自由。宪法中没有保证教育权和参加体育运动的权力的语句。在联邦一级，这两项权力都被认为是特权。除了明确保证的自由外，一些法院将谋生的权利和免受耻辱或名誉损害的权力作为被保护的权益而实施保护。在 Tarkanian v. NCAA 中，UNLV 教练 Jerry Tarkanian 依据这些自由权益和作为 Running Rebels 的篮球教练而应有的财产权益，提出正当程序索赔。内华达州高级法院认为 NCAA 终止雇用 Tarkanian 将侵犯他的自由权益，因为他将因失去 UNLV 的篮球教练的职位和身份，因此受到污辱。然而，由于 NCAA（全美大学体育协会）被视为私人行为者，因而没有义务向 Tarkanian 提供正当程序，所以美国高级法院从不考虑该论据。1886 年第十四修正案被批准。该修正案中提到"未经法律正当程序，任何州均不得剥夺任何人的生命、自由或财产"。该修正案将正当程序法律原则的适用范围扩大到各州。另外，由州行为者雇用的教练或老师将拥有居于其职位所应有的财产权益，只要其被授予该职位。这两个修正案都只适用于联邦或州政府的行为，而不适用于纯私人机构的行为。

尽管宪法将这些自由的适用范围扩大到所有人，但仍然有限制。个人必须证明生命、自由或财产被剥夺，才能对违反正当程序保证提出索赔。由于体育协会和体育会议一般不会剥夺个人的生命，所以在体育运动中，需用正当程序条款的主要权益是免于自由和财产的剥夺。在大学体育运动中，奖学金被认为是一项财产权。除非一位运动员或其他方能证明他自己被剥夺了自由或财产，就将不能证明对正当程序的剥夺。

平等保护

平等保护是检查法律应用的公平性的宪法方法。第十四修正案的平等保护条款向学生运动员和教练提供了挑战某些具有歧视性质的规章制度的方法。第十四修正案的平等保护保证写有"任何州均不得拒绝向其管辖范围内的任何人提供法律的平等保护"。平等保护要求不得将任何人从境遇相似的人群中孤立出来，给予不同的待遇，加以不同的责任，除非存在宪法允许的这样做的理由。

平等保护分析中可使用不同的审查标准。审查的最高标准是严格审查。当某一规则剥夺一项基本权力或基于受到怀疑的标准对人加以区别时，被告有证明责任。最高法院发现了三项受到怀疑的类别：外国人身份、种族和族源。当一项规则对这些受到怀疑的类别中的任何一项有直接或间接的影响或侵犯宪法所保证的基本权力时，将被严格审查。在严格审查中，为了维持该项规则，被告必须向法院证明侵犯基本权利或根据种族、宗教信仰或族源分类，存在重要的政府利益。这是一项非常难以完成的责任，因此原告通常能胜诉。平等保护保证下的第二种审查标准是合理基础审查。该标准只要求规则与合法的组织目的有合理的关系。第三种审查标准要求实施介于严格审查和合理基础审查之间的中度审查，要求划分人群的规则满足“重要的”利益，但不必满足“不可抗拒的”利益。

由于在药检活动中存在两种类别——学生运动员和非学生运动员，只对学生运动员进行检查，而非学生运动员不必参加学校的药检，学生运动员可以证明被告违反了平等保护原则。法院很有可能采用合理基础审查标准，原告有责任证明分类无合理基础。如果药检活动要求按外国人身份、种族和族源分类对运动员进行检查，则法院将采用严格的审查标准。除非被告能证明该活动可以带来不可抗拒的州利益，否则药检活动将被宣告无效。

不合理的搜查和扣押

第四修正案规定了“人的人身、房屋、文件和财物免遭不合理的搜查和扣押的权力”。将这种保护应用于药检活动，采集运动员的尿(或血)的行为可以构成第四修正案所述的搜查。然而，如果被告证明搜查可以带来不可抗拒的州利益，法院可能认为搜查是合理的。决定药检是否为合理的搜查要求平衡搜查中的州行为者的利益和被搜查人的隐私权。学生运动员可能同意进行搜查，因此而放弃第四修正案的保护，然而，对于州行为者可以促使学生运动员同意进行搜查的范围存在限制。

侵犯隐私

侵犯隐私诉讼旨在保护个人的内心平静和/或安逸。禁止侵犯隐私的法律旨在保护纯粹的个人私秘。在对侵犯隐私的诉讼中，侵扰行为必须是实质性的，必须进入期望保密的方面。对药检活动的质疑涉及关于侵犯隐私的论证。在保护学生运动员隐私权方面的主要问题涉及药检活动获得必要尿样时的侵权程度。法院多次注意到与小便有关的实质性的保密期望。然而，这种期望需要与在对个人进行检查，获得必要的尿样并保证所获得的尿样确实是该人的尿样的活动中不可抗拒的州利益进行对比。在 Vernonia School District 47J v. Acton, 115 S. Ct. 2386(1995)中，美国最高法院坚持学区强制性的、随机的、无可怀疑的针对学生运动员的药检活动的合宪性。该决定的依据是：①中学内的学生运动员对隐私的期望值不高；②考虑到学校系统采用的监视程序，检查的范围相对不引人注意；③通过打击学校用药问题，药检活动可以带来重要的政府利益。在 Vernonia 的案件中，俄勒冈州宪法反映了第四修正案的搜查和扣押条文。在宪法向州内公民提供更多隐私权的州，诸如 Vernonia 的检查活动则可能败诉。例如，在 University of Colorado v. Derdeyn, 863 P. 2d 929 (Colo. Sup. Ct 1993)中，科罗拉多州高级法院维持下级法院的判决，认为科罗拉多州大学的药检活动违背了第四修正案针对不合理的搜查和扣押给予的保护。

性别歧视

对校际体育运动中的性别歧视提出反对时，采用了各种法律论据，包括《1972 年教育修正案第九条》(以下简称为《第九条》)、平等保护法、州平权修正案和同酬法(1963 年批准，1964 年生效)。尽管最近有几项索赔基于州平权修正案提出，但大部分反对都基于平等保护法和/或《第九条》。在性别歧视案件中，无论原告采用平等保护法、平权修正案或《第九条》，其通常声称出现了根本性不平等。为了处理这些索赔，法院需考虑三个因素。首先，将女性排除在外的运动是否为涉及身体接触的运动。将女性从所有运动中完全排除或从非接触性运动中排除，通常被认为是对平等教育机会的违背。第二个因素是向不同性别的人所提供的机会的质量和数量。法院比较不同性别的人所获得的体育运动机会的数量和在设备上所花费的金额、所提供的教练的类型以及学校所拥有的设施的使用权。法院所考虑的第三个因素是争议所涉及的年龄和竞赛水平。所涉及的运动员年龄越小，所存在的实际生理差异越小。若无明显的生理差异，因生理差异而将某种性别的人排除在体育运动之外就缺乏合理性。

女子运动的发展和全面参与各种体育运动的女性人数的急剧增加给人以深刻印象。自从1972年以来参加体育运动的女性人数增加了一倍多。针对女子体育运动的体育预算也在增加。这些指标以及女子赛事的观众人数、本地和全国媒体报道都反应了女子体育运动的发展。

《第九条》

给予女性的体育运动机会的增加在很大程度上归功于《第九条》。它是禁止性别歧视的联邦成文法。《第九条》的第901(a)节包含以下语句："在美国的任何人不得因性别差异而被排除参与接收联邦财政支持的教育项目或活动、被剥夺接受联邦财政支持的教育项目或活动带来的利益或受到接受联邦财政支持的教育项目或活动的歧视。"当《第九条》于1972年首次成为法律时，并没有特别提及体育运动和体育项目。国会普遍反对将体育项目置于《第九条》的范围内。然而，1974年卫生、教育和福利部(HEW)主张运动和体育是教育的组成部分并特别地将体育运动纳入《第九条》。

《第九条》语句中的关键在于"接受联邦财政支持"。只有接受联邦财政支持的机构才必须遵守《第九条》。围绕这个概念的法律问题是《第九条》是否适用于整个机构或只适用于机构内那些接收直接联邦援助的项目。由于大多数体育项目都没有直接接受联邦资金而大多数的机构都接收某种形式的联邦财政支持，所以对于体育项目来说，这是一个重要问题。

《第九条》的范围和适用性。Grove City College v. Bell，465 U.S. 555(1984)一案涉及《第九条》的范围和适用性。在该案中，最高法院裁决只有在一个机构内从联邦政府接收直接财政支持的项目才应服从《第九条》立法。该解释被称为"项目法"(programmatic approach)。实际上否定了《第九条》对体育项目的影响。直到《1987年民权恢复法案》于1988年被国会通过，才恢复《第九条》对体育项目的效力和适用性。该法案的通过恢复了关于《第九条》的适用性的"机构法"(institutional approach)。同样地，接受联邦财政支持机构内的体育部现在也需服从《第九条》立法。

《第九条》合规性。教育部民权办公室(OCR)监督《第九条》的规定的符合情况。OCR进行随机合规检查并调查个人所提出的指控。OCR进行初步检查以决定机构是否有意识地遵守《第九条》。如果OCR决定有必要开展充分审理，则OCR成为起诉人并提出索赔。在这种情况下，最初提出指控的个人不必承担诉讼案件可能带来的财务负担。

OCR所做的政策解释包含用于评估《第九条》合规性的一些严格的指导原则，具体包括以下内容：

1. 必须将整个男子项目与整个女子项目作比较。不按单个运动逐一作比较。

2. 在评估整体合规性中，不能免除盈利运动和橄榄球运动对《第九条》的遵守。

3. 评估体育运动参与机会时，必须考虑三项因素：体育兴趣和能力的确定；运动的选择；竞争水平。

4. 学校必须向女运动员和男运动员提供"同等的"(但不必相同的)体育利益、机会和待遇,即整个体育项目必须“平等或实际上平等”并且差别的整体影响必须是微不足道的。决定平等性的重要因素是可用性、质量、利益的类型、机会和待遇。

《第九条》的政策解释集中于三个方面,OCR 从这三个方面进行评估以决定一个机构是否符合《第九条》有关体育运动的规定。首先,OCR 评估机构是否在“实质上按比例”的基础上授予体育奖学金。为了确定这个问题,以体育项目中男性或女性参加者人数除向男性或女性提供的奖学金总金额。如果经比较(男性与女性对比)计算结果为基本相等的金额,即每位运动员的奖学金相等,则 OCR 将认为机构符合规定。另外,如果可以依据合法的非歧视的因素解释存在的差异,则 OCR 将认为机构符合规定。

其次,OCR 评估机构在项目的各个具体方面提供待遇、利益和机会的平等程度。在决定待遇的公平性时,OCR 比较项目的如下方面:设备和用品、教练、辅导、设施、时间安排、旅行和宣传等。

最后,OCR 评估教育机构在调节男女学生的体育兴趣和能力方面的平等程度和有效程度。兴趣和能力的有效调节是 20 世纪 90 年代关于是否符合《第九条》的质疑焦点。决定这个问题需要考查机构对学生的体育兴趣和能力的评估、所提供的运动的选择以及可获得的竞争机会。

在 Cohen v. Brown University, 879 F. Supp. 185 (D. R. I. 1995)一案中,罗德岛地区的联邦地方法院讨论了 OCR 衡量调节的有效性的标准,并指出 OCR 首先通过应用三方面审查,然后再通过应用二方面审查来衡量合规性。三方面审查通过确定以下方面来评估合规性:

1. 是否按与各自的招生人数实质上成比例的数字向男女学生提供校际活动的参与机会。

2. 当某种性别的成员在校际体育运动中的名额不足时,机构能否证明过去曾扩展项目并仍在不断地扩展项目,而扩展项目显然是对该种性别的成员的不断增强的兴趣和能力所作出的反应。

3. 当某种性别的成员在校际体育运动中的名额不足并且机构不能证明仍在不断地扩展如上所述的项目时,能否证明已经通过现有项目完全有效地调节该种性别的成员的兴趣和能力。

二方面审查通过确定以下方面来评估合规性:

1. 男子团队和女子团队的比赛日程是否在整个项目范围内,向在人数上按比例近似相等的男女运动员提供同等高水平的竞争机会。

2. 机构能否证明过去曾有,并且仍在按保证通过发展过去处于不利条件下某种性别的运动员的能力不断地向该种性别的运动员提供更高水平的竞争机会。

关于有效调节的合规性还规定,如果在机构的正常竞赛地理区域内没有进行该项运动的竞赛的合理期望,学校不得建立校际团队。最后,该部分规定在全面地决定合规性时应考虑以下因素:①机构的政策是否在语言或效果方面存在歧视性;②在机构的项目中,在向男女运动员提供利益、待遇、服务和机会方面是否在总体上存在不合理的重大差异;③在项目的有关利益、待遇、服务和机会的个别部分中的差异是否重大并足以否认体育机会的平等性。

在 Cohen V. Brown 一案宣判(1995)后,这两所大学都服从判决,并且美国教育部依据以下两项前提条件提起诉讼:最高达 5 个百分点的差异将满足“实质上按比例”的要求;避免制裁的最重要的条件是证明取得了进步。

平等保护

平等保护是检查应用法律的公平性的宪法方法。平等保护要求不得将任何人从境遇相似的人群中孤立出来，给予不同的待遇，加以不同的责任，除非存在宪法允许这样做的理由。

只有当被告为州行为者时，原告才能获得平等保护。本处讨论主要集中于该概念在性别歧视方面的应用。

美国最高法院在性别歧视方面采用中度审查。中度审查介于合理基础审查和严格审查之间，要求基于性别的分类应“合理、不武断并且必须依据某种区别的理由，而这种理由与立法目标有实质性的合理关系，因此境遇相似的所有人将被同等对待”。[Reed v. Reed，404 U. S. 71 (1971)]两年后，在 Frontiero v. Richardson，411 U. S. 677 (1973)一案中，高级法院声明：“性别与智力或肢体残疾等不被质疑的状况不同，因为性别特点常常与执行能力或为社会做贡献的能力无关。”因此高级法院确立了如下标准：除非性别分类与十分重要的政府利益有实质性的关系，否则性别分类将败诉。

性别分类的实际依据必须存在。对于歧视性的分类，仅仅出于偏爱或关于某种性别的人的令人满意的执行能力的假设是不能接受的依据。中度审查标准的要求不只是容易建立的合理关系，但其要求比严格审查标准的要求少。该类别必须与重要的但不必是不可抗拒的政府利益有实质性的关系。这种关系还必须建立在事实的基础上而并非两性各自力量或能力的一般性立法审查的基础上。

针对体育运动歧视的平等保护分析中应考虑三个主要因素。

第一个因素是州政府行为。在成功地提起任何平等保护索赔诉讼之前，被告必须被视为州行为者。关于州行为的一般讨论，请参见宪法部分。

第二个因素是运动是否涉及身体接触。法院允许在接触性运动中存在单独的男子团队和女子团队。与基于种族的分类不同，当性别为决定性因素时，“单独的但平等的” 安排方式是可以接受的。这种“单独的但平等的” 安排方式基于对参与者的健康和安全的考虑。当无分立的团队时，例如在橄榄球中，如果全面禁止一种性别的运动员的参与是基于某种性别的所有人的特点的结论，而并非基于对个人的特点的合理考虑，全面禁止将不被支持。例如，在 Force v. Pierce City R－VI School District，570 F. Supp. 1020 (W. D. Mo. 1983)一案中，密苏里州西区的地方法院推翻了针对女性参与校际橄榄球活动的全面禁令，因为法院没有发现在维护安全的体育项目方面这项禁令与所述的政府利益之间有任何关系。然而，如果可以证明全面禁止对于扩大某种性别的运动员的平等机会和对于补救过去的歧视后果是有必要的，则全面禁令可能得到支持，[参见 Clark v. Arizona Interscholastic Association，695 F. 2d 1126 (9th Cir. 1982)，cert，denied，104 D. Ct. 79 (1983)]. 当合理性基于扩大平等机会和补救过去的歧视后果时，法院将检查参与者的总人数和属于原告的性别的学生可获得参与运动的机会的总数，而并不集中于某一原告参加案件所涉及的某一运动的机会。

第三个因素是两性是否有平等的参与机会。“机会平等”通常要求存在完全分立的团队或为进入唯一的团队而参加选拔的机会。然而，如果存在分立的团队，可以允许管理组织禁止男女混合参与。在对这种单独的但平等的安排方式的质疑中，问题经常在于这些团队是否真正的平等。

根据过去的情况，对于原告来说，根据平等保护条款反对性别歧视并不十分有效。首先，被告必须是州行为者，才能应用平等保护条款。其次，中度审查确实向被告提供辩护理由，只要被告能证实基于性别的区别对待的重要的政府原因，即可获得辩护理由。最后，平等保护提供私力救济，要求原告承担诉讼费用。

平权修正案

尽管于1972年参议院和众议院都通过了联邦平权修正案（ERA），但在1972年7月1日（所要求的批准日）之前，没有从各个州立法机构获得必要的38票。尽管联邦平权修正案没有获批，但仍有19个州通过了其自身的平权修正案。因此平权修正案在州一级而非联邦一级影响着体育运动。

州一级的平权修正案可以非常有效，与《第十四修正案》中的联邦平等保护为反对基于性别的分类所给予的保护相比，能给予更多保护。与联邦法院依据联邦平等保护条款所采用的较低标准相比，州法院依据平权修正案采用更严格的标准进行基于性别的分类的审查。例如，在Darrin v. Gould, 540 P. 2d 882 (1975)一案中，下级法院考虑到平等保护论据，做出了对被告有利的判决。然而，华盛顿州高级法院赞同原告的观点，依据州的平权论据，撤消了该判决。随后规定将立法限于州ERA，法院的判决可能大大减轻。尽管针对性别歧视的保护存在着变化，如Darrin v. Gould一案所示，州ERA的存在也许对于性别歧视案件的胜诉很重要。

职业体育

因为职业体育中的女性参与者较少，职业体育界中的性别歧视控告或案件并不多。在禁止媒体进入更衣室方面曾出现过诉讼。在Ludthk v. Kuhn, 461 F. Supp. 86 (S. D. N. Y. 1978)一案中，原告是一位女性体育记者，鉴于棒球专员Bowie Kuhn所制定的政策，被排斥在扬基体育馆内的扬基会所的更衣室外。由于新闻媒体的男性成员未受到类似的限制，Ludtke指控被告违反《第十四修正案》的平等保护条款。法院做出了同意原告Ludtke的判决，允许她进入扬基体育馆的更衣室。

20世纪90年代出现了几起关于女记者进入更衣室的争议，其中最有名的案件涉及Boston Herald的Lisa Olson和新英格兰爱国者职业橄榄球队。

运动员就业中的性别歧视

在过去十年中教练们提起的关于运动员就业问题的诉讼案件的数量大幅增加。许多诉讼都涉及教练工资差异并且以下面三项理论为依据：《1972年教育修正案第九条》、《1964年民权法案第七条》（以下简称《第七条》）和1963年《同酬法》。

《第九条》。《第九条》禁止接受联邦财政支持的教育机构基于性别的歧视。1982年美国最高法院主张在涉及教育机构的就业歧视案件中使用《第九条》[参见New Haven Board of Education v. Bell, 456 US. S. 512 (1982)]。另外，Franklin v. Gwinnett County School District, 112 S. Ct. 1028 (1992)一案主张依据《第九条》给予原告——故意歧视的受害人损害赔偿金。最高法院认为《第九条》中没有任何禁止针对损失补偿金和律师费的私人请求权的规定。自Franklin一案之后，又有两起受到广泛关注的案件是根据《第九条》和同酬法提起诉讼的。[参见Tyler v. Howard University, Civ. Action No. 91-11239 (Sup. Ct. D. C. 1993)和Stanley v. University of Southern California, 13F. 3d 1313 (9th Cir. 1994)]。

《同酬法》。1963年《同酬法》29 U. S. C. §206 (d) (1)规定雇主必须向担任要求同等技能、劳动强度和责任的职位并在相似的工作条件下工作的男性和女性支付同等的报酬。在决定职位的同等性时，法院实施“基本上相等审查”。当薪资差异基于善意年资制度、考绩制度、数量/质量制度或薪资差异基于除性别之外的其他因素时，允许存在薪资差异。当原告提出存在基于性别的薪资差异时，雇主将有责任证实这种差异是被允许的差异。

在 Stanley v. University of Southern California，13F. 3d 1313 (9th Cir. 1994)]一案中，原告前女篮教练提出南加州大学不满足她的薪资要求(与男篮教练 George Raveling 相当)，是对她的歧视。因为男子篮球队带来更多收入，Raveling 教练必须满足更多的要求，承担更大的压力和责任，所以 Stanley 不应得到同样的薪资，她的索赔遭到拒绝。根据法院的观点，这些额外的压力和责任，而并非性别，是薪资差异的依据。Stanley 教练还依据《第九条》提出索赔。

《第七条》。《第七条》关注组织中歧视性的雇用、解雇和雇佣行为，禁止雇佣人数超过 15 人的雇主基于种族、肤色、宗教信仰、性别或族源的歧视行为，并明确保护几乎所有州政府雇员和地方政府雇员，包括大多数教育机构的雇员。为了在就业歧视案件中胜诉，原告教练必须证明她是受《第七条》保护的人群中的一员(女性)。其次，对于职位申请人来说，必须证明自己能胜任该职位，但却没有被雇用；对于雇员来说，必须证明自己的工作是令人满意的。第三，教练必须证明她没有被雇用，或在已被雇用的情况下，由于工作条件的变化或解雇，而受到不利影响并且雇主雇用了一位男性，对待一位条件相似的男性更好或企图用一位并不拥有更好资历的男性取代她。一旦原告提起这个初步证据确实的案件，雇主就有责任提供可信证据，证明不雇用她的理由是合法的、非歧视的；如果已经雇用了她，则应证明区别对待的理由是合法的、非歧视的。如果雇主能证明其行为的非歧视性的理由，则原告有责任举出反证，驳回该理由。原告有机会利用优势证据证明雇主的合法的非歧视性的理由实际上只是借口，雇主的动机更有可能是性别歧视。在 Deli v. University of Minnesota，863 F. Supp. 958 (D. Minn. 1994)一案中，当原告女子体操教练 Katalin Deli 提出她所培训的运动员的性别导致了她的薪资差异时，她未能证明被告违反《第七条》。法律规定针对基于雇员性别而不是雇员所培训的人员的性别的薪资歧视提供保护。然而，在 Pitts v. Oklahoma State University (未出版的判例)一案中，女子高尔夫球教练 Anne Pitts 提出她的薪资比男高尔夫球教练少，法案认为被告违反了《第七条》。陪审团判给 Pitts 教练 3 万美元作为损失补偿金和 6 千美元作为对其所受精神痛苦的补偿。与 Deli 教练强调她所培训的运动员属于所保护的人群不同，Pitts 教练的论据集中于她的情况与男高尔夫球教练的情况之间的比较，所以她能胜诉。

反托拉斯法

反托拉斯法旨在通过“旨在控制私人经济力量的影响”的调控促进商业部门的竞争(Gellhorn，1976)。在体育运动中，反托拉斯法问题主要涉及职业体育联盟(由作为企业经营的以赢利为目的的私营经济实体组成)。然而，越来越多的业余体育组织也进入了反托拉斯法的调控范围，部分原因是业余体育运动的许多领域已转变为“大生意”。特别是在校际体育运动(主要是橄榄球和男子篮球)中情况更是如此。例如：NCAA(全美大学体育协会)的 1982 年至 1985 年橄榄球电视计划被宣布违反反托拉斯法，因为该计划阻止电视橄榄球转播市场的自由流动。1984 年美国最高法院所做的判决允许过多的电视橄榄球转播充斥市场，从而破坏了整个体育电视广播业。该判决导致电视转播的比赛的财产权费大大减少，因而，许多机构都遭遇年度预算不足。

法院判决的基本依据是谢尔曼反托拉斯法和克莱顿法这两项主要反托拉斯法。

谢尔曼反托拉斯法

谢尔曼反托拉斯法于 1890 年正式通过，那时出现了有害于普通市民的提供货物和服务方面的商业垄断。该法的通过旨在鼓励自由开放的商业竞争。最终受惠人是消费者,他们不必为获得货物和服务支付高于市场的价格。联邦反托拉斯法旨在调控涉及州际商业的竞争行为。谢尔曼反托拉斯法专门规范货物、土地或服务方面的交易。谢尔曼法第一部分涉及限制贸易的协议,例如,一群企业企图在他们自己中间固定价格。谢尔曼法第二部分旨在防止一家企业或一群企业的垄断行为,例如,企图控制所有的电视橄榄球转播以防止其他学校或联盟的比赛被电视转播。自然存在的垄断企业是可以允许的,只要垄断企业并不企图通过非法手段排斥竞争。

克莱顿法

克莱顿法于 1914 年颁布,旨在使谢尔曼法的一般性原则更严格,专门用来防止州际商业中货物销售中的某些做法。克莱顿法中有专门部分涉及公司兼并、价格歧视和工会工作。克莱顿法规定反托拉斯法中没有任何条款可以被理解为禁止工会的存在和工会工作;因此,根据本法案中规定的条款,当运动员与联盟就集体谈判协议进行协商时,体育联盟中的运动员协会可以被视为为保护运动员利益而设立的工会。

在职业体育中的应用

基于 1922 年最高法院对 Federal Baseball Club of Baltimore, Inc. v. National League of Professional Baseball Clubs, *et al.*, 259 U. S. 200 (1922)一案的判决,只有棒球运动不受反托拉斯法约束。因为棒球运动并不涉及州际商业,在 Federal Baseball 一案中,最高法院批准该项运动不受反托拉斯法约束。法院认为棒球运动只涉及本地活动,而本地活动被视为纯州内事务。法院认为球员跨越州际线,纯属偶然,并非棒球活动的主要部分。随着时间的推移,这项豁免不断地遭到抨击,但 Federal Baseball 一案的判决仍被认为是控制性的。1972 年,在 Flood v. Kuhn, 407 U. S. 258 (1972)一案中,对棒球的豁免受到了抨击。Flood 一案的判决因两项原因而非常重要,首先,最高法院声明只有国会才能反对最高法院的判决并且棒球球员应利用劳资关系来解决他们在保留条款方面的争议,以此重申对棒球的豁免。其次,最高法院重申所有其他团体运动和个人运动都必须受反托拉斯法约束,反托拉斯法豁免只适用于棒球。国会反复地重新讨论棒球是否应继续不受反托拉斯法约束的问题,但并没有对联盟所受的保护构成威胁。

职业橄榄球运动中,重要的反托拉斯判决是 Mackey v. National Football League, 407 F. Supp. 1000 (D. Minn. 1975)一案的判决;在曲棍球中,是 McCourt v. California Sports, Inc., 600 P. 2d 1193 (1979)一案的判决;在篮球中,是 Robertson v. National Basketball Association, 556 F. 2d 682 (2nd Cir. 1977)一案的判决。这三个案件都由相应的球员工会代表运动员个人提起,反对运动员所感觉到的违反谢尔曼法和克莱顿法的限制。这些限制包括大学球员选拔制度、保留条款、选择条款以及其他与就业有关的限制性条款和条件。职业团队联盟提出鉴于职业团队运动的独特性质,这些对球员的限制是有必要的。在普通商业环境中,一个企业可能希望将竞争者赶出某行业,与此相反,职业团队运动需要其他团队开展比赛活动并组成联盟,并因此而生存下去。所以,其论据为联盟中的团队必须在场下合作,努力实现各个团队间在人才方面的均衡,以确保赛季中的比赛有趣且各方实力相当。简言之,为了比较这两种论据,法院采用名为"合理原则"的标准。依据合理原则,法院将允许被告作为辩方提出论据以证明:由于该限制涉及被告的合理的商业利益并且是实现该商业利益的最轻的限制手段,所以该限制是合理的。例如,当一位运动员被选拔时,通常该运动员在一年内只能和挑选他的团队谈判,这可能限制运动员对那个团队的谈判力,职业运动中的选拔制度就可能被认为是贸易限制。然而,由于选拔制度能建立团队间的竞争性平衡，联盟可以提出该制度涉及其合理的商业利益。但是，如果所涉及的联盟是篮球联盟，选拔制度由 20 轮构成并且联盟名单设定为 15 位球员，则该联盟可能难以证明其选拔制度是为实现竞争性平衡而采取的最轻的限制性手段。然而，如果选拔制度被限制在 2 轮，则事实上合理原则可能作为有效的辩护词而成立。

在法院对橄榄球、曲棍球和篮球案做出判决之后，各项运动的运动员协会与联盟就集体谈判协议进行协商，在协商中，运动员协会允许某些限制性惯例继续存在（例如，运动员选拔制度），以换取运动员从管理层获得的让步和利益。在成为管理层和运动员之间的劳动协议的标的之后，依据非成文法劳动豁免，管理层的限制性惯例就不再受到反托拉斯审查。通过向运动员给予利益，联盟能保留他们认为对保持经济上的可行性有必要的限制。

由于 Federal Baseball 一案的判决，如前所述，职业棒球大联盟的法定情况是特殊的。尽管球员协会不能依据反托拉斯法对管理层起诉，但棒球球员可以通过集体谈判协议获得大量的财务报酬和其他利益。针对职业棒球大联盟的球员的关键裁决是 1975 年对仲裁案件 Messersmith and McNally v. Major League Baseball 做出的裁决。该仲裁裁决在诉讼案件 Kansas City Royals Baseball Corporation v. Major League Baseball Player's Association，4099 F. Sup. 233（W. D. Missouri，1976）中得到确定。球员反对保留条款并成功地提出该条款只能延期一次，而不是像管理层所主张的永久地延续。因此，在延期一年后，球员将成为自由球员。由于在多年期合同出现之前，这就是棒球运动中的合同期限，该裁决导致职业棒球大联盟中的多数球员在一年或两年后都可能成为自由球员。由于该仲裁裁决以及可能出现的混乱（即联盟中的每位球员都是自由球员），管理层在一份集体谈判协议中同意大幅增加球员的薪酬和各种利益。该协议的基本条款成为后来的棒球运动集体谈判协议的框架。

在集体谈判协议期限内，集体协议之外的被视为应受反托拉斯法约束的劳资之间协商的条款，事实上，免受反托拉斯审查，这已经为人们所接受。然而，近来有些案件提出在球员协会和联盟之间签订的集体谈判协议期满后，针对反托拉斯的劳动豁免是否继续保护联盟，使其免于反托拉斯审查这一问题。在过期的集体谈判协议中有球员认为违反反托拉斯法的规定或惯例并且雇主仍保持现状的情况下，Bridgeman v. NBA，675 F. Supp. 960（D. N. J. 1987），Powell v. NFL，930 F. 2d 1293（8th Cir. 1989）和 NBA v. Williams，43 F. 3d 684（2d Cir. 1995）的判决延长了豁免以打破僵局，其前提条件是球员和管理层之间存在着集体谈判关系。球员在反托拉斯抗争中取得成功的唯一途径是工会取消谈判单位。

在 McNeil v. NEF. 790 F. Supp. 871（D. Minn. 1992）一案中，在取消了作为球员的排他性谈判代表的 NFL 球员协会后，几位球员对在球员和业主的谈判陷入僵局后由业主单方面强加的“B 计划”自由球员制度提出反对（和球员的 1987 年罢工的情况一样）。由于 NFL 业主和球员之间已无谈判关系，B 计划制度没有针对反托拉斯的劳动豁免的资格，所以球员们取得了胜利。

然而，这方面的法律并没有很好地确定下来。例如，美国最高法院近期受理的案件 Brown v. Pro－Football，Inc.，50 F. 3d 1041（D.C. Cir. 1991），该案涉及的问题是：即使在陷入僵局后管理方单方面强加规则或惯例的情况下，非成文法劳动豁免是否仍向雇主提供保护使其免于反托拉斯责任。原告 Antony Brown 是发展型球队球员，提出 NFL 未与球员协商单方面强迫球员接受周薪的行为构成违反反托拉斯法的贸易限制。Brown 一案的上诉法院认为：当雇主强加全行业范围内通行的就业条款时，劳动豁免完全免除雇主的反托拉斯责任，前提条件是两者以前曾进行集体谈判。虽然 NFL 球员协会作为球员的排他性谈判代表被取消，但是其结果与 Brown 案件一样的事件也时有发生。

反托拉斯争议:团队、团队业主和联盟之间

以反托拉斯法为依据的另一个方面是涉及业主和联盟之间的争议的诉讼。到目前为止,最著名的案件是 Los Angels Memorial Coliseum and the Los Angleles Raiders v. NFL, 726 F. 2d 1381 (9th Cir. 1984),在此案中 Raiders 成功地针对联盟关于专营权再分配的限制发起反托拉斯抗争。在收购和经营团队方面做了很大投资的新业主们更愿意根据反托拉斯理由挑战联盟的规则或政策。抗争增多的部分原因来源于以下观点:新业主将团队所有权看成投资机会,他们相信他们应该能控制其团队的利润。这些抗争涉及关于在超级电台或电视台上在全国范围内开展电视广播的比赛数量的限制规定[Chicago Bulls and WGN v. NBA, 961 F. 2d 667(7th Cir. 1992)];所有权政策[Sullivan v. NFL (pending) and KFL (pending)];营销和收入分享[Jones v. NFL (pending)];以及意图收购和再分配棒球专营权的潜在业主[Piazza v. MLB, 831 F. Supp 420 (E. D. Pa. 1993)]。

反托拉斯案件:个人运动员针对联盟

也有一些反托拉斯案是由个人运动员针对联盟提起的。大多数这类案件都基于包含雇员(工会)和雇主(管理方)协定的就业条款的集体谈判协议。这些案件的起因是协议对不属于谈判单位的个人施加限制。例如,Leon Wood 对 NBA 提出反对,因为他相信当他从大学中被选拔出来时,NBA 的工资上限降低了他的市场价值。

一些没有资格参加职业联盟选拔的大学低年级学生运动员也依靠反托拉斯法。在著名的案件 Haywood v. National Basketball Association, 401 U. S. 1204 (1971) 中, Spencer Haywood成功地证明阻止他参加选拔并进入 NBA 的规定限制了他的谋生能力并且违反了反托拉斯法。由于这个案件,NBA 于 1971 年开始允许大学低年级学生运动员申报参加 NBA 选拔的资格。

当受惩罚的球员向联盟挑战时,也会使用反托拉斯法。例如,在 Molinas v. NBA, 190 F. Supp. 241 (S. D. N. Y. 1961)一案中,原告 NBA 球员因对他参加的比赛下注,而被罚停职。Molinas 向联盟提出的复职申请被驳回,Molinas 提出他除了在 NBA 打球外没有别的经济来源,所以联盟的开除属贸易限制行为。因为 NBA 在禁止赌博和通过将公认的赌博者排除在 NBA 之外以恢复公众信心方面有合法利益,法院主张停职并认为该限制是合理的。

业余体育组织

过去,业余体育组织不受制于职业体育业所面临的反托拉斯诉讼。然而,随着业余体育运动的日益重要和所涉及的资金的不断增大,诸如 NCAA 的组织越来越多地成为反托拉斯攻击的目标。

在历史上,业余体育协会曾作为反托拉斯诉讼中的被告成功地证明反托拉斯法不适用于他们,其理由是业余体育运动不属于谢尔曼法所定义的"贸易"或"商业"。业余组织过去曾证实由于业余体育协会是非赢利的组织,其主要目的是教育性的和/或非商业性的,他们不涉及贸易或商业,因此不受制于反托拉斯法。然而,在最近的一些案件中,法院对业余体育运动有了不同的看法,特别是对全美大学体育协会(NCAA)。法院发现某些业余组织必不可少地涉及"贸易"或"商业",因此这些业余组织也应受制于反托拉斯法。在这方面最著名的案件是 NCAA v. Board of Regents of the University of Oklahoma, 468 U. S. 85 (1984),该案由美国最高法院受理。最高法院做出了有利于俄克拉荷马大学和乔治亚大学的判决,在该案中,这两所大学提出 NCAA 的全国电视广播合同违反了联邦反托拉斯法。该案为大学橄榄球电视广播开创了开放自由的市场，允许许多比赛上电视，并且允许几项比赛同时上电视。另一个近期的案件涉及向 NCAA 规则提出的反托拉斯挑战，该规则对 Division I 中的入门级大学教练设定了 12 000 美元和 4 000 美元的学年工资和夏季工资限额。在 Law v. NCAA，902 F. Supp. 1394 (D. Kan. 1995)一案中，堪萨斯地区的联邦地方法院认为 NCAA 的限制教练收入的规定是不合理的贸易限制，原因是它特别地禁止对 Division I 大学教练的需求作出响应的自由的市场行为。事实上，在 Law 一案中，NCAA 承认在执行该规定之前有些限制收入的教练的收入为 60 000 美元到 70 000 美元之间。NCAA 在辩护中声称该规定是合理的，其理由是该规定旨在形成一个公平竞争的舞台，使各学校能公平竞争，预备入门级教练职位，减少其 Division I 机构的体育雇用费。法院拒绝了这个论点，因为 NCAA 没有提供任何证据证明限制收入规定的作用是为学校提供公平的竞争舞台，特别是没有为三位高级教练设定任何限制；没有提供任何证据证明限制收入的职位将由年青的或无经验的教练补缺；没有提供任何证据证明限制收入规定降低了体育部的整体费用。

尽管 NCAA v. Board of Regents of the University of Oklahoma 和 Law v. NCAA 案件使 NCAA 受到反托拉斯审查，但是这些案件只限于原告能证实 NCAA 对相关市场有反竞争作用的情况。在 Board of Regents of the University of Oklahoma 一案中，相关市场为电视广播市场；在 Law 一案中，相关市场为大学教练市场。当资格规定由于反竞争并因此违反谢尔曼法而遭到挑战时，原告学生运动员很难证实相关市场受到反竞争规定的影响。例如：在 Banks v. NCAA，977 F. 2d 1081 (7th Cir. 1992)和 Gaines v. NCAA，746 F. Supp. 738 (M. D. Tenn. 1990) 案件中，原告学生运动员反对 NCAA 限制已经作为三年级学生参加 NFL 选拔但未被挑选的橄榄球球员返回学校并具有作为四年级学生再次参加 NFL 选拔的资格。由于原告不能证明不选拔规则对大学橄榄球劳动力市场中的贸易的限制，未能提出能给予赔偿的索赔，两家法院都驳回了案件。另外，法院还注意到：与其他任何 NCAA 资格要求(例如，年级、学分要求或持有中学毕业证)相比，不选拔规定对学生运动员的反竞争作用并不是更大。

反托拉斯法是法律中非常复杂的领域，当应用于体育运动时，由于职业团队和业余运动之间的商业关系不同于其他任何商业关系，所以产生了只有体育运动领域才有的判决。成功的反托拉斯诉讼也引起了职业团队运动和大学体育运动的某些最重大的结构变化。

劳动法

劳动法规定了约束劳资关系的规章制度，定义各方的权力、特权、职责和责任。劳动法中与职业体育相关的主要部分是与集体谈判协议相关的方面。1935 年国家劳工关系法(NLRA)是赋予政府权力保护雇员的集体谈判权的第一步。为提供 NLRA 规定的执行机构，NLRA 还创立了一个独立的机构，即国家劳工关系委员会(NLRB)。NLRB 对劳动法争议有管辖权。

职业体育

如本章中反托拉斯部分所述，如今劳动法在职业团队运动中非常重要。所有的职业联盟都有重大的劳动法争议，这些争议涉及特殊行业的经营。涉及所有主要团体运动的劳工关系现在都受集体谈判协议的约束，这些集体谈判协议都很长(长达 200 页)并且有时很复杂(参见 NBA，NHL 和 NFL 的工资上限)，定义雇主、联盟、团队和工会及其成员——雇员之间的雇用条款。集体谈判协议可能包含以下方面：

1. 最低薪资。
2. 运动员自由，例如成为自由球员的权力。
3. 薪资仲裁(在职业棒球大联盟和国家曲棍球联盟中)。
4. 裁决运动员和俱乐部之间的争议的申诉仲裁制度。
5. 养老金。
6. 卫生医疗津贴。
7. 训练营补偿。
8. 餐费。
9. 交通方式和交通级别(例如，如果旅行超过 x 小时，则可乘头等舱旅行和航班)。
10. 迁移费用。
11. 工作条件。
12. 比赛日程。

在与其他非运动员雇员有关的方面，团队管理人员的工作也会涉及到劳动法。非运动员雇员包括未加入工会的雇员，例如，引座员、收票员、为多所体育馆和运动场服务的木工和其他工种的人群。

职业高尔夫球协会(PGA)和职业网球协会(ATP)是个人运动项目的管理机构，都为各自的运动员经营各自原巡回比赛，都有各自的一套管理成员、联赛和比赛的规章制度。与职业团队运动不同，PGA 和 ATP 更类似于行业协会，并且没有签订运动员集体谈判协议。

业余体育

到目前为止，业余体育运动中的运动员都没有参加工会。尽管有些人曾提出他们应该参加。诸如大学等业余组织的某些工作人员可能属于一个工会并因此受劳动法和该工会的集体谈判协议约束。例如，一些机构中的教员没有参加工会，而某些教练可能是工会的成员。另一个类似的例子是校园中的雇员，比如，文书事务人员或维护人员中有未参加工会的人员，也有受集体谈判协议约束的人员。

机构管理

许多观众机构雇用了各种未加入工会的雇员，他们可能属于 10～15 个不同的工会小组，都签订有不同的集体谈判协议。机构经理必须熟悉所有这些协议。绝大多数健康俱乐部的雇员都没有参加工会，所以俱乐部经理不需熟悉劳动法。

就业歧视

体育管理者还必须熟悉禁止就业歧视的法律，包括州就业歧视法和联邦就业歧视法。由于州法律将按管辖权发生变化，学生应熟悉以下联邦法律：1963 年同酬法、1964 年民权法案第七章、就业年龄歧视法和美国残疾人法(具体讨论，参见第十章“组织人事安排”)。

小　结

1. 体育法是一个相对较新的领域。体育法课程于 1972 年首次由罗伯特 C. 贝里教授在波士顿大学法学院讲授。

2. 体育法成为大学中体育管理专业所开设的课程中不可缺少的一部分。

3.美国有两个基本法律系统:联邦系统和州系统。

4.制定有效合同的主要法定要求是要约、承诺、订约要因、合法性和法定资格。

5.民事侵权行为是由于某人的行为致使另一人所遭受的个人(或民事)侵权或伤害。

6.威胁和殴打是具有实施行动的意图和伤害原告的意图的故意侵权。

7.轻率的不当行为是一种民事侵权行为,其特点是被告具有实施行动的意图,但无伤害原告的意图。在运动参与者之间的侵权诉讼和倾向于关注被告对安全规则的违反行为的案件中经常采用该标准,以确定对原告安全的故意的、不负责任的或轻率的漠视。

8.体育运动中最常见的侵权行为都源于过失。过失是非故意的侵权行为,不具有实施行动的意图和伤害原告的意图,但未能给予合理的注意。

9.代理法确定委托人和代理人(代理或代表委托人的利益的人)之间的关系中的法定因素。代理法的一个目的是使委托人(对第三方)为代理人的行为负责,只要代理人是根据委托人的授权而行动的。第二个目的是确立委托人和代理人应对对方履行的义务。

10.依据代理法,委托人应对代理人履行三项经济义务:向代理人付酬、报销和赔偿。代理人应对委托人履行五项信用义务:服从、忠实、合理的注意、通知、报帐责任。

11.独立订约人是订立合同,按自己的方法完成工作,不受雇主控制的个人。因此,雇主不对独立订约人的过失承担责任。

12.雇主不对雇员的故意侵权行为负责。故意侵权行为具有实施行动的意图和伤害原告的意图,并且这种侵权行为不在职责范围内。

13.体育运动中提出的宪法论据包括言论自由、正当程序、平等保护、非法搜查和扣押、侵犯隐私。

14.对中学和大学校际体育运动中的性别歧视提出反对时,采用了各种法律论据,包括《1972年教育修正案第九条》、《平等保护法》、《州平权修正案》和《同酬法》。

15.民权办公室监督《1972年教育修正案第九条》的合规性。

16.对于原告来说,根据平等保护条款反对性别歧视并不十分有效。首先,被告必须是州行为者,才能应用平等保护条款。其次,如果被告能证实基于性别歧视的重要的政府原因,中度审查确实向被告提供辩护理由。最后,平等保护是一项私力救济,要求原告承担诉讼费用。

17.依据下列成文法曾提起过涉及教练就业问题的性别歧视诉讼:1963年《同酬法》、《1964年民权法案第七条》和《1972年教育修正案第九条》。

18.反托拉斯问题主要涉及职业体育运动,然而,业余体育运动越来越多地受到反托拉斯法审查,部分原因是业余体育运动中的许多领域转为“大生意”。

19.篮球、橄榄球和曲棍球职业团队运动都受反托拉斯法约束。唯独棒球获得反托拉斯法特别豁免。

20.涉及业余体育协会和反托拉斯法的最著名的案件是NCAA v. Board of Regents of the University of Oklahoma。最高法院的判决为:NCAA的全国电视广播合同违反了联邦反托拉斯法。本案的结果为大学橄榄球电视广播开创了开放自由的市场。

21.劳动法可以被定义为规定劳动者应有的权力和特权的法律。

22.体育管理者必须熟悉以下联邦就业歧视法:1963年《同酬法》、1964年民权法案第七章、就业年龄歧视法和美国残疾人法。

复习题

1. 列出并描述审判系统的十个部分。

2. 列出涉及合同构成的主要法律概念并给出其定义。

3. 给出威胁和殴打的定义并各举一例。

4. 法院用以判定被告的行为是否构成过失的四个因素是什么?

5. 在哪三种情况下,雇员可能被法院确认为独立定约人,因而雇主不必对该雇员的行为负责?

6. 给出故意侵权的定义。举出一个故意侵权的例子并解释雇主应或不应对故意侵权负责的理由。

7. 给出正当程序的定义并解释该概念在体育案件中的使用。

8. 在性别歧视案件中,法院使用哪三项判断因素?

9.《第九条》成文法的哪个方面最初引发针对体育部的疑问,最近关于这一点有哪些变化?

10. 为什么依据平等保护法反对性别歧视不很成功?

11. 民权办公室(OCR)怎样判定《第九条》的合规性?

12. 历史上什么是关于业余体育协会及其反托拉斯法适用性或非适用性的论据? 最近关于这一点有哪些变化?

关键术语

1967 年就业年龄歧视法(于 1978 年和 1986 年修订):本法禁止雇主在雇用中针对个人基于年龄的歧视行为。

代理法:规定代理人依据委托人的授权代理或代表委托人中的关系。

1992 年美国残疾人法:保护残疾申请人和残疾雇员不受就业歧视,但前提条件是申请人/雇员必须能履行所有的基本职责。

反托拉斯法:主要法律有谢尔曼法(1890 年)和克莱顿法(1914)。这些法律旨在鼓励自由开放的商业竞争。

威胁和殴打:意图实施行动,伤害原告的故意侵权行为。

违约:未能履行合同规定的职责。

集体谈判协议:主要适用于职业团队运动联盟,该种协议包括针对运动员在各自的联盟中的约束性雇用条款。

宪法:宪法包含有关重要的社会、经济和政治问题的法定条文和司法解释。

合同法:关于合同的法律,而合同是两方或多方之间依法可执行的协议。合同可以为书面或口头形式。

诽谤:可以为意图毁坏他人名誉以降低社会对其的评价或阻止第三人与其交往的文字诽谤(书面)或口头(话语)诽谤。

正当程序:为保护和行使私人权力在法律体系中确立的法定程序。

1963 年同酬法(于 1972 年修订):当工作岗位要求同等技能、劳动强度和责任并且工作条件相似时,禁止基于性别的工资歧视。

平等保护:检查法律应用的公平性的宪法方法。

平权修正案(ERA):一项被提出的保证所有公民的平等权力的宪法修正案,但未获得所要求的 38 个州的批准;然而,仍有 19 个州有其自身的 ERA。因此 ERA 在州一级而非联邦一级影响着体育运动。ERA 为反对基于性别的分类所给予的保护更多。

联邦法院系统:包括最高法院、13 家上诉法院、94 家地方法院、一些专门法院以及行政机关。

故意侵权:具有实施行动的意图和伤害原告的意图(如威胁和殴打)。

独立订约人:在某些方面与雇主有联系,但并不受雇主控制的个人。

机构法:指《第九条》对机构的应用,例如,接受联邦财政支持的机构中的体育部。

侵犯隐私:旨在保护个人的内心平静和/或舒适。

劳动法:规定约束劳资关系的规章制度,定义各方的权力、特权、职责和责任。

文字诽谤:通过写作公开诽谤事件。

过失:非故意的侵权行为,关注个人的行为或行动。

项目法:指《第九条》只适用于从联邦政府接收直接财政支持的项目。

轻率的不当行为:其特点为被告具有实施行动的意图,但无通过该行动伤害原告的意图的一种民事侵权行为。

口头诽谤:通过话语公开诽谤事件。

体育法:法律的各个方面在体育业的应用。

1964 年民权法案第七条:特别禁止针对个人的基于种族、肤色、宗教信仰、性别或族源的就业歧视。

1972 年教育修正案第九条:该联邦成文法要求:“在美国的任何人不得因性别差异而被排除参与接收联邦财政支持的教育项目或活动、被剥夺接受联邦财政支持的教育项目或活动带来的利益或受到接受联邦财政支持的教育项目或活动的歧视。”该法对女性开放了在体育业中的机会。

侵权责任:除违约外,由于某人的行为致使另一人所遭受的个人(或民事)侵权或伤害。

审判系统:由当在民事诉讼中原告提出控告或在刑事诉讼中起诉人提出控告时所涉及的部分组成。

非故意侵权:不具有实施行动的意图和伤害原告的意图,但未能给予合理的注意(过失)。

不合理的搜查和扣押:宪法的第四修正案保证人民的人身、房屋、文件和财物免遭不合理的搜查和扣押的权力。

参考文献及本章注释

[1]Agthe Donald E. and R. Bruce Billings. The Role of Football Profits in Meeting Title IX Gender Equity Regulations and Policy. *Journal of Sport Management*, 14, 1, January 2000, 28～31

[2]Appenzeller H. and Appenzeller T. *Sports and the Courts*. Charlottesville, VA: The Michie Co. 1979

[3]Appenzeller H. *Sports and Law: Contemporary Issues*. Charlottesville, VA: The Michie Co. 1985

[4]Averill v. Lutress, 311 S. W. 2d 812 (Tenn. Ct. App. 1957)

[5]Baley J. and Matthews D. *Law and Liability in Athletics, Physical Education, and Recreation* (2nd

Edition). Dubuque, IA: William C. Brown Publishing. 1989

[6]Banks v. NCAA, 977 F 2d 1081 (7th Cir. 1992)

[7]Berry R., Gould W. and Staudohar P. Labor Relations in Professional Sports. Dover, MA: Auburn House Publishing Co. 1986

[8]Berry R. and Wong G. *Law and Business of the Sports Industries*. Dover, MA: Auburn House Publishing Co. 1986

[9]Bridgeman v. NBA, 675 F. Supp. 960 (D. N. J. 1987)

[10]Brown v. Pro-Football, Inc., 50F. 3d 1041(D. C. Cir. 1991)

[11]Brown v. Woolf, 554 F. Supp. 1206 (S. D. Ind. 1983)

[12]Bunger v. Iowa High School Athletic Ass'n, 197 N. W. 2d 555 (Sup. Ct. 1972)

[13]Chicago Bulls and WGN v. NBA, 961 F. 2d 667 (7th Cir. 1992)

[14]Childress by Childress v. Madison County, 777 S. W. 2d 1 (Tenn. Ct. App. 1989)

[15]Christ the King Reg. High School v. Catholic High Schools Athletic Ass'n, 624 N. Y. S. 2d 755 (Sup. 1995)

[16]Clement A. *Law in Sport and Physical Activity*. Indianapolis, IN: Benchmark Press, Inc. 1988

[17]Cohen v. Brown University, 879 F. Supp. 185 (D. R. I. 1995)

[18]Cooper v. Peterson, 626 N. Y. S. 2d 432 (Sup. Ct. 1995)

[19]Detroit Lions, Inc. and Sims v. Argovitz, 580 F. Supp. 542 (E. D. Mich. 1984)

[20]Dworkin J. *Owners versus Players: Baseball and Collective Bargaining*. Dover, MA: Auburn House Publishing Co. 1981

[21]Federal Baseball Club of Baltimore, Inc. v. National League of Professional Baseball Clubs, *et al.*, 259 U. S. 200(1922)

[22]Flood v. Kuhn, 407 U. S. 258 (1972)

[23]Franklin v. Gwinnett County School District, 112 S. Ct. 1028 (1992)

[24]Gaines v. NCAA, 746 F. Supp. 738 (M. D. Tenn. 1990)

[25]Greenberg M. J. *Sports Law Practice: Vols. I and II*. Charlottesville, VA: The Michie Co. 1993

[26]Grove City College v. Bell, 465 U. S. 555 (1984)

[27]Haywood v. National Basketball Association, 401 U. S. 1204 (1971)

[28]Hennigan v. Chargers Football Co., 431 F. 2d 308 (5th Cir. 1970)

[29]Hill v. NCAA, 273 Cal. Rptr. 402 (1994)

[30]Hochberg P. and Blackman M. *Representing Professional Athletes and Teams*. New York: May 14～16. Practising Law Institute Co-Chairmen. 1990

[31]Kansas City Royals Baseball Corporation v. Major League Baseball Players Association, 409 F. Supp. 233 (W. D. Missouri 1976)

[32]Law v. NCAA, 902 F. Supp. 1394 (D. Kan. 1995)

[33]Los Angeles Memorial Coliseum and the Los Angeles Raiders v. NFL, 726 F. 2d 1381 (9th Cir. 1984)

[34]Ludtke v. Kuhn, 461 F. Supp. 86 (S. D. N. Y. 1979)

[35]Lupien T. and Lowenfish L. *The Imperfect Diamond: The Story of Baseball's Reserve System and the Men Who Fought to Change It*. New York: Stein & Day. 1980

[36]Mackey v. National Football League, 407 F. Sup. 1000 (D. Minn. 1975)

[37]Maloy B. *Law in Sport: Liability Cases in Management and Administration*. Indianapolis, IN: Bench-

mark Press, Inc. 1988

[38]McCourt v. California Sports, Inc. , 600 P. 2d 1193 (1979)

[39]McNeil v. NFL, 790 F. Supp. 871 (D. Minn. 1992)

[40]Molinas v. NBA, 190 F. Supp. 241 (S. D. N. Y. 1961)

[41]NBA v. Williams, 43 F. 3d 684 (2d Cir. 1995)

[42]NCAA v. Board of Regents of the University of Oklahoma, 468 U. S. 85 (1984)

[43]Nygaard G. and Boone T. *Law for Physical Educators and Coaches*(2nd Edition). Columbus, OH: Publishing Horizons, Inc. 1989

[44]Piazza v. MLB, 831 F. Supp 420 (E. D. Pa. 1993)

[45]Powell v. NFL, 930 F. 2d 1293 (8th Cir. 1989)

[46]Reed M. Hutchings. *IEG Legal Guide to Sponsorship*. Chicago IL: International Events Group, Inc. 1989

[47]Robertson v. National Basketball Association, 556 F 2d 682 (2nd Cir. 1977)

[48]Rodgers v. Georgia Tech Athletic Association, 303 S. E. 2d 467 (Ga. Ct. App. 1983)

[49]Ross v. Creighton University, 957 F. 2d 410 (7th Cir. 1992)

[50]Ruxin R. *An Athlete's Guide to Agents*. Lexington, MA: The Stephen Greene Press. 1989

[51]Schubert G. , Smith R. and Trentadue J. *Sports Law*. St. Paul, MN: West Publishing Co. 1986

[52]Shelton v. National Collegiate Athletic Association, 539 F. 2d 1179 (9th Cir. 1976)

[53]Stanley v. University of Southern California, 13 F 3d 1313 (9th Cir. 1994)

[54]Staudohar P. *Collective Bargaining in the sports Industry*, Second Ed. Ithaca, NY: ILR Press. 1991

[55] Tokarz K. Women. *Sports and the Law: A Comprehensive Research Guide to Sex Discrimination in Sports*. Buffalo,NY: William S. Hein Co. 1985

[56]Tomjanovich v. California Sports, Inc. , No. H－78－243 (S. D. Tex. 1979)

[57]Trope M. Necessary Roughness: *The Other Game of Football Exposed By Its Most Controversial Super Agent*. Chicago: Contemporary Books. 1987

[58]Tunkl v. Regents of the University of California, 383 P. 2d 441 (1963)

[59]Uberstine G. Covering All the Bases: A Comprehensive Guide to Sports Law. Buffalo, NY: William S. Hein Co. 1985

[60]Uberstine G. *Law of Professional and Amateur Sports*. New York: Clark Boardman Co. , Ltd. 1988

[61]Uberstine G. Ed. *The Law of Professional and Amateur Sports*. Deerfield IL: Clark, Boardman, and Callaghan. 1991

[62]United States v. Burke, 700 F. 2d 70 (2nd Cir. 1983).

[63]University of Colorado v. Derdeyn, 863 P. 2d 9292 (Colo. Sup. Ct 1993)

[64]van der Smissen B. *Legal Liability and Risk Management for Public and Private Entities*. Cincinnati: Anderson Publishing Co. 1990

[65]Vernonia School District 47J v. Acton, 115 S. Ct. 2386 (1995)

[66]Wagenblast v. Odessa School District, 758 P. 2d 968 (1988)

[67]Weiler P. C. and Roberts G. R. *Cases, Materials and Problems on Sports and the Law*. St. Paul, MN: West Publishing Co. 1993

[68]Weistart J. and Lowell C. The Law of Sports. Indianapolis, IN: The Bobbs－Merrill Co. , Inc. (1979; 1985 supplement)

[69]Wong. G. *Essentials of Amateur Sports Law*. Dover, MA: Auburn House Publishing Co. 1988

[70]Wong G. Sports Law Report. *Athletic Business*. Madison, WI (published monthly).

[71]Wong G. and Wilde T. *Sports Lawyers Guide to Legal Periodicals*. Buffalo, NY: William S. Hein Co. 1991

[72]Wong G. M. and Wilde T. J. *The Sport Lawyer's Guide to Legal Periodicals*. Buffalo, NY: William S. Hein & Co., Inc. 1994

[73]Yasser R., McCurdy J. and Goplerud P. *Sports Law*. Cincinnati, OH: Anderson Publishing. 1990

第二部分　计划和决策职能

第五章　计划职能

第六章　战略管理

第七章　解决问题及作出决策

第五章　计划职能

本章内容包括：

- 计划的性质
- 计划的重要性
- 计划的目的
- 计划的整体效益
- 计划的类型
- 组织准则
- 组织准则的推荐
- 计划和控制
- 计划的步骤
- 计划程序

引　言

计划是体育管理各个方面的主要组成部分。体育管理者提前几年就制订运动会、体育比赛和锦标赛计划。组织对未来的集资活动进行良好计划。教练为每个竞赛制订对战策略；城市计划师与娱乐负责人相互合作，在合适的时间、合适的区域获得土地和设施，以供未来发展。这里所列举的仅仅是少数的几个例子，它们证明了计划在体育世界的重要性。就像我们已经指出的那样，计划不善是组织失败的首要原因。不能生存、不能实现所期望的目标、不能在预算范围内运营，不能使资源利用最大化都是管理计划不善所造成的。

每位体育管理人员都会犯一些计划错误，但是专业的管理者会使这些错误最小化。由于实施计划的过程中会存在许多风险和不确定因素，所以不存在十全十美的计划。计划所涉及的始终是未来，管理者也不能完全预知或完美预测以后会发生什么。因此，他们不能始终为将要发生的事情做好准备。不能预测意外情况并为之做好准备是决策失误的主要原因。

计划的性质

计划职能是所有人都会执行的一种活动。学生计划他们的周末、学习时间表和课余时间。管理者也计划何时收集意见，何时正式确定目标，并执行计划以实现目标。根据目标重要性的不同，计划可以是非正式的，也可以是正式的。计划也是一项自始至终都贯穿着风险的活动。

风险来源于计划的未来特性。如果计划者不能与最新数据保持同步,在当前信息的基础上制订未来的计划就可能损害计划活动。即使拥有丰富的经验和娴熟的技术,并且资料存在相关性,管理者依然会出现计划错误。他们往往不能完全预测或控制会影响计划的内部和外部可变因素。

组织会制订主要目标、开发计划、衡量风险和不确定性,并且在存在潜在损失的情况下启动计划。奥林匹克运动会主办城市的评选过程就是一个很典型的例子。奥林匹克运动会的许多举办城市都损失了大量金钱,并且由于设施施工以及体育比赛的后勤服务而导致许多问题。但是这一历史经验并不影响其他城市继续为在六年或八年或更长时间以后举办运动会竞争投标。

计划的重要性

在管理的众多职能当中,计划是所有其他管理职能的基础。计划是一项优先活动:计划应发生在组织、实施、控制和决策行为之前。对于实现资源的有效利用以及最终结果的有效达成而言,合理的计划是相当必要的。管理者计划不善或者完全没有计划会导致低效甚至无效,并且往往造成组织整体的失败。毫无疑问,管理计划不善是美国组织失败的首要原因。

计划不善是企业破产的主要原因,但不是唯一原因。某些专家表明半数新兴企业在运营的第一年破产。许多这样的企业没有被合并,从此销声匿迹,但是新业主经理人和/或企业家缺乏为未来制订计划、预测风险以及进行市场研究的能力,不能合理投资,没有完全准备好开办企业会导致早期破产。如果试图开办新企业,合理计划是至关重要的。

计划的职能并不神秘。计划是一种具有未来特性的常识性活动。对于个人而言,在生活中,我们实际上为所有事情制订计划:我们对即将到来的周末和假期制订计划,计划如何花钱,计划观看什么电视节目,计划何时准备学期报告,等等。对于组织来讲,管理者为资金支出、人力需求、现金流量需求、销售增长和市场份额、新产品和服务引进,以及许多其他因素制订计划。在体育管理中,计划用于筹款活动、多功能设施的联合使用、增加新运动和加入社团、门票销售增长,等等。所有这些计划活动都与未来有关。“今天”的所有活动都是过去计划的结果。“今天”的计划将产生“明天”或“明年”的活动。

一个组织未来的成败与该组织目前管理者的计划技能密切相关。这里有一个相当有趣的例子与未来计划有关:1996 年初,国家橄榄球联盟的业主批准了允许克利夫兰市职业球队迁移到巴尔的摩参加 1996 年季赛的计划。但是,联盟业主之前就进行了计划以保护其利益,同时他们也承担为在克利夫兰市筹建一座新露天运动场集资的责任,并且承诺到 1999 年为该市组织另一支职业橄榄球队。这个新的球队将保留队名“布朗”,并且采用球队原先的颜色。

计划不是直接影响组织成败的因素,但是对于实现未来组织目标和最终胜利是第一步,也是最重要的一步。

计划的目的

计划的目的在于正式确定目标,并且为在所要求的期限内,以最有效、问题最小化的方式实现该目标而制订计划。

对该目的的解释抓住了计划的本质。不管计划是长期的还是短期的,是用于一个部门还是整个组织,其目的都是相同的。下面详细分析对该解释中的各个要素。

正式确定目标。正式确定目标表示:首先确定目标是什么,其次将目标以书面形式提交给上级管理层进行审批。当书面目标得到上级管理层的批准,下层管理者就拥有了着手行事的权利。

时间标准和效率。为在所要求的期限内实现目标指的是设定一个时间标准。时间标准应贯穿目标实现的过程。时间标准应设定在优秀的水平上,处于完成任务通常所需的平均时间量内。计划实施所涉及的每个人都应知道时间标准。实施计划时,效率的关键是在最短的时间内完成高质量工作。紧迫的时间标准不仅可以提高效率,而且可以激励员工执行工作或实施计划的士气。由于紧迫的时间标准表明工作是重要的,通常会在员工中产生兴奋感。

问题最小化。最有能力的管理计划者会设法制订这样的计划,合理实施时,可以在正确的时间期限内达到所要求的目标,并使问题最小化。合理的计划并不会消除或避免全部问题;不存在完全没有问题的计划。然而,有效力的计划者会设法提前预测主要问题。当预测到主要问题并采取准确措施,即使出现损失或损害,也会被抵消或最小化。关于此类预测,最常见的一个例子是为财产购买火灾保险。另一个例子是对员工进行交叉培训,执行多项工作。管理者可以预测会使其部分员工只能闲在家里的恶劣天气。为抵消闲置或人手不足所造成的潜在损失,管理者可以将员工重新安排到其他工作以保证基本运营。如果供应商未按时交货,管理者就拥有原材料的其他来源。管理者没有任何借口在进行计划时不预测到主要问题。

有效的最终结果。合理的计划可以产生有效的最终结果。这一点仅仅意味着实现所期望的最终结果。如何实现?有能力的计划者会提前进行考虑,并回答关于"谁、何时、何地、怎样、为什么"的问题。随后,他们将这些答案以文字形式记录下来。当计划实施直接涉及的各方理解了上述问题的答案以及各自在计划实施中角色,实现有效的最终结果的概率就随之增加了。本章后面的"计划程序"将对上述内容进行更详细的讨论。

目的和目标

目的和目标这两个词在本章交替使用。一般而言,目标比目的更具有特殊性,但是在这一定义上没有统一意见。

组织有许多不同的目的(目标)。组织存在的首要原因与其意图有关。组织的意图是其使命陈述的一部分。高级管理层包括公司董事确定其使命陈述。使命陈述是最宽泛的目标,规定了与组织产品、服务、市场和收入有关的意图和唯一性。

其他目的(目标)可以分为战略目的(目标)、战术目的(目标)和运营目的(目标)。

战略目的或目标,由高级管理层设定,一般为长期的、用于影响组织的总体行为。战略目标可以扩展,可以与营利性、市场份额或向客户提供的产品或服务的变化有关。

战术目的或目标,通常由中级管理层负责,对于实现战术目的或目标,有一个中间期限。战术目标代表实现战略目标所需要完成的运营目标。

运营目的或目标,通常由初级管理者设定,为短期目标(一年或更短时间)。实现运营目标是实现战术目标所需要开展的工作的一部分。

可以设定目标的职能领域包括人力资源、物理设施、研究和开发、财务活动、产品质量、成本管理,等等。

目标管理

目标管理是某些组织采用的一种哲学管理方法,用于帮助管理者更有效地实施计划。由于管理者可以通过目标管理将组织目标转化为集体和个人目标,目标管理就成为一种通行的计划/决策辅助手段。许多人不愿意设定个人目标,但是目标管理有助于克服这个障碍。当员工个人与管理者对其目标进行了讨论并为确立自己的年度工作目标投入大量精力,他们就会更有责任感,从而执行力更佳。管理者必须对员工个人进行管理,而不是集体,应当很好地了解自己的员工,这样就可以从整体上使每个员工的目的和目标与部门和组织的目标保持一致。从理论上讲,当组织的所有员工、所有管理者以及所有部分都根据目标管理计划完成了各自的年度目标,那么组织的总体目的就实现了。

目标管理计划的主要缺点在于必须花费大量的时间用于介绍方案、与员工碰面、确定目标,并且需要全年监控计划的实施。然而,对于小型组织而言,由于介绍方案并对之进行管理所花费的时间要少得多,目标管理将是一个有益的计划/决策辅助手段。

从 20 世纪 50 年代中期开始,目标管理或类似的计划逐渐在各种美国组织中获得广泛认可。目标管理不仅影响管理决策,当根据经双方认可的预设标准评估员工和集体的实际绩效时,该方案也会成为一种控制机制。这是绩效评估的一种具有较低主观性的方法。

对于体育管理,应用目标管理或类似的计划是较为理想的,这是因为大多数组织通常所涉及的相关员工人数较少,并且定性和定量标准被用于绩效测定。

表 5-1 展示了目标管理计划的基本书面要求,但实际目标管理可以尽可能广泛。任何目标管理计划都必须具有从高级管理层到低层员工的全力合作,才能有效运行,并且与所花费的时间成本和资金成本等值。

表 5-1　目标管理的基本书面要求

• 主要目标(组织为什么而存在)
• 运营目标(年度目标)
• 单位目标(部门、分部等的年度目标)
• 个人管理目标
• 非管理层员工的个人目标

计划的整体效益

各级管理者所实施的计划为组织带来许多效益。

有效的计划为员工的工作指明方向。你可以想象一艘没有发动机、没有船帆、船桨、航海图、指南针、船舵或舵柄的小船在太平洋中间漂浮的情景么？你到达预期目的地,比如陆地的可能性有多大？极其渺茫！这就如同一个正在运营的组织却没有计划。有效的计划通过确立意图、目标和目的为组织的工作指明方向。详细的计划为小组和个人的工作提供蓝图,当这些工作与其他人的努力相结合,就构成了整个组织为实现目标所付出的努力。政策、程序、规定和其他计划工具对员工行为产生影响,而员工行为使每个人和整体工作的每一部分以正确的方向为实现预期目标运行。

有效的计划有助于组织决定其命运。组织可以通过有效的计划决定自己想做什么，什么时候做，希望进驻什么市场，提供或取消什么产品或服务，而不需要受产业或公共舆论中竞争者的策略或趋势的过度影响，也不需要改变技术。有效的计划有助于组织决定自身命运。对于希望了解的未来事件，必须接受相关对策的风险，管理者为此决定对其施加何种程度的控制。之后，他们致力于计划组织的命运，而不是让趋势和外界力量超过其控制。

有效的计划是有效控制的关键。控制的主要功能在于根据计划（标准）评估绩效，如果超过计划（标准），即采取补救措施。有效的计划产生有效的控制方案，使多余的工作、不合格品、时间成本、资金成本和顾客不满意度最小化。有效的管理计划的产物——清晰明确的目标成为控制的标准。虽然控制方案可能是一种昂贵的活动，但是控制的缺失却会导致更高的成本。缺乏基于计划标准的有效控制，组织就不能适应当今世界的快速变化。考虑一下经济、政治、科技和社会领域内会直接影响组织成败的所有变化。企业正在开展的活动是"昨天"计划的结果，必须严加监控；如果发生变化，并且威胁到目的和目标的实现，必须进行调整以保证成功的可能性更大。将良好的控制方案融入计划，这样就可以在合适的时间实施调整并改变状况。

有效的计划对于管理的成功至关重要。如果管理者是有能力的计划者，那么组织在实现其预期目标方面就会比较成功。重点在于有效的计划应领先于管理者组织、实施、控制和决策的行为。计划的管理职能渗透在所有其他管理职责中。组织者计划什么样的组织结构对于集体行为最有利；计划怎样在员工中实施行动方案（实施）；计划作为评估结果的依据的标准（控制）；并根据需要在各个功能领域制定所有决策。由于大多数管理者的绩效随着时间得以证明，所以以下结论是合乎逻辑的：有效的计划对于实现可以证明管理者胜任的预期最终目标是至关重要的。当管理者表现力佳，整个组织就可以受益。

计划的类型

由于分类者的不同，计划的类型也是不同的。管理中的术语也没有标准化。但是大多数管理学学者同意对计划分类如下：

- 战略计划
- 运营计划
  - 单一用途计划
  - 常置计划
- 功能计划
- 短期计划和长期计划
- 应急计划

战略计划是那些用来实现组织的最广泛目标。其包含活动的各个方面，并且与组织存在的主要原因具有直接关系。通常这些计划被称作总体计划。

运营计划在内容方面非常详细，用于实施战略计划。运营计划主要可以分为两种类型：单一用途计划和常置计划。

单一用途运营计划用来实施可能不会再重复的行动方案。一旦这些计划实现一个特定的目标，以后就不会再使用。比如，设计一个扩大或改造经理办公室的计划就可能是单一用途计划。

最常见的单一用途计划为方案、预算和项目。

常置运营计划用于在组织活动重复时指导管理者的行为。比如,当生产经理订购附加原材料时,制造商可能就制订一个常置计划。

常置计划为管理者提供一个标准化的前后一致的方法,用于处理类似的重复事件。常置计划采用政策、程序和规定来指导管理者行为。

功能计划按其用途或职能进行分类。最常见的类型为营销计划、生产计划、财务计划和人力资源计划。比如,营销计划包括如何获得更大的市场份额;如何更有效地做广告;如何更有效地分配成品。由于各个主要活动彼此相互依赖,功能计划也通常相互交迭、相互关联。比如,销售计划可能与人力资源计划有关,并影响后者。

短期和长期计划按期限分类。尽管没有识别各个计划的标准期限,通常认为一年或更短的期限为短期;而超过一年的为长期。

短期计划可能存在缺陷。追求短期目标的组织往往忽略长期后果。然而,实现短期目的通常对赢得长期胜利也至关重要。一个组织,比如联合劝募会,对实现其年度筹资目标(一年或短期计划)感兴趣,但是它也重视远期生存和成功。许多为在短期内增加乘客极大地降低费用的航空公司都由于长期损失而倒闭了。

长期计划在相对较小的组织中可以是3～5年(表5-2);而在大型组织中,此类计划可以是20～30年,甚至更长(表5-3)。高级管理层通常在设定长期目标的同时制订长期计划。

表5-2 小型组织中管理者计划的时间间隔

高级管理层	3～5年
中级管理层	1～3年
初级管理层	1年

表5-3 大型组织中管理者计划的时间间隔

高级管理层	10～20～30年
中级管理层	3～5年
初级管理层	1年

如果处于激烈的竞争环境中的公司希望在未来20～30年的时间内继续生存,长期计划是必不可少的。生产和销售运动器械的公司是长期计划的典型例子。通过长期研究,此类公司研发新一代产品,比如高尔夫球棒、网球拍和网球鞋,通过“计划报废”为其产品创造不断增长的需求。

应急计划通常也称作后备计划,当原始计划由于某种原因不再合适时,实施应急计划。这里的“某种原因”可能是发生一个原本未必可能的事件或发生已经有准备的风险。应急计划应视为替补计划,无论何时如果必须废弃原始计划,都可以执行该计划来实现预期目标。

对于体育管理者而言,在为主要工作安排人员、为工厂实施施工项目、租赁设施、预测筹资的主要来源、安排团队交通、安排户外赛事等时,制订应急计划是尤为重要的。尤其是对于奥林匹克比赛等情况,需要许多年去完成一个项目。

组织准则

不管计划属于何种类型,其成败都取决于所涉及的人员如何有效地实施计划。在制订计划时,管理的部分职责在于为计划实施工作提供准则。下面将介绍被视为计划一部分的组织准则。

组织准则指管理层用于影响工作人员的行为以实现目标的所有事物。通常，组织准则被称作“官样文章”，包括守则、程序、政策、制度、方法、规范、条例等。各种类型的组织准则之间具有明显区别。在体育管理中，准则是联盟或会议规章制度（全美大学体育协会手册或主要的棒球大联盟的药品政策）。在体育组织中涉及“官样文章”的典型例子如表 5－4 所示。奥克拉荷马大学

表 5－4 《奥克拉荷马大学体育部手册》摘录（授权转载）

奥克拉荷马大学体育部手册

目　录

前言			页码	1
目的			页码	2
第 1 部分　旅行				
总则	段落	10	页码	3
州外和州内旅行		11		3
团队旅行和团队旅行费		12		3
免费接客车、私人汽车和大学校车		13		5
保险		14		6
商务航空旅行		15		6
经批准的旅行人员		16		7
新会员旅行和参观		17		7
旅行申请说明		18		7
旅行费使用报告说明		19		10
第 2 部分　预算				
总则	段落	20	页码	13
支出		21		13
预算编制		22		13
控制		23		13
俱乐部资金		24		14
第 3 部分　购买				
总则	段落	30	页码	15
设备		31		15
供应品和材料		32		16
印刷品		33		16
存储材料		34		17
改造、施工、维护和维修		35		17
应急购买品		36		17
未经批准的购买品		37		17
杂项		38		17
结论		39		19
第 4 部分　电视节目、新闻指导和其他出版物				
总则	段落	40	页码	20
权限		41		20
第 5 部分　接收				
总则	段落	50	页码	22
接收报告		51		22
折扣和赊购发票		52		22

体育手册每年都进行审查和更新，是最好的组织准则之一，规定了以奥克拉荷马大学体育项目的名义开展活动时需要服从的要求。对于参与这些活动，州立中学体育协会通常具有明确的准则，包括与具有争议的“no pass - no play（只有通过所有科目的考试才可以参加课外活动）”有关的新守则。在县级娱乐活动中，对于什么人可以参与县级活动并使用县级设施，制定有明确的规章制度。

守则是指要求执行某些员工行为，并且没有解释的空间。守则没有弹性，是一种最明确的组织准则。实际上，守则是对某些员工行为加以规定。例如，任何时间员工都不得在公司内抽烟。

程序是为实现某特定的最终结果需要按时间顺序执行的一系列工作任务或步骤。例如，“购买”要求在购买或制定协议购买任何东西之前填写表格并按顺序完成某些步骤。

政策是最一般的组织准则。政策具有灵活性，服从于管理者的解释，主要用来影响管理者的行为。例如，组织政策下的晋升。

制度是用来达到一个重要的最终结果的一组相互协调的程序。例：生产制度，汽车局部装配线流入最终装配线，生产成品——汽车。

方法是规定用以完成某特定任务的准确方式的准则。例如，由任何员工完成一个程序中的一个工作步骤的准确方式。

规范是专业实践或行为的标准。例如，组织要求员工以指定的方式着装。

条例指由高级管理层或政府制定的权威准则，由员工执行。例如，由美国职业安全与健康管理局发布的联邦政府工作安全条例。

组织准则的推荐

计划的有效实施要求管理者采用一些组织准则。但是，如果这些准则不必要，就会造成混乱，延迟目标的实现。准则不明确会导致更多问题。对于管理者而言，所有准则都需要付出昂贵代价。因此，为避免组织准则带来的问题，需要遵循一些建议。

首先，除非准则是绝对必要的，否则不要采用。在采用之前确定的确需要所建议的准则来实现目标。通常需要回答与成本和收益有关的问题。采用特殊准则的价值是否大于管理准则的成本？

其次，保证准则简单。预期执行准则的所有员工应理解准则。他们应明白为什么需要该准则，准则的预期价值，以及他们如何遵守。

再次，以书面形式制定准则。为避免沟通脱节，如可能误解等问题，以书面形式制定准则。向每个相关的员工提供一份解释新守则、程序等内容的复印件。如有必要，召开会议解释说明新准则。如果实施的话，充分说明增加新准则的合理性(官样文章)。

最后，定期对准则进行审核。每年或每两年，管理层应在其职责范围内审核准则。应检验所采用的随着时间影响和控制员工行为的所有事物。如果所指定的准则不再服务于原来的目的，应取消或更改。合格的管理者会不断简化工作。在简化工作中，清除过时的准则是重要的第一步。

计划和控制

1917 年，第一章中所提到的科学管理创始人之一亨利·甘特（Henry L. Gantt）提出了甘特图（Gantt Chart）。甘特图是一种目前仍在世界范围内使用的控制技术，但是现在的形式比最初要复杂得多。在最初的甘特图中，纵轴表示个人和机器，横轴表示个人和机器的输出。同时，横轴也包括一个时间标度。通过设定所规定时段内的工作和项目标准以及记录所规定时段内的工作输出，管理者可以很快确定是否达到或超过工作标准，在哪一时段内达到或超过工作标准以及工作量。甘特图在形式和使用上相对简单，但是甘特提出了它使美国管理学关于计划和控制的思想发生巨大变化（图 5－1）。

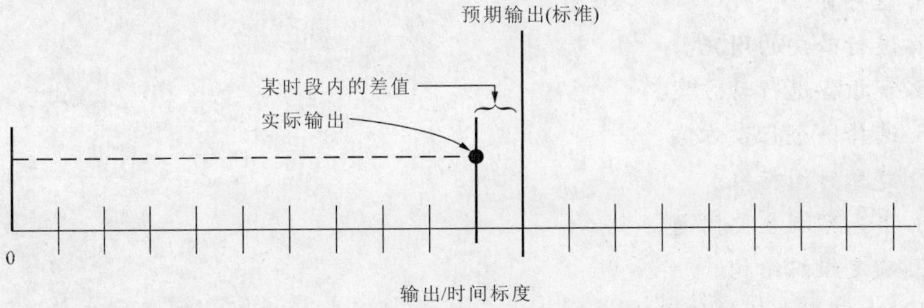

图 5－1　改良甘特控制图

许多体育管理者采用经过改良的直观控制图在评估资金筹集、会员招募、旨在增加参与率和/或出席率的宣传活动，以及其他可测量目标的有效性中根据计划测定进度。控制方案用于根据计划（标准）测定绩效。因此，计划和控制的职能彼此密切相关。控制将实际发生的与管理层在制订计划时期望发生的进行比较。与预期结果的任何重大偏差都需要管理层采取更正或补救措施。

用于以可靠质量、指定数量以及规定单位成本生产产品的管理者计划可以采用质量控制、生产（数量）控制和财务（成本）控制方案来确保实现预期目标。

预算是对所有类型组织中的管理者都非常重要的另一控制工具。预算直接将计划和控制联系起来。正式预算是计划程序的一部分，用于确定在实施计划时关于资源分配的支出。当超过所计划的预算分配，通常管理者需要采取一些更正或补救措施。当支出超过预算，教练或娱乐设施负责人通常会发现其工作已经处于危险状态；如果教练在一年中支出过少，第二年的预算就会减少。因而，零基预算获得广泛应用（参见第十五章中的讨论）。

从理论上讲，如果计划、组织、实施和决策的职能得到完善执行，那么就没有必要采用控制职能。现实中这并不存在；然而，有效的计划的确可以使控制职能的范围最小化。

计划的步骤

假如一个组织希望在未来五年内将其收入翻一番，假如一个校际体育项目希望确立可以支持年度预算的捐款基金，假如一个组织希望在未来三年中减少其内部运营成本，那么达到这些目的需要遵循什么步骤？第一步是制订一套围绕目的的详细行动计划。

详细的行动计划的制订要求管理层考虑所有可能影响未来绩效的实情和变数，并在此基础上作出适当的决策。如果一个广义的计划可以为目的的达成提供指导，那么这就比制订一套详细的规定谁、何时、何地、怎样、为什么、做什么的行动计划要有利得多。如上所述，有效的计划并不能消除所有问题，也不能确保成功，但是有效的计划的确能提高成功的概率。关键是要考虑所有可能性并事先决定如何根据计划对之进行处理。

计划的步骤有时称为计划程序，并不是绝对的顺序，根据状况的实用性，可以以任何方式对步骤进行调整。以下是制订一套详细的运营行动计划时需要遵循的典型步骤。

1. 收集意见。
2. 选择有形目标。
3. 盘存资源。
4. 进行必要的研究。
5. 审核备选行动方案。
6. 选择一个行动方案。
7. 建立时间标准。
8. 事先预测主要问题。
9. 确定组织结构。
10. 决定基本的组织准则。
11. 正式确定控制方案。
12. 为行动计划绘制蓝图。
13. 实施计划。
14. 评估结果。

计划程序

上述 14 个步骤通称为计划程序。制订特殊计划时，将该程序用作指南是非常有效的。学生可以采用该程序计划假期和联谊会；管理者采用该程序计划引进新产品和/或服务以及其他方面的组织活动；企业家采用该程序计划开办自己的企业。体育运动负责人在增加新的大学体育项目时可以采用该程序；娱乐负责人可以采用该程序计划新公园和设施；体育设施管理者可以采用该程序引进新产品或开辟新的领域(包括国际领域)。

计划程序是一种具有逻辑性的尝试性方法。虽然该程序并不保证计划的成功，但却可以降低失败的风险。下面对每一步骤进行详细解释。

收集意见。在正式计划中，这是最可能被忽略的步骤。高级管理层鼓励下级管理者从员工、顾客、学生、竞争对手和所有其他可用信息源收集意见。如果组织具有一套检查意见的系统，在精简过程中，最佳意见逐渐显现以供考虑和详细审查。选择最具有现实可能性的意见，并将其纳入有形(书面)形式而成为工作目标。事实上，组织目前所采用的或为顾客生产的每个产品或服务总是由一个新的意见开始的。卓越的组织不是偶然产生的，他们比其竞争者的执行力更强。所有这一切都开始于意见。

选择有形目标。通过审查所收集的意见，选择有形目标。一旦选定，意见需要获得高级管理层的批准并纳入书面形式，避免混淆步骤3～14的计划工作。这些目标应是明确说明的、具体的、可实现的目的。

盘存资源。除非在投入大量的时间或资金之前对资源进行认真盘存，否则会造成计划工作的浪费。盘存的目的在于确定资金的可用性、员工技能、材料、设备状态、具备什么管理人才，等等。实质上，盘存分析是根据实现目标的最大化所需要的内容对现有资源进行比较，以供承办项目。

进行必要的研究。研究采用的形式如下：关于处于考虑中的项目或主题的调查、回顾或学习。当计划实现所设定的目标时，可能有必要进行市场研究、财务分析、回顾组织的历史格局，或者只简单地阅读一些关于主题的文献。麦当劳等快餐公司总是在大范围推广之前试销新产品。研究的目的在于暴露潜在问题，验证计划工作的可行性，获知与主题或项目有关的实际情况，把握发展趋势，特别是确定计划的目标是否现实可行。

审核备选行动方案。为实现计划目标，始终会有几个可能的方案。如果计划在佛罗里达度假，你要考虑是乘飞机、开车、乘汽车还是乘火车。所有这些选择都是可行的。负责计划的管理者面临着同样的可行选择。一个必要的步骤是列出所有备选的行动方案，以及与之有关的重要优势和劣势。确定优势和劣势时，应考虑实际情况，而不应带有个人偏好和情绪。

选择一个行动方案。除非存在已公布的调整方案选择的限制条件，客观的决策者应选择看起来问题最少的行动方案，通常是那些优势远远大于劣势的方案。影响该决策并调整方案选择的因素包括成本问题、预算限度、可用资源、管理限制和要求、组织政策以及许多其他的内部和外部因素，所有这些都可能限制可以选择的方案。计划者始终考虑的一个问题是选择一个最理想的能以最有效的方式实现预期最终结果的行动方案。

建立时间标准。计划中关键的一步是确定必须实现预期最终结果的时限。这个时限称为时间标准。时间标准应设立在优秀的水平上，将所有的工作集中在合适的方向上。但是考虑到一些不可预知的问题，比如机器故障、恶劣天气、矿工、交货延迟等，必须允许存在一些时间误差。如果时间标准紧迫，计划实施所涉及的人员将具有更高的主动性。在比标准更短的时间内实施计划并成功实现预期目标是效率的测量标准。

事先预测主要问题。管理者未能事先预测主要问题是计划失败的首要原因。计划者不能在实施计划之前预测可能发生的每个问题；但是，应考虑具有较高的可能性的潜在主要问题，并为之做好准备(表5-5)。管理者在计划中处理两种类型的问题：风险和不确定因素。

表5-5　合格的计划者事先预测问题并为之做好准备

A级体育管理者	员工患病 比赛中 记分牌故障 设备缺陷 恶劣天气 交货延迟 疲软经济	亏本季节 主要伤害 教师罢工 预算缩减 高级管理层变动 员工辞职	目标 指标 目的

风险指管理者应能够较准确预测并为之进行计划的事件，当事件真的发生，可以避免损失或损坏。必须预测到的常规风险包括主要人物的死亡、恶劣天气、供应品短缺、设备故障、经济发展趋势以及可以投保的灾害，比如火灾和盗窃。

不确定因素指管理者不能准确预测并为之计划的事件，当事件真的发生，组织可能受害也可能受益。组织因此获得的利益称作意外收益；组织因此遭受的损害称作事故。历史上不确定因素的典型例子包括1990年到1991年的波斯湾冲突、20世纪70年代的石油危机和随后的经济震荡、最近几个大学校园中的令人震惊的麻疹爆发，以及青霉素的意外发现。可能许多不确定因素都应被预测到，但是某些事件发生的概率太低，以致没人能够预测。比如，一个以前从未发生地震的地区发生了地震，或者一个建筑被来自外空间的岩屑撞击，这些都属于低概率的不确定因素。1989年，发生在加利福尼亚州旧金山的一场地震导致世界棒球赛延期，为之付出昂贵代价。加利福尼亚州的地震是风险管理在计划中应预测到的，但是其在两个海湾地区加利福尼亚团队之间的世界比赛期间发生的概率将自然灾害纳入不确定因素的范畴。

关于风险和不确定因素，需要谨记的一点是发生未预测到的风险反映了管理的不善，但是发生对组织产生影响的不确定因素，不管是收益还是事故，都不是有效管理或不善管理造成的。

确定组织结构　计划实施的成败通常与组织工作的方式直接相关。有效的计划包括决定谁、何时、何地、怎样做什么。将关键的工作指派给具有资格的人员；设计一个开放的交流体系；明确职责；委派适当的机构履行职责；协调所有工作构成一个同步的工作流程，所有这些都为有效的计划奠定了基础。

决定基本的组织准则。上文已经将组织准则定义为管理层为事先目标所采用的影响员工行为的所有事物。某些准则（官样文章）可以在计划阶段确立，以帮助控制和影响计划的实施。比如，可以确立某些关于设备的购买的守则（任何超过500美元的购买都必须事先获得上级管理者的批准），或者确立关于什么人能够驾驶公司车辆的条例（在过去三年中没有超速罚单和酒后驾驶的人有资格驾驶公司车辆）。如果在实施计划时并入计划中的程序、政策、条例和制度有助于促进活动并使混淆和问题最小化，它们就具有较高价值。

正式确定控制方案。本步骤的目的在于防止计划的实施超出控制范围。控制方案是根据预期结果测定实际进度。这种方案应在纳入计划的实施之前认真制订。控制方案可能具有较高成本，但是如果能够避免主要问题，它们就是无价的。理论上，计划者应决定控制方案，其中可能具有贯穿整个计划的几个关键点，并且在方案中根据所计划的进度对结果进行测定。控制方案应相对简单，易于管理，但是仍然能够准确测定关键阶段的进度。正式控制的缺失会导致一些小问题，这些小问题逐渐发展成为大的缺陷，以致破坏其他有效的计划工作。

为行动计划绘制蓝图。做出关于计划程序中各步骤的决策后，是制订完整计划的时候了。记录下所有的事情，这样最终计划就可以清楚展示步骤的顺序、活动的时间安排、谁做什么，等等。这是一个有益的常识。书面计划更易于理解、易于实施，并且如果条件需要，也更容易更改。在这一步，你就已经制订了一个总体计划。一旦获得必要的适当的管理层批准，就可以付诸实施。

实施计划。将计划付诸行动。说着容易，做起来难。无论计划如何有效，计划实施所涉及的个人都可能成为获得良好的最终结果的障碍。为确保避免这种情况，管理决策者必须让能够胜任的具有主动性的人员执行计划。实施计划的人员必须确信该计划是所采用的最佳途径，需要完全成为目标的支撑力量，并应清楚其在计划中所扮演的角色的重要性。毫无疑问，计划的价值只等同于实施计划的人员的价值。

评估结果。评估的目的在于审核计划和实施工作。评估将揭示计划及其实施的优势和不足。不管目前计划的成功率多高，评估都将产生可以使管理者在以后进行更有效计划的信息。

小 结

计划是一种优先于所有其他职能的管理职能。有效的计划是良好的组织、实施、控制和决策的基础。管理计划不善是组织失败的首要原因。

计划的目的在于正式确定目标，并且为在所要求的期限内，以最有效、问题最小化的方式实现该目标而制订计划。

组织从有效的计划中获得的整体效益如下：

1. 有效的计划为员工的工作指明了方向。
2. 有效的计划有助于组织决定自身命运。
3. 有效的计划是有效控制的关键。
4. 有效的计划对于管理的成功至关重要。

有许多可以对计划进行分类的方法。最常见的分类为：战略计划、运营计划、功能计划、短期计划、长期计划和应急计划。运营计划包括单一用途计划和常置计划。

目的和目标这两个词在本章中交替使用。组织中有许多种目的（目标），比如，使命，战略目的（目标）、战术目的（目标）和运营目的（目标）。

目标管理是某些组织采用的一种哲学管理方法，用于帮助管理者更有效地实施计划。目标管理使管理者可以将组织目标转化为集体和个人目标。

通常，组织准则被称作“官样文章”，指管理层用于影响工作人员的行为以实现目标的所有事物。常见的准则包括守则、程序、政策、制度、方法、规范和条例等。关于采用组织准则，为管理者提供 4 条建议如下：

1. 除非准则是绝对必要的，否则不要采用。
2. 保证准则简单。
3. 以书面形式制定准则。
4. 定期对准则进行审核，取消不再需要的准则。

计划包含 14 个步骤，以实现预期目标。这些步骤统称为计划程序。

1. 收集意见。
2. 选择有形目标。
3. 盘存资源。
4. 进行必要的研究。
5. 审核备选行动方案。
6. 选择一个行动方案。
7. 建立时间标准。
8. 事先预测主要问题。
9. 确定组织结构。
10. 决定基本的组织准则。
11. 正式确定控制方案。

12. 为行动计划绘制蓝图。

13. 实施计划。

14. 评估结果。

评估回顾所发生的有利和不利事件，这样管理者可以在以后开展更有效的计划工作。

复习题

1. 定义计划的目的。
2. 为什么说计划是管理的首要职能？
3. 解释计划职能和控制职能之间的密切关系。
4. 运营计划可以是常置计划或单一用途计划，两者之间的区别是什么？
5. 识别组织中目标的种类。
6. 目标管理的主要目的是什么？
7. 向管理者提出的关于组织准则（官样文章）的四条建议是什么？
8. 列出计划的步骤（计划程序）。
9. 区别组织风险和组织不确定因素。
10. 说明意外收益和事故之间的区别。
11. 概述计划的分类。
12. 组织从有效的计划中获得的整体收益是什么？

个人能力实践

美国室内橄榄球和美国女子职业篮球赛是为开始两种新型专业运动而进行的最新尝试。研究其中之一的资料，将联盟的计划和启动与开始新型专业运动的早期尝试进行对比。这些组织者采用和/或选择哪些不同的方法？

案 例

无限的机遇

马克·奈特（Mack Knight）是体育管理专业的一名刚毕业的硕士研究生。为了获得全日制硕士学位，他辞去了体面的工作（教师及当地高中的足球教练助理）。毕业后，马克努力在体育管理界找一份工作，当国家体育用品连锁店为他提供营销经理的职位时，他相当开心。马克接收了聘请，并在一开始就花了六个星期学习与运营、盘存、推销和销售有关的所有知识。不久之后，公司经理对他说：

"……马克，对于你能成为我们团队的一分子，我们感到非常自豪！迄今为止，你已经证明自己正是我们所需要的人才，可以开辟新市场，可以帮助公司发展壮大。对你而言，如果你能够创造机遇，机遇就是无限的。你的第一个任务是相当令人兴奋的。我们希望你能制订一套完整的计划，在中西部的某个大城市设立一个新零售店。

你知道，我们的业务已经覆盖十个大城市，但是在中西部没有。我们的十个连锁店中，有五个是可以盈利的，其他五个则勉强维持。新店的选址出现任何失误，我们都无法承担成本。新店必须从一开始就可以盈利。

我们希望你做的是推荐一个设立新店的城市，并制订一份在一年内运营新店的完整计划，尽量详细些。

马克，换句话说，你需要在三周内将计划提交给我们，并且在提交时必须证明你所推荐的是合理的。我们认为这个任务对你来讲是最合适的了。如果计划被接收，你将被调到那个城市管理新店，时间至少是一年。祝你好运！三周后我们再谈。”

问题：

1. 如果你是马克·奈特，你将如何为新店选择一个大城市？
2. 列举在为新店一年内的运营制订完整计划时需要回答的五个最重要的问题。

关键术语

应急计划：通常称作“后备计划”，当未预测到的事件致使原始计划不再合适时所实施的计划。

目标管理：某些组织采用的一种哲学方法，用于帮助管理者更有效地实施计划。规定员工个人、管理者和单位目标，旨在实现总体运行目标。

使命陈述：最宽泛的目标，规定了与组织产品、服务、市场和收入有关的意图和唯一性。

运营目的：通常是短期目的，实现战术目的的工作的一部分。

组织准则：指管理层用于影响工作人员的行为以实现目标的所有事物，包括守则、程序、政策、制度、方法、规范、条例等。（A. K. A.“官样文章”）

计划程序：制订特殊计划时所遵循的一系列步骤。

计划的目的：正式确定目标，并且为在所要求的期限内，以最有效、问题最小化的方式实现该目标而制订计划。

风险：管理者应能够较准确预测并为之进行计划的事件，当事件真的发生，可以避免损失或损坏。未对风险进行准备反映了管理的不善。

战略目的：由高级管理层设定，一般为长期，用于影响组织的总体行为。

战术目的：包括实现战略目的所需要完成的运营目标。

不确定因素：管理者不能准确预测并为之计划的事件，当事件真的发生，组织可能受益（意外收益），也可能受害（事故）。未对不确定因素进行准备并不反映管理不善。

参考文献及本章注释

[1]Dyson R. G. and M. J. Foster. Making Planning More Effective. *Long-Range Planning* 16，1983：68～73

[2]French Wendel L. and Robert W. Hollmann. Management by Objectives：The Team Approach. *California Management Review*，Spring，1975，pp. 13～22

第六章 战略管理

本章内容包括：

- 长期计划
- 战略管理
- 战略计划的定义
- 为什么要制订战略计划
- 战略计划过程

引 言

战略管理包括长期计划、战略制定、战略实施、管理决策，及对已实施计划的监测和控制。它阐明了高层管理者的计划职责。在体育管理领域，战略管理者或者战略计划者，尤其是指那些联盟管理办公室、特许权所有人、奥运会组织负责人、大学田径项目主管，以及体育营销公司、健身俱乐部或水疗中心的高层管理者或所有者。

尽管任何组织的高级管理层也可能参与短期或运营计划，但是长期计划只能由他们负责。

本章强调高层管理者在制订计划时不仅要考虑到的外部或环境因素，还要考虑到内部资源。此外，也详细说明了战略计划过程。该过程与第五章中讲述的制订短期计划或者运营计划的过程稍微有所不同。

在第五章，我们讨论了关于管理计划及个人计划的主要观点，包括计划的重要性、制订完善的计划的好处、计划与控制的关系，以及计划过程。此信息对于任何在职管理者为实现相对短期目标制订计划（战术）都是非常重要和有用的。这个职能被称作运营计划或战术计划。

在第五章中概述的计划过程步骤要求管理者（计划者）在制订计划时回答一些特别的问题和收集一些详细的信息。制订实现短期目标的计划比制订更长时期计划需要更精确的决策。

如果没有运营计划或战术计划，组织很难生存下去。必须坚持不懈地去实现运营目标；否则，从长远来看，一个组织是无法生存的。短期生存的关键是完善的运营或战术计划。这些类型的计划由中低层管理者制订。在体育管理中，中低层管理者，如主教练、助理教练、主训练师、体育信息主管等，被称作运营管理者。每一级管理者都是很重要的；但是在组织中负责绩效（和生存）质量的管理者是计划时考虑外部或环境因素以及内部资源的战略管理者。

长期计划

另一种计划是长期、长远或战略的，高层管理者更多地负责此类计划。大型组织的主管人员通常为今后5年到20年设置目标和制订计划。他们的部分工作职责就是给全体员工指明努力的方向，从而不管现在还是将来组织都有共同的目标。对于小一点的组织的主管人员来说，长期计划就是3到5年时间，计划目的同大型组织是相同的。这种类型的计划职责适用于所有类型组织的高层管理者：政府、教育机构、商业组织、工业企业、制造业、服务业，以及获利和非营利机构。成功的高层管理者所拥有的方方面面的概念技能，即洞察力和敏锐性，对于制订有效的长期计划是必需的。

棒球比赛的每个赛季，联盟的主要球队坚持不懈地争夺区冠军，此时长期计划在体育产业中体现出显著的价值。这些俱乐部制订长期计划，通过培训体系培养年轻运动员。许多今日之星都曾经在球队的培训体系经历了数年的训练和技能培训。灵活的交易规则和安全的自由球员帮助职业球队提升竞争力；然而长期坚持未来计划才能保持每年都有竞争力。体育产业中其他长期计划的例子包括：耗时数十年建立起来的大学捐助基金，每年进行年度奖学金预算；对体育设施的长期投资基金（有时通过出售债券和贷款）；以及举办奥运会的长期筹备计划（通常企业赞助计划、构筑和保证必须在4年前就开始规划）。

在本章，我们将以更近的视角观察制订长期计划的主管人员的工作。这些人被称作战略管理者。

战略管理

战略管理是制定管理决策和实施直接影响绩效质量及组织长期生存的计划过程。

过去管理研究关注如何有效使用内部资源来取得预期的最终结果。这对于运营管理者以及负责实现已确立的短期目标的管理者仍然是十分重要的。然而，在过去的20年里，高级管理层更关注于可影响组织未来绩效的环境因素。这在制定健全的战略时是必要的。

战略管理包括长期计划、战略制定、战略实施、管理决策及对已实施计划的监测和控制。在今天，高层管理者常常被称作战略管理者，而中低层管理者通常被称作运营管理者。每一级管理者都是很重要的；但是在组织中负责绩效（和生存）质量的管理者是战略管理者，他们计划时要考虑外部或环境因素以及内部资源。

乔治·史坦纳（George Steiner）和约翰·麦纳（John Miner）说："强调战略管理并区分于运营管理反映了环境因素对组织的影响日益增加的重要性以及高层管理者对其适当处理的需要。"[1]

托马斯 L. 惠伦（Thomas L. Wheeler）和J. 戴维·亨格（J. David Hunger）提出另外一种战略管理的观点："战略管理研究强调从公司优势和劣势出发，来监测和评估外部环境中的机会和威胁。"[2]

两种观点都反映了战略管理者需要在制订长期计划和组织战略时考虑到内部和外部因素。战略管理作为一个研究领域和管理责任，它的成长反映了组织外部环境正日趋复杂。

战略可以分为总体战略或公司战略、经营战略以及职能战略。显然不管组织有一个单位还是有上百个单位，高层管理者都直接负责公司战略，指明整个组织的总体方向。经营战略的范围窄一些，主要是为了帮助单个组织进行更有效的竞争而制定的。职能战略指的是商业组织不同的活动，如生产、销售、融资、人力资源等。在大学体育管理中，职能战略指的是大学运动会以及筹措资金、推广和宣传，改善体育设施等活动。

战略计划的定义

战略计划是战略管理者的一种工作职能，具有多种不同的含义。管理学文献给出了包括战略计划在内的所有管理学课题下的各种定义。诸如此类的差异都是由语义问题引起的(即对词语含义的不同解读)。

下面为管理学领域顶尖权威对战略计划给出的几种定义：

> 战略计划是一个组织最重要最基本的选择——对自身的使命、目的、策略、政策、方案、目标和主要资源分配的选择。[3]

> 战略计划是设立企业的共同意图、目标和目的，将其分解为可操作的具体计划和政策，并确保必要的资源使计划付诸实施的过程。[4]

> 战略计划是“变化的管理学”，是基于经验证明和分析研究，指明企业的基本方向和关注焦点，并作出决策的过程。[5]

现在注意这些定义蕴含的共同要素。每个定义都强调现在作出决策和选择的重要性，这将对组织的未来产生影响。战略计划是基于目前已有知识的对长期的展望并指明方向。

本书中采用的战略计划的定义为：

> 战略计划是组织根据其使命确定长期目标和目的，制订合适的行动(战略)、政策和方案计划，保证作出关于影响长远预期最终结果实现的内部资源和外部环境因素的完美决策的过程。

过程和计划应以尽可能最有效和效率最高的方式争取满足目标和目的，这是战略计划的固有性质。

在表 6-1 中关于这一点提出了一个好的案例。美国海军学院(USNA)田径协会为田径部门制订了一份战略计划。此方法涉及根据战略计划对该部门进行组织重构调整。田径协会全体成员辅助制订与其使命和愿景一致的最终计划。

为什么要制订战略计划？

如果仔细审视那些未制订战略计划的组织的长期表现，你会发现原因所在。一个组织若没有战略计划，就没有方向，没有前进的路线，没有保护措施，也没有可实现的目标或目的，没办法知道是否已完成什么，组织就会随波逐流，把自己交给无法控制的外部环境因素。

虽然战略计划者同所有计划者一样，都对未来做出预测，但是他们需要看得更远。他们要确定目标、规定过程、预测问题、准备突发情况、评估环境、制订行动计划(策略)、缔造合适的组织结构以及引进必要的政策和程序，保证计划的实施。如果正在进行的部分实施过程得到确认，优秀的战略管理者也会对战略进行评估和控制。

优秀的战略计划必须具备的目标如下：

1. 增加公司长期生存下去的几率。
2. 增加公司更接近于实现既定目标的概率。
3. 增加使得公司的运营更加有效和高效的可能性。
4. 提出根据既定目标协调组织内部各要素的活动的计划。
5. 提出长远计划框架，制订适应此框架短期计划并推动计划朝着全盛时期运动。
6. 成为组织持续增长和扩张的典范。

表6-1　美国海军学院田径协会战略计划过程

美国海军学院(USNA)田径协会为田径部门制订了一份战略计划，并据此对该部门进行了组织重构调整。高级成员，或称之为执行督导委员会，为了战略计划的目的，在离校三天后会面，制订田径部门的组织使命和愿景。他们对所有领域都制订了一系列的核心价值理念、指导行为规范和试验性战略计划。

然后所有部门的领导返回到海军学院田径协会与成员会面并同每一个成员分享组织使命和愿景。接着他们同每个成员一道继续对核心价值理念和指导行为规范进行推敲提炼。一旦对核心价值理念和指导行为规范达成一致，各成员继续为各自部门制订战略和目标。全部完成之后，部门领导把信息反馈到执行督导委员会，根据组织使命和愿景重新审查并调整，再返还到成员以达成完全一致并取得最终批准。经过达成完全一致意见和得到最终批准，战略计划才属于田径部门全体成员所有，紧接着印刷成小册子分发给全体成员。

此战略计划是灵活性文档，随着目标的完成和战略的变动每年都会继续修改。这就是在将来引向成功的路线图。

在此过程中，反映部门文化变化的教育在组织内被接受，这同样发生在全体成员中。战略计划制订之后，要求部门组织和成员责任重构；然而，对其他人来说，整个运营的范例发生了变化。新的个体融入新的结构以满足新战略计划的目标和目的。

新战略计划小册子的封面正中间的一句话是“我们的战略计划”。部门里的每个人都在封面正面或背面签上自己的名字，象征着个人所有权；这才是真正属于我们的战略计划。

制订战略计划创造了许多开诚布公进行讨论以及各个部门对目标达成一致的机会。这些目标必须是可衡量的；当目标完成时，新的目标开始运行。这就意味着战略计划会继续变化，同时对整个田径部门走向成功作出贡献。

资料来源：Jack Lengyel，田径主任(已退休)，美国海军学院田径协会

对于管理者来说，制订并遵照短期(运营)计划以实现特殊目标是讲得通的。但是这些运营计划必须符合可引导组织至某处的某种类型的整体方案。这就是战略计划的目的：宏观计划形成界限，引领组织活动朝着实现长期目标和目的的方向(设为未来五年或更长时间)。

在体育界，由于短期内存在的问题和压力，战略计划的作用通常被忽视或最小化。毫无疑问，短期计划，例如制订年度预算、聘请(或解雇)人员、处理人事问题、安排具体事项和处理日常危机等消耗了体育管理者们的大部分精力。然而，一个组织要想成长壮大，战略计划或长期计划必须在管理者的日常工作中处于十分重要的位置。

为了生存，一个组织必须两种计划都要制订。战略计划在本质和目的上要求管理者具有更多的概念能力。因此，高层管理者通常都是战略计划者。

战略计划过程

战略计划中没有标准步骤可以遵循，下面列出的是一种实用的方法（图 6－1）。（注意，根据组织的大小和性质、行业类型、组织的历史、所处行业或环境的易变性和许多其他因素的差异，采取的步骤也不同。）

图 6－1　战略计划过程

步骤 1：定义组织目标和使命。从逻辑上讲，一家公司在制订详细的计划和战略之前应知道它的前进方向以及制订计划和战略的原因。公司的前进方向，我们称之为目标。目标提出了影响组织所有活动的方向概念。例如，公司的目标在工业销售中占据行业第一的位置。

一个组织为何要达成组织目标是与组织的使命有关系的。组织的使命是从其独特的、独一无二的特性及价值观和文化中演化出来的，是组织的生存功能。只有取得了合理的净利润，组织才能生存下去。而组织使命要求提供相对竞争者而言最优质的产品和服务，此时组织不仅能够实现其目标（在所有竞争者中排名第一），而且也能够实现其生存目的（盈利和生存）。为此，组织必须设立一个所有员工都理解和签名认可的使命。

组织的使命和目标应该是书面形式的正式表述，明确地指出所有组织活动的方向。目标和使命应建立在组织的独特性的基础上。独特性是组织的“强势”或是使其有效高效地实现组织目标的发展努力。

书面形式的组织使命表述可以是概括和含糊的，或者是正式而详尽的。后者是首选的，只有这样，组织的员工、客户、赞助人、成员或其他利害关系方在阅读之后，对组织活动的方向及把组织和其他相同类型的组织区分开来的独特性质不会产生任何疑问。

许多体育组织都制定了组织使命。表 6-2 中展示的乔治城大学就是一个出色的例子。

表 6-2 乔治城大学校际田径项目使命表述

1.2 田径部门使命和目的表述 1.2.1 使命和目的。作为植根于 Jesuit(耶稣会)传统的教育理念的大学的一分子，乔治城大学的田径部门致力于学生的全面发展。个人成长的体育、情感、道德和智力培养相互依赖，同时得到重视并均衡发展。这并不意味着对于每个个体的成长来说所有层面具有同等重要性，也并未要求乔治城大学采取方法并鼓励每个学生根据个人的兴趣和能力发展自己，不管是在娱乐性的、院系之间、校内的还是教学的层面上。除了身体锻炼之外，田径部门还在永久加入社团或加入很多社团的框架下推动品格发展。

注：此转载得到乔治城大学田径部门许可。

步骤 2：确定长期目标。战略计划的意图是制订长期目标。然后，通过分析、研究和制订的战略过程实施计划，组织能够以高效和有效的方式实现组织目标。组织使命对制订详细的长期计划产生主要的影响。

组织使命指出了组织存在的意图和原因，概括总结了组织目的，而组织目标是比组织目的更具体，更容易量化且使得衡量过程更简单。

在战略计划过程中，确定长期目标是第二步。

步骤 3：重新审视现有战略。制订战略计划接下来的一步就是重新审视现有战略。诸如此类的问题必须得到回答：当前的目标是什么？为实现这些目标制订和实施了什么样的计划？当前的战略是否有活力，是否与现有资源、外部环境因素和当前目标一致？回答这些问题可以让组织知道：条件是否已发生足够的变化来保证新的战略的制定。

战略管理者可以运用绩效（最终结果）是否满足原始目标的试验来评估是否需要改变战略。这两者之间只要出现任何显著差异，都表明需要重新审视现有战略并且可能实施新的战略。

步骤 4：评估当前外部环境因素。战略计划的一个主要步骤就是评估影响管理计划和决策的环境或外部因素。这被称为外部环境分析。

与外部环境变化保持同步的战略管理者具有一种宝贵的品质，即管理意识。也就是说，他们随时了解政治、社会、经济和技术变化。整体而言，所有参与战略计划的管理者必须要有管理意识。了解当前外部环境发展变化的重要趋势对于制定健全的战略来说是非常重要的。

主要技术进步，比如说，几年前的计算机微处理器的发展，对组织的计划和长期目标的制订产生了极为重要的影响。地方、州和联邦立法当然也会对组织计划和决策造成影响。在社会层面，大量外国出生的人流入美国劳动力市场，对从员工关系项目到广告促销决策的方方面面都造成了影响。从经济层面上讲，管理者需要保持对当前经济指标[例如消费者物价指数

(CPI)、银行最低利率、失业人数、通胀率等]和国际因素(例如OPEC的动作和贸易国的交易情况或关税变动等)的敏感度。大学管理者应关注影响研究基金、佩尔助学金(Pell Grants)以及建设项目的立法。

这些只是强调管理者需要与各种各样的外部环境变化保持同步的一些相对简单点的例子。然而,需要注意的是,一个组织的战略不可能对外部环境中的每个变化或事件作出反应,应该确认并关注关键因素。并不是所有的行动或动作都会影响到组织,但是那些影响组织战略制定的行动必须加以监控。这就是一些管理者的聪明之处,也是另一些管理者的失败原因所在。制定战略时对关键因素作出彻底的分析是必需的。

步骤5:编制组织资源目录。战略计划过程早期,必须对内部资源进行分析。这意味着需要对组织的优势和劣势编制一份详细目录。

编制内部资源目录的目的是分离出组织的重要优势,通常也称为竞争优势,用于更有效地制定未来战略。

特别要说明的是,编制内部资源的详细目录可以回答以下问题:

1. 员工的技能和能力如何?

2. 物质资源如厂房和设备等的状态如何?是否已更新,或进行适当的保养?是否满负荷运转?

3. 是否每一功能区域的工作安排或空间需要得到满足后才能以最高效率运营?

4. 是否有充分的资金支撑我们的努力,以达到预期的目标?现金流是否足够?是否能在不造成代价高昂的延误的情况下有可用的额外资金来源以满足短期和长期的需要?

5. 是否适当地控制了活动和资源以保证符合需要满足的任何标准(反歧视法律、监管方针、安全标准等)?

6. 是否已确认组织的竞争优势和劣势?

专业运动队所有者显然在制定长期战略时会回答所有这些问题。

步骤6:确定组织的战略优势和劣势。战略也被称为总体计划。重新审视为实现当前结果而实施的总体计划应该确认该战略的重要优势和劣势。

按顺序列出一份组织战略优势清单。例如,在过去的18个月里组织有对其所从事的活动极其热衷的人员;如有需要,满腔热情地努力工作;对自己的工作质量非常敏感;对组织的现状和未来乐观。组织在制订计划的时候应积极运用该主要优势。但是如果在组织工作中战略的一个主要劣势暴露出来,战略就可能存在整体性问题。比方说,如果组织在竞争中被超越或资金严重不足,那么组织人员的努力和热情即使有,也几乎不会引起组织的成功。

对目标重新审视以及列出任何战略在运营中产生的优势和劣势能够解释为什么最终结果是好还是坏。组织的优势和劣势,与竞争的优势和劣势是关联的。

在战略管理中,实施此步骤的一个有效的分析工具是"SWOT"分析。计划者在做"SWOT"分析时列出组织的内部优势和劣势以及外部的机会和威胁;然后,评估这些因素(表6-3)。

步骤7:对比当前战略和当前信息。从以下当前战略获取的结果表明该战略是否充分,是否需要修正。如果组织的业绩与战略预期有很大的差异,有必要制定新的战略。外部环境因素或内部因素的变化可能会妨碍预期目标的实现。

表 6-3　XYZ 高尔夫产品制造公司的 SWOT 分析

内部优势	**外部机会**
富有经验的管理	进军国际市场
现代化的设备	合并成功的竞争者
忠诚的劳动力	生产线多元化
财政稳定	全国范围内销售产品和服务
知名组织	招聘年轻后备人员
内部劣势	**外部威胁**
产能有限	经济衰退
劳动力年纪大	新制定的政府政策
间接成本高	外国竞争者的进入
利润率低	产品过时
资源有限	顾客法律责任索赔

战略计划过程的前六步提供了关于组织使命、目的、目标、外部环境因素、内部资源、战略优势和劣势等的大量信息。在重新审视所有这些信息之后，战略管理者会知道当前的战略是什么，它有什么优点和不足，组织该如何运用该战略进行运营。现在战略管理者需要知道是否有必要制定新的战略。

为了确定当前战略的整体有效性以及是否有必要制定新战略，必须先回答以下问题：

1. 组织目标是否仍然一致？

2. 现在是否还有之前未考虑到的，但是会影响未来的业绩的关于外部环境或内部因素的新信息？

3. 在形成当前战略时是否还有比现有分析当前信息的更好的方法？更加锐利的分析是否会影响之前达成的预计和/或结论？

4. 竞争者是否要改变他们的战略？我们是否对竞争者使用的战略了如指掌？

5. 当前的业绩是否在预期结果的可接受偏差范围内？我们对当前战略下的当前业绩是否感到满意？

回答这些问题，对比当前战略和当前信息，指明是否需要再制定新战略。图 6-2 总结了战略变动的原因。

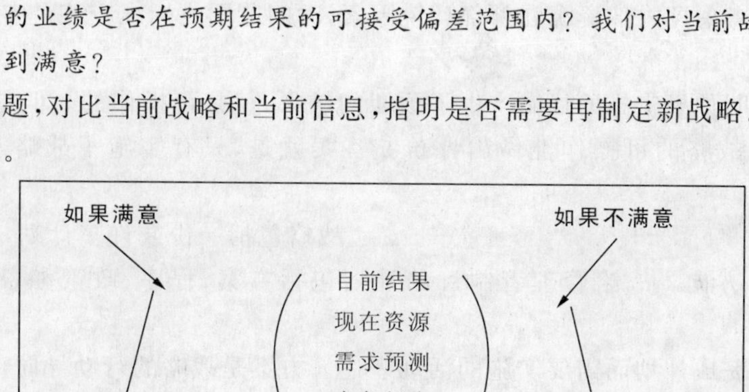

图 6-2　保留还是改变当前战略？

步骤8:如有必要,则制定新战略。在第7步中确定了是否需要制定新战略。如果管理层认为业绩没有达到标准,或如果外部环境或内部因素变化要求改变战略,那么管理者们就要审查备选方案并制定出新的战略。

选择备选方案必须与组织优势最大化或组织劣势最小化关联,或与此目标关联,该目标一旦实现就能改善组织业绩。

备选战略应该是实际的选项,可以使组织的优势转化为实现预定目标的更大成功。

战略管理者选择备选行动方针时应先评估每个选项。新战略在以下方面对于组织来说必须是正确的:

1. 内部因素的一致性。
2. 与外部环境因素的一致性。
3. 现有资源的适合度。
4. 风险的满意度。
5. 合适的时间范围。
6. 可操作性。[6]

内部因素的一致性是指此战略与内部政策和组织目的不冲突。

与外部环境因素的一致性是指所选择的战略,包括计划、政策和策略等,与政府政策、工业贸易惯例、赞助人的期望、竞争者的行动以及包括道德社会责任考虑和工会合同在内的任何其他影响战略计划者作出决策的外部因素不冲突。

现有资源的适合度是指此战略在考虑可用资金、员工能力和物质设施等时的实际和适合程度。

风险的满意度强调所有的战略实施都有与之关联的风险。在追求目标的同时,管理层希望把组织暴露在多大的风险下是一个至关紧要的问题。理想状态下,每个考虑中的备选方案都进行了风险计算。组织采取特定战略承担的风险程度是战略健全性和组织资源的一个职能。最终认可的战略应该满足或最大可能地满足在组织可接受范围内的风险程度。

合适的时间范围意味着每一个战略都有时间标准,这样所有关联方就会知道什么时间应该实现某一目标。考虑到内部资源和外部环境因素,时间范围或标准应该是实际的,但应设定在优秀的水平上。

可操作性仅表明如果实施的战略产生了预期的结果,就是可操作的。但是在没有遇到风险的时候该怎样对战略的可操作性做出评价?答案就是,只有实施了战略,你才会真正的了解。

战略包括一份或许多计划,如果照办,将为实现预期目标指明方向。战略管理者制订的计划包括方案、程序、政策和各种形式的组织方针。

方案就是对为完成计划而需要实施的活动表述。方案是战略的行动导向部分。

程序是按逻辑顺序排列的一系列的步骤和任务。程序详细说明了如何达成某个特定结果。程序是方案的组成部分。

政策是影响所有员工行为的一般指导方针。政策对于作为其组成部分的解读表现出灵活性和空间。政策是方案的重要组成部分,而方案是战略的本质。政策引导和影响朝着实现组织目标的管理行为,但是提供了解读的自由,并根据变化着的情况和条件调整。

组织的其他指导方针(也称作“官样文章”)对于制定和实施好的健全的战略也许是有必要的。预算、规则和系统是必须包含于具体的项目的指导方针的例子。

步骤10:实施和控制战略。战略的实施激活了构成战略的计划和方案。健全的战略计划应该得出极好的最终结果;然而,在开始行动之前,管理者重新审视计划的所有层面——方案、程序、预算、政策、目标、策略等,以确保战略的绩效。此外,管理者必须回答以下问题:

1. 为了实施战略,所有相关人员是否受到充分的教育和培训?

2. 组织结构是否适当,足以协调努力和效率?

3. 手头上的必需资源是否得到有效利用?

一旦这几点得到核实并令人感到满意,战略就可以实施了。此后,管理者的主要作用就是发挥控制功能。

控制是对比实际成绩和预期结果或期望标准的职能。战略制定必须包含控制方案。在进展到决定性阶段时,应该做出定量评估。

比较已获得结果和期望结果,任何异常偏差都要查明。这些战略实施中的失误要求管理者采取行动。

此管理行动可能是一份产品设计,一次票价调整,一次人事变动或岗位调整,一个事件的以吸引更多人的时间和/或地点的变化,或是许许多多的其他选择。

同样,在进展到决定性阶段时,管理者应评估战略是否按计划实施。如果不这样做,就会产生并非由战略引起的差绩效,同时导致战略出错。未适当地实施战略的一个后果就是出现未经之前精确测试的不必要的战略变动。

小　结

战略管理是长期计划,不是相对短期的运营或战术计划(见第五章)。上层管理者做长期计划,被称为战略管理者。长期计划一般是3~5年,但是也可以长达10~20年。

战略管理被定义为直接影响绩效质量和组织长远生存的管理决策和计划实施过程。战略管理者,也被称为战略计划者,他们关注长期计划、战略形成、战略实施、管理决策和对已实施计划的监督和控制。

战略计划被定义为关于以下的过程:决定符合其使命的组织的长期目标和目的,制定确保组织在长期内实现预期最终结果的战略、政策和方案。战略、政策和方案引导决策过程,以便内部资源和外部环境因素可以有效和高效地被利用,从而实现预定的目的和目标。

这样战略计划过程的轮廓就描绘出来了,同时对其进行讨论。战略计划者照此过程制定出要求的新战略。此过程也包括对该战略的实施和控制。

以下为战略计划过程的十个步骤:

1. 定义组织目标和使命。

2. 确定长期目标。

3. 重新审视实现这些目标的现有战略。

4. 评估当前外部环境因素。

5. 编制组织资源目录。

6. 确定组织的战略优势和劣势。

7. 对比当前战略和当前信息。

8. 如有必要,则制定新战略。

9. 制定伴随新战略的政策、程序和方案。

10. 实施和控制战略。

制定的新战略应该适合组织,根据以下标准评估:

1. 内部因素的一致性。

2. 与外部环境因素的一致性。

3. 现有资源的适合度。

4. 风险的满意度。

5. 合适的时间范围。

6. 可操作性。

战略管理者应该注意,运用了战略计划过程的健全的长期计划,将制定出健全的战略。如果遵照该战略,运用目前可用的信息,将会在未来得到能够达到的最好的可能结果。应认真监控已实施战略,根据新的内部和外部环境进行调整。

复习题

1. 运营计划和长期计划的区别。
2. 战略管理的定义。
3. 讨论为什么长期计划者要关注外部环境因素。
4. 战略计划的定义。
5. 制订好的战略计划的目标是什么?
6. 列出并解释战略计划过程的步骤。
7. 方案、政策、程序、目标之间有什么不同?
8. 什么时候组织应该考虑改变战略?
9. 管理者该如何评估战略?
10. 战略一旦得到实施,能否再改变?
11. 讨论对已实施的控制。

个人能力实践

举出橄榄球、棒球、篮球或曲棍球等职业球队遵照长期战略实现主要目标(比如赢得美国橄榄球超级杯大赛、世界职业棒球大赛等)的一个例子,并对其采用的战略进行评估。

案 例

生存指南

游园和娱乐(Parks & Recreation)公司新上任的董事长临时通知25位管理层成员参加紧急会议。这是数年来公司所有要害部门第一次全部出席的会议。

董事长在会议开始时说，就职3个月以来，他仔细核查了公司的物质设施、财务数据、雇佣记录和部门项目历史。他感到非常紧迫，有必要把管理团队召集起来，找出他提出的问题的答案。他要传达的核心讯息是在过去几乎没有对将来做过准备的情况下，决定该如何服务社区和生存。他特别指出，过去几年的年度营业成本都超出了城市的拨款；项目外部馈赠和捐款基本上干涸；城市居民对部门项目的支持不热心，限制了有偿活动的收入；许多部门设施处于糟糕的甚至危险的状态。其他问题同样存在，特别是员工工资和绩效。

他讲述了他制定的三个选择：

1. 建议裁员和/或更换人员。
2. 建议终止短期计划，关停设备，甚至卖掉部分设备。
3. 制定可能使得部门恢复偿付能力的长期战略及把设备更新为一流设备。

问题：

1. 如果你是制定长期战略委员会的一员，你会从哪里着手？应该怎样着手？
2. 列出4～5个该部门制定长期战略必须考虑的外部或环境因素。

关键术语

经营战略：制订计划，主要是为了帮助单一组织更有效地竞争。

职能战略：从属于不同商业活动的计划，比如生产、销售、财政和人力资源。

总体（企业）战略：对整个组织进行整体导向的计划。

长期计划：根据组织的规模，努力实现3～20年的目标或目的。

使命：组织最一般性的目标，从组织最独特的特性中演化而来；源自组织哲学和文化，是其存在原因的职能。

战略管理：直接影响组织业绩质量和长期生存的管理决策和计划实施过程。

战略计划：根据组织使命，决定其长期目的和目标，并制定合适的行动计划（战略）、政策和项目，以保证做出涉及影响努力实现长期预期最终结果的内部资源和外部环境因素的健全决策的过程。

战略设计：解释和阐明已有的战略和愿景。

SWOT分析：借助于列举组织内部优势和劣势以及外部机会和威胁的一种分析工具。（SWOT＝strength，weakness，opportunity and threat）

战术计划：也叫"运营计划"，主要围绕短期目标的实现（通常为一年或更短）。

参考文献及本章注释

[1]George A. Steiner and John B. Miner. *Management Policy and Strategy*（New York：Macmillan Publishing Co. Inc，1977），p. 7

[2]Thomas L. Wheeler and J. David Hunger. *Strategic Management*（Reading，Mass.：Addison-Wesley Publishing Company），1984，p. 4

[3]John H. Grant and William R. King. *The Logic of Strategic Planning*(Boston: Little Brown and Company,1982),p. 3.

[4]Alan J. Rowe, Richard O. Mason and Karl E. Dickel. *Strategic Management and Business Policy*. (Reading, Mass. :Addison-Wesley Publishing Company,1982),p. 6

[5]T. Mitchell Ford. *Long Range Planning*. (December,1981),Vol. 14,No. 6,pp. 9～11

[6]Seymour Tilles. How to Evaluate Corporate Strategy. *Harvard Business Review*. (July-August, 1963),Vol. 41,No. 4,pp. 111～121

课后阅读材料

Certo, Samuel C. and J. Paul Peter, *Strategic Management: Concepts and Applications*. New York: Random House,1988

Scarborough Norman M. and Thomas W. Zimmerer. *Strategic Planning for the Small Business*, *Business* 37(1987,4/5/6):11～20

第七章　解决问题及作出决策

本章内容包括：

- 决策的责任
- 决策的类型
- 不确定性的条件
- 问题的性质
- 决策方法
- 理性决策方法
- 团体决策
- 创造性的问题解决方法和决策
- 激励创造性

引　言

每个管理者都会面临问题并作出决策。决策活动是管理者这个职位之所以存在的根本。决策活动涉及制订计划、构建组织、执行计划及控制活动的方方面面，管理者作出的任何决定都承担一定的风险，即使他选择“什么也不做”同样如此。

解决问题是管理者的另一职责。没有问题，就不需要有管理者。要解决问题，就需要分析事实和信息，然后决定采用什么行动(作出决策)。

本章内容对一名管理者在面临问题时计划、分析和决定采取什么行动有所裨益。通常，可靠的决策依赖于可靠的规划，而最好的管理者往往是最有成效的决策者，他们能够有效地达到预期的结果。

解决问题和作出决策虽然经常被放在一起考虑，但两者之间仍有区别。解决问题涉及到当一种情况被判断为非标准或不可接受的情况时所作出的恰当反应。而作出决策则涉及从几个替代方案中选择其一的行动。

例如，1994 年赛季球员协会(联盟)进行罢赛，棒球大联盟赛业主面临这一情况该如何作出反应？这就是要解决问题。业主的反应是“封锁”球员，结果导致整个 1994 赛季停赛。而决策过程包括审视并挑选出可供选择的几个行动过程。1995 年赛季开始前罢赛问题尚未得到解决，业主选择使用“替补”球员。该赛季因之拖延很长，最终双方作出让步，才使得正规球员得以参赛。

本章对跟不同群体的人打交道的管理者有特殊的价值。“人际关系”通常会产生问题，需要在作出决定前对许多因素进行分析，从而优化结果。

决策的责任

在正式组织里，大部分决策由管理者作出。非管理者可以从可用的备选方案中选择最好的方法来完成任务，工人们自主决定工作进度，而管理者作出的决定则意义重大，包括允许员工自行作决定。

决策的自主权受多种因素影响，如管理者的权力级别、组织的性质与传统、老板的个性、同事及普通职员以及管理者的上司对管理者的期望和压力大小等。管理者们必须记住的一条核心原则就是：任何决策都要建立在组织利益的基础之上。如果为某个人或一小撮人谋取私利而作出某种决策，那就容易被炒鱿鱼了。

一名管理者在其职业生涯中面临的最大困境可能就是：需要作出这样一个决策，这个决策有利于组织或部门，而自己却偏向于作相反的决定。非管理者必须认识到这个问题，一旦成为管理者，自己代表的就是整个组织，采取的每个行动都应以组织利益为重。

管理者作出的决策多种多样，有些会影响整个组织，有些只是常规决策，例如，决定一个职员是否可以提前下班。决策无论大小，都有其重要性并带有一定风险。

就像在第六章讨论的那样，影响长期目标的决策由战略管理者（即上层执行官）作出。关于销售、财务和生产的职能性决策一般由中层管理者作出。具体的操作性决策由基层管理者作出。

决策的类型

管理者必须作出的决策类型有几种，根据具体情况可以分为“计划性决策”和“非计划性决策”（表 7－1）。

表 7－1　计划性和非计划性决策情况举例

计划性	非计划性
加班费支付时间	处理员工士气低靡的方法
购买用品的方式	提供组织形象
确定员工假日	获得高层行政管理部门的支持
雇用新员工	选择新计划
组织司机和交通工具	风暴对设施的损坏

计划性决策：重复性和常规的决策称为计划性决策。这种决策受传统习惯或实践的影响，是一种已经规定下来的规则或程序。一个组织的“官样文章”主导着对于日常问题的决策。例如，如果要进行采购，就必须按采购申请程序中规定的步骤进行。对管理者职权范围内的职位补缺也遵循一定的聘用程序。计划性决策建立在预先确定的决策规则之上，这使得管理者不用因处理常规事务而受到干扰，从而可以专心处理不常规的问题，作出正确决策。

员工手册中包含了许多决策规则，清楚阐述了在各种情况下应采取的行动。如果仔细设计决策规则，就可以避免在决策过程中浪费时间。

非计划性决策:应用于独一无二、从未发生过的非常问题和情况中的决策称为非计划性决策。一般来说,这些问题由高层管理者来处理并作出决定。需要非计划性决策的情况也就是需要特别考虑的情况。这样的问题包括一个学生运动员因为某个教练而不在某个队打球,或是一个职业运动员不按俱乐部联合会要求在播放国歌时肃立,在发生特大预算危机时决定取消哪个项目或活动,俱乐部成员索赔或是客户对员工的歧视等。管理者面临的大多数问题都要求伴随风险一起的非计划性决策。

不确定性的条件

要求管理者基于目前的环境和信息作出影响将来的决策。管理者试图通过目前的每个决定来达到所述的未来目标及向往的最终结果。今天的决策不一定总能达成目标,因为管理者可用的信息数量随时变动很大,情况千绪万变,没有哪个人或团体是在静态的环境中活动。环境动力学指出,不确定性的变化程度伴随着决策过程。不确定性的首要条件是确定性、风险及不确定性。

管理者在作出决策时确切了解将要发生的事情,则是在确定性条件下进行操作,在这种情况下,管理者有作出决策的精确的事实性依据。结果可以预知。而确定性条件通常是理论上的,在现实中,没有任何一件事情可以绝对得以保证,但是相对于其他非确定性条件来说,其预测结果的机率要高得多(见图 7-1)。

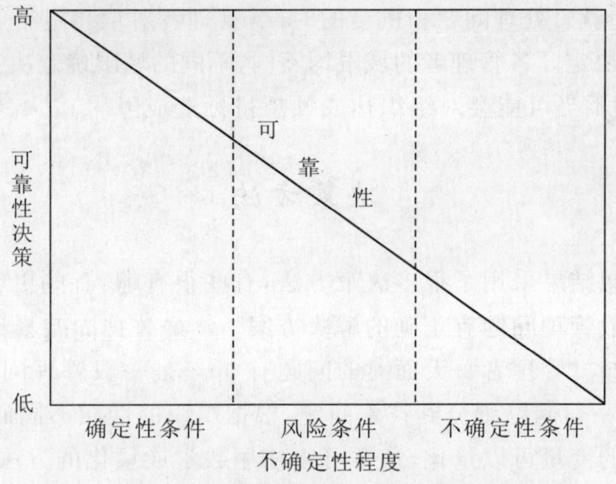

图 7-1　不确定性程度同决策可靠性之间的关系

风险是指一名管理者可以以合理的精确性来预计未来事件并分配其相对的发生机率的情况。为预测机率而收集信息可能会招致昂贵的费用,所以决策者必须进行某种价值分析以确定支出的信息费是否得不偿失。将机率合理地分配给这些因素的大多数,决策者开始作出决策。

不确定性是指管理者没有或几乎没有信息的情况。没有精确或完全可靠的方法来客观地计算机率,但管理者仍然需要采取客观的推断或对情况的"感觉"作为作出决策的基础。在不确定性的情况下作出的决定具有很高的不可靠性(见表 7-2)。尽可能地预测不确定性并准备消除其影响是一名管理者的职责。这种审时度势未雨绸缪的能力是对管理者和决策者素质和能力的反映。

表 7-2　不确定性条件下的决策类型

·订购办公用品	·预测天气	·职员辞职
·颁发奖学金	·寿命	·新运动设备验收
·发传真	·正常人员耗损	·创业
·银行账户可用余额	·受伤的风险	·预测娱乐节目的需求量

问题的性质

很明显，管理者面临着他们必须处理的已有问题，而其他问题则由他们自己来定义。发现和预测问题可以成为一种机会性的活动。防范于未然可以节省成本。而发现一个问题事实上可能是一个机会，给组织带来意料不到的收获。

亨利 A. 民茨堡(Henry A. Mintzberg)、杜卢·雷森哈姆(Duru Raisingham)及安迪·斯尔立特(Andre Theoret)对危机、问题和机会进行区分。他们的研究表明，危机决定通常由一个突然、单一、需要立时注意力的事件而引起(例如，火灾、上层管理者死亡、主供应商破产等)。多个事件积累起来，引起一系列模糊和频繁的文字数据，从而使得问题变得明显。而机会通常由一个想法或单独的非危机事件造就。处理问题和机会的时候，管理者对信息进行收集和处理一直到达某种域限，然后准备作出决定。各管理者的域限均不同，不同的域限确定决策的不同本质。

记住：对问题处理不当可能会对组织达成预想目标造成障碍。

决策方法

管理者为达到预想结果采用了很多决策方法，有些很有趣，有些更客观。但是没有哪种决策方法可以保证对一般管理问题有正确的解决方案。一般管理问题是指一个组织内任何跟人(人的元素)相关的问题。管理者每天面对的问题有 90% 是一般管理问题，技术和与人无关的因素的问题占 10%。一般问题细分到技术问题，根据组织的性质不同而有所差别。

如果一个问题中的变量可以量化，通常可以使用数学或量化的方法作出决策。会计、建筑师、工程师以及质量控制专家是在日常决策中使用量化手段的典型人员。量化决策方法包括线性规划、排队论、仿真模型、计划评审法及关键路径法。这些方法是决策的管理学方法中的一部分。

管理科学方法

根据托马斯 M. 库克(Thomas M. Cook)和罗伯特 A. 罗素(Robert A. Russell)，管理科学(MS)是研究和开发用来辅助决策过程的程序的学科。[2] 管理科学又称运筹学。管理科学/运筹学的根本特点就是在决策中使用科学方法以及在解决问题时使用科学方法论。

早在几千年前埃及建造金字塔时就使用了管理科学的方法。第一章对一些个人使用科学方法论来解决问题的工作进行了综述，包括亚当斯·密斯、埃利·惠特尼、查莱斯·巴巴格、弗雷德里克 W.泰勒、弗兰克·吉尔布雷斯、亨利 L.甘特和其他人。

第二次世界大战标志着运筹学/管理科学成为一门公认的学科。当时英国政府面临解决问题的人员的短缺,于是招募各类学科的科学家组成小组来研究主要的运筹问题。这些多学科背景的运筹学小组成功地解决了很多问题,如护航路线、雷达的开发以及其他许多问题,使得英国可以渡过危机。

到 1950 年,运筹学/管理科学方法在美国军方相当流行,而且也被工业所接受。随着高速电子计算机的出现,复杂的问题可以得以更快地分析和解决。对该学科的认可加上专业运筹学会组织和专业期刊的出版使得该学科成为一门完整的学问。

管理科学方法基于具有历史意义的科学方法的使用。这些科学方法的步骤是:观察、定义问题、陈述假设、实验及验证。

同样,相信管理科学的决策者在研究组织问题时采用的是一种系统论的方法,他们认为一个组织的个体部分同整体相关,例如,产品质量控制影响销售、成本和价格。

库克和罗素对管理科学的应用进行了总结,认为解决问题的任何方法都包括所有或绝大部分以下的特点:

1. 把问题纳入到一个系统的视角内。

2. 用科学方法来开发解决方案的方法论。

3. 使用小组式或跨学科方法。

4. 使用数学模型。

5. 使用高速电子计算机。[3]

直觉法

对决策中的直觉法不可小觑。每个人都是在一种"预感"、"感觉"、"感应"或某种个人判断的基础上作出决策的。许多成功的企业家就是在预感的基础上进行创业,上层执行官基于对情况的"感觉"作出重大决策,学生因为"不好的感应"而对老师进行判断,等等。是否雇用一个人的决定通常在最后阶段取决于管理者自己的个人判断(对这个人的"感觉"或直觉)。任何一个前来应聘的人的可察觉信息都不能绝对保证其在被雇用后能成为出色的员工。表 7-3 列出了一些几乎每个人在作出决策时都会偶尔使用的直觉法。

表 7-3 直觉法举例

基于:
• 预感——"我们下一轮就可以出去"。
• "好的"感觉——"我觉得这样做是错误的"。
• 感应——"感觉告诉我他不可信任"。
• 情绪——"我知道我们负担不起,不过我就是想要"。

直觉是对事实的直接及直觉的判断,而且还是不作推理的直接看法。[4]很明显,一个完全凭直觉行事的管理者容易作出糟糕的决策。

什么时候在管理决策中使用直觉法是恰当的呢? K.J.拉德福德认为,当要作出决策的情况被归类为结构混乱时,决策者的经验和直觉至关重要,这与结构逻辑有序时相反。[5]

结构混乱的情况有如下四大特点:

1. 缺乏对决策中情况和环境的完整了解。

2. 缺乏真实完整描述成本和可用的备选方案利益的量化手段。

3. 相关组织、个体或团体方面有多种目标存在。

4. 决策情况中存在一个以上的参与者,他们都有影响结果的能力。[6]

根据李昂纳德 W.海因,大部分商务决策无疑是建立在纯粹的猜想或预感的基础之上。他还认为成功的商人有50%以上的猜测是正确的。

直觉和其他个人判断形式在决策过程中非常重要,但如果决策者忽视可用的事实和相关信息有可能产生问题。如果管理者在作出决策时错误地使用信息,所有的高速计算机和其他信息处理设备对他来说变得毫无意义。

理性决策方法

由于决策者的行动和决定受诸多事务影响(一天中的时段、食物的摄入、天气、穿着及周围环境),所以提出了理性决策方法。本方法的使用不能保证每种情况下都能做出正确的决定或给出正确的意见,但是一般来说,在面临一般管理问题时,使用这类方法可以保证管理者的决策和意见更加可靠。

决策者也是人,而人在分析问题的时候不可能每次都完全理性和客观,所以使用理想的方法可以补偿影响决策的偏见、传统、情绪及其他所有个人和环境因素的影响。这种方法迫使管理者以更符合逻辑和客观的方法来作出决策,一共包括七个步骤:

1. 清楚识别基本管理问题。

2. 列出所有相关问题因素。

3. 列出解决问题的可选行动路线。

4. 列出各备选方案利弊(评估)。

5. 回顾以上四条。

6. 得出结论,提出意见和/或作出决策。

7. 跟踪决策执行情况以确定预期结果是否达到。

第一步:清楚识别基本管理问题。这是关键的一步。一个组织若不定义、克服、除去或修改基本或根本问题,就无法取得进步。根本问题的症状必须同基本问题分离开来以达成结论性的解决方案。员工的旷工或迟到可能引起延误工期以及耗资巨大的困境,但是必须识别出导致症状出现的根本问题后,再采取纠正行动,达到有效持久的目的。基本的管理问题是在组织内过去已经发生,现在正在发生且将来很有可能发生的问题。杀鸡儆猴或惩罚性行为可以暂时控制旷工,但就员工的态度和行为,只有找出并处理其基本原因才能找到真正有效的解决方案。

第二步:应在继续分析前收集所有的事实数据和相关信息。因为事实数据有限,理性的决策方法有时候被称为主观决策方法。尽管对事实数据的使用相当重要,但是分析一般管理问题时有可能没有足够的事实依据。

第三步:可选行动路线的识别是指管理者对解决基本问题所面临的从多项行动中选择其一的问题。如管理者在选择行动路线时没有什么困难,这表示他其实没有需要解决的问题,因为所有真正的管理问题都有多种处理的方式。一种普遍存在造成负面氛围的情况就是许多人称之为问题,而这些问题又无从解决的情况。每个选择都有一定的风险且必须对其对组织工作所有阶段的潜在影响进行评估。很多管理者忘记了对存在的问题置若罔闻本身就是一种选择。

第四步：列出各备选方案的利弊是几乎每个人在思考后做出决定时所要做的事。例如，关于是买还是租的问题、继续从事目前的工作还是谋求新职还是接受提供给你的职位，等等。第三步和第四步的目的在于促使管理者在做出决定前审视问题的方方面面和所采取行动的所有后果。

第五步：建议管理决策者回顾以上四步，放缓步伐并在执行决策前对所有情况进行反思，这并非说要长期拖延搁浅，重点是要确定今天做的决定在明天也会是同一个决定。明智的决策者不会匆忙执行重要的决策，俗话说得好，"心急吃不了热豆腐"。

第六步：第五步过后，如果管理者对分析和回顾都很满意，就可以向高级管理层提出自己的结论，作出决策或提出行动意见。

第七步：对已作决策进行跟踪是一个真正职业经理人所为。决策作出后就应该执行决策并对决策执行保持关注。管理者有必要对决策效果进行检查并对比决策执行后的结果和预期的目标。

理性决策的局限性。在分析一般管理问题时理性决策使用的是逻辑方法（有时称为科学方法）。该方法在大多数情况下优于直觉法，但也有其局限性。理性决策方法的目的在于优化。优化是指根据所有的事实、需要考虑的事项以及备选方案来选择最佳方案的决策。批评该方法的人士指出，决策者并不是一直保持客观，通常不能掌握所有事实，易受情绪或偏见的影响，可能无法考虑到所有可用的备选方案，而且也许不能正确评估可用的信息。

前诺贝尔奖获得者美国学者赫伯特 A. 西蒙最先提出有限理性原则，该原则指出，人们作出的决策并不总是理性且合乎逻辑的，"人类表述和解决复杂问题的思想能力远远小于问题本身的大小，解决问题需要客观理性的行为，或是接近于此类客观理性的合理类似行为"。[8] 西蒙的管理模式描述了通常一个决策是怎样作出的。他认为人们并不会竭力寻找最佳方案，相反，他们会选择满足某一最低满意标准的备选方案，这被称为满意原则。

决策的优化方法和满意方法都有价值。使用理性决策方法来进行优化虽然并非尽善尽美，但是给管理者提供了一个理性客观分析的模型。满意方法则让管理者保持清醒，提醒其作为决策者有其固有的弱点。对比来说，决策的满意方法更现实，而优化方法更理想。选择哪种方法通常取决于管理者有多少时间来收集信息和事实，阐明替代方案以及决策。

团体决策

大多数决策通常由个人作出，而团体决策也并不少见。例如，美国国会和国家立法组织、委员会、公司董事会、非营利组织受托人以及法律体系内的陪审团等。该方法的最大优点就是集思广益最终达成一致的决策，其主要缺点是耗时长，且团体决策往往是基于妥协，对手边的问题可能是，也可能不是最佳决策。

团体决策是参与性管理的一种形式。团体中的每个人都有机会参与和认同团体决定。团体成员对决策的反对由于全体成员均有机会发言而降到了最低，每个成员都同讨论和论据有利害关系。然而，团体决策仍有其局限性。

潜在的局限性包括：团体有可能由一名上层管理人士支配，团体成员可能不具备解决手边问题的资质，可能因成员性格方面的冲突导致不理智的决策，还有可能时间紧迫而导致草率的分析和考虑不周的决策。

从理论上来说，团体决策应该优于个人作出的决策，因为一个团体对一个项目有较大的知识基础，有更多由团体成员产生的想法或备选方案。不过团体决策通常耗时良久，而对一个组织来说，决策的及时性可能更重要。

创造性的问题解决方法和决策

有目的的进步

众所周知，处于危机中的个人和组织会变得更有创造性。二战期间，美国发明了原子弹，结束了同日本的战争。20 世纪 70 年代石油危机期间，很多家庭和汽车都使用了汽油的替代品。像聚酯一类使用石油副产品的材料被新研制的棉花和使用天然纤维的合成物取代。如果午夜驾车，遇到中途抛锚，闪光灯也坏了，你也会变得聪明起来，生一堆小火用来照明；如果没有火种，你还有可能想到钻木取火。　　　　　　固然重要，但是今天主张进步的工业龙头企业并不依靠这种创造性来赢得该领域的竞争实力，管理者不仅仅针对冲突和问题来寻找新的解决方案和更好的方法，他们寻求进步，鼓励主动创新。这就是有目的的创新。有目的的创新和危机创新的区别一目了然。

有目的的创新是管理层为鼓励创新而进行的、有计划而持续的工作。其最终成果就是新产品、现有产品的改进、更多的市场份额、更好的经营手段、更有效的活动系统，以及经营一个组织在各方面都得以改进。这类组织的管理者采用“有目的的进步”的理念，而不是靠运气。进步是通过精心筹划的努力获得，而不是仅仅依靠对组织的需求和冲突进行处理来成长进步。

例如，高中运动员队及家长娱乐和小联盟队的支持者就很有创意，他们积极研究筹资计划以支持其球队和活动。

为获得有目的的创造性，管理者必须为个人和团体创造性营造一种氛围，其步骤如下：

1. 对证明有利于组织且不损害经济利益的变更的想法，最高管理层应始终全力支持。

2. 提出鼓励创造性的计划（新想法、做事的新方式），必须得到管理层的全力支持和员工的完全理解。

3. 个体员工和团体应有机会学习更多的创新过程，包括培训会议、强调创新的文献及实践。

4. 创建持续管理创新/创意计划的正式组织，该项工作由全职员工或员工委员会管理，应该开发出一套创意创新鼓励体系，对新创意的审核程序，挑选创意的方式，以及创意采用后对该员工的奖励计划。

5. 最后，应该制订执行最佳创意的计划，通常需要一名负责协调新活动各方面的管理者指示各专业人士进行。

许多个人和团体提出的想法没有实际价值，但有些也很有用，重点是必须正式认可大家的努力并对参与者给予鼓励，使得其有继续创新的动力。

创新及新创意的执行

创造性就是新创意的产生；创新就是对新创意的实际运用。很明显，不付诸于行动的想法会无果而终。多年前，孩子们把旧的滑冰鞋上的轮子取下钉到木板上做成自制踏板车，有人就有了“点子”，把这种东西称为滑板，再经过仔细加工上色作为新玩具在市场上出售。这种产品商业化后年销售额为几百万美元，引起熟练工之间的新竞争，还促使了一项全新运动的诞生，这都是因为这个“点子”被付诸于行动。

每个人在不同的时间和地点都会产生一些创意。许多非常有创造性的人随时手拿笔记本或录音机，一有想法就立马记录下来。大多数员工不会这样有创造性，但每个人都比他自己想象的要更有创造性。管理者的角色就是鼓励员工充分利用自己的创造性潜力为组织谋取利益。

个人的一般创新过程如下：

1. 识别要解决的主体。
2. 对主体进行研究。
3. 在一段时间内审视所有信息。
4. 设想达到目标的可供选择的方式。
5. 测试可供选择的方式。
6. 选择并执行其中一种方式。

以上适用于个体的创新过程六大步骤是一种科学方法论。在分析组织问题和作出决策时采用这种程序来产生新创意和取得进步，类似于弗雷德里克 W. 泰勒、弗兰克·吉尔布雷斯和其他管理学先驱早在20世纪用来改进商店运营的方法。这种方法今天仍然有效。

另外一种解决组织问题的创造性过程分为四个阶段：准备阶段、酝酿阶段、启示阶段和验证阶段。准备阶段涉及收集和研究主体相关的信息，可能是研究发现、直接观察和其他来源的信息。在酝酿阶段，大脑并没有有意识地思考问题，而是潜意识地审视问题。启示阶段通常来得突然，这时候突然想到了问题的解决办法。验证阶段是最后一个阶段，在该阶段对解决办法进行润色和测试。

一旦解决方案确定下来，就可以作出决定对问题进行解决。

在计划过程中(见第五章)，创意的产生是第一步。管理者应挑选出最好的创意，用可见的形式展示出来并将其作为工作目标。如果说所有好的创意只来自于员工和管理者，则是误导。有很多好的想法产生于参与者、业余爱好者、小组成员、客户、厂家、竞争者、看管员、维护人员等。决心“有目的的进步”的组织不会忽视任何产生新创意的源头。即使是对产品和/或服务的投诉和批评也可以成为改进或修改创意的源泉。

激励创造性

鼓励员工和管理者创新的组织在其工作环境中培养创造性。通过参与管理实践、利用委员会、质量研讨小组及更加自主的工作团体，有更多的机会对现有问题产生新想法和新解决方案。另外，管理者有时候会挑选员工加入使用特殊激励创造性方法的小组。最有名的三种方法是：大脑风暴法、集思广益法及民意团体过程法。

大脑风暴法[9]由当时在纽约BBDO广告公司的亚历山大 F. 奥斯本提出。该方法25年来一直得到广泛应用，其目的在于在相对较短的时间内促使大量的创意产生，七八个人组成一组，提出问题然后询问问题的解决方法(自发的)。提出的方法即使荒唐可笑也无所谓，只求短时间内对一个问题产生大量的创意和想法(环境不受限制)，其中或许有一两个经过改进后可以接受从而得以付诸实践。

集思广益法[10]是指“不断汇集在一起”。该法由威廉姆 J. J. 戈登提出，跟大脑风暴法类似，区别在于该法要求参与者有不同的专业背景，由经验丰富的组长仔细解释要讨论的问题，参与者提出解决方案时，组长鼓励他们对问题进行更有创意的思考，想出更多非传统的解决问题的方法。组长对讨论进行整理，提出某个问题的解决方案的类比事项。例如，海鸥滑过海洋的方式可能对解决超轻型飞机的某些问题有借鉴意义。

集思广益法是一种团体过程，所有参与者均参与评价解决方案，组长将所有想法“汇集在一起”并提出最后决定使用的解决方案。

民意团体过程法[11]是由安德烈·德尔贝克和安德鲁 H. 凡德文为解决问题找出创造性的备选方案而研究的一种方法。首先将问题向团体成员解释清楚，然后各组员独立工作，准备一张写有创意或可能的解决方案的清单。然后各组员依次发言陈述自己的创意或解决方案，对每个组员的发言进行记录。待所有成员发言后进行公开讨论，对每个创意和意见进行评价。接着组员私下对各个创意进行投票，按重要性进行排名。结果宣布后进行简短讨论。最后，各组员进行最终投票来确定团体最终的方案。

民意团体过程法跟以上两种方法不同，并不对创意进行公开讨论。团体内大多数工作都是由各组员单独进行，而且对参与者的口头交流方面也有限制，但是该方法像其他两种方法一样，也能产生许多针对组织问题的好创意和创造性解决方案。

小　结

每个管理者都会遭遇问题并要作出决策。管理者的本质工作就是进行决策。从最严格的意义上来说，进行决策涉及到从多个备选方案选项中选择一条行动路线，而解决问题则是在非标准或不可接受的情况下确定采取恰当的行动。

决策可分为计划性决策和非计划性决策。计划性决策是重复性的和常规的决策。非计划性决策是用于非常规的不同寻常的问题或情况的决策。一般非常规问题由高层管理者来处理。

伴随决策的是不同程度的不确定性。决策中不确定性的首要条件是确定性、风险和不确定性。

主要的决策方法包括管理学方法、直觉法、理性决策方法、创造性决策方法和团体决策方法。理性决策方法涉及应用科学方法解决一般管理问题。一般管理问题即是涉及人（人类元素）的管理问题。

管理科学（MS）是研究和开发用来辅助决策过程的程序的学科。管理科学又称运筹学（OR）。它使用科学方法论来解决问题。

直觉决策法是基于个人对事实不加过多推理的看法而作出的决策。

团体决策是参与性管理的一种形式。团体中的每个人都有机会参与和认同团体决定。从理论上来说，团体决策应该优于个人作出的决策，因为一个团体对一个项目有较大的知识基础，有更多由团体成员产生的想法或备选方案。

创造性就是新创意的产生。创新就是对新创意的实际运用。对于希望有目的地取得进步并超越其竞争者的组织，创造性问题的解决和决策非常重要。员工、客户、厂家、竞争者和其他许多事物都可以成为好创意的源泉。想要激励团体创造性的组织有一些可用的方法，其中三种最有名的方法是：大脑风暴法、集思广益法和民意团体过程法。

复习题

1. 阐明作出决策和解决问题两者的区别。
2. 讨论高层管理者通常作出非计划性决策的原因。
3. 阐明影响管理决策的不确定性的三个条件。
4. 列出并简要讨论理性决策方法的各个步骤。
5. 思考运筹学(OR)的起源。
6. 在什么情况下可以接受直觉决策法？
7. 区分“危机”创造性和“有目的”的创造性。
8. 什么是有限理性原则？
9. 为什么团体决策优于个人作出的决策？团体决策的局限性是什么？
10. 简要讨论激励团体创造性的三大著名方法。

个人能力实践

职业棒球赛有一个大难题，一场比赛会有很多延误，整个赛事要拖很长时间。发挥“有目的的创造性”，提出有创意的方法让比赛得以改进，从而激起球迷的兴趣，提高观众人数，让各相关方均获益。

案　例

有风险的行业

本赛季最后几场比赛的那个星期，大学联盟锦标赛的狂热尚未来到，对篮球赛程和体育部来说，这段时间通常相对平静。但是今年情况却不一样，本地区的各大媒体纷至沓来，驻扎在体育馆的入口附近。事情是这样的，一名前运动员被指控其作为新生和学生运动员时曾收到数千美元的特殊津贴，而且他和其他几名球员曾不按时上课，对体育课影响极坏。三天后，体育部主任和有关教练召开了许多会议，并由学校行政处进行调查，调查发现了一些违纪的证据，可以凭此作出决定。体育部主任召开了新闻发布会，宣布：

涉案教练为首席教练和其中一名助理教练，已经停职接受调查，但对于联盟锦标赛尚未作出决定。

记者们对此言论甚感惊讶，连连追问体育部主任是否有其他言论，但他此后一直保持沉默。

问题：

1. 在这样的情况下，如何通过理性决策方法作出最优决策？
2. 该类决策属于什么类型？你对该行动做何评价？

关键术语

大脑风暴法:激励小团体在短时间内想出许多解决问题的创意的方法。

危机创造性:在紧急情况下产生解决问题的想法和新颖的方案。

决策:在多个备选方案中选择一项行动过程。

一般管理问题:一个组织内只要是人构成了问题一部分的任何问题。

直觉:对事实直接及直觉的判断,也是不作推理的直接看法。

管理科学(MS):研究和开发用来辅助决策过程的程序的学科。

民意团体过程法:用来寻求解决问题的创造性方案的方法,参与者在开始的时候独立思考,不受其他组员影响。

非计划性决策:应用于独一无二、从未发生过的非常问题和情况中的决策称为非计划性决策。

运筹学(OR):由不同学科背景人员组成小组对大型运营性问题进行研究。

优化:根据所有的事实、需要考虑的事项以及替代方案来选择最佳的决策。

有限理性原则:人类表述和解决复杂问题的思想能力远远小于问题本身的大小,解决问题需要客观理性的行为。

解决问题:当一种情况被判断为非标准或不可接受的情况时所作出的恰当反应。

计划性决策:重复性的和常规的决策。

有目的的创造性:管理层激励并促进创造性而进行有计划、有目的的持续工作。

风险:一名管理者可以以合理精确性来预计未来事件并分配其相对的发生机率的情况。

满意方法:决策者选择满足最低满意标准的问题情况的第一个备选解决方案。

集思广益法:鼓励团体成员拿出更多解决问题的方案的创造性解决问题的方法。

不确定性:管理者作决策时掌握很少信息或没有信息的情况;不能以合理机率预测的未来事件。

参考文献及本章注释

[1]Henry A. Mintzberg, Duru Raisingham and Andre Theoret. The Structure of "Unstructured" Decision Processes. *Administrative Science Quarterly*(June 1976),Vol. 21,No. 2,June 1976,246～275

[2]Thomas M. Cook and Robert A. Russell. *Introduction to Management Science*, Third edition(Englewood Cliffs, NJ: Prentice-Hall, Inc., 1985),pp. 2～3

[3]Cook and Russell, Introduction, p. 9

[4]"Intuition", *Webster's Encyclopedia of Dictionaries*,New American edition(Ottenheimer Publishers, Inc.,1972), p. 199

[5]K. J. Radford. *Modern Managerial Decision Making*(Reston, VA: Reston Publishing Company, Inc.,1981), pp. 15～19

[6]Radford. *Modern*. p. 16

[7]Leonard W. Hein. *The Quantitative Approach to Managerial Decisions*(Englewood Cliffs, NJ: Prentice-Hall,Inc.,1967),p. 3

[8]Herbert A. Simon. *Model of Man*(New York: John Wiley & Sons,1957), p. 198

[9]Alexander F. Osborn. *Applied Imagination: Principles and Procedures for Creative Problem-Solving* 3'd ed(New York: Scribners, 1963)

[10]William J. J. Gordon. *Synectics: the Development of Creative Capacity*(New York: Harter, 1961)

[11]Andre L. Delbecq and Andrew H. Van de Ven. A Group Process Model for Problem Identification and Program Planning. *Journal of Applied Behavioral Science* 7, No. 4(July-August,1971),466～492

[illegible]
[illegible]
[illegible]
[illegible]
[illegible]
[illegible]

第三部分　组织人力资源

第八章　组织的职能

第九章　个人和团队组织

第十章　组织人事安排

第八章　组织的职能

本章内容包括：

- 组织的重要性
- 组织的历史
- 一些有关组织的理论
- 影响组织结构和设计的因素
- 主要的组织结构
- 体育世界里的矩阵组织
- 组织的步骤
- 组织图表

引　言

每一项正式的工作或运动，如果想要成功，就要求有良好的组织。缺乏良好的组织会导致无序、慌乱、挫折、事倍功半，而且常常会带来混乱。而良好的组织能够使其投入产生效率，还能在所涉及到的各种人力或非人力资源的组合中制造和谐。组织中的缺陷会成为日常管理中产生问题的最主要原因。

投入的协调并不是偶然发生的。学生们应当认识到，只有良好的组织才能带来达到目标所需要的适当的协调水平。良好的组织能为管理带来两个对任何类型的努力的成功都至关重要的益处：第一，适当的人从事适当的工作；第二，在需要时随时都可以得到适当数量、适当质量的（人力或非人力）资源。

负责进行有效的组织是管理的一项功能。你会听到一些反映管理人员组织技巧的评论，类似的有：

- 他们合作得很好。
- 人人都知道自己的职责以及何时去完成。
- 你见过这么好的团队合作吗？
- 完全没有薄弱环节。
- 他们有一个很好的行动计划。
- 他们可能会所向无敌。

在你学习第八章时，请记住，执业管理人员对于组织这一科目的了解可能比对管理中其他任何科目的了解都少。

组织的重要性

“组织(organizing)”一词来源于“有机体(organism)”,指的是功能各异、各自独立的不同部分。应用到现在的组织机构中,组织是一种分派工作、分配资源的管理活动;然后以有序的方式对工作和资源进行安排,以便一个团体的努力能够以尽可能高效的方式产生所需要的最终结果。

组织是管理的一个主要职能,它通常不是一次独立的管理活动。组织可能是计划的一部分,也可能与其他管理职能混合在一起。计划、组织、决策、实施和控制等活动统称为“管理”。学生们应当把组织看作是在工作中从混乱中创造秩序并在过程中产生运作效率的管理活动。

组织在管理中很重要,因为它有如下好处:

1. 产生有效的团体行动。
2. 增强资源的利用效率。
3. 明确个人的责任。
4. 促进实施和控制的职能。

产生有效的团体行动。要达到想要实现的工作目标,需要许多员工各自的努力。当员工们的努力得到协调,以便团队能够达到目标、各个员工都能完全利用他们的知识和技能时,全体组织作为一个整体就会受益,各个员工也会受益。

增强资源的利用效率。良好的组织可以使资源(人力、资金、库存、物资、设备等)得到正确的利用,以便一定时间之后这些资源最终价值大于在开始时的总价值。这一点可以通过组织工作的首要目的——投入所产生的效率反映出来。

明确个人的责任。组织的一个主要任务就是明确各个员工的职责和责任。这样做可以消除任何关于员工的作用和与进行的其他工作之间的关系的疑惑。职权和责任(汇报关系和从属关系)也能得到界定和明确。工作单位的每位成员都想知道谁负责什么;对每一个问题要到哪里寻找答案;每一名员工的行为会如何影响其他人;以及工作表现由谁评判。

促进实施和控制的职能。如今,良好的组织需要考虑人际关系、工作环境以及结果控制。人们普遍认同,大部分工人在如下条件得到满足时,能够表现得最好:①他们的工作技能和知识适合这份工作;②工作条件舒适;③他们清楚地理解自己的职责和责任。组织工作可以为计划安排的实施提供支持并通过交流工作期望来促进控制职能,(工作期望成为评价表现的标准)。

组织的历史

组织作为一项公认的管理职能,拥有很长的历史。无论研究史前时期还是古代文明,都可以清楚地发现,那时既有组织结构,也有上下级关系;既有职权中心,也有分派给下属的职责。

公元前5000年到公元前525年埃及建造金字塔的过程为我们提供了一个关于良好的组织技巧的生动实例:

> 在拉姆西斯四世统治下的新帝国时期,曾以一种豪华的方式进行了一次到哈马马特采挖石料的远征。此次远征名义上由最高祭司阿蒙(因为那些纪念性建筑是献

给神灵的)以及法老的其他仆从领导,而他们后来都没有作出什么贡献。事实上掌权的负责人是军官,因为这种性质的工作通常都由军队承担。在这次远征中,有 110 名各级军官、50 名文官和神职人员、130 名石匠、2 名油漆工和 4 名雕刻师共同为领导机构服务。运输的工作由 5 000 名普通士兵、法老的 200 名侍臣、800 名野蛮人以及 2 000 名神殿奴役承担。全部算在一起,这支远征军共由 8 368 人组成。

通过使用大量有组织的劳动力,埃及人才能完成这些让我们叹为观止的任务。虽然他们的组织系统可能显得有些笨重、麻烦,甚至有些浪费,但他们实在没有理由在劳动力上吝啬,因为只要一声令下,总是能找到更多农民、佣工和奴隶。[1]

长久以来,已经有许多个人、文明社会和政府为组织这一学科作出了贡献。这也包括封建制度的组织、罗马人中的组织天才、亚历山大大帝、尼科洛·马基雅维里,等等。

在更接近现代的时代中,詹姆士·斯图亚特、亚当·斯密斯、托马斯·杰弗逊和埃里·惠特尼在 18 世纪引入了重要的组织概念。斯图亚特提出了基于从属关系的职权理论的一个源头;亚当·斯密斯在 1776 年引进了工作专门化的原则(也叫做“劳动分工”原则)。[2]可拆换零件的概念是托马斯·杰弗逊的建议之一,而埃里·惠特尼则是第一个应用可拆换零件概念和专门化原则的美国人,他在 18 世纪 90 年代为政府大量制造火枪时,应用了这两个概念。

19 世纪末 20 世纪初,管理这门学科被赋予了新的重要性。所谓的现代管理学的“先驱”以他们的文章、理论和实际运用崭露头角。弗雷德里克 W. 泰勒、弗兰克·吉尔布雷斯、亨利 L. 甘特、哈林顿·埃默森等人成功地运用了他们的管理理念并闻名全国。

泰勒引进了一种叫做职能工长制的组织结构(见图 8-1),它通过交换多种责任制来达到极度的专门化以支持单个员工的工作。这一贡献虽然在当时并没有大行其道,但它已经与如今多项目组织中使用的矩阵组织形式比较相似。

1931 年,詹姆斯 D. 穆尼和艾伦 C. 赖利出版了《工业,前进》[3]。这本书在美国国内第一次提出了一套系统的组织方法,书中包括了许多组织的原则或“普遍原则”。

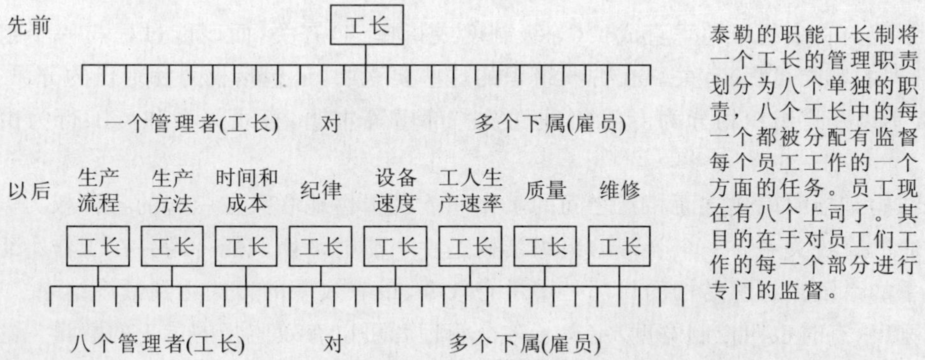

图 8-1 弗雷德里克 W. 泰勒的职能工长制

根据弗雷德里克 W. 泰勒的《科学管理原则》(纽约:Harper & Brothers,1911)中的材料制作

一些有关组织的理论[4]

从历史上讲，组织理论分为古典组织理论、新古典组织理论和现代组织理论。这些理论都不完整或者没有经过精心的包装。没有哪一种理论完全被管理研究者们接受；不过，这些理论方法能够增进学生们对有关组织的管理思想的发展的了解。

古典组织理论。古典组织理论或学说涉及泰勒、法约尔、穆尼和赖利、韦伯等人的早期著作。它注重组织结构或等级制度。组织原理得到了发展，为执业管理人员提供了指导。古典组织的主要元素包括分工、阶梯原理、职能管理过程、组织结构和管理（控制）宽度观念（见表8－2）。

表8－2　传统的组织原则

分工——指将工作分解为若干基础组成部分，并强调工作的专门化。
权责相当原则——表明权力与责任必须对等或相符。
阶梯原理——正式组织里的权力每次从一个环节的最高级别流向最低级别。
控制宽度（也称做管理宽度）——一个管理者能有效监督员工的数量是有限的。
统一指挥——员工不得向一位以上直接上级（老板）汇报。
例外原则（也称例外管理）——管理者们应该将精力集中在明显偏离正常轨道的事情上，而让下级们去处理日常事务。
格兰丘纳斯定理（也称递增组织关系原则）——当你计数地（1、2、3等）往一个组织里增加人员，组织关系的数量会几何地（以快得多的速度）增长。也可以解释为：随着下级数量算术地增加，管理的复杂性就以几何级数增长。（这一理论由格兰丘纳斯提出）

分工原理指的是将工作分解为若干基础组成部分，并强调人工量投入的专门化。工人们在一种工作上变得熟练，产量和效率都会增加。这一元素会直接影响其他元素，因而被认为是古典组织的基础。

阶梯原理与一个组织的垂直成长（等级制度或指挥链）有关，而职能过程与一个组织的水平成长（管理的职能过程）有关。在古典组织的这些要素中，还包括权力和责任的分派、指挥的统一、问责制以及将组织划分为专门的（职能性）部门等主题，直线关系和员工行为由此发展而来。

组织结构是指明确建立而相互之间的工作职能逻辑性地联系在一起的各种权力、责任、问责制和沟通的直线关系。一个合理的组织结构是一个能够平衡职能行为并在工作小组之间建立持续关系的系统。组织结构的目标是用最有效率、最有效果的方式达到最终结果。

管理宽度（有时也叫控制宽度）定义了一个管理者可以有效监督的员工的数量。这个数量不是固定的，但是对任何特定的管理情形来说，这个数量取决于四个因素：①管理者的才能；②下属正在进行的工作种类；③工人的技能、教育水平、背景和工作态度等；④工作地点的自然因素。这一观念的重要性在于，管理宽度直接影响着组织结构。宽的管理宽度会产生扁平的组织结构；而窄的管理宽度则会产生一个细长形组织结构。组织结构的形状影响着人与人之间、部门与部门之间的关系，以及组织的复杂性。

德国社会学家马克斯·韦伯是古典组织理论的一位主要贡献者。韦伯是一位提出了官僚组织模型的社会理论家。与同时期的泰勒和法约尔不同的是，韦伯把解决应用管理难题放在次要位置，即使今天他被认为是管理理论的主要贡献者。韦伯把官僚组织形式看作是符合逻辑、理性和高效的。他的官僚组织模型是建立在正式、合理的权力系统之上的，这个系统有明确分工，有专业人员担任每项工作，完成任务时有明确的规则和程序供遵循，并且从组织的顶部到底部有正式的职位等级制度。美国的教育机构以及各级政府都是这种官僚主义的例子。

尽管在今天官僚主义被指认为效率低又只为自己谋私利，韦伯的观点在当时仍有革命性的意义，并且为想要改善业绩和创造工作效率的组织提供了可供遵循的模型。韦伯以及上文提到的先驱们的贡献，是研究和理解组织设计的一个出发点。

新古典理论。新古典组织理论通过扩展到行为科学领域弥补了古典组织理论的一些不足。它强调个人行为的重要性和在正式组织框架内运行的非正式组织的影响，来修正古典组织理论的根本要素。早期对这一方法作出贡献的有亨利·甘特和莉莲·吉尔布雷思。不过，大多数研究者赞成的是霍桑实验促使了新古典主义流派的发展。

新古典主义方法把目光集中在员工的千篇一律、疲劳、孤立和(因工作的专门化而产生的)无价值之类的问题上。新古典理论强调作为管理人员的责任的激励、协调和领导等方面。

古典组织理论在职责的分配(委派)、交流、控制调制和其他管理及员工功能上显得尽善尽美，而新古典学派看到了人类的弱点并认为在管理判断上有一些失误。新古典理论认为古典主义虽然合理，但因为人的因素不可能完美地应用。新古典主义者们拥有改良过的工具、技术和额外的理论来克服那些因责任委派、工人之间管理人员与非管理人员之间的人际冲突、员工的工作挫败感和厌倦感、员工的激励等及许多令人头疼的问题。

新古典主义者们同样特别注意非正式组织。非正式组织是指在工作地的员工的一种内部分组。非正式组织不会在组织图上表现出来，他们通常在工作地点周围、围绕类似的工作、因员工的共同爱好(如公司垒球队)或影响一群员工的特殊问题(如一群相信自己正在加薪方面受到歧视的年长员工)而产生。

管理部门认可非正式组织并且接受它作为正式组织的一个重要部分，新古典理论的一部分是：每个非正式组织都有自己的领导，交流系统(小道消息)和标准。

正式的和非正式组织是不同的实体，它们在一起可能运行得很好，也可能不好。总体来说，这两种组织和个人、工作、工作环境等一起组成了可以作为一个整体来研究的社会体系。

现代组织理论。这个理论的独特之处在于它把组织作为一个系统来研究。现代组织理论超越了古典和新古典理论，并把组织作为一个由相互依赖的变量组成的系统来对待。

在威廉姆·斯科特看来，关键的问题在于：

1. 这个系统的战略部分分别是什么？

2. 它们之间相互依赖的关系是什么性质的？

3. 系统中使各部分连接在一起并促使各部分彼此适应的主要程序是什么？

4. 系统追求的目标是什么？[7]

虽然这些是有待回答的重要问题，学生应该认识到针对这些问题没有统一的观点，研究者们依据自身的兴趣强调并分析整个系统的不同部分。

现代理论家认为组织是一个由下列战略部分组成的系统：个人、正式结构、非正式组织、地位和角色模式及工作的自然环境。所有这些部分在一起便构成了组织系统。

影响组织结构和设计的因素

从传统意义上讲，正式组织是由一群为了共同的目标而在一起工作的人所组成的有着清晰的等级制度（如权力、责任、问责制和沟通的直线关系）的团体。

但是，问题来了：应当如何把人们分组并建立健全的等级制度呢？

要设计一个健全的组织结构，在确定合适的组织结构之前，管理者必须考虑到组织战略、当前环境、行业动态和其他变量。斯蒂芬 P. 罗宾斯认为："组织设计跟创建和改变一个组织的结构来达到组织的目标有关。"[8]进行一次明确组织目标的使命陈述是组织设计很重要的第一步。

当构建一个组织时，管理者们有时采取权变方法。这种方法建立在这样一种假设之上：在一个组织试图达成目标时，影响它有效运行的形势或变量是周期性变化着的，因此，组织结构也需要随之改变。权变方法要求管理部门与这些"改变"保持同步，以确定现存的结构是否仍旧合适。

从传统意义上讲，设计一个组织结构的第二个步骤包括部门化。差不多每个组织结构都是建立在部门化或将工作归组到相关工作单位的理念之上。相关联的工作单位的分组可能是依据职能、产品、服务、地点、顾客或其他一些标准进行的。

职能部门化。这是构建一个组织的最基本的形式。职能一词在这里指像销售、生产或融资这样的活动。做相同或相似工作的员工被集中到同一个部门。经理作为每个职能部门的首领，并为达到部门目标负责。通常小型组织都是按照职能构建起来的，每个员工都被当作一个部门，直到组织成长壮大，工作班子才会产生。

用职能部门来组建组织有四个主要优势：每一名员工都是其所做的工作方面的专家或能手；管理者的任务范围更加狭窄，限制在更具体的职务和责任上；工作和才能的协调相对比较容易；一个部门努力的成败可以更精确地衡量出来。图 8－2 是一个在校际体育运动中通过职能来构建组织的例子。

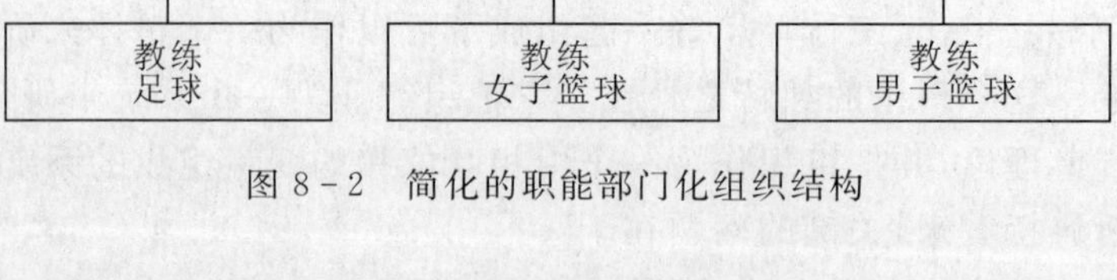

图 8－2　简化的职能部门化组织结构

产品部门化。在产品种类多样的大型组织中，大多数部门围绕主要产品或性质相似的产品构建，大型服务性组织也是如此。员工按照其所在部门的产品系列分类，例如：大众汽车在庞蒂克分部工作的员工。在生产部门里，管理者被赋予职责并追求所在部门的目标。通过产品来构建一个组织可以为发现通常被称作营利中心的打下基础。成为一个盈利中心的管理者可以为管理者们展示管理才能（或无能）提供不同寻常的机会。用产品来进行组织通常是管理部门分散权力、责任、决策和控制的前兆。不过最高权力和责任从来不会离开最高管理者。

通过产品部门化来组织的四大优点是：可以相对容易地协调所有与孤立的产品或产品系列有关的工作行动；使与该产品相关的决策更加迅速、果断；生产部门的工作及取得的成绩更显而易见且可立即用于目标评估；生产管理者可以有机会展示他们的职能技巧。

产品部门化的固有缺点是：管理者太专注于追求他们所在部门的成功，以至于将部门目标和需求优先于对组织整体有利的方面来对待。另外，通过产品或产品系列来组织会导致一个产品系列产生多个专家，因为每个部门都必须有自己的专家。其结果就是总运营成本的增加。图 8－3 展示的是一个典型的产品部门化的组织结构。

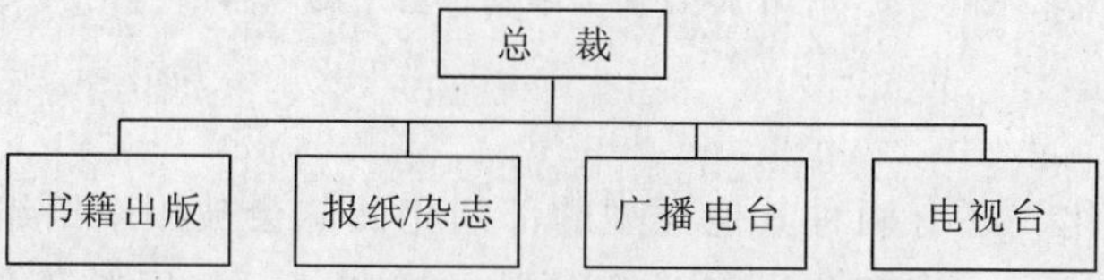

图 8－3　一个大型通讯公司的产品部门化

地点部门化。一些大型的单位组织往往围绕着它们所服务的场所来构建它们的部门、分支或工厂。这些场所可能是像一个城市的西北面那样小的地理区域，也可能是像欧洲、澳大利亚或北美那样的大陆。通常这些分支机构从总部得到共线支持，但独立处理日常事物。与产品部门化很相似，每个地理区域都可以被视作整体的一个创收部分，并且管理人员个人对他们所在地的业绩负责。同样，给每个地理区域成倍提供专家的情况也有，但一般只有当市场间距较大时才会发生。

通过地点部门化来组织的主要优点在于：管理者们可以对他们所在地理区域内发生的问题快速地作出反应。这些管理者与行动更接近，对行动的控制更有保证，并且问题可以更准确地被定位，从而更快地得到解决。

具有代表性的是，在美国受过高等教育的人群里，校友或者运动支持者俱乐部会以地区为基础通过地点部门化来构建。沿地理路线进行的资金筹措活动会让参与者们有更多参与感，并能使人们对筹款的理由更加认同。图 8－4 是一个通过地点部门化来构建校友资金筹集部门的例子。

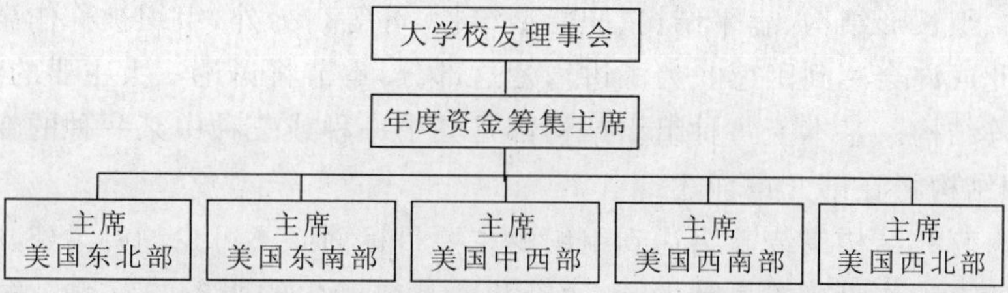

图 8－4　一个运动支持者俱乐部中的地点部门化

顾客部门化。有时围绕可识别顾客群或目标市场来构建一个组织具有很多优势。这样做可以使该顾客区的人员专门来满足这一顾客群的独特需求。在一家国际体育用品公司里，主要客户可能通过他们所使用的运动器材而被区分和归类，如滑雪运动员、网球运动员、高尔夫运动员等。一名管理人员则成为该运动所有产品种类的专业人士。在一个季票销售活动中，一支垒球队可能通过如本地企业、地区性企业、全国性公司客户、多次购买者、单场比赛票购买者、曾经买过票的购买者等因素将顾客分类。图 8－5 为一个校际体育奖学金基金会中的顾客

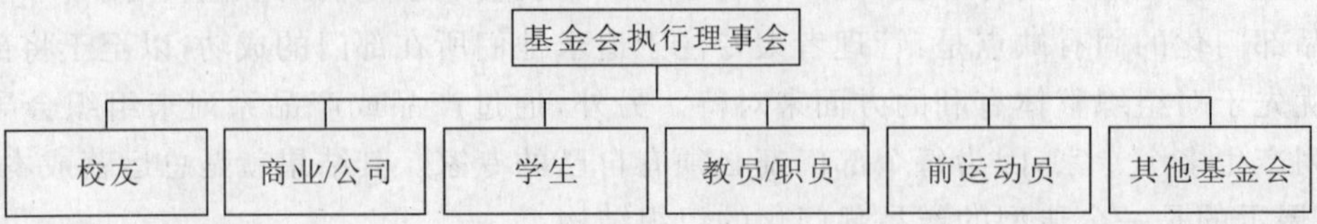

图 8-5　一个体育奖学金基金会中的顾客部门化

部门化的例子。

其他类型的部门化。还有两种其他类型的部门化偶尔会被用来给组织中的工作分组。第一种是通过时间来部门化。许多公司实行轮班制，如航空公司、医院里的护士及其他员工、提供 24 小时服务（如电话接线员）的公用事业公司，以及每天工作超过 8 小时的制造企业。每次轮班都会有自己的工作人员、监督人员和组织结构。

第二种是通过数量或顺序来部门化。比如，一个小学可能会将一个班的人数限制在 20 个；在军队中，一个班、一个连或一个营的士兵的数量可能是固定的。

简评。部门化这个词已被反复地用来表示通过职能、产品、地点、顾客、时间、顺序和数量来对工作进行分组。学生还应当认识到部门有可能指分公司、工厂、片区、分支机构、办事处、地区或其他同义词。选择哪个词要根据一个组织的成长、规模或性质来决定。

最后，依据组织的大小及性质，工作的部门化可能在一个地区或一个级别上通过产品来分组，而在另一个地区通过职能等来分组。在同一个组织里，可能会混合使用数种部门化方法，以此获得专门化和控制的优势。

主要的组织结构

管理领域，特别是组织方面，到处是行话。当学习组织结构的主要形式时，学生可能会因为读到如此多的类型而感到困惑。作者将主要组织结构区别为直线结构、直线职能结构、矩阵结构、传统结构、细长形结构、扁平结构、职能型结构，等等。另外，组织被称作高度集中或高度分散。学生对此或许会感到困惑。为了讲清楚这部分，本节将讨论三大主要的组织结构：直线结构、结构、矩阵结构。基本上每种组织结构都是其中一种或三种中某一种的变形。第四大类型，委员会组织结构将在第九章详述。

直线结构。直线结构围绕着为达到组织的主要目标而必不可少的行为建立。所有部门里的所有员工的所有工作直接关系到生产、融资和商品或产生的服务的营销。生产的商品或服务是为一个市场而设计，对于一个营利性企业来说，产出是为了产生能收回成本并产生利润的收入。利润变成这个企业的首要目标，这样它才能够生存下去。

那些不以营利为首要目标的组织（称为非营利组织）必须明确定义它们的首要目标，这样所有的员工和客户（有可能是拥护者、成员、服务的使用者、志愿者等）才能知道这个组织为什么存在和它应该达到什么样的目标。

每个体育组织都应该有一份确定组织存在的首要原因的书面陈述。员工和组织里各种活动的参与者都应该对这份陈述很熟悉。它通常被称为使命陈述（见表 6-2 校际体育运动计划的使命陈述）。表 8-2 是另一个明确定义的使命陈述的例子。这个例子是针对在 2001 年由美国体育学院提出的大学毕业生计划，该计划旨在满足专业和精英运动员、奥林匹克运动员和其他想要完成中断的本科学位的人的需要。

表8-2　美洲大学(现称高水平大学本科生学士学位计划)使命陈述

美洲大学是一个把体育的意义视作一门专业和文化活动的特殊使命教育机构。它的使命在于通过远程教育提供与体育相关科目的优质学术课程，以此来满足全世界大学本科生的需要。

资料来源：美国体育学院公报，2001年夏；2002年夏

直线结构最初是被小型组织所使用。它的构建相对简单，可以通过用垂直线条连接组织的各个级别来表示(见图8-6)。

直线结构的主要优点在于它对于权力和责任的定位很明晰。对问题作出反应的决策会很快，对于结果的责任也很明确。它的一个主要的缺点在于直线管理者们可能不具备经营一个组织所需的所有特殊技能。直线管理者的天赋和能力通常是有限的，但他们经常被要求完成许多工作，不管能不能胜任。

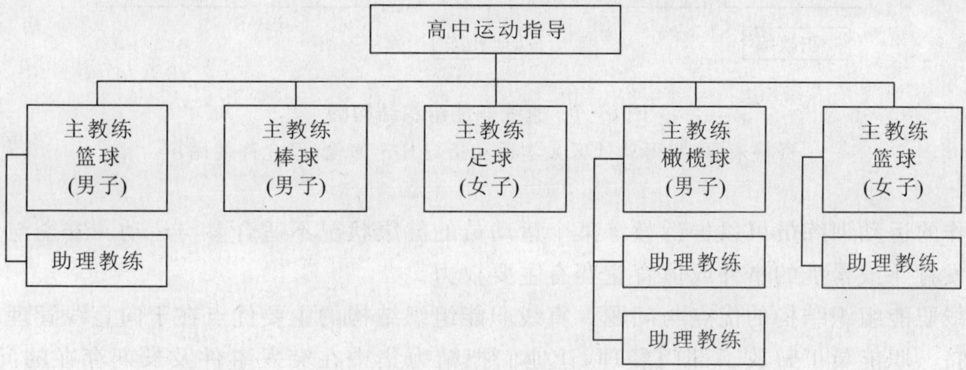

图8-6　简单的直线结构组织图

直线职能结构。随着组织规模和复杂程度的增长，员工的职位和部门也在不断变化。员工职能间接关系到一个组织的主要目的。

在“职员”产生之前，直线管理者或直线员工做着现在称作“职员”的工作。典型的职员职能有人事、劳资关系、研发、公共关系、管理活动以及技术助理或指导“如何做”的职位。除了在特殊情况下，职能人员对“直线”员工没有直接权力。职能人员的工作是通过提供协助、建议、咨询、协调、专业化知识或技术技能来支持部门经理。图8-7展示的是有着双学院体系的罗得岛社区大学为校际体育运动而设的直线职能组织结构图。

高级直线管理者创造了职员的职位来扩大在特定领域里的知识和技能。一旦职员职位被增加到直线职位中，组织结构就变成了直线职能组织结构。

职能部门员工。有时高级直线管理者会创造一种特别的员工职位或部门，并且给予他们有限的直线权力。他们称为职能员工或专业员工。专业员工的例子有质量管理检查员、设备维护人员、安全专家和保安人员。他们像上面描述的纯粹的员工那样工作，但在特殊情况下，他们可能行使“有限的直线权力”。在一个体育项目里的运动训练员就是职能员工。在医生支

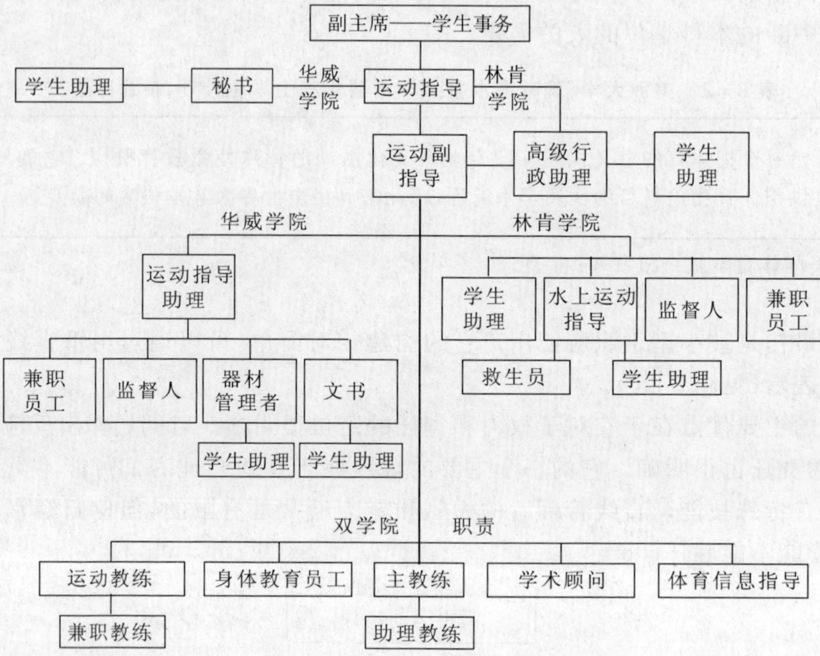

图 8-7　直线职能组织结构图

资料来源：罗得岛社区大学运动指导凡·库伦（经允许使用）

持下工作的运动训练员可以告诉教练某个运动员的健康状况不适合参与运动。安全与保安人员对突发打斗或暴乱的事件或体育竞赛有主要权力。

直线职能组织结构的优点与问题。直线职能组织结构的主要优点在于向直线管理者提供专业支持。职能员工解放了部门经理，让他们把精力集中在突发事件及长期存在的问题上。职员直线管理者职位让组织有更高的灵活度。直线管理者不需要变成组织运行的所有方面的专家。

当职能员工被增加到一个直线组织结构时，潜伏的冲突就会突显出来。直线管理者与职能管理者之间可能会在谁负责什么的问题上产生争论。例如，职员人事专家没有权力为直线管理者雇用新员工。人事部门的工作可能是代表直线管理者通知、面试、测试和筛选求职者，但是在雇用之前，直线管理者会面试并让合格的求职者通过。

员工人事部门会给直线管理者一些建议，这是他们职责的一部分，而且如果直线管理者不接受和遵循这些建议，他们就会很失落。高度专门化，而专业建议却被忽视，这会激怒员工人事部门。通常职能员工被视作对其专业领域十分敏感的内部顾问。如果直线管理者不理解职能员工的看法，而职能员工没有充分理解直线管理者的职能，问题就会出现。

图 8-8 展示的是另一个简单的直线职能组织结构。在这个例子里，公共关系专家，所有的秘书和行政协调人都是职能员工。在一个组织里，关于职能员工和部门有两点很重要：第一，职能员工永远是权力线的分支，他们个人或部门主管直接向其上级的直线管理者报告。第二，职能员工个人或部门被定位在它所服务的领域的组织图上。公共关系专家为主任服务，位置在主任之下，并且从直接位于主任以下的直线分支出来。执行秘书也是如此。这个例子里

的每一个职能员工都在其上级直线管理者的指令下服务于行政管理人员和参与者。职能员工在组织图里的位置并不体现这个职位的相对重要性，但是直线职位在图上的位置的确体现着权力、地位和重要性。

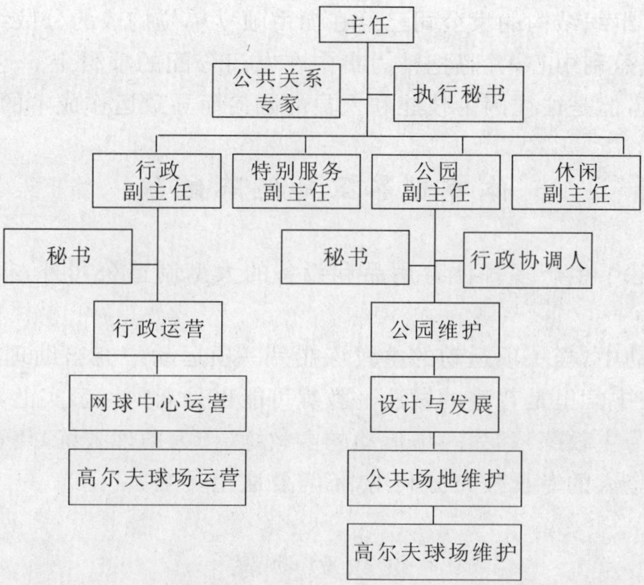

图 8-8　一个县级休闲与公园部门的直线职能组织结构（局部）

矩阵结构。矩阵结构是双向的，它建立在数学中矩阵（一种既有垂直列，又有水平行的排列）的概念之上。从事多个项目的大公司往往把组织的一部分构建成矩阵。

矩阵组织的特点有：

1. 在维持一个职能部门统一性的同时，职员被分配到一个项目工作。
2. 职员对多位上司负责。
3. 专业的知识和技能更便于协助项目工作。
4. 交流更开放，便于获取信息。
5. 管理者更灵活，更能够适应技术和市场的变化。

已经有一些从事数个大项目的大公司发现，给每一个项目建立职能组织结构是十分困难的。此外，他们一直在复制员工技能，而没有充分利用直线职工的才能。矩阵组织最初是在政府的坚持下发展而来。当项目涉及到政府合同时，政府需要一种方法来确定谁应当对进度和业绩负责，结果便产生了矩阵组织结构。

矩阵组织结构的一些特点源自弗雷德里克·泰勒的职能工长制组织结构。职能工长制产生多重责任制，为直线上的员工带来了高度的专业化。

已经证明，矩阵组织结构对许多公司是有价值的，但它的普及性已经减退。其主要的缺点在于违反了阶梯原则、平等原则和指令的统一性。

说违反了阶梯原则是因为矩阵结构鼓励在垂直的（指令链）联系之外还实行横向的或水平的联系方式，或者干脆用水平联系方式取代垂直联系方式。当权力和责任在项目管理者与职能管理者之间被划分开来的时候，平等原则就被违反了。任何时候只要一个职员向多位的上级报告，指令的统一性就被破坏了；此外，矩阵结构是建立在多重责任制之上。

矩阵结构可能使直线管理者与项目经理之间在对职员和资源的控制上制造麻烦。有时在决策的最终资源上会出现权力斗争。

一些抛弃了矩阵组织结构的大公司已经在向由独立单位构成的分散结构发展。这些单位的运行很像子公司或盈利中心，并且把精力集中在专门分配的项目上。这种方法消除了矩阵组织结构的一些缺点，但是往往因为技能和人员的翻倍而导致运作成本的增加。

体育世界里的矩阵组织

在体育世界里，除了生产多种体育用品和设备的大型制造公司外，很难找到矩阵组织的例子。

然而，在体育活动中，当一项运动的主教练在另一项运动中充当助理教练时，矩阵组织的形式就出现了。这在中学里是普遍的做法。教练可能也是老师。事实上，主教练向校长（作为老师）、运动指导（作为主教练）和另一项运动的主教练（作为助理教练）负责。这虽然是多重责任制（几个上司），但个人的专长被充分利用，不需要雇用员工。

组织的步骤

既然我们已经讨论了组织的重要性，回顾了组织的一些历史，举了一些组织理论的例子并学习了主要的组织结构，那么就产生了一个问题：到底该如何组织团队人力投入量呢？组织的过程包括五个步骤：

1. 划分工作。
2. 将任务分组。
3. 激活权力和责任。
4. 决定管理的宽度。
5. 协调组织资源。

第1步：划分工作。把工作划分为更小的部分是组织的基础。然后，总任务的小部分可以由单个职员或一组职员来完成。工作专门化的概念是建立在亚当·斯密的分工原则之上的。如果不把工作划分为更小的部分，单个职员将不得不处理所有与任何职能都相关的任务（一种产品或服务的所有生产或融资或营销）。这样会很没效率，而且也不符合一个正式组织的定义。

工作专门化有许多优点。一个员工重复地做同样的工作，可以培养出卓越的技能，进而导致总效率的提高。组织总的生产力会显著上升。

从历史角度说，美国通过应用工作专门化和分工原则变成了世界上经济实力最强的国家。这个观念是大规模生产的基础，而大规模生产创造了标准化部件和最终产品、低单位生产成本及合理的成品价格。

对工作专门化的批评近年来已经浮现出来，并且集中在那些持续地做着相同的专门化工作的工人的态度上。正如对组织中人的因素的研究所揭露的一样，这些工人会变得厌烦、不满和怨恨。工作可能会缺少挑战性，并且最终无法刺激高生产力。从事这些工作的人们是不愿意自己被当成“生产单位”而不是人。这些问题引发了对高度专门化工作的重新设计，以使之更加有趣和刺激(见第十一章中关于工作扩大化和丰富化的讨论)的进步。不过看起来，工作专门化肯定不会消失。

第 2 步：将任务分组。组织的第二个步骤是用一种有逻辑的方式把工作分组，这样一来管理者可以更好地监督不同部门的职员。这被称作部门化。部门化可以通过功能、产品、地点、顾客，或通过时间、数量或顺序(我们已经讨论过)来实现。

在一个小型组织里，单个管理者可能监督所有的行为并完全控制所有的工作人工投入。不过，当组织进一步发展以后，任命若干经理来监督整个组织的若干部分的工作就是十分有必要的。它们在小型组织里被称作部门，而在大型组织中可以是分部、工厂、区域、地区或海外市场。

第 3 步：激活权力与责任。通过应用分工原则来把工作划分为更小的部分和以某种有逻辑的方式把任务分组，并给每个部门委派一个管理者之后，组织的下一步就是激活每位管理者的权力与责任。

管理中的权力与力量是联系在一起的。艾尔文·布朗，一个研究现代组织的先驱写道：

> 责任中体现它行为的力量的那一面被称为权力。在日常使用里，这个词并不总被赋予如此宽的含义，而经常仅限于指企业中的一个成员对另一个行使的力量。不过，它也被定义为正式地行动的权利——获得影响、尊重或自信的个人力量——这样它就不仅限于对于特定人群行使权力。从这个意义上讲，正如上面谈到过的，权力正好与责任相互作用。它的范围不可能更窄，因为没有权力的责任将会是空洞的职责。它的范围不可能更宽，因为没有责任的权力将会是空洞的力量。

尽管对权力的解释有许多种，“正式行动的权利”与管理者最为有关。管理者们拥有正式的权力，这些权力是力量的一种形式。这些权力或力量起源于更高一级，而且被一级级地合法传下来。在商业中，个人有合法权利去组成公司、选举董事、选择总裁、任命经理等。经理的权力或力量来源于上一级。据许多作者所说，权力是被组织正式化了的力量。

第二种关于正式权力起源的观点来自于主张认可理论的切斯特·巴纳德。这种观点认为，雇员、下属或被施加影响者决定了管理者有无任何权力。如果下级雇员不依从管理者的要求、需要、命令或者指示，管理者就没有权力或力量。

在美国的组织里，绝大部分工人认可一个管理者所拥有的权力的合法性，并且愿意依从管理者的指示。尽管如此，在实践中，有两个检验标准来决定一个管理者是否有真正的权力：

第一，管理者是否被下级认可？也就是说，雇员们对于由管理者委派给他们的指示和命令是否积极地反应？(这也就是认可理论。)

第二，管理者是否得到上级支持？如果上司不支持他或她的话，一个管理者没有任何形式的权力。(这是权力理论——权力来源于上层。)

责任伴随着权力。除非有一项工作要做，有一种义务要履行，并且你希望通过分配部分工作给下级员工来完成更多的工作，否则委派权力是没有必要的。责任是对去完成一项工作的义务的一种认可。对于管理者而言，工作就是与员工一起工作并通过员工及其他资源来取得所期望的结果和目标。

授权是指把权力和责任分配给组织中低一级的个人或团队。一个委员会的主席可能任命一个下级委员会,并把委员会的一部分工作分配给它。一个管理者可能告诉一个员工要干什么、什么时候干以及这份工作的意义。在每个这样的例子里,权力和责任从一个管理级别被分到下一级别,以便完成具体工作。这就是授权。

在管理中,授权的程序包含以下四个步骤:

1. 指定责任。以口头或书面形式具体告知一个人或团队该干什么。

2. 指定权力。授予个人或团队完成该工作所需的权力。

3. 指定时间标准。告知个人或团队完成工作或任务的确切时间。

4. 指定责任制。个人或团队必须接受指派的任务并向上级管理者(授权人)报告工作进度和遇到的问题。

在一个正式组织里,权力和责任的委派是向下的。一些作者认为责任不能被委派。这种观点建立在高层管理者从未让出与结果挂钩的最终责任的观念之上。这的确是事实!不过,同样的事实是,任何有一项工作要完成的管理者或员工都有与这份工作相应的责任。这时候问题产生了:员工从哪里获得责任?而答案是从上一级那里获取。完成分配任务的责任随着完成这份工作所需的权力一起被委派下来。同一级别的员工代表高于他们的上司工作。而两者都对所分配的工作负有责任。但是员工的责任仅限于特定的任务和工作,而上司的责任则涵盖了分配给各种各样不同员工的许多任务。上司仍然保留着保证委派给员工的工作要恰当并按时完成的最高责任。

第 4 步:决定管理宽度。在发展一个会产生有效率的团队并努力达到共同目标的组织的逻辑顺序里,我们将工作划分为更小的部分、部门化的任务以及激活了的权力与责任。现在,我们必须讨论一下应该给单个管理者分配多少员工。

向一个管理者负责的员工的数量被称作管理宽度。因为这个数量也影响到监督的有效性,控制的问题也产生了。一个管理者能够有效监督并控制的员工的理想数量被争论了很多年。

如果一个管理者监督的员工太少,结果可能是没有效率,认识到这一点是十分重要的。但如果管理者监督的员工太多,管理失控可能会导致缺乏效率和效果。

决定管理宽度直接影响着组织结构的形状。如果管理宽度很宽,该组织结构将是扁平的,管理层次较少。同样,该组织有可能会分散它的决策、权力、责任和控制。如果管理宽度很窄,该组织结构将更细长。这意味着管理层次更多及管理职能更加集中。图 8-9 是关于这两种极端的图示。

英国军队(一战后)的伊恩·汉密尔顿将军、林德尔 F. 厄威克和 V. A. 格兰库纳斯(同是 20 世纪 30 年代)是研究管理宽度问题的管理学先锋。汉密尔顿和厄威克提出,一个行政宽度不应该超过六个下级。格兰库纳斯在 1933 年提出了一个从数学上讲合理的理论,在今天,这个理论对管理宽度问题是十分中肯和贴切的。这一理论被称作格兰库纳斯理论,它认为当你以算术级数(1+1+1)向一个组织增加员工时,组织关系以一种更快(几何级数)的速度(4,16,64)增加[11]。对于管理者的影响在于,每次增加一名员工,由于关系的增加,管理的复杂性会以更快的速度增加。个人之间、管理者与个人之间以及下级团队之间的相互作用都会因为每个增加的额外员工而被扩大。

一个管理者能够有效地监督的下级的数量该限制在多少,这个问题仍然没有答案。一些组织,比如军队,有固定的数量;而大部分其他组织将限度建立在四个重要的因素上。这些因

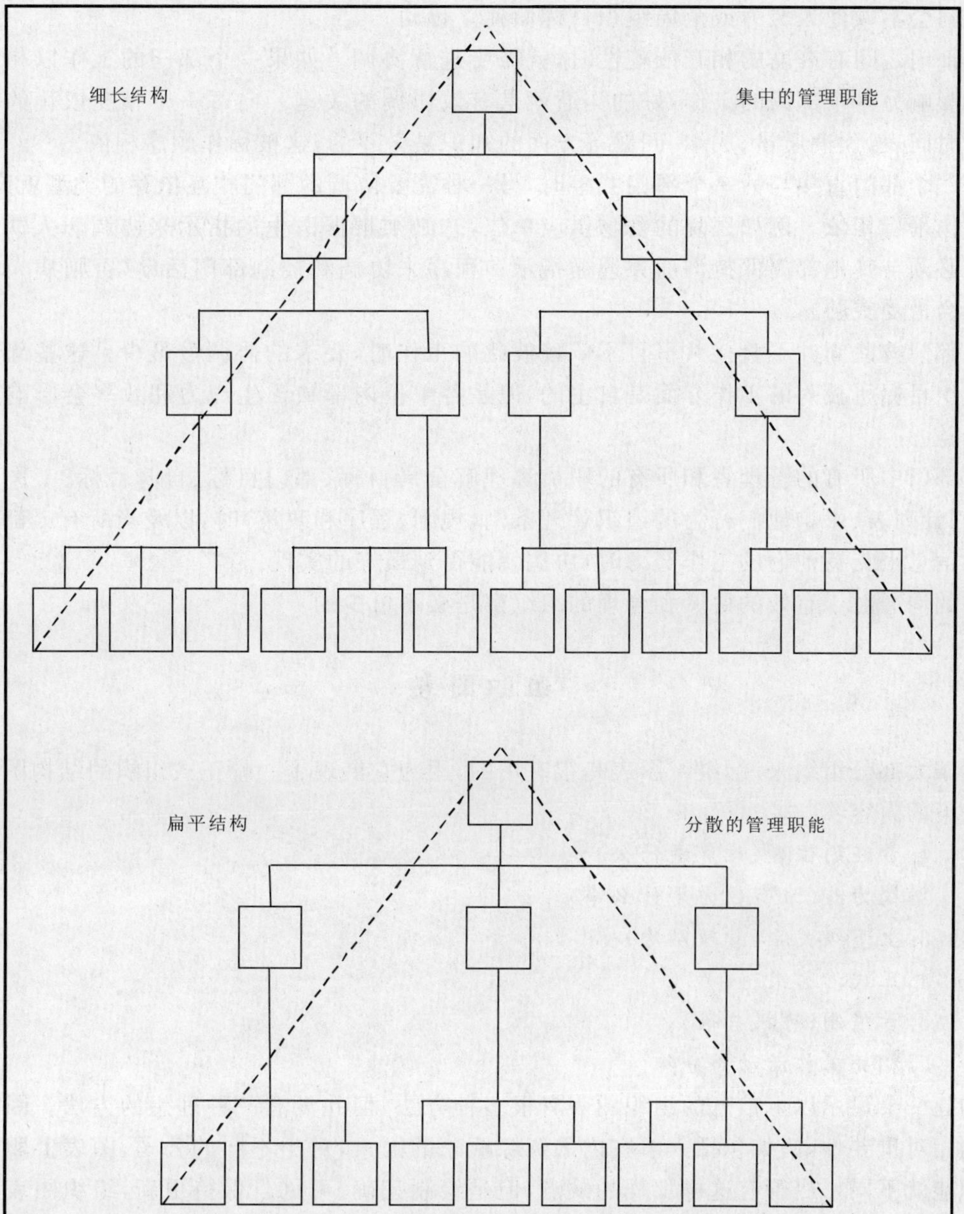

图 8－9　细长和扁平组织结构显示不同的管理宽度

素包括工作的性质、管理者及工人的技能，以及工作的物质环境。

一个管理者能够有效监督的下级的精确数量并不是固定的，但很明显的是，即使不能精确地计算出来，从理论上讲，它也应该有个界限。如果超过这个理论界限，就会导致无效。其症状包括目标不能实现、管理者的挫败感、资源浪费、失控及员工整体表现差。

第 5 步：协调组织资源。组织团队工作的最后一步是协调资源的使用，以使组织目标能以尽可能最有效率的方式得到实现。当工作被划分为小部分并按照逻辑分组(步骤 1 和 2)，这些单独的工作部分必须得到协调。协调指个人与团队工作的混合、搭配或同步。没有协调，个人和部门会不顾他人努力或全局组织目标而独立行动。

当部门之间有高度的相互依赖性时,就需要进行协调。如果一个部门的工作以相续的方式直接影响另一个部门的工作,好的沟通就是有效协调的关键。向每一个相互依赖的部门提供关于时间表、预期质量、成本、问题等方面的知识是必要的,这被称作顺序相依。

当一个部门直接与另一个部门共事时,另一种需要协调的部门相互依存的类型就产生了。这被称作平行相依。例如医院的食物供应单位,它必须根据医生的指示来协调病人饮食。每个部门必须与其他部门保持沟通并遵循指示和程序来协调和控制部门活动(否则病人的安全和健康会遭受威胁)。

当部门彼此间并不直接共事且不依赖彼此的工作时,要求的协调量最少。这些部门在为达到组织目标所投入的工作方面是自主的,但是各单位内部缺乏生产力和效率会影响其他部门的利益。

当部门中所有的管理者和所有的职员都理解全局目标、部门目标、自身目标、工作的重要性、时间计划表、影响他们行为的组织管理条例(规则、程序和政策)时,以及当所有人都能获得充分的信息来支持他们的工作努力时,协调就能得到最好的实现。

好的沟通对于有效的协调和合理的组织都是必不可少的。

组织图表

对于大部分组织来说,组织图表是很有用的,因为它展现了一幅正式组织的结构图并且显示了以下的内容:

1. 责任的位置(谁负责什么)。
2. 权力线(谁有权力干什么事)。
3. 上下级关系(管理层次)。
4. 正式沟通渠道。
5. 责任制(可报告性)。
6. 相关工作活动的分组。

构建一个显示以上信息的组织图表有很多种方法,但并没有一种理想的方法。因为工作行为的相对重要性,诸如包括人事在内的资源短缺的因素,对于不同的公司,图表上职位的位置和职能就不同。尽管有这样那样的缺点,但是绘制正确、可见且保持更新,组织图表是有价值的。

构建组织图表的步骤如下:

1. 清晰地定义组织的首要目标。
2. 用头衔和功能来罗列所有工作。
3. 区分每一份工作到底是"直线职能"还是"员工"。
4. 把相似的工作活动归类在一起。
5. 按照逻辑绘制图表。

在组织图表的构建中,经验和常识起着重要作用。同样,了解直线职能与员工行为的差别、知道员工职位或部门在图表上的位置,结果就会大不相同。

小　结

组织是一种分配工作和配置资源的管理行为。用有序的方式来安排工作和资源，来使团队努力有效率地产生预期的最终结果。

组织是一种基本的管理职能，但通常不是一个独立的管理行为。组织可能是计划的一部分，或与其他管理职能混合在一起。

组织可以被视作一种使工作场所井然有序并激发工作效率的管理行为。

对组织职能的认识经历了一段很长的历史。在有着上下级关系、权力中心和委派给下级的责任的史前及古代文明中，组织结构就已存在。

组织理论被分为古典主义组织理论、新古典主义组织理论和现代组织理论。但这些理论都不完整或没有完全被管理学领域的研究者们所接受。但这些理论方法的确有助于学生了解关于组织的管理学观点的进化发展。

从传统意义上讲，正式的组织被描述成朝着相同的目标，以明确定义的等级(权力线、责任、责任制和交流)工作在一起的一群人。当组织的不同部门被建构为有效率、有效果的工作团队或单位时，就会产生健全的等级制度。部门性工作团队的分类依据包括职能、产品、地域、顾客、时间、数量和顺序等。

组织结构的主要种类有直线型、直线职能型、矩阵型和委员会型(见第九章)。几乎所有的小型组织都是直线结构。而大的组织趋向于直线职能结构，十分庞大的、从事多个项目的组织可能会把某种形式的矩阵结构作为正式组织的一部分。

授权是一个管理者的主要行为。授权的过程包括四步：指定责任，指定与责任相应的权力，指定时间标准及指定责任制。

组织团队工作的步骤如下：

1. 在工作专门化观念的基础上将工作划分为小部分。

2. 以一种有条理的方式将任务分组，这样管理者可以更合理地监督可识别的部门里的员工，这被称为部门化。

3. 通过将两者向下委派来激活权力和责任。

4. 决定管理宽度(向一个管理者负责的员工的数量)而不损失任何效率和努力的有效性。

5. 有着高度相互依赖性的部门间的组织资源的协调。

组织图表对于大部分组织都很有用，因为它们提供了显示权力结构、责任、权责发生制和沟通的正式组织的可视形象。

复习题

1. 为什么组织对于计划和执行两大管理职能如此重要？

2. 你能列举组织在管理上的重要益处吗？你认为哪个益处最重要？

3. 列举并简要解释本章中提到的传统组织原则。

4. 亚当・斯密斯，托马斯・杰弗逊和埃里・惠特尼对哪方面有共同的兴趣，请加以解释。

5. 古典主义组织理论仍然流行吗？完整地论述你的观点。
6. 马克斯·韦伯对组织设计有何贡献？
7. 矩阵结构在多项目的组织中被广泛使用，这种组织形式的优点和缺点各是什么？
8. 你如何进行团队的组织工作？列举并解释每一步。
9. 列举对组织中员工来说拥有组织图表的好处。

个人能力实践

参观一种体育组织并让一位管理者列出不得不解决的十个最常见的日常问题。辨别十大问题中哪些是因为现有组织结构的缺陷或薄弱环节而产生的。

案 例

将过程制成图表

伊诺宜斯·格莱斯是体育数据——一个专门向体育组织销售与电脑相关的信息的组织的人事经理。这个组织给来自大学、会议、联盟、专业小组、运动员联盟的客户收集、编制并以顾客期望的形式提供统计数据、保持记录并提供其他信息服务。这家公司一直在迅速成长。

她刚与几个过去几年中她帮忙安置在组织里的员工吃完午饭回到家。他们的午餐会谈使她感到惊讶和担忧。她听到的全部是对公司、管理者和其他员工的抱怨，偶尔还有刻薄的言语。

伊诺宜斯决定记下她能记住的抱怨：

- 沟通中的误会
- 无效的工作任务分配
- 工作责任权限的纠纷
- 基层与员工人事部门的冲突
- 当问题产生时，上司们没能支持员工
- 员工刻意回避他们的管理者
- 员工没能向他们的上司汇报所发生的一切
- 模糊的工作描述
- 工作场所缺乏激情

伊诺宜斯正准备与总经理讨论她所关心的问题，他打电话给她并说道："我需要从你这里得到一些关于我们人事成本的信息。如果我们不能停止这些急剧上升的成本，这家公司将不得不申请破产。"

问题：

1. 伊诺宜斯记录下的问题给了她关于这个组织的什么启示？
2. 列举五个伊诺宜斯可以对最高管理层提出的改进这个组织效率的建议。

关键术语

官僚模型：一种由马克斯·韦伯提出的组织设计，它开创了等级结构、从顶层到底层的清晰权力结构、熟练的工人、清楚的分工及员工完成任务时要遵循的明确的规则与程序。

应急方案：在没有一种最好的方式来设计和构建组织时，有时会在组织中使用到应急方案。这要依据形势和影响组织活动的变量而定。

授权：将权力与责任分配给组织中下一级的某个人或团队。

分工：将工作分解为几个基本部分并强调人工投入的专门化。

例外原则：（也称例外管理）管理者应该将精力集中在严重偏离正常轨道的事情上，而让下级们去处理日常事务的观念。

扁平组织结构：一个水平的或权力、责任、决策和控制分散的组织。

正式组织：一个有着明确定义的等级关系，朝着同一个目标一起工作的团队。

职能工长制：一种源自弗雷德里克·泰勒的组织结构，它将一个工长的工作分解为八份工作，而八个工长中的每一位都对每个员工工作的某一部分负责。

职能员工：（也叫专门员工）一种由更高层直线管理部门创立并给予有限的直线权力的员工职位。

格兰库纳斯理论：（也叫增加组织关系理论）当你以算术级数（1，2，3 等）往一个组织里增加成员时，组织关系的数量以几何级数（以 4，16，64 之类的更快速度）增长。也可以解释为：随着下级数量以及算术级数增加，管理的复杂性以几何级数增长。这是一个由格兰库纳斯提出的真实的数学准则。

直线职能与员工结构：一种类似于直线结构的组织结构，但增加了“员工”职位或部门来向直线管理者提供支持。

直线职能：直接关系到组织首要目标能否实现的活动。

直线结构：围绕对于实现组织首要目标所必需的活动而建立的组织结构。

矩阵结构：一种双向的、建立在数学中矩阵概念之上的组织结构。

使命陈述：表达组织存在的主要原因的书面声明。

组织：分配工作与资源的管理活动；其次，以有序的方式来安排工作和资源，使团队的努力以尽可能最有效率的方式产生所期望的最终结果。

权责相当原则：权力与责任必须平等或相符。

梯形原理：正式组织里的权力每次一个环节最高级别流向最低级别。

管理（控制）宽度：一个管理者能有效监督的员工的数量是有限的。

细长形组织结构：一个垂直的或在权力、责任、决策及控制方面高度集中的组织。

统一指挥：员工不得向多于一位的直接上司报告。

参考文献及本章注释

[1]Adolf Erman. *Life in Ancient Egypt*. trans. from the German by Helen M. Tirard (London: MacMillan and Company, 1984), p. 492, as quoted in Claude S. George, Jr., *The History of Management Thought*

(Englewood Cliffs,NJ：Prentice-Hall,Inc. ,1968),p. 5

[2]Adam Smith. *An Inquiry into the Nature and Cause of the Wealth of Nations*(London：A. Strahan and T. Cadell,1793),Vol. 1,pp. 7～8

[3]James D. Mooney and Alan C. Reiley. *Onward Industry*(New York：Harper and Brothers,1931)

[4]Many of the points and ideas presented are drawn from William C. Scott. Organization Theory：An Overview and an Appraisal. *Journal of the Academy of Management*,Vol. 4,No. 1,April,1961,pp. 7～26

[5]Max Weber. *Theory of Social and Economic Organizations*. trans. by T. Parsons(New York：Free Press,1947)

[6]For review see F. J. Rothlisberger and William J. Dickson. *Management and the Worker*(Cambridge：Harvard University Press, 1939)

[7]Scott. Organization Theory. pp. 7～26

[8]Stephen P. Robbins. *Organization Theory, Structure, Design and Applications*(Englewood Cliffs, NJ：Prentice-Hall,Inc. ,1990),p. 6

[9]Alvin Brown. *Organization of Industry*(Englewood Cliffs, NJ：Prentice-Hall,Inc. ,1947),p. 61

[10]Chester I. Barnard. *The Function of an Executive*(Cambridge：Harvard University Press, 1938)

[11]V. A. Graicunas. Relationships in Organizations. *Bulletin of the International Management Institute*,March 7,933,pp. 39～42

第九章　个人和团队组织

本章内容包括：

- 组织工作
- 工作设计的影响因素
- 工作设计的方法
- 工作设计的执行
- 团队组织
- 特殊团队

引　言

本章重点阐述通过个人和团队实施计划和方案。第八章介绍了组织结构、原理和理论。组织结构为个人和团队在实现组织目标过程中所作的所有努力提供了框架。

为提高工作效率，必须构建一个合理的组织结构。组织职员和团队从事对他们和组织有意义的并能为他们和组织带来利益的工作。为实现组织目标所作的管理工作称为工作设计。

本章还探讨了正式团队和非正式团队。管理者必须要理解这些团队的重要性，并知晓如何有效管理它们。具有特殊管理意义的团队有工作组和委员会。

对于体育管理，本章内容具有特殊的意义。职业体育运动员协会(联盟)有运动员代表，作为委员会与业主委员会进行协商、谈判，并达成协议。体育用品和设备生产商很关注影响效率和生产率的工作设计和职员满意度。大学校际体育项目负责人常常会建议成立工作组，负责为扩展设备而筹集资金等事务。体育指导主任还协助体育委员会和体育协会理事团工作，并向他们汇报。此外，每种体育组织的正式团队中都有非正式团队，应对这些非正式团队进行辨识和了解。本章各部分内容对体育行业的未来管理者都很重要。

组织工作

近年来，员工生产率明显滞后，产出效率下滑，以及外来竞争增加让美国商界、政府机构和其他非营利性组织大吃一惊。先前由美国生产商控制的许多行业现在已经被外来竞争者所掌控。美国经济性质随着美国职员特点的改变而改变了。今天，美国管理者在个人职员和他们的工作中找到了新的兴趣。职员对工作的满意度越高，职员的反应就越良好，这个前提证实了该兴趣的合理性。该兴趣最终将提高生产率和产出效率。

一些管理专家已经指出在典型商业机构中，时间、努力和资金浪费可能达到 20%，而在典型的非营利组织中，该数字可能高达30%（在政府机构、大型教育机构和某些社会机构中）。毫无疑问，如果管理层采用更专业的方法执行任务，大部分组织都会提高其工作绩效和工作效率。

为改善组织整体工作，首先要进行个人工作设计。

工作设计是为提高工作质量和数量，确定要做的任务，执行工作将使用的方法，以及该任务与组织中其他工作的关系的过程。

工作设计分五步进行：

1. 确定个人工作任务。
2. 明确执行每项任务将使用的工作方法。
3. 结合个人任务和特殊工作。
4. 将具体的工作分配给合格的职员。
5. 协调所有工作，以提高工作效率。

当前的工作设计起源于工作专业化。历史上，美国因采用了劳务分工原理（工作专业化，此原理是亚当·斯密和托马斯·杰斐逊提出，埃里·惠特尼投入使用）而成为一个经济强国。劳务分工带来了低单位成本标准化产品的批量生产。批量生产大大提高了美国员工的生活水平；但是，在其为美国经济作了近百年的贡献后，美国职员、管理者、工会成员和研究者们开始怀疑工作专业化在今天是否还有提高生产率和效率的价值。

人们普遍认为，重复性工作十分枯燥且非人性化，使职员个人疏远了工作环境。而工作设计不仅可提高工作质量和数量，还可提升职员的工作满意度。可供管理者使用的工作设计方法有很多，而这些方法几乎都是为了降低工作专业化的必要性。

工作设计的影响因素

工作设计是多种因素相互作用的结果。对工作设计影响最大的因素有工作深度和工作范围、可用职员类型、经济限制、联盟限制和组织的管理理念。

工作深度和工作范围。进行工作设计和再设计前，管理者应确定工作的专业化程度或应有的专业化程度。而确定工作深度和工作范围就是其中的一种方法。工作深度指职员个人控制本人工作的灵活性。如果某工作必须以固定的流水线方式完成，那么工作深度就低。如果职员拥有决定工作顺序和工作环境，以及作出影响工作开展的诸多决策的灵活性，那么工作深度就高。很明显，工作深度越高，工作专业化程度就越低。

工作范围指工作活动的专业化程度和范围。如果某职员重复做一项任务，工作范围就窄。如果职员的工作包括5个或10个不同的任务，那么不管重复性有多大，工作范围就广。

在大学校际体育领域，体育信息主任的工作深度高、范围广。体育信息主任的工作不是以流水线的方式完成，并且他们能够根据工作需要控制其工作活动。另一方面，某大学校际体育项目商务办公室的会计员的工作深度相对较低，范围较窄。因为这些会计员的工作活动是以一种特殊方式进行规定，而且他们对自己工作几乎没有自主权和控制权。

工作专业化与工作深度和范围成反比关系。工作深度越低，范围越窄，专业化程度就越高，反之亦然。图9-1为工作深度高低、范围宽窄的特点的图解。

低的工作深度及广度 (高度专门化的工作)	高的工作深度及广度 (较低专门化的工作)
严格的工作规则	对工作有更多控制权
刻板的要求	制定自己的进度
严格的监督	作出运行决策
有限的发挥	各种各样的相关工作
固定的工作标准	对工作的较少监督

图 9－1　工作深度高低、范围宽窄的特点

职员类型。劳动力可用性是工作设计的一个重要因素。如果组织位于某大城市，劳动力往往包括许多潜在职员，这些职员经由培训后，可胜任特殊工作或执行几乎无需监督的工作任务。这类职员能从事高质量工作，且工作专业化较低。而如果可用劳动力技能较低，且人数十分有限，就要设计任务少、专业化高，且重复性高的工作。以上两种情况在管理方面均涉及监督程度，而监督程度取决于工作设计。

经济限制。管理者可用的资源，如人员、设备与设施等，往往对工作设计起着决定性作用。预算和空间限制直接影响了管理者设计工作的灵活性。管理者的意图或许是美好的，但是缺乏启动变化的资金就可能限制工作设计。此外，如果设施和设备老化，近乎陈旧而不可用，就会严重限制工作设计。

联盟限制。联盟理念常常与管理者的工作设计想法相冲突。如果联盟管理合同规定了工作标准，并且工作标准又反过来确定薪资率，那么工作再设计就会受限制。但是，近年来，许多联盟在工作再设计方面已经开始与管理者进行合作，因为他们面临着竞争压力，担心若不通过这种合作会失去更多的工作。一般情况下，为确保工作安全和薪资率不跌，联盟会协助管理者进行工作再设计，且在某些情况下，他们会鼓励进行工作再设计。

组织理念。各组织的管理理念不同。但是，如果某组织管理者将职员工作满意度视为重点问题，且组织理念中含有对个人职员的真正关心，那么工作设计将受到直接影响。大多数持有这些想法的管理者认为工作满意度会提高生产率，减少旷工现象和人员流动，并提升整体工作效率。尽管许多组织已经发生如上情况，一些研究者却发现了一种不同的因果关系。March 和 Simon 得出这样的结论：工作满意度高不一定会刺激生产率提高。他们认为工作动力“来自于现在或将来的不满意状态以及对个人工作和新满意状态之间直接联系的理解”[1]。

幸运的是，组织聘用的大多数职员都希望并已经决定在该行业工作。体育行业的大多数职员更是如此。高层管理者已经拥有心态积极的职员，他们工作努力勤恳，对体育行业更是踌躇满志。这对于把工作满意度作为其管理理念一部分的管理者来说是一个很有利的因素。相反，管理不善往往会很快使职员的积极心态转变为消极心态，这种消极心态最终反映在边际绩效中。

工作设计的方法

管理者可任选一种工作设计方法。工作设计方法选择受工作设计诸多影响因素和管理者权衡方式的影响。广泛应用的工作设计方法有时间和运动分析、工作轮换、工作扩大化、社会技术法和工作丰富化(图 9－2)。

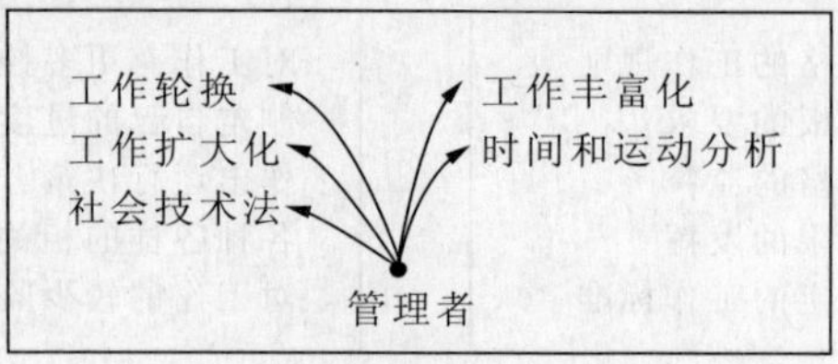

图 9-2　工作设计方法

时间和运动分析。这种工作设计方法又被称为工作设计工程，其源于弗雷德里克 W. 泰勒和弗兰克·吉尔布雷斯发起的科学管理运动(见第一章)。时间研究由重复性工作周期构成，而运动分析用以改善任务执行方法。通过这两种研究，可建立工作标准和执行工作的正确方法。该方法不仅可提高产出效率还可提升工作专业化程度。但是，该方法的一个重大缺点是职员个人必须适应机器工作环境，且职员的个性和创造性受到极大限制。应用时间和运动分析设计的工作，其深度低、范围窄，往往会导致职员工作不满意。这种不满意通常被认为是由员工无法对标准和工作方法进行改善的挫败感造成的；但是，威廉·康勃格数年前曾说过，让职员参与生产标准制定，不一定会带来更平静的工作环境和更高的生产效率。[2]

工作轮换。为保持职员的工作兴趣，一些管理者引进了一种被称为工作轮换的工作设计方法。职员，包括管理者，常常从一个工作岗位被调到另一个工作岗位。工作轮换通常可缓解工作的枯燥程度，激发职员对新工作的兴趣。工作轮换也可以是将日间工作调换成夜间工作，或引入一种新工作，或更换新工作伙伴、总监等。工作轮换还有跨部门培训职员的优点，即提高各种工作的深度，因而有利于应对紧急情况。

工作轮换或跨部门培训不仅是应对关键职员离职、患病或升迁情况的一种良好规划和保证形式，而且还为职员提供了一个组织整体运行的新视角。跨部门培训不仅提升了职员个人的价值，同时也为组织带来了利益。

工作扩大化。工作扩大化是一种增加员工现有工作职责的设计方法。员工工作的功能可从 3 个或 4 个增加到 10 个或 12 个。理论上，基于工作性质，员工的重要性意识会增强。该方法旨在减低工作枯燥度，并提高产出效率和工作满意度，因而工作深度和范围也会相应提高。对于产出不受机器控制且其职员积极性得到鼓励的组织，这种方法发挥的作用将更大。组织中希冀得到晋升的职员很乐意承担更多的职责。

社会技术法(工作团队)。工作设计的社会技术法同时考虑了技术系统和与其相关的社会系统。在工作场所，成立职员团队或小组，并让它全权负责实现工作目标。

该方法强调工作场所的社会价值，工作场所有时又被称作工作气氛，同时还强调管理者与职员之间的相互尊重。决策是管理者与职员的共同努力。一个常见的例子是在质控周期中，管理者向职员求教有关革新的想法。

但是，基于社会技术法设计的工作并不会自动提高生产率，增强职员士气，以及提升工作效率。正如海恩斯和马斯洛所说：

> 不能简单概括团队努力的优势。管理者应确定手头任务将创造的利益是否可超过成本。[3]

工作丰富化。工作丰富化是一种源自弗雷德里克·赫茨伯格有关动机影响因素的著作的工作设计方法。赫茨伯格保健/激励理论确立了激励职员的因素和保持职员工作状态而不对他们产生激励的因素(保健因素)。赫茨伯格认为激励因素包括成就、认可、工作本身、职责和晋升。[4]

实际上,工作丰富化是通过增加职员自我定位自由,提供更多从事趣味工作的机会,以及增加职员的工作职责,让职员心理上受益。因此,职员对工作与工作进度拥有更多的控制权。

毫无疑问,工作丰富化提高了工作深度。该工作设计方法刺激了职员的动机,提高了工作质量,增强了工作满意度,并减少了旷工现象和人员流动。

工作丰富化可让职员和组织同时受益。工作丰富化常常伴有特别的成本,例如,设备和布局变化成本,工薪增加,培训费用等。实际上,引进工作丰富化计划的组织都希望该计划将创造的利益远大于执行计划的费用。这些节省了的费用或增加的收入由提高的效率、提升的产出和前述诸多因素产生。

或许,在美国诸多公司中,这种自上而下对每个工作进行丰富化设计的最独特的例子要数 W. L. Gore & Associates 有限公司,该公司总部设于特拉华(州)。虽然该公司的赞助商(管理者)没有使用工作丰富化这个术语,但是其每个工作的性质都与工作丰富化的定义不谋而合。

W. L. Gore & Associates 有限公司于 1958 年由 E. I. DuPont de Nemours 前任研究者 W. L. Gore 成立。该公司最出名的产品是用于制作许多娱乐产品的防水"透气"Gore - Tex 织品,这些娱乐产品有帐篷、室外服装和其他类似设备。

与有严格定义的命令链的传统"金字塔"结构不同,这种格子组织里没有职衔、命令和上司。"工作伙伴"(职员)可选定一个他们觉得可以作出最大贡献的工作。然后,管理者鼓励他们达成个人最大成就。

Gore 先生曾说过:"职员自己管理自己。我们根据自己的自愿承诺组织自己。而承诺和命令之间存在根本性区别。"[5]

工作设计的执行

工作设计完成后,管理者必须认真挑选执行工作的最佳人选。选中的员工必须具备相应资格,了解工作内容,熟悉工作方法,并有执行该工作的动力。选定执行员工后,管理者应向他们讲明选择他们的原因、工作的重要性,以及此工作与其他工作、部门和最终消费者的关系。

管理者应事先制定工作说明和工作规范,有利于明确新职员的角色。

工作说明是对某一工作要执行的所有职责和责任的书面规定。

工作规范是对职员执行某特殊工作应具备的个人素质的书面规定(例如技能、能力、知识等)。

工作说明和工作规范在工作分析完成后进行制定。

工作分析是通过观察、采访、问卷、制图等方式收集到的工作资料。工作分析是为了提供有关工作执行中主要职责和责任、执行工作所使用的工具和设备、相关体力劳动和所需技能、知识和能力的实际客观资料,以及对工作环境进行描述。根据这些收集的资料,即工作分析,可进行工作说明和工作规范制定(图 9 - 3)。

工作规范在筛选特殊工作的恰当人选时十分重要。同样,工作说明在明确工作执行人选的工作角色时也十分重要(表 9 - 1)。

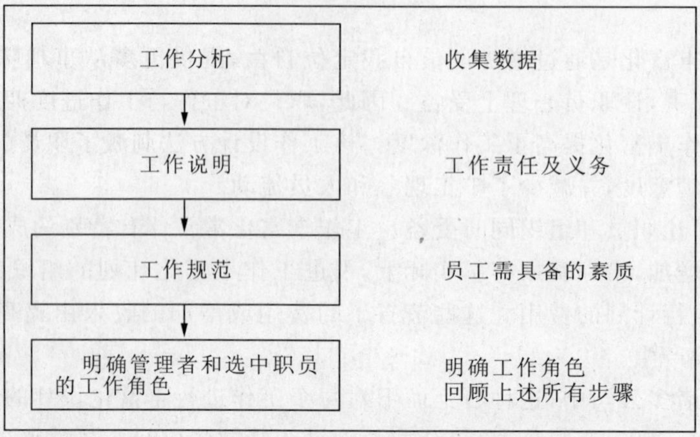

图 9-3　工作设计执行步骤

表 9-1　招聘公告实例，包含工作职责和求职者资格（结合工作说明和工作规范）

内华达州拉斯维加斯大学

校际体育运动指导

职责：校际运动指导将负责对教练和员工的监督及对运动装备的操作进行指导；计划并管理预算；在高度成功的美国大学联盟锦标赛第 1-A 区体育项目里提倡并继续发展 14 项运动（7 项男子和 7 项女子）；依从美国大学联盟锦标赛第 1-A 区体育管理体系的要求和标准；对工作人员进行招聘、监督及评估，关注学生运动员的学业标准及个人发展；以及与广播电台及电视台的合同的有效协商。

素质：成功的候选人应该有杰出的组织、管理、营销、交流及人际关系技能；并且显示出领导、公关和融资的能力。候选人应该在体育方面责任不断在增加的职位上有管理经验，拥有创造力和激发动力的技能，并能证明其正直并具有高的道德标准。要求学士学位，硕士优先。

薪水：有竞争力，与素质和经验挂钩。

背景：内华达州拉斯维加斯大学是美国发展最快的大学之一，现有入学人数已超过 18 200 人。内华达州拉斯维加斯大学近年来被"美国新闻与世界报道"（1990—1992）誉为美国"有希望的"学院与大学之一。该大学坐落在全球闻名的拉斯维加斯，有着 85 万快速增长的居民的强有力的支持。

申请：申请或登记必须在 1991 年 10 月 2 日之前，所需资料包括最新的简历、三封推荐信。申请及全套资料要寄往：内华达州拉斯维加斯大学；约翰 C. 安如和达维恩·奈特，联合主席；运动指导搜寻委员会；高级副主席和教务处；马利兰省公园大道 4504 号，拉斯维加斯，内华达州 89154-1002。还有疑问可直接致电 702-739-3301 向高级副主席和教务处咨询。

内华达州拉斯维加斯大学提供平等机会，也鼓励雇用少数民族成员及妇女等。它只雇用美国公民或被授权在美工作的外国人。

一个年轻的骄傲的并正在发展的大学

资料来源：Athletics Administration, October, 1991, p. 24 (Advertisement)

团队组织

管理者正面临着管理高效组织的挑战。为达成该目标，应充分发挥并挖掘职员的潜能。以下四个步骤可帮助管理者最大限度地利用职员潜能。

步骤 1. 进行有效工作设计并挑选执行工作的合格职员。

步骤 2. 将类似工作进行分类，形成不同部门。

步骤 3. 和谐协调机器和职员的工作，提高工作效率。

步骤 4. 将所有部门组建成一个有效高效的工作“整体”(理想的最终结果)。

在组织过程中，管理者具有诸多选择。例如，管理者有工作设计、组织构建、职员筛选和团队类型的许多选择，而如果这些选择可用，管理者便希望利用它们达成理想的最终结果。

团队在多数组织中发挥着重要作用。董事会、委员会、工作组和小组就是其中一些例子。团队有正式团队和非正式团队。正式团队成员可通过选举、任命或自荐产生。非正式团队成员可自由加入或退出团队。了解团队类型以及它们在组织整体工作中发挥的重要作用对管理者来说很重要。

团队辨识。管理学中已定义了许多团队类型，但是术语还未标准化。团队有正式团队、非正式团队、功能团队、工作组、永久或常设团队、特别团队、委员会、小组、项目组、理事等。为了关注职业团队，如影响管理行为的委员会等，本章将团队分为正式和非正式两种(表 9-2)。

表 9-2　正式团队和非正式团队的例子

管理层设立的正式团队	成员成立的非正式团队
董事会	午餐帮
部门	汽车联营
常务委员会	办公室派系
工作组	垒球队
项目组	不满意员工

团队是相互影响、相互依赖为实现共同目标而一起努力的两个或多个个人。

正式团队。正式团队是由管理者为实现特殊目标而特意成立的团队。正式团队的例子有：在工薪部门工作的职员，被指派去负责一项特殊项目的功能部门专家等(见第八章)。管理者有时会成立工作组，去解决一个复杂的组织问题。当工作完成后，工作组也将随之解散。工作组是一个正式团队，因而也被称为特别委员会。一些组织还设有常设(永久)委员会，这类委员会永久发挥职能(尽管成员定期有所变动)。

非正式团队。非正式团队是由成员自己为分享某些共同利益而自发组建的团队。该利益可为个人方面、社会方面、娱乐方面或工作方面。垒球组成员或每天一起用餐的一伙人便是非正式团队的例子。

非正式团队是非正式组织的一部分，非正式组织拥有自己的领导人和被称为“小道消息”的沟通网络。非正式组织从未在正式组织中出现，但是非正式组织却有着与正式组织同等的重要性。管理者执行日常管理职能时，必须考虑非正式组织并有效利用它们。

工作团队对成员的价值。不管工作团队是正式团队还是非正式团队,成员都会在以下方面获益:

通过团队成员的相互影响,职员可获得社会满意。互相分担困难或分享快乐,讨论共同目标,聆听别人意见,以及发展同事友情可带来社会满意。

加入团队,职员可获得工作安全感。职员加入协会后也可获得这种安全感。加入团队后,职员在面临管理问题时要比单独一人时更坚强。在危机或冲突期间,部门常常会保护其成员不受其他部门的伤害。

团队工作可增强职员的自我尊重和自我尊严。通过团队工作实现新目标或从工作培训中获得新技能,可以增强职员的自我价值和重要性的意识。

工作团队对组织的价值。团队已成为组织工作的基础。工作团队对组织的价值表现在以下几个方面:

协同效应。相应技能和设备均具备时,团队职员实现的产出(最终结果)要远大于单独个人的产出。因此,团队构建提高了工作效率和生产率。

工作团队对决策的价值。管理者往往会让团队参与决策活动。团队可为管理者提出很多新想法和新方法,并且,当这些决策关系到团队的切身利益时,就会更容易为团队所接受。而当某个问题直接与团队成员相关时,他们对这个问题的了解往往要比管理者多。此外,团队的建议通常会为管理者提供新的想法,供管理者考虑。

帮助新职员适应和社会化。团队常常提供各种方法,帮助新职员适应工作环境。解释工作期望、工作要求、行为规范和实际实施的管理理念,以及帮助新职员学习工作对组织来说都很重要。把新职员介绍给老职员与使新职员在工作环境中感觉舒适均可帮助新职员更快地适应工作环境。

特殊团队

工作组。工作组由管理者成立,集中时间和人才解决管理者确定的特殊问题。通常,工作组成员来自于不同亚单位或功能部门,处理跨部门的问题。工作一旦完成,工作组也将随之解散。

二战期间的英国就有工作组的早期例子。当时,英国政府为解决对战争十分重要的复杂操作问题而成立了专家小组。但是,由于缺少特殊领域的资深科学家/研究者,这些专家小组是由背景和技能各异的个人组成。这种解决复杂操作问题的跨学科方法应用得十分成功,因而被称为操作研究的一种新管理领域随之兴起。

今天,工作组在组织中用于以下几种目的:

1. 向管理层提出建议。

2. 根据上级管理层的指示,作出决策并实施决策。

3. 总结结论并达到个人管理领域的结果。

工作组又被称为特别或临时委员会,但是,若想传达问题的紧急性,最好使用“工作组”这个名称,因为该名称暗示了行动和权力。

采用“工作组”有如下两个例子:市长委派一个“工作组”为建造多用途活动场所筹备资金,以满足市民需求;高校领导也可成立“工作组”,承担未来 5 年内体育奖学金基金翻一番的任务。

委员会。雕刻于瓷片和各种商业小古玩上的一条古谚语有云：

如果事情紧急，自己亲自完成。

如果时间充裕，交由别人完成。

如果事情不急，成立委员会完成。

遗憾的是，这谚语恰恰说明了委员会对于我们的重要性。经营委员会常常被人认为浪费时间和精力。但是，如果管理者成立和管理委员会时，应用了上述建议的准则，那么事实就并非如此了。

委员会是为考虑并满足组织某些需要而正式任命的两人或多人团队。

委员会有常设或永久委员会和特别或临时委员会。由于特别或临时委员会在操作方面与工作组相似，因而这里仅重点阐述常务委员会。但是，改善所有委员会应用的建议均适用于以上两种委员会。

常务委员会是永久型委员会。尽管这类委员会的成员时有变动，委员会以及其职能不变。常务委员会在美国各种组织中起着重要作用。常务委员会掌管美国参议院；理事团常常为一些美国私立大学制定政策和目标；董事会监管商业公司的运行；而学院体育委员会评述该学校所有的体育活动。组织各层均设有常务委员会，如职员安全委员会等。

尽管人们对委员会价值的看法多有不同，多数管理者都认为委员会在满足组织某些需求方面发挥了重大作用。表 9－3 总结了委员会的优缺点。

表 9－3　委员会的优缺点比较

优　点	缺　点
1. 当处理组织主要难题时，“三个臭皮匠，胜过一个诸葛亮。”	1. 委员会危及组织成果。
2. 来自不同领域的功能专家提供各种专业技能。	2. 委员会会带来新的冲突。
3. 委员会的决策或建议更容易为成员们所接受。	3. 委员会的工作费时费力。
4. 不同成员能迅速传递信息。	4. 委员会从不确定个人责任。
5. 委员会的成立强调了工作的重要性。	5. 委员会被当作一种逃避个人管理责任的工具。
6. 委员会决策由团队共同作出，而不是个人行为。	6. 委员会成员的才干可能更适合其他活动。
7. 委员会参与常常能激励成员。	
8. 委员会成员获得培训、成长和深造的机会。	

管理者通常谨慎权衡利弊后才会成立委员会。尽管委员会有很多潜在优缺点，但委员会还是被广泛用作组织结构。

委员会应根据需要成立、合理组建、正确管理，并根据成员的贡献进行公平奖罚。表 9－4 罗列出委员会失效的一些原因。如果要让委员会有效运行，必须解决这些问题。表 9－5 列出了提高委员会运行有效性的主要建议。根据这些建议，你可以对你在这个委员会的下一个工作进行评价。

有关委员会的扼要评价。委员会必须能够为管理者有效利用，给组织创造利益。组织应该为组织成员提供愉悦的教育机会，并根据他们的贡献进行公平赏罚。此外，委员应有以后为另一个委员会工作的期望。

表 9-4 委员会失效的一些原因

1. 委员不能胜任工作。
2. 委员会被权力地位高的人控制。
3. 上级管理层没有明确目标。
4. 上级管理层没有激发会员的工作兴趣。
5. 主席无能。
6. 缺席。
7. 委员会工作被认为可有可无。
8. 会员的对立。
9. 会面过于频繁或不够频率。
10. 委员没有得到尊重与认可。
11. 委员会成员人数过多。

表 9-5 提高委员会运行有效性的步骤

第 1 步:雇用有能力的会员。

确定委员会成员具备资格、能力和动力来为委员会服务,及确保他们能有效地完成委员会应达到的具体目标。委员会成员由任命、选举或自荐产生。如果不注意组织中的工作头衔、薪资水平、工作经验和委员会挑选委员方式,充斥着无能委员的委员会不可能运行良好。记住,优秀的纯种马——而不是螺子,奔跑在肯塔基每年的德比马赛上。

第 2 步:委员会应合理"掌管"。

高层管理者中某个掌握权力并赢得委员会成员尊敬的人应该"掌管"这个委员会。"掌管"包括为什么要成立这个委员会;其工作的重要性;所挑选进来的每个人的重要性;完成任务的时间表。"掌管"不仅应该包括委托给会员相应的职责,还应包括给予他们完成工作的力量。

第 3 步:挑选或选举一个能胜任的"主席"。

委员会的"主席",是成功地完成委员会工作的关键所在。"主席"需要是一位能计划、组织、执行并控制委员会活动的有效管理者,"主席"授予权利、制定时间日程表、协同工作、认可成绩、跟踪任务进程及更多。"主席"还必须是一个能在委员会存在期间在委员之间灌输热情,在团队内部培养员工忠诚度及鼓舞士气和动力的有效领导者。

第 4 步:认可并奖赏委员会成绩。

一旦委员会工作完成了或达到了一定的水准,工作成果应得到赏识。赏识或奖赏的形式可以是公司赞助的晚宴,可以是给每个会员的一封私人信,可以是公司业务通讯上的一篇关于委员会成绩的报道,或是一次最高管理层对委员会的拜访,每个会员都因本人所做的贡献而获得最高管理层的亲自感谢。委员会成员杰出的成就理应受到赏识。

运行有效的委员会可以让每个委员都受益。管理者应同计划预算支出一样谨慎地计划委员会的组建。

委员会利用不善将会花费昂贵成本，浪费大量时间，并影响职员的士气。委员会执行不利有如对其他任何资源（如设备和存货）利用不合理一般，将会带来不良后果。

团队行为管理。上文将委员会作为团队进行阐述，团队有工作组、常务委员会、项目组、董事会等。管理者不仅要管理团队，而且还要管理团队成员。

此外，管理者还必须认识到组织中非正式团队的影响。尽管管理者不能管理非正式团队，但是他们能意识到它们的存在，并且，有时还应为了组织利益而利用这些非正式团队。

非正式团队在组织成败方面扮演着重要角色。管理者不能对非正式团队的成立进行管理，因为管理者不具有直接管理这些团队的权力；但是，管理者可通过直接观察，轻易辨识出非正式团队。

团队经过长期的自我发展，形成了特殊的团队规范、凝聚力和一致性。团队规范指团队成员的行为期望。此外，还有团队成员自觉遵守的非正式行为规则和规范。当团队成员共同努力并彼此支持时，就可展示团队凝聚力。关系密切的团队成员的凝聚力通过一起用午餐，下班后互相来往，以及工作中和工作外的其他团队活动显现出来。当团队成员遵守团队规范就产生了团队一致性。没有团队一致性，团队凝聚力将会消失，非正式团队也将会解散。想象一下，如果某体育教练团队的成员很少有或没有团队凝聚力或团队一致性，将会发生什么情况。

小　结

美国管理者在美国职员和他们的工作中找到了新的兴趣。生产率和效率的下滑与外来竞争的增加引起了美国各界的担忧。职员的工作满意度越高，生产率和效率也越高，这个前提证实了这种新兴趣的合理性。

为改善组织整体工作，首先要进行个人工作设计。工作设计是为提高工作质量和数量、确定要做的任务、执行工作将使用的方法，以及该任务与组织中其他工作的关系的过程。

工作设计的影响因素有工作深度和范围，可用职员类型、经济限制、联盟限制和组织的管理理念。

有很多工作设计方法可供管理者使用。工作方法选择是综合考虑工作设计诸多影响因素的结果。工作设计方法有时间和运动分析、工作轮换、工作扩大化、社会技术法和工作丰富化。

如果管理者事先制定了工作说明和工作规范，将大大有利于执行工作设计和明确职员的工作角色。

团队在大多数组织中起着重要作用。团队有正式团队和非正式团队。了解团队类型以及它们对组织的重要性对于管理者来说十分重要。

团队是相互影响、相互依赖为工作目标而一起努力的两个或多个个人。正式团队是由管理者为实现特殊目标而特意成立的团队。非正式团队是由成员自己为分享某些共同利益而自发组建的团队。

加入团队后，团队成员将受益良多。这些受益有社会满意度、安全需求和自我尊重和尊严。工作团队也给组织带来了很大利益，其表现在：团队可协助管理者的决策活动，帮助新职员适应工作环境，以及在组织中产生协同效应。此外，特殊团队，如工作组和常务委员会等，为管理者提供了很多帮助。工作组由管理者成立，集中时间和才干解决特殊问题。工作一旦完成，工作组也将随之解散。常务委员会是永久团队，尽管其成员时有变动。

选择称职的委员，合理管理委员会，以及推举能胜任的管理者或领导，可提高委员会的运行效率。

组织中存在非正式团队，但是这些团队不在管理者的直接管理范围。非正式团队可通过它们的规范、凝聚力和一致性进行辨识。它们在组织工作成败方面扮演着重要角色。

复习题

1. 解释工作设计各个影响因素。哪种因素你认为最重要？
2. 哪种工作设计方法是赫茨伯格保健/激励理论的衍生物？请给予解释。
3. 工作分析对于制定工作说明和工作规范的重要性如何？请给予讨论。
4. 清楚区分正式团队和非正式团队。请说明每种团队成立的方式和目的。
5. 为什么工作专业化在今天的美国职员中不受欢迎？
6. 为提高委员会运行效率，你有哪些建议？
7. 团队规范、凝聚力和一致性的含义。

个人能力实践

选择一种平常或枯燥的工作（如职员或秘书工作）。

制定通过工作扩大化丰富该工作的计划。

案 例

最后遴选

Upstart 大学正急于招聘一位校内休闲活动部门的新主任。而该部门有个职员恰好也在努力争取这份工作，但是，该大学院长（欲招聘的主任将协助大学院长工作）已经任命了遴选委员会，负责寻找、筛选和推荐候选人。

该委员会主席十分重视这个工作，因而频繁召开日常会议，和其他成员一起评价几十位求职者的简历。

遴选委员会面试完其中三个委员会成员认为最合适的候选人，并根据优先顺序推荐了前两位候选人后，结束了他们的工作。而当前的这位职员并不在遴选委员会推荐的人选之列。

读完遴选委员会建议并面试完这两名候选人后，这位院长最终聘用了当前这位职员。

问题：

1. 在本案例中，遴选委员会的做法是否合格、专业？请给予详细讨论。
2. 请罗列并解释本案例中的组织问题。

关键术语

委员会:为考虑和满足组织某些需求而正式成立的两人或多人团队。

团队:相互影响、相互依赖为共同目标一起努力的两个或多个个人。

工作分析:通过观察、采访、问卷、制图等方式收集的资料。

工作深度:指职员控制其工作的灵活度。

工作说明:对特殊工作要执行的所有职责和责任的书面规定。

工作设计:确定要做的任务,执行工作将使用的方法,以及该任务与组织中其他工作的关系的过程。

工作扩大化:增加职员现有工作职责的工作设计方法。

工作丰富化:通过增加职员自我定位自由,提供更多从事有趣味的工作的机会,以及增加职员的工作职责,让职员心理上受益的工作设计方法。

工作轮换:为保持职员对工作的兴趣,将职员从一个工作调到另一个工作。

工作范围:指工作活动的专业化程度和范围。

工作规范:对执行特殊工作职员应具备的个人素质的书面规定。

操作研究:解决负责操作问题的跨学科方法。

工作组:由管理者成立,集中时间和人才解决特殊问题的特殊团队。

时间和运动分析:时间研究由重复性工作周期组成,而运动分析用以改进任务的执行方法。

工作团队:组建职员小组,并让小组全权负责实现工作目标的社会技术法。

参考文献及本章注释

[1]James G. March and Herbert A. Simon. *Organization*(New York: John Wiley & Sons, Inc. ,1958), p. 51

[2]William Gomberg. *A Trade Union Analysis of Time Study*(Englewood Cliffs, NJ: Prentice-Hall, Inc. ,1955),pp. 25,271～272

[3]W. Warren Haynes and Joseph L. Massie. *Management*: *Analysis*, *Concepts*, *and Cases*, 2nd ed. (Englewood, Cliffs, NJ: Prentice-Hall,Inc. ,1969),p. 151

[4]Frederick Herzberg, *et al*.. *The Motivation to Work*(New York:John Wiley and Sons,1959)

[5]Lucien Rhodes. The Un-manager. *Inc.*, August, 1982, p. 34

第十章 组织人事安排

本章内容包括：

- 人事管理
- 人事安排和法律环境
- 人力资源的获取
- 让员工融入组织：新员工引导计划
- 开发员工的潜力
- 维持劳动力

引 言

本章主要讨论将手边最有资质的人员安排到恰当职位的重要性。组织的管理层决定是否设立人事部门，并负责招聘、培训、培养并留住员工。空闲的职位不会缺乏求职者，尤其是在体育产业中。要记住的最重要的一点是，每一个工作都应由一个称职、上进的专业人士来任职。新员工往往不是“最佳”员工，但是在管理部门的指导、培训、鼓励和支持下，新员工可能发展成为“最佳”员工。许多人认为，将员工的潜能充分发挥是管理者的首要责任。

在管理中，没有什么活动比人事安排更重要了。人事安排是指找到并安排称职的员工在恰当职位上让其充分利用才能和技能。人事安排的活动是必不可少的，因为它直接影响到组织的经济效益。

管理者可能在结构上组织良好，有效地设计工作，甚至绘制有令人印象深刻的组织结构图；但如果没有在恰当的时候在一定的职位上安排称职的人，任何组织都不能很好地运营。

过去的体育界一直过分依赖于“伙伴系统”来填补一些职位，例如教练、行政人员和管理者。但随着政府对就业歧视的规章的出台，这种经常受到批评的网络化手段得以改变。很多时候都组建了遴选委员会来招聘、初筛、面试和推荐填补职位空缺的求职者。遴选委员会往往由各种职能领域的人构成，由某个更高管理层的人来委任，来为某项具体工作的公开招聘履行其人事部门的职能。遴选委员会公布这份工作和所期望的经验、资历和所需要的技能；初筛申请表；面试选定的求职者；联系证明人并核查以往工作情况（以及在某些情况下的个人和学术背景），并向更高的管理层推荐候选人。在教育领域内通常使用遴选委员会，但其他类型的组织也经常用到。遴选委员会产生的部分原因是由于法律和公众的压力，这些压力鼓励积极招募各种各样的求职者。此外，遴选委员会的成员可能在评定求职者中会更客观，因为他们与求职者没有任何个人关系。

不论使用什么样的方法来选择人才以填补空缺职位，每个职位都应该由一名具有资格的人士来担任。

人事管理

人事安排是人事管理的一项职能。通常员工人数在100以上的组织都会设立人事管理职位。这些职位往往由人事管理专家来担任，这些人事管理专家协助直线管理者履行所有的人事职能。当组织成长时，人事管理部门（有时也称为人力资源部门）建立了，并代表直线管理者执行所有人事职能。人事管理者和人事管理部门或人力资源部门是传统的人事机构，在该组织中并没有直接的直线权力。

直线管理者和人事人员的冲突。任何组织的最终责任的成败在于直线管理者。在第八章中讨论过，人事人员和人事部门是内部的专家，这些专家受聘以提供某种形式的专门援助，来帮助直线管理者。而雇用和解雇的决定由直线管理者做出。人事经理和人事部门提供必要的技能和专门知识，以协助各级管理者在人事安排方面作出决定。在人员角色方面可能会发生混乱，因为直线管理者在履行其直线职责时依赖于人事经理的技能。事实上，所有管理者都是"人事经理"。

人事安排和人事管理。人事管理是通过不断获取人力资源、使员工与组织融合、开发员工的潜力以及维持劳动力支持从而完成组织目标的过程。人事安排涉及人力资源的取得。在建设一个强大的组织的过程中，这是第一步，但新员工也必须得到整合、开发和维护，以建立一个"成功的"组织。

人力资源规划（Human Resource Planning, HRP）。人力资源规划包括两个步骤：一是预测未来的组织需要的人力技能和人才，这些人才可以满足组织战略目标的实施；二是制订一个详细的计划，招聘和安排工作，使本组织能够满足其战略目标（表10－1）。

表10－1 人力资源规划的步骤

第1步：确定战略目标
第2步：为达成目标建立时间标准
第3步：考查影响人事安排需求的内部和外部环境因素
第4步：项目人才/为实现战略目标所需要的技能
第5步：审查公司中的人力资源
第6步：确定短期和长期人力资源需求，以满足预计的要求
第7步：制订招聘和选拔的计划，满足人力资源的需求

对于人力资源规划来说，了解其战略目标是必不可少的。人力资源规划者必须与高层管理者（开发策略的人）进行协调，以了解公司在目标或方向方面的变化。内部和外部的环境因素可能直接影响人事安排的需求，这些因素也必须加以考虑。举例来说，日新月异的技术在业界可能会使现有的设备及目前的工作技能过时（内部环境）；或衰退的国民经济可能会影响收入，导致人员的削减（外部环境）。

审查人力资源。人事安排必不可少的一步是审查目前员工的才能和技术。每个员工的信息都可以从面试、问卷调查和人事档案的浏览中获得。审查结果将说明：能否找到不同技能的新员工，或者他们在接受训练之后，能否满足公司以后的需要。此外，在一些明确的时间内（也就是说，两年至五年），人力资源应侧重于营业额的发展趋势、正常的自然减员率和预期退休率。通常，预测未来12个月（从短期来看）人力资源的需求将是明智的选择，同时也要为未来五年（从长远而言）作预测。审查应包括审查管理者以及非管理员工。

人事安排和法律环境

在许多地方，联邦和州的法律影响着人事管理的决定，尤其是那些涉及组织人事安排的决定。以下对重要的联邦法律进行简要回顾，从中可以看出管理人事活动中法律限制的复杂性。

《1935年社会保障法》。这项法案对薪资总额设立了一项联邦税并提供残废救济金和退休金。税率已经改了很多次，雇主负责收集员工支付部分的款项，并将这笔款项存到社会保障管理局的员工帐户里。

《1938年公平劳动标准法》。这部法律规定了最低工资标准（经多次修订）、超时工作补薪及童工标准。

《1947年劳资关系法》（《塔夫特-哈特利法》）。这项法案是1935年国家劳工关系法（瓦格纳法）的一项修正案，旨在平衡瓦格纳法的某些方面，保障员工组织工会和集体谈判的权利。该塔夫特-哈特利法案例举了劳动工会的不公平做法，为管理者提供了更多的在组织运动中发言反对工会的权利（只要员工不会受到威胁）；以及制定了危及国家安全的罢工规定（如果罢工会危及国家的健康和安全，总统法院就会宣布禁令而调用180天的冷静期）。

《1963年同酬法》，于1972年修订。当一项工作要求平等的技能、努力和责任感并且工作条件类似时，禁止因性别差异而支付不同的工资。

《1964年民权法》，于1972年和1978年修订。《1964年民权法》的第七条禁止在从事州际商业活动的组织中在雇用（雇用、解雇、招聘、委任、薪酬以及其他雇佣条款及条件）中基于种族、肤色、宗教、性别或族源的歧视行为。于1972年修订后，该法的涵盖范围扩大到州政府和市政员工以及教育机构中的雇主。1978年，该法再次被修订，禁止对怀孕、分娩或相关医疗情况的歧视并将符合民权法所必需的员工人数降低（到15人或更多）。依据该法设立了平等就业机会委员会（EEOC）和联邦合同合规项目办公室（OFCCP），听取依据该法规定提出的投诉并执行平等机会法规。

《1967年就业年龄歧视法》，修订于1978年和1986年。这项法案禁止雇主在就业方面因年龄介于40岁和65岁之间而对个人采取歧视行为。1978年修订案中延长至70岁；1986年对该法进行修订，删除了年龄限制。

《1970年职业安全与健康法案》（OSHA）。OSHA规定雇主要为员工提供一个健康和安全的工作环境，无造成或可能造成死亡或严重身体伤害的公认危害。此外，雇主必须遵守职业安全与健康管理署（依据该法设立的）规定的安全及健康标准。

《1973年职业恢复法》。此法令禁止对于弱智或残疾者就业上的歧视。要求政府立约人采取反歧视行动，在雇用活动中雇用和提拔胜任的身体上或智力上残疾的人。雇主还必须为残疾者提供理想的住宿环境（即斜道和电梯而非楼梯，以及足以供轮椅自由移动的过道）。雇主也必须允许求职者和当前的员工自我认同为残疾。政府的扶持行动要求组织不仅要在就业方面停止任何形式的歧视做法，也要积极完善残障员工的招聘程序。这项法案是由 OFCCP 实施的(参见《1964 年民权法》)。

《1974 年联邦隐私法》。该法令只适用于联邦政府和其立约人。它为个人隐私提供了一定的保障。该法规定，个人有权获知任何关于他们自己的记录。

《1974 年雇员退休收入保障法》。这项法案旨在保护员工福利计划的参与者的利益及其受益者的利益。该法确定了员工福利计划的受托人的行为、责任和义务标准。

《1974 越战退伍军人重新适应援助法案》。此法规定，政府立约人应积极采取行动，聘用和提拔胜任的残疾退伍军人和残疾或非残疾的越战退伍军人。对具有资格的未来和目前的员工可给予特殊考虑。该法是由 OFCCP 实施的。

《1986 年移民改革与控制法》。这部法律旨在保护依法可享有工作的人的工作权利，特别是对于美国公民和被授权在美国工作的外国人的权利。为了巩固该法的执行，雇主必须核实 1986 年 11 月 6 日以后被雇用的人的就业资格，并为每个员工保留一份名为 I-9 的表格，该表格包括从雇佣之日后三年或是雇用终止后一年的记录(以较长者为准)。该法为雇主造成了巨大的备存纪录负担。该表格要求从各种核对身份和就业资格的文件中检查和记录资料。司法部和联邦就业机会均等委员会管理这部法律。

《1990 年美国残疾人法》。这是一部关于身体和精神残疾人士的法律。如果员工适合做这项工作，雇主在雇用或解雇时不得有歧视行为；不能够限制残障员工的晋升机会；也不能通过测试或工作要求，筛选掉残疾人士。雇主不一定要为残疾人士提供住宿，但是，如果这样将增加残疾人士业务上的过度的困难，就必须提供住宿了。然而，关于"过度的困难"的解释是非常狭窄的。

《1991 年民权法》。这项法律规定，妇女、少数民族人士、残疾人和少数派的宗教信徒在能够证明故意的雇佣和职场歧视的前提下，可以申请陪审团审判并起诉，以获得惩罚性损害赔偿。该法还规定，赔偿的上限取决于受害人搜集的关于雇主的规模和歧视的性质的资料。该法适用于所有员工人数为 15 人以上的雇主。

《2001 年爱国者法案》。这项法律是美国国会在 2001 年 10 月通过的，是为回应"911 恐怖袭击事件"而制定的。虽然该法律并没有涉及到具体的就业问题，但它扩大政府对外国留学生和诸如职业运动员之类的(凭签证留在美国的)其他人员的监视范围。该法律允许政府仔细检查进入这个国家的具有刑事背景的签证，以保护那些受到监视的人的信息的机密性。这对到美国参赛的外国运动员的入境和停留都有所限制。

《2003 年健康保险便利及责任法案》。这部法案可能涉及到员工受保护的健康信息。受保护的健康信息指任何关于个人的书面或口头信息，其中还包括用来识别个人身份的人口统计数据。它可以由卫生保健提供者制造或保存，可能关系到个人以前、现在或将来的身体或心理状况。由于对于身体有问题的员工的潜在歧视，并且具有滥用这方面资料的可能性，需要严格的指导准则来保护隐私和信息。对于这种资讯的公诸于世必须有个人的亲笔签名，并且由医疗提供者保存在案。《健康保险便利及责任法案》中的一个重要规定是，在没有个人授权的情况下，雇主只有在有限的情况下才能够披露个人受保护的健康信息。由于许多体育组织的员工都包含在雇主提供的健康保险计划中，所以对于体育管理者来说，这是一个重要的法律问题。

人力资源的获取

一旦人员要求确定下来，人事经理就必须起草一份计划，来吸引有技术、经验和才能的人，这叫做招聘。一批应聘者召集起来后，就要选出合适的人。这项活动叫筛选。

招聘。招聘计划需要纳入工作描述和工作规范的工作分析。[2]

在规划的招聘计划中最有用的是工作规范，它详细叙述了适合某项工作所必须具备的个人优点、教育程度、经验、技术。工作描述是所有义务和责任的书面解释。正如温德尔 L. 弗伦奇所说，"……工作描述起到发展工作规范的作用。这些规范，反过来也有利于人员的招聘，有利于招募到有适当技能的人，而且对升职、改变决策和工作评估都很有用。

招聘计划的最后一步是审查合格的求职者的来源（图 10－1）。通常的来源是：组织内部成员和组织外人员。

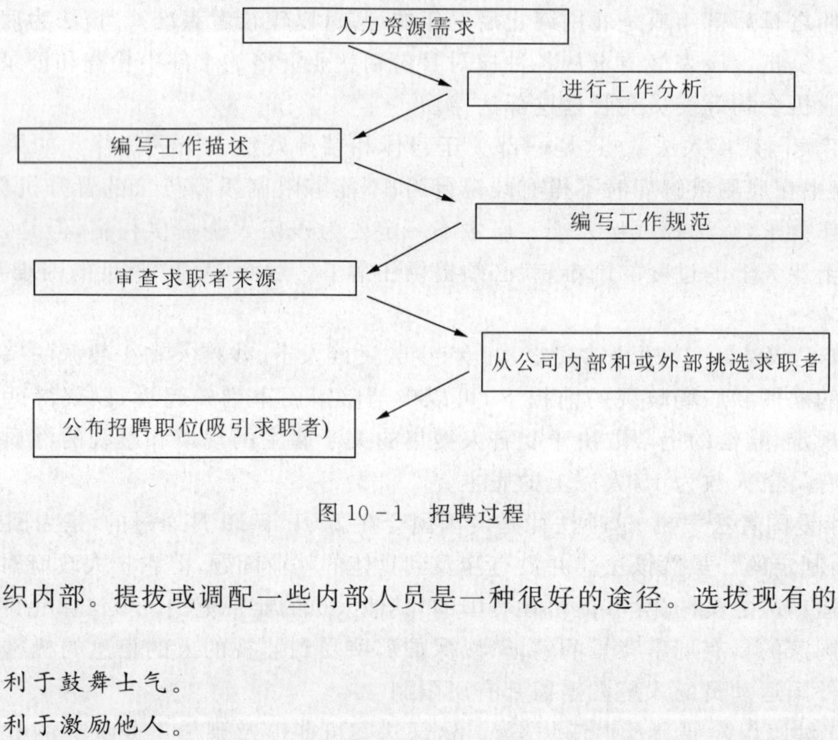

图 10－1　招聘过程

来自组织内部。提拔或调配一些内部人员是一种很好的途径。选拔现有的人才有很多优点：

1. 利于鼓舞士气。
2. 利于激励他人。
3. 鉴于已经掌握了员工的工作习性。
4. 公司全面利用个人的技能。
5. 减少新员工引导和培训的负担。
6. 既有利于员工，又有利于公司。

很多公司职位空缺后，允许有资格的员工申请该空缺。有时经理会提名员工，或管理部门根据个人的工作记录，所受的培训、经验、个人潜力和动机来全面评估个人以选拔人才。

外部来源。招聘时会有很丰富的外部资源。但良好的人力资源规划人员必须仔细挑选这些资源，以吸引足够多的具备合适资质的应聘者，但又不启用过多的外部人员。通过报纸上

“招聘”栏做广告可能带来大量的应聘者；然而，选拔这些候选人所花的成本可能会抵消求职者的规模所带来的好处。招聘活动必须涉及将提供具有所需技能的应聘者的来源。

对于非管理性或非专业性的工作，可能会通过报纸、口头传播、工会、职业介绍所、职业学校或本地杂志广告招聘。其中最好的来源是当前员工的朋友。这种“口头传播”的招聘往往会吸引具有与现在员工类似的价值观念、生活作风和职业道德的潜在员工。

对于专业性或技术性更强的职位，包括中高层管理者，主要来源是毕业的学生、专门的职业介绍所、其他公司、贸易协会的会刊广告和目前在专业职位上的员工的朋友。

筛选。筛选是针对具体工作审查求职者的资质并雇用那些看起来最适合做某项工作的人员的过程。

人事选拔并不能解决所有问题。聘请更好的人才，仅仅是向正确的方向迈出的一步。在工作中对新雇用的员工的接受可以跟一次好的甄选过程相媲美。新员工必须被完全融入公司，其潜力应被充分开发，并被留在工作岗位上。

不同的公司有不同的筛选过程。有些十分复杂，执行时费用很高。另一些筛选过程太简单，并不能称为“过程”。当一个人得到雇用，不论筛选过程多复杂，这意味着管理部门基于一些标准作出了判断，即认为求职者将能够执行职务。也就是说，他或她已被选定。

筛选的过程。在筛选的过程中有三点需要强调：

1. 选拔的过程并不是科学的。这个过程并不能保证该人将是适合这份工作最好的人选；也不能保证新员工稳定、可靠、主动、忠诚以及与同事和老板合作愉快，愿意接受责任和压力，等等。

2. 在任何选拔的程序中，最后一步是雇主的“个人判断”。筛选过程中使用的各种标准并不能保证取得的资料将准确预测未来的业绩。雇主只是对筛选过程数据进行审核并对应聘者给出最终的个人判断。

3. 筛选过程的每一步都可能淘汰应聘者。当求职者到达面试的最后阶段，就意味着求职者在筛选过程中并没有被淘汰。到达面试的最后阶段并不意味着他会被雇用，仅仅是说他可能被雇用。

纽约哥伦比亚大学的金斯伯格博士在多年前就筛选过程发表了一个有趣的观点。在美国他是一个重大项目人力资源研究的协调员。金斯伯格研究的是人如何被选去参军和这些选定的人员在服役后的表现如何。这项研究的一个结论是，大约有 1/3 的人在生活中呈现出不稳定的格局，并且没有可靠的方法来进行预测。金斯伯格博士写道，选拔员工最重要的经验是需要建立一个适中的甄别目标。管理部门必须认识到，选拔程序的固有局限性是，人们的表现很可能随时间的推移而改变。[4]

筛选步骤。人事筛选的传统的步骤是接待、初次筛选面试、申请表格、测试、背景调查、深度选拔面试、体检和最后面试/录用。[5]

接待。当求职者联系发布求职信息的公司，应积极接待该求职者，公平诚实并尊敬地对待每位求职者。对于双方来讲，第一印象都很重要，应聘者应当知道是否有空缺。本步骤强调了公司里处理初次接洽工作的人的重要性。

初次筛选面试。在求职者填写申请表之前，可以问一些问题来进行初次筛选。这些问题涉及到工作兴趣、技能的性质、相关经验、理想中的职位、期望薪酬和其他一些资料。这时可以告知求职者空缺职位的信息、福利待遇、工作流程、薪水和其他相关事项。初次面试的目的是看应征者的兴趣和技能是否适合该空缺，以进行下一步的流程。

申请表。申请表格，必须由应聘者填写。表格为公司提供应聘者的履历资料。表格上的信息应利于面试官进行面试，同时对进行下一步的调查很重要。表格的内容包括求职者的工作兴趣、理想的工作地点、工作技能、教育背景、工作经验、证明人或前上司名单、公民身份、残疾状况和可能与工作相关的其他项目。有关性别、种族、年龄、宗教、婚姻状况和子女人数、母语和国籍问题都是非法的，因为申请表格必须遵守平等就业机会委员会的指导方针。确定公民的身份需要一份带有照片的证明文件(见《1986 年移民改革与控制法》)，但不允许因这些资料来歧视应征者。

应聘者在申请表上提供的资料决定了其能否进入下一步筛选。

测试。可以通过测试挑选新员工，但并不是所有的公司都用这种方法，因为测试依法必须符合有效性和可信性要求，而且它是具有争议性的预测手段。

测试只有在工作表现与测试中的表现密切相关的时候有效。个人在每次测试中分数都差不多的时候，测试才可靠。

测试通过评价一个人的能力、技能、态度或有关的知识，来预测新员工将在工作中的表现。经过验证的测试，在遴选过程中有价值。

背景调查。在进行深入的筛选之前，应当对应聘者的背景情况进行调查。这一步是为了确保初次面试和应聘表格上的信息都是正确的。它是一项重要的预防措施。

证明人核查是核实背景资料最常见的方式。公司可以进行信贷检查，联系学校证明人(获得成绩单)，联系个人证明人或与其之前的上司核实工作经验。个人证明人所提供的信息或许是最不重要的信息，因为应聘者不会将会说自己坏话的人列在名单上。

信用检查和核实教育背景是例行的步骤，需要花费一些时间和金钱，但所获得的资料在评价应聘者上具有重要意义。而调查工作背景比较困难。

雇主知道保护个人隐私的各种联邦和各州的法律。这方面的主要法律有《1974 年联邦隐私法》，已经在本章中讨论过，该法适用于政府机构和单位；一些州也有类似的法律。

在联系前雇主前，公司应当取得应聘者的书面同意书，表明其同意公司获知其以前的工作经历。在与前雇主交流时，只能够要求知道该员工的工作表现。如果员工想看，应该将前雇主的书面评价给他们看。

在某些情况下，可以对准员工进行刑事背景检查。在体育运动组织中，处理现金的个人以及可以接触银行账户、信用卡或其他组织的资金的个人可能需要提供担保以防组织损失。对于保安人员和可携带武器的个人，需要通过犯罪背景检查才能给予批准并核发许可证。此外，对于与小孩子打交道的人，应该审查其以前是否有任何将儿童置于危险之中的行为，证明其是否有给组织造成财政困难的行为或造成大量费用的行为。

深度选拔面试。深度访谈应集中考虑求职者在之前的步骤中所提供的资料，以及通过背景调查所获得的资料。所有这方面的资料都应与工作要求比较分析。员工的技能和能力应当与工作要求相一致。干练的考官会积极展望公司的未来发展，同时也会描述现实的工作期望。求职者应该在工作经验和实际能力的基础上客观地推销自己。任何从测试中获得的额外信息都可以在面试中讨论。

面试可能高度结构化、半结构化或非结构化。而半结构化面试在筛选的这个阶段可能效果最好。在半结构化面试中，考官提前设计面试中的重大问题，然而，根据候选人的反应，还会问一些预先没有准备的问题。

如果考官觉得没有理由来取消候选人的资格,并且所有的信息都准确,筛选过程将进入下一个阶段。

体检。体检可能是由应聘者自己付费或者由组织付费。美国许多州的公立学校老师每年都必须提供体检证明,来证明他们有资格继续被聘用。大部分商业组织为应聘者提供免费体检。

体检的目的是:

1. 确认员工体质健康,能够胜任该岗位要求的工作。
2. 检查是否有传染病。
3. 为每个员工建立健康档案。
4. 确认目前或以往是否受过伤或有病史,防止员工以后提出非法索赔。

很多岗位都设有要求大多数求职者必须满足的健康标准。有的岗位要求从事举抬、繁重的体力活,或者要求在特殊温度条件下工作。一些组织的工作环境可能特别脏,粉尘和烟雾多。必须确认对令人满意的工作表现造成妨碍,或者会威胁身体健康状况(如哮喘病人不适宜在满是灰尘的环境下工作)的体能限制。

体检还可以为员工的医疗保险费用计划中的医疗保健费用预测提供重要的参考资料。医疗保险计划费用正在逐步增加,而越来越多的组织为其员工提供此福利。联邦政府提议对全国医疗系统进行大规模的全面改革,其中包括医疗保险费发放给员工的方式变化和在如何满足对这些医疗保险费的要求。截至到目前为止,组织为员工提供作为福利的健康保险支出达数十亿:理查德 I. 亨德森表示,1987 年通用汽车公司对其员工、退休人员和家属提供的医疗保险费用超过 20 亿美元。[6]在几乎所有工会合同的谈判中,其中一个主要的谈判事项是改善医疗保健福利。

如果求职者成功地通过了体检并符合岗位的健康要求,将进入最后一步的遴选。

最终面试/录用。管理者往往会让人事专家来处理整个应聘过程。然后,管理者复核遴选步骤中获得的所有信息,听取人事决定和推荐,并就填补的职位、起薪、福利及新员工报到日期达成协议。最终面试和录用通知由新员工的直接上司负责。

在一些组织中,管理者是参与整个甄选过程的,然而上述情况也非常普遍。

最后一轮面试是为了弄清一些工作问题,如工作期望、薪酬、福利、报到日期、组织中的机会以及工作的重要性。面试是双方开放式的自由讨论,对工作情况会有全面的认识。

如果管理者对求职者的个人信息和回答都满意,就会提供该职位。如果求职者了解就业条件和工作期望,满意这份工作,就会接受录用(图 10-2)。

评估中心。评估中心是聘请或晋升管理者的特殊手段。二战时军队首次使用评估中心。今天,评估中心非常流行并被许多大型组织广泛应用。它的目的是通过各种手段,如篮中练习、角色扮演、案例分析、博弈模拟来预测参与者的管理潜力。

在最终决定聘请或晋升管理者之前,要复核从评估中心练习中获取的关于管理潜能的信息以及遴选过程中的其他信息来源。

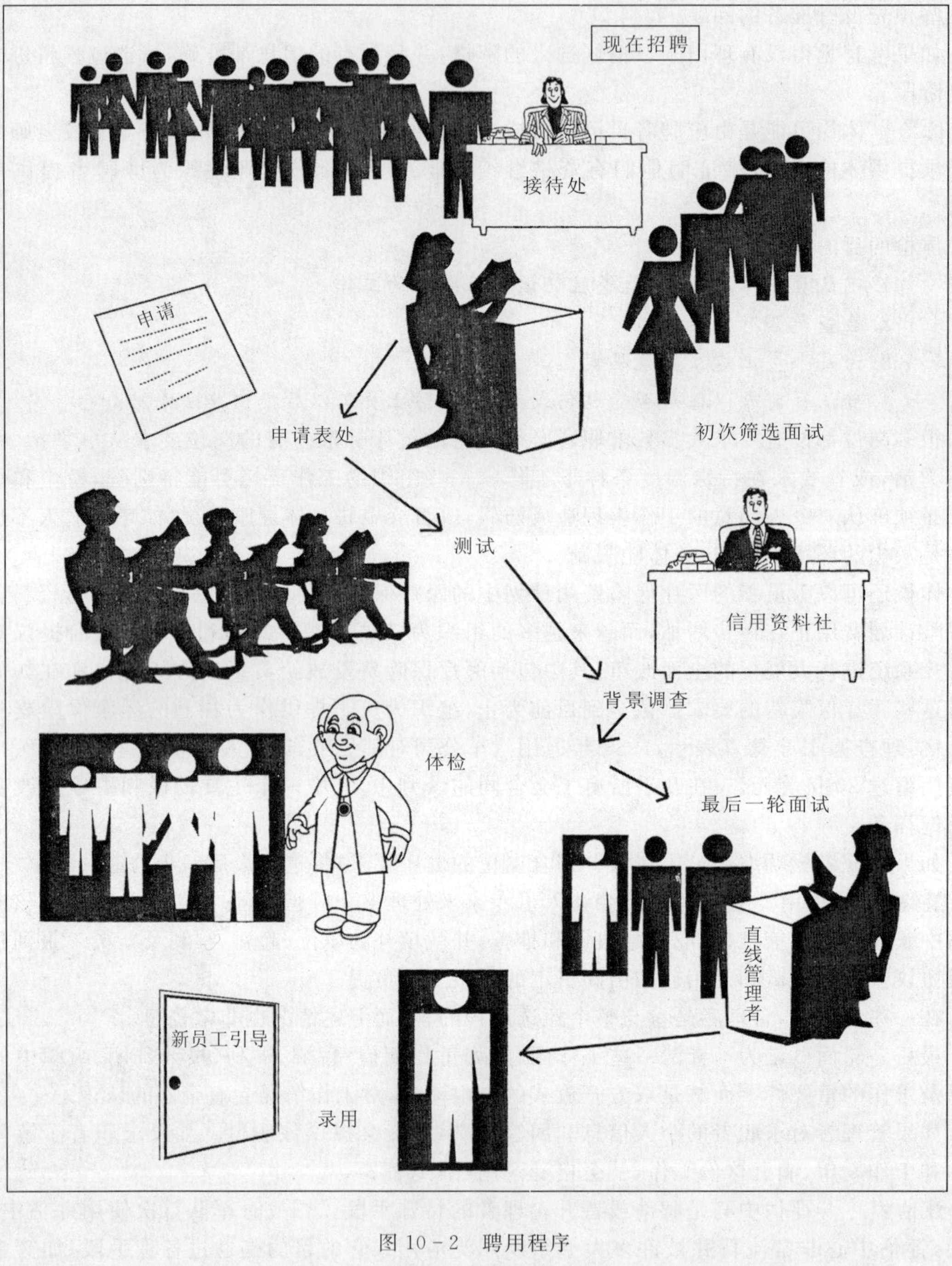

图 10－2　聘用程序

让员工融入组织：新员工引导计划

新员工引导计划往往不被重视，但是这对于员工的工作表现有着非常重大的影响。引导是让员工融入组织、工作小组和岗位的过程。引导计划包括向管理层成员、其他员工以及直接上司介绍新员工。管理层应把新员工引导视为自己最重要的职责。有效的新员工引导计划需要精心构思和规划。

Kanouse 和 Warihay 认为：

> ……决定满足自身和员工目标的组织需要系统性地提出如何处理人力资源的方法。相关管理层成员在最开始的时候就应实施有效的新员工引导计划，促使人力资源的使用发生变化，以发挥最大效用。[7]

小公司制订的引导计划持续时间短，也不正式。简短地说明工作规则、工作期望、给一些员工工作的介绍、几次问答，即可作为引导计划。但在管理者了解引导计划的重要性的组织中，该计划显得更为重要。

精心策划和管理新员工引导计划可能需要一到两天的时间。针对新员工的引导工作应在录用后立即开始，而不是在就职两三个星期后才开始。

新员工引导计划的目标。 新员工的引导计划应该有规定了该计划大部分内容的具体目标。最常见的有效引导计划的目标或组成部分为：

1. 全面传达岗位以及被录用的重要性和工作期望。
2. 解释并阐明组织结构和组织整体目标。
3. 说明组织的历史和对未来的设计。
4. 告知成长和晋升的机会。
5. 介绍会影响工作绩效的公司政策、规则和其他组织方针（公事程序）。
6. 介绍员工福利（假期、保险、社会保障、退休计划、利润分红等）。
7. 讨论并回答关于薪酬的问题（工资水平、工资和薪水计划、分红计划、奖励计划、考绩提薪）。
8. 缓解新员工可能对于工作情况、新老板和新同事的不安或不确定性（也包括告诉新员工遇到工作上的问题时从何处可获得帮助和找到答案）。
9. 帮助新员工熟悉工作地点、布局、办公室、部门方位，并解释公司所提供的产品或服务。
10. 将新员工介绍给他的工作伙伴和顶头上司，以及工作上有联系的其他部门人员。

新员工引导的潜在好处。 尽管有效的新员工引导计划的管理需要花费时间和金钱，但是潜在的好处远远超出付出的成本。主要好处如下：

1. 由于员工达到标准水平的业绩所需的时间减少，启动成本降低了。
2. 员工对工作和组织更为积极的态度会导致对组织更加忠诚、旷工现象减少和人员变动小。
3. 好的引导计划可缓解新员工的焦虑，增加他们的自我价值和自尊。
4. 由于对组织了解、工作期望明确、对业务熟悉以及认识了新同事和老板，新员工在工作中会更有信心（表 10－2）。

对于许多公司来说，组织手册（有时也被称为政策和程序手册）的制定，对于新员工的引导计划也很有用。手册以书面形式供新员工日后参考，它与员工引导期间口头传递的信息多有雷同，每位员工人手一份以供今后随时查询。其他组织分发手册和其他文件给员工使用（例如，公司业务通讯、员工名册、实际布置图等）。所有此类项目共同构成新员工引导套装。

表 10-2　员工引导计划的好处

新员工很好地引导会导致： 启动成本减少 态度更积极 旷工现象减少 人员变动小 自我价值/自尊感增强 焦虑减少 信心增加

在新员工真正开始工作之前，初次引导应在未来持续下去或做好引导计划的后续工作。为使员工充分融入组织，在工作三到六个月内应进行一次引导计划后续工作对话。因为员工工作这么长时间了，组织有必要回答他们的问题，了解困难，解释变动原因并继续提供支持。这将使融合过程具有连续性，并保证新员工引导计划的有效性。

开发员工的潜力

人力资源的有效性在很大程度上取决于对员工能力的开发。从技术到社会交流，商业的方方面面都发生了剧烈变化，这要求员工们时刻了解新的政策、技术以及组织发展和经济形势的发展。由于劳动力构成五花八门，管理部门在开发每个员工潜力方面都面临真正的挑战，需要承担责任。[8]

我们已经探讨了人员配备、法律环境、员工招聘和筛选、员工融入新公司的适应计划的重要性。现在，我们通过讨论培训、考绩、升迁、调动、纪律处分来促进员工发展。

培训　培训是员工掌握新技能和新知识使其能够更有效地开展工作的过程。杜邦的前任总裁兼首席执行官格林沃尔特说，培训新员工、开发他们的潜力是管理部门的首要工作。

培训既针对管理人才，也针对非管理人才。非管理人才培训主要是技能培训。管理人才培训的重点是开发个人潜力和观念。[9]

确定培训的需要。是否需要培训可以通过观察个别员工的表现、团队的表现和公司的总体业绩来决定。如果个人不能始终如一地满足工作数量标准，那么他们可能需要额外的培训。如果某个部门不能满足生产质量标准，该部门也需要培训。如果整个组织无法达成预期的年度目标，组织也需要培训。如果业绩太差，就需要深入调查员工、团队以及组织整体表现看是否需要培训。

员工个人是否需要培训可以通过绩效评估来确定。绩效评估将员工的工作与工作标准或工作目标进行比较。如果根本就没有工作标准或目标，那么管理者就不需要浪费时间来评估员工。如果员工的工作表现多次未能符合或超过标准，就需要对其进行培训。因为有其他可能影响工作绩效的个人或组织因素，所以单靠培训并不能解决所有的问题。绩效评估详见第十六章。

另一种确定培训需求的方法是开展问卷调查或个别访谈，以确定他们遇到的难题和克服这些问题的建议。通常的解决方法是进行更多的培训。

一旦确定要进行培训,管理部门开始准备多项培训计划,包括在职培训、学徒培训、新员工培训、计划性培训和课堂培训。

在职培训 是最常见的培训形式。员工每天在老员工或直属上司的指导下工作,由"培训人员"进行监督和指导。

学徒培训 可以追溯到古代,今天主要在行会中实行。学徒在熟练师傅的指导下工作,学徒的工资一般较低,培训时间长短不一,通常为两至五年。

新员工培训 是在一个模拟真实工作环境的独立环境中进行。在这一环境中,员工使用相同的设备和用品,培训人员强调技术、程序和质量的正确性,而不是产品数量。一旦新员工得到适当的训练,就可以作为正式员工进行工作。

计划性培训,包括通过学院、行业协会和教育机构开展的函授课程,同时也包括视频和/或音频带以及电脑视频显示的学习课程。计划性培训的过程,就是一个学习材料和定期测试以期获得令人满意的进步的过程。它是经由学习阶段和令人满意地获取知识直到课程结束为止的一个连续的过程。

课堂培训 通常远离工作地点,但许多组织现在仍有自己的教室设施。组员可以一起得到培训,获得相同的信息,并有机会参与共同感兴趣的话题的问答讨论会。在通常情况下,课堂训练是引导计划、管理发展计划、安全讲座、对于新设备技术培训计划的一部分。培训可由公司人员或外部专家执行。

管理层培训。当主管、中层管理或最高管理层需要培训时,就引进了管理层培训。各级管理层的管理者需要技术、人际能力及概念性等不同的技能组合。初级管理者或主管需要许多技术知识和良好的人际技能或个人技能。中层管理者往往需要更多的人际技能或个人技能、一些技术性的知识以及越来越多的概念技能。管理培训课程与这些智力技能结合起来提供或强化管理者所需要的技能。

鉴于选拔大部分新主管人员所采取的方式,主管培训在今天日趋流行。在组织内提升主管主要基于技术知识和技能,因而缺乏一定的管理知识或技能。对主管的培训一般由公司人员或专业管理培训人员在教室环境内进行,可能在公司内或在其他地方。典型的主管人员研讨会的主要议题是管理的基本职能(如计划和控制、沟通原则、组织理念以及人员管理)。

中高层管理者有机会参加高级管理培训课程。许多重点高等院校提供非现场授课,授课时间从一周到两个月不等。这些课程强调的主题主要集中在概念性的技能上。高层管理者在一些领域里需要这些概念性技能,如战略计划、制定政策和企业融资。

晋升。在一段时间内的良好个人业绩应被认可。有时候认可的方式就是升职。无论是提拔管理人员或非管理人员,职位晋升都是一种有利于个人和组织的发展方式。新的岗位要求拥有新的技能或才能和另外的职责,这也是一种成长的经验。但是必须三思而后行,因为并非每位在该级别的优秀员工都能在更高级别上做得同样好。考虑晋升对象是否有经验、才能,以及做新的工作所需要的技能,这一点很重要。

调动。调动(有时也称为岗位轮换)可以为个人提供一个发展的机会。进入新的工作环境面临新的职责和新的同事,具有刺激性。有些员工因为得不到晋升而被调动工作,大多数时候调动是为了组织和个人的利益。一个善于利用机会的人应该将调动视为一次在另一个领域里证明其能力的机会,展示其多种才能和技能,并使其对该组织的价值得以确认。

纪律处分。纪律处分可以是口头或书面训斥、停职或降职。处分前必须认真考虑。很多员工反感被处分,特别是当他们认为自己被区别对待、受到不公平的待遇或与管理者有个性冲突的时候尤其如此。然而,如果纪律处分是公平的,并依据该组织的公开规章制度,被处分人可以吸取经验教训从而成为更好的员工。

书面警告需要备档。由于现在越来越多的被解雇的员工对前雇主进行起诉,所以文件备档相当重要。为了恰当地进行备档,管理者应该客观地写清事件发生时(时间、日期、地点等)员工的情况,并在该页下面发表声明:"本人已阅读以上文字,并已得到一份复印件。"该员工在文件上签名并收到一份复印件。其他复印件转交给管理者、管理者的老板和该员工人事档案的记录人员。

虽然纪律处分被理所当然地看作是消极的,但是其结果有时却很有用。通常纪律处分能够阻止员工的破坏性工作行为,以防酿成大错。

维持劳动力

有两样东西可以留住合格的劳动力:薪酬和福利。组织提供的薪酬可以吸引、留住并发展现有的最佳人才。福利是薪酬的一种补充形式,而且重要性日益增加。

薪酬和福利共同构成员工个人的货币收入。支付薪酬的根本目的在于:

1. 获取称职的人才。
2. 留住优秀员工。
3. 同工同酬。
4. 奖励绩效。
5. 提供激励。[10]

高薪酬"吸引"求职者并留住员工,但也有其他维持劳动力的重要因素。这些因素(在第十六章将做更充分地讨论)围绕精神收入的概念,表现为员工的一些重要程度更高的工作需要、需求和愿望。这些因素包括就业保障、升迁机会、褒奖、更好的监督、安全舒适的工作环境,等等。

妥善地招聘、选择、融合和发展员工很重要。但如果不能留住员工,所有这些活动都将徒劳无功。要留住员工,就需要精心策划认真构建的计划以平衡员工和组织之间的最佳利益。计划工作应建立在公平报酬的基础之上,有令人满意的福利,合理满足员工的基本工作要求以及货币收入之外的愿望。

小　结

人事安排就是招聘和安置合格的人员并充分利用其技能。

人事安排是人事管理的一个职能,它通常在高一级管理部门下由人事专家操作。

人力资源规划是工作人员有效实现预期结果必不可少的一部分。它包括两个步骤:为满足战略目标预测所需的技能,并制订详细的招聘和人员安置计划。

人事安排直接受国家、地方、联邦法律法规的影响。主要的联邦法律包括:《1935 年社会保障法》、《1938 年公平劳动标准法》、《1947 年劳资关系法》(《塔夫特-哈特利法案》)、《1963 年同酬法》(于 1972 年修订)、《1964 年民权法》(于 1972 年和 1978 年修订)、《1967 年就业年龄歧视法》(于 1978 年和 1986 年修订)、《1970 年职业安全与健康法案》、《1973 年职业恢复法》、《1974 年联邦隐私法》、《1974 年雇员退休收入保障法》、《1974 年越战退伍军人重新适应援助法案》、《1986 年移民改革与控制法》,《1990 年美国残疾人法》、《1991 年民权法》、《2001 年爱国者法案》和《2003 年健康保险便利及责任法案》。

招聘就是吸引有技能、经验和才能的人。在招聘过程中,需要通过工作分析编写工作描述和工作规范。工作规范是为履行一定的工作,个人所具备的如教育背景、经验、技能等条件。合格的求职者既可以来自于企业内部,也可以来源于企业外。如果内部员工能够完全胜任工作,则从内部招聘具有很多优势。主要外部来源包括员工的朋友、报纸广告、校园、职业介绍所、工会和其他公司。

筛选是审查合格的求职者和雇用那些看起来最适合某项工作的人的过程。选拔程序并不是很科学,也不保证所选拔的人员以后是否最适合这份工作。任何筛选的最后一步都是个人判断。传统的筛选步骤是:接待、初次面试、申请表格、测试、背景调查、深度选拔面试、体检、最后的面试/录用。

评估中心是聘请或晋升管理者的特殊手段,目的是通过各种手段,如篮中练习、角色扮演、案例分析、博弈模拟来预测参与者的管理潜力。

引导是让员工融入组织、工作小组和岗位的过程。新员工引导往往不被重视,但是这对于员工的工作表现有着非常重大的影响。良好的新员工引导计划可以降低启动成本,促使员工态度变得更加积极,对组织更为忠诚,旷工现象减少,等等。

培训是员工掌握新技能和新知识使其能够更有效地开展工作的过程。培训员工并发挥他们的最大潜力是管理部门的首要任务。培训的类型有在职培训、学徒培训、新员工培训、计划性培训和课堂培训。管理层培训通常是课堂训练。除了正式的培训,员工还可以通过晋升、调动或纪律处分得以发展。

最能维持劳动力的两个因素是薪酬和福利,这两项共同构成货币收入。其他一些与精神收入有关的因素也有影响,这些因素包括就业保障、升迁机会以及其他工作需要、需求和员工的愿望。

复习题

1. 列出人事管理过程的步骤。思考每一步是如何与其他步骤产生联系的。
2. 如何对组织中未来需要的人际技能和才能做出预测?
3. 列出人力资源规划(HRP)的步骤。
4. 从《1935 年社会保障法》通过开始,列出此后影响人事安排的美国联邦主要立法。
5. 区分工作描述与工作规范。
6. 在某个公司内部招聘是一种很好的方法,谈谈这种招聘的好处。
7. 讨论人事选拔过程。为什么说该过程是不科学的,而且不是未来绩效的完全预测方式?
8. 指出非管理层人员培训计划的类型。

个人能力实践

请每一位在工作的或曾经工作过的人写下被录用之前的选拔过程。以公开讨论的形式将个人经历过的与本章中的步骤作比较。

案　例

关于职责

艾米是教练韦斯在面试中遇见的最好的办公室经理候选人，韦斯马上就录用了她。在过去六年的时间里，韦斯换过四个办公室经理，但从来没有哪一个像艾米这样聪明和有激情。既然她清楚学校的招聘和人事程序，韦斯只是通知了人事部门，就让她完成一些表格，用来第二天做工作报告。前一任办公室经理已经离开一个多月了，韦斯对堆积如山的工作感到绝望。

艾米做完工作报告就开始忙碌起来，而韦斯经常不在办公室，有时候不能够回答艾米的问题，所以艾米就自作主张地做自己认为是正确的事。基本上，她已经消灭了韦斯和助理教练堆积如山的管理工作。而直到艾米上班的第二个星期，他们才发现艾米犯了许多错误。犯下的大多数错误是为了试图减轻教练的负担，不幸的是她已经越权，如将一些不应该出现在奖学金名单上的人放到了财政资助办公室的奖学金名单上。

问题：

1.这些问题应该由谁来负责？韦斯应该怎样让艾米融入组织？

2.建议采取什么样的计划发挥艾米的全部潜能并成为一名优秀的员工？

关键术语

《1967年就业年龄歧视法》修订于1978年和1986年：该法案禁止雇主在就业方面基于个人年龄的歧视行为。

《1990年美国残疾人法》：如果员工适合做这项工作，雇主在雇用或解雇时不得有歧视行为；不能够限制残障员工的晋升机会；也不能通过测试或工作要求，筛选掉残疾人士。

学徒培训：学徒在熟练师傅的指导下工作，通常为两至五年。

评估中心：评估中心是聘请或晋升管理者的特殊手段，目的是通过各种手段来预测参与者的管理潜力。

《1964年民权法》分别于1972年和1978年修订：1964年民权法的第七条禁止从事州际商业活动的组织在雇用（雇用、解雇、招聘、委任、薪酬以及其他雇佣条款及条件）中基于种族、肤色、宗教、性别或族源的歧视行为。于1972年修订后，该法的涵盖范围扩大到州政府和市政员工以及教育机构中的雇主。1978年，该法再次被修订，禁止对怀孕、分娩或相关医疗情况的歧视并将符合规定所必需的员工人数降低到15人。

《1991 年民权法》:允许妇女、少数民族人士、残疾人和少数派的宗教信徒在能够证明故意的雇佣和职场歧视的前提下,申请陪审团审判并起诉,以获得惩罚性损害赔偿。

《1974 年雇员退休收入保障法》:保护员工福利计划的参与者的利益及其受益者的利益。该法确定了员工福利计划的受托人的行为、责任和义务标准。

《1963 年同酬法》于 1972 年修订:当一项工作要求平等的技能、努力和责任感并且工作条件类似时,禁止因性别差异而支付不同的工资。

《1938 年公平劳动标准法》:这部法律规定了最低工资标准(经多次修订)、超时工作补薪及童工标准。

《1974 年联邦隐私法》:该法令只适用于联邦政府和其立约人。它为个人隐私提供了一定的保障。该法规定,个人有权知道任何关于他们自己的记录。

《2003 年健康保险便利及责任法案》:该法案明确指出员工受保护的医疗信息(PHI)并设置了保护个人和隐私的指导方针。

人力资源规划(HRP):人力资源规划包括两个步骤,一是预测未来的人力技能和人才,该组织将需要这些人才以满足其战略目标的实施。二是制订一个详细的计划,招聘和安排工作,使本组织能够满足其战略目标。

《1986 年移民改革与控制法》:旨在保护依法可享有工作的人的工作权利,特别是对于美国公民和被授权在美国工作的外国人的权利。

《1947 年劳资关系法》(《塔夫特-哈特利法》):这项法案是 1935 年国家劳工关系法(瓦格纳法)的修正案,旨在平衡瓦格纳法的某些方面,保障员工组织工会和集体谈判的权利。该塔夫特-哈特利法案例举了劳动工会的不公平做法,为管理者提供了更多的在组织运动中发言反对工会的权利(只要员工不会受到威胁);以及制定了危及国家安全的罢工规定(如果罢工会危及国家的健康和安全,总统法院就会宣布禁令而调用 180 天的冷静期)。

《1970 年职业安全与健康法案》(OSHA):规定雇主要为员工提供一个健康和安全的工作环境,无造成或可能造成死亡或严重身体伤害的公认危害。

在职培训:是最常见的培训形式。员工每天在老员工或直属上司的指导下工作,由“培训人员”进行监督和指导。

引导:让员工融入组织、工作小组和岗位的过程。

《2001 年爱国者法案》:为回应“911 恐怖袭击事件”而制定的重大反恐措施。对到美国参赛的外国运动员的入境和停留都有所限制。

绩效评估:将员工的工作绩效与工作标准或工作目标进行比较的评价方法。

计划性培训:通过大学、行业协会和教育机构,以学习课程或视频/音频带或计算程序的形式,提供分阶段的学习或定期测试进度的方法的可用课程学习。

遴选委员会:由各种职能领域的人员构成,负责招聘、初筛、面试和推荐求职者的团体。

筛选:审查合格的求职者和雇用那些看起来最适合某项工作的人的过程。

《1935 年社会保障法》:对薪资总额设立了一项联邦税并提供残废救济金和退休金。

人事安排:招聘和安置合格的人员并充分利用其技能。

测试可信性:个人第一次参加考试的分数应与第二次或第三次参加该考试的分数大致一样。

考试有效性:考试的内容应与工作内容密切相关。

培训:员工掌握新技能和新知识使其能够更有效地开展工作的过程。

新员工培训:在一个模拟真实工作环境的独立环境中进行的培训。

《1974越战退伍军人重新适应援助法案》:要求政府立约人应积极采取行动,聘用和提拔胜任的残疾退伍军人和残疾或非残疾的越战退伍军人。

《1973年职业恢复法》:禁止对于弱智或残疾者就业上的歧视。要求政府立约人采取反歧视行动,在雇用活动中雇用和提拔胜任的身体上或智力上残疾的人。

参考文献和本章注释

[1]Donald P. Crane. *Personnel, The Management of Human Resources* ,3rd ed. Boston: Kent Publishing Company,1982, p. 11

[2]For a complete definition and discussion of job analysis, job description and job specification, see Chapter 9

[3]Wendell L. French. *The Personnel Management Process*, 5th ed. (Boston: Houghton Mifflin Company,1982,p. 189)

[4]Eli Ginzberg. The Ineffective Soldier. *Advanced Management*, Vol. 24～26, June,1960,pp. 16～21

[5]Comments based on selected material from Robert L. Mathis and John H. Jackson. *Personnel, Contemporary Perspectives and Applications*(St. Paul: West Publishing Company,1982),pp. 194～216

[6]Richard I. Henderson. *Compensation Management: Rewarding Performance*, 6th ed. (Englewood Cliffs, NJ: Prentice - Hall,Inc. ,1994), p. 551

[7]Daniel N. Kanouse and Philomena I. Warihay. A New Look at Employee Orientation. *Training and Development Journal* , 1980, p. 38

[8]Donald P. Crane. *Personnel, The Management of Human Resources*, 4th ed. (Boston: Kent Publishing Company,1986),p. 283

[9]Crawford H. Greenwalt. *The Uncommon Man* (New York: McGraw - Hill Book Company, Inc. , 1959),p. 32

[10]Crane. *Personnel*, 3rd ed. , p. 538

第四部分　管理的人性化

第十一章　激励和员工绩效

第十二章　领导力

第十三章　沟通过程

第十四章　变化、冲突和压力管理

第十一章　激励和员工绩效

本章内容包括：

- 激励的含义
- 激励理论
- 激励理论分类
- 士气
- 士气和绩效
- 工作满意度和绩效

引　言

前几个章节已经阐述了管理的计划和组织职能。这些重要职能是每个管理者都要从事的主要活动。制订计划和方案之后，合理安排组织结构以实现组织目标和目的；然后管理者准备执行计划和方案。这一活动被称为实施或引导。实施是指通过他人（员工）的工作来达成目标。判断管理者的优劣的基础通常不是他们做了什么，而是他们致使发生了什么——即他们让别人做了什么。管理者的基本职能就是激励员工去完成工作并实现预期目标和目的。

大卫·施瓦兹（David Schwartz）教授认为，激励的目的是促使人们满怀热情地并有效地发挥自己最大的努力以实现和超越组织目标。[1]

如果员工获得高度激励，业绩会有显著增长，阻碍管理的问题如旷工、拖沓、长期抱怨和士气低下也会明显减少。体育管理者竭力激发学生运动员、球员以及所有其他员工或参与者发挥他们的几乎全部能力。体育栏目也经常报道高薪职业运动员没有发挥出自己的潜力或是连续不断地给职业队伍制造麻烦。

本章将会阐明激励的含义，界定影响激励的基本因素，介绍一些激励理论，并指出员工士气对劳动生产率的重要性。

专业的管理者都知道，员工的激励程度不高是许多美国组织的共同问题。对于希望执行可以对员工激励产生积极影响的变化的管理者而言，更好地理解这一主题是必须迈出的第一步。

激励的含义

“激励”一词源自拉丁语中的“movere”，意思是“鼓动”。对一个人的激励程度进行评估是很困难的，除非这个人做了某些事情。激励与激发人们的行为有关。某些动机来源于生理需求，例如食物和水等人类的基本生存需求，另一些动机来源于心理需求，如激励是引发行为目的和方向的心理过程。某些员工的动机来自于渴望获得认同、地位、自尊和成就等的心理需求。

赫赛(Hersey)和布兰查德(Blanchard)将动机定义为个人的内在需求、需要、动力或冲动。他们还指出，管理者希望预测和控制员工的活动，必须先知道何种动机或需求会在特殊时间引发特殊行为。[2]

斯坦·柯森(Stan Kossen)教授将需求定义为在失去时人们会产生一种被剥夺感的东西。[3]如果需求没有得到满足，个人就有去满足此需求的动机。例如，如果一个员工享受不到与工作相关的医疗福利，会产生被剥夺感，那么他(她)就会向工会或管理部门提出申诉，要求尽快享受医疗福利，或者是积极地寻求一份提供医疗福利待遇的工作。

管理者对工作环境进行相当程度的控制，他们营造积极或消极的工作氛围。管理者表现出合适的态度，可以满足员工们希望自己的工作得到赏识和重视的需求。

在积极的工作氛围中，员工有安全感，能够同老板进行开放的交流，理解所从事工作的重要性，并感觉到自己受到公平待遇。高度激励的基本条件已经具备。此外，管理者制定和实施包括薪水、奖金和附加福利的金钱奖励方案和心理激励方案。心理激励包括认同、赏识、地位、升职和其他能够激励员工的附加责任。

管理学学者和研究员维克托·弗鲁姆(Victor Vroom)指出，管理者的基本工作是使员工被高度激励并发挥他们的最大能力。然而，除非满足另外两个条件，这才有可能。另外两个条件是：①员工必须胜任这项工作；②工作环境必须令人满意。工作环境包括保障工作顺利进行所需的空间、设备、供给和支持。缺少任何一个条件都将导致无法达到预期的绩效。[4]

激励理论

很多激励理论对于管理者来说都有实用价值。下面我们重点讨论适用于任何水平层次的管理者的激励理论。

惩罚-奖励理论　这是应用最广泛的也是最古老的激励理论，对好的表现或行为进行奖励；对坏的表现或行为进行惩罚。在当今的组织机构中，奖励可以是加薪、奖金、升职、头衔、特殊津贴、口头称赞等。惩罚则是不良评价、降职、失去加薪或晋升的机会、调职、安排不好的工作任务，以及终极惩罚——解雇。大多数现代激励理论都把奖励看作是一种激励因素，不管是金钱形式的还是心理形式的，而惩罚很少被当作是激励的基本要素，多数研究人员认为惩罚对绩效改善或行为调整不会产生持久的积极影响。

惩罚作为激励因素在短期内可以产生效果，但是一旦过度使用，就会造成反感和士气低落。相反，如果因为表现出色而得到心理上的奖励，员工的反应是积极的，产生的效应也会更加持久。

如今这一理论仍然流行，并且在未来也不会消失。在测验中得高分的学生通常会得到相应的等级(比如“A”)，而考得差的学生会得到“C”或是更低的等级。家长培养孩子时，用表扬和奖励或用“时间到”、取消特权或责备等惩罚方式来控制孩子的行为。

如果对学生运动员表现不满意，教练让他们绕操场跑几圈。这种惩罚形式作为激励因素在短期内可以产生效果，但是一旦过度使用，就会造成反感和士气低落。相反，如果学生运动员因为表现出色而得到心理上的奖励，比如教练在报纸上的公开表扬，学生的反应就会更加积极，产生的效应也会更持久。

传统理论(科学管理方法)。传统的激励理论源于弗雷德里克 W. 泰勒的著作(参见第一章)。泰勒被誉为"科学管理之父"，他对管理学作出过很多贡献，最重要的贡献之一就是在20世纪初(1900年)提出了泰勒差别计件工资制。泰勒认为，应该奖励表现超出工作标准的员工。他为员工工资设立了两个工资曲线(图11-1)。当员工的工作绩效超过工作标准时，按照较高的工资曲线来计算工资。当员工的工作绩效低于工作标准时，按照较低的工资曲线来计算工资。泰勒认为给予效率相对较高的员工和效率相对较低的员工同样的工资将会导致前者的工作绩效下降从而使员工整体绩效低下。因此，有必要奖励工作绩效超过工作标准的员工。泰勒的一个基本假设就是当金钱与员工的个人表现有直接联系时，金钱就成为了激励因素。如果有足够多的潜在的金钱奖励，员工的产出会大大增加。

当时(1900年左右)大部分激励理论都是以与劳动生产率或产出有直接关系的金钱奖励为基础的。直到进入20世纪，关于工人的本质以及更多复杂的问题才浮现出来。

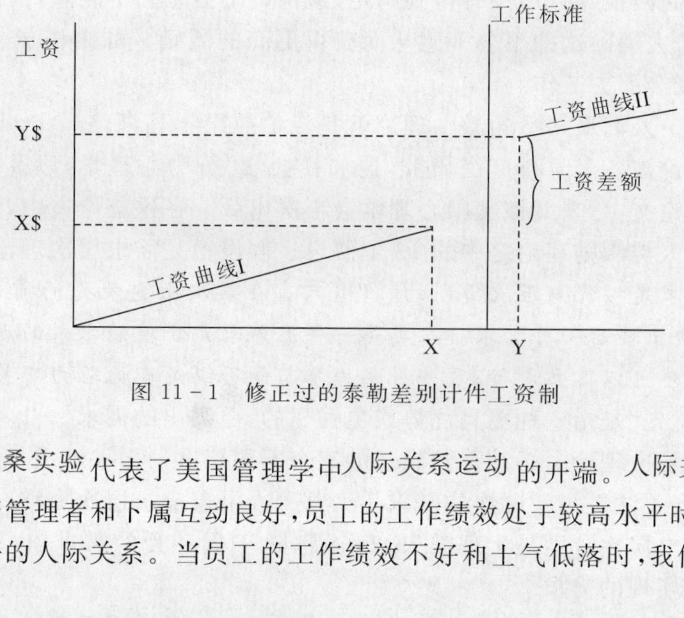

图 11-1　修正过的泰勒差别计件工资制

霍桑实验。霍桑实验代表了美国管理学中人际关系运动的开端。人际关系是管理者与员工关联的方式。当管理者和下属互动良好，员工的工作绩效处于较高水平时，我们可以说该组织机构有着比较好的人际关系。当员工的工作绩效不好和士气低落时，我们就认为这里的人际关系不好。

霍桑实验于1924年在伊利诺斯州西塞罗市的西部电气公司所属的霍桑工厂开始，并于1932年结束。起初，研究者们所做的实验产生了一些意想不到的结果。例如，他们降低工作场所的照明亮度，预计生产率会下降，但是生产率反而提高了。1927年来自哈佛大学的心理学家埃尔顿·梅奥(Elton Mayo)、弗里茨·罗特利斯伯格(Fritz Roethlisberger)和威廉姆斯·迪克森(William J. Dickson)等受邀接手该实验。梅奥和他的同事们在接下来的五年中进行了上百次的实验。他们通过调整休息、公司午餐时间和缩短工作周，改善女工工作条件，结果发现生产率提高了。接下来，他们取消了对工作条件的所有改善，结果表明，生产率继续升高。

经过大量分析之后，研究者们得出结论：除了物质环境之外，其他因素也影响工人的生产率。同时起作用的其他因素是工作的社会和心理方面。女工受到关注并感到自己很重要。她们在一起工作而不是被隔离开，而且她们被允许加入合意的工作小组。

梅奥和研究人员又实施了上百次的调查和工人访谈，得出同样的结论：员工的工作绩效在很大程度上受到工作中建立起来的人际关系的影响,而并非物质工作条件或回报的影响。

梅奥建议管理者应研究和了解人与人之间的关系;应通过参与的形式(访谈等)使员工认同管理层;以及应努力使员工群体的目标与管理层的目标保持一致。

梅奥谴责在那个年代许多管理者的专制和以工作任务为导向的管理方法。他把管理者声称人们工作只是为了薪水,为个人私利服务的说法称之为"乌合之众假说"。

霍桑实验的发现强调了对生产率、士气以及减少工作场所人际关系问题等进行有效监督的重要性。[5]尽管霍桑实验不是一种激励理论,但是其研究结果极大地补充了人们对于影响员工激励程度的因素的了解。

公平理论。公平理论由斯达西·亚当斯(J. Stacey Adams)提出,侧重员工之间的公平感。[6]公平感是建立在员工对工作的投入和回报的认知之上的,不管这样的认知有多现实。投入与工作要求有关,回报与员工的努力所得有关。投入是为工作而进行的培训、习得的技能、拥有的经验和做出的努力,回报是员工获得的诸如工资、地位、认可、福利之类的奖励。

当某位员工认为自己的投入和回报比另一位员工的投入和回报少,就会产生不公平感。

如果某位员工的回报(期望)没有得到满足,这位员工会感到不满意,因而导致激励程度下降,或是该员工努力去消除这种不公平感从而获得更高的激励。如果该员工认为不公平程度过大而无法改变,就会辞去工作。

需求层次理论。人们最熟悉的激励理论就是亚伯拉罕·马斯洛(Abraham Maslow)的需求层次理论。该理论被各个学科广泛研究,比如社会学、行为心理学,以及管理学。1943年,马斯洛发表了一篇论文,后来又被美国心理学会再次出版。在这篇论文中,马斯洛列出了他认为应该包含于所有人类激励理论之中的13个假设。假设七是需求层次理论的基础:

> 人类的需求是按优先层次排列的。即,只有在层次上更优先的前一种需求得到满足之后,才会出现后一种需求。人类是一种有着永无止境的需求的动物,而且任何需求和驱力都不可以孤立看待;每一种驱力都与是否满足其他驱力有关。[7]

此处提到的"优先"是指一种更具优势或更强烈的、更突出的需求。

马斯洛的需求层次理论由必须得到满足的五个不同层次的需求组成。某一层次的需求相对满足了,人们才会关注更高一层次的需求。大部分人沿着需求层次上移,努力去实现未满足的需求。这五类需求层次分别是生理需求、安全需求、归属和爱的需求(也称为社会需求)、尊重的需求以及自我实现的需求。

马斯洛的第七个假设指出,只有在层次上更优先的前一种需求得到满足之后,才会出现后一种需求。管理者们有时认为这意味着集中精力去完全满足某一层次的需求,然后上升到更高层次的需求。马斯洛从来没有如此严格地限定该理论。他说,未满足的最低层次的需求受到更多关注,而对其他需求的关注则相对较少。因此管理者们知道,员工的基本生理需求完全得到满足之后,安全需求才会成为激励因素,并沿需求层次依次向上。社会和环境同个人需求结构共同发挥作用,对人类行为产生影响。如果个人,比如名人或世界级运动员,处于自我实现的需求层次,但是由于某种原因害怕个人隐私被侵犯(更低层次的安全需求),此时安全需求占据优先地位,获得更多关注。

马斯洛理论的核心是已经满足的需求不再是激励因素。一旦一种需求得到满足,另一种更高层次的立刻出现,成为激励因素。

图11-2展示了马斯洛的需求层次。下面是对每一层次的阐释:

生理需求。它包括饥饿、口渴、睡眠和其他基本生理需求。

安全需求。生理需求满足之后，安全就变成第一位的。安全需求包括安全的工作环境、免受威胁和犯罪行为伤害、保护和经济安全。

归属和爱的需求。根据马斯洛的理论，只有当生理和安全需求都满足之后，归属和爱的需求才会占据首要地位。感情上的需求包括对社会认可、爱情和情感以及友谊的渴求。

尊重需求。三个较低层次的需求满足之后，尊重需求出现了。尊重需求和来自他人的认可和尊敬有关。当人们认为自己是有价值的个体时，尊重需求也可以得到满足。在这一层次人们努力去赢得别人的高度尊重。

自我实现的需求。一旦人们的所有其他需求都得到满足之后，这一层次的需求就是最高层次的需求。自我实现可以以很多方式来解读：完全实现个人潜能、从事一生中最想做的事情和对利用手头资源达到的成就感到满意。这是唯一不能被完全满足的需求。马斯洛认为，人们总是想变得更好，得到更多。

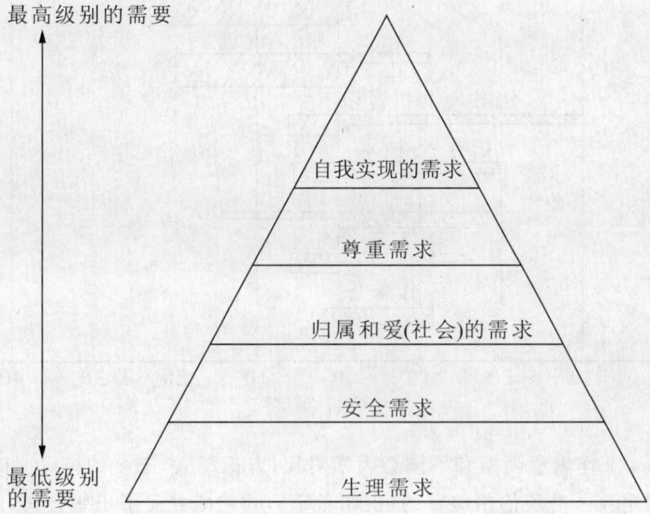

图 11-2　马斯洛的需求层次

马斯洛的理论对管理者的价值　马斯洛的理论对管理者的价值在于强调人们的需求，允许管理者努力给员工提供满足其需求的途径，从而提高生产率。既然管理者的任务就是激励人类行为来实现预期目标，那么每个管理者都必须对员工有足够的了解，以决定员工的需求和需求层次，进行最积极的激励。

一般而言，该理论具有很大的价值，但它并不是在任何时候普遍适用于所有人。当前的研究表明，低层次的需求（生理需求和安全需求）可能是有顺序的，但是除此之外，进行单独或同时激励所依据的几种需求未必符合马斯洛需求层次的顺序。

激励-维持理论。弗雷德里克·赫茨伯格（Fredrick Herzberg）及其同事提出的激励-维持理论，也叫双因素理论和激励-保健理论。该激励理论建立在认为所有与工作相关的因素可以被分为两类的基础上。一类与工作相关的因素称作维持或保健因素或对工作不满意因素。第二类与工作相关的因素称作激励因素或工作满意因素。为避免混淆，学生可以把这些因素看作工作满意因素和工作不满意因素。

在20世纪50年代，根据自己对在宾夕法尼亚州匹兹堡工作的大约200位工程师和会计做出的大量深度访谈的结果，赫茨伯格提出了激励理论。参与者被要求描述工作情况，他们感觉工作中哪些是特别好的，哪些是特别差的。从这些访谈中，赫茨伯格列出了工作不满意因素和工作满意因素。工作不满意因素都和工作条件和工作环境有关。工作满意因素都和工作本身有关（图11－3），包含了能够激励员工的因素。

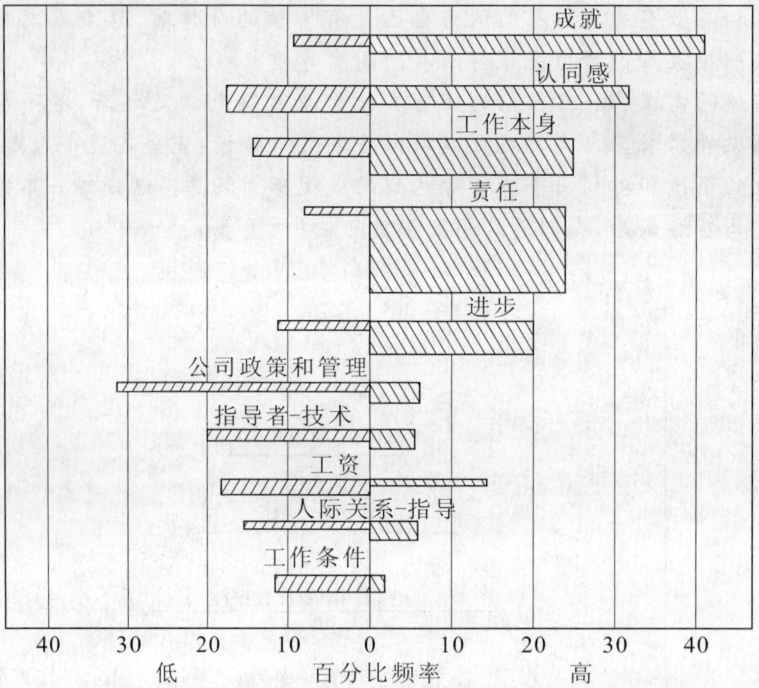

图11－3　工作满意因素和不满意因素对比（方框越大，态度的持续时间越长）

摘自弗雷德里克·赫茨伯格编辑的《工作激励》，约翰威立父子出版公司，纽约，1959

工作满意因素，如成就、认同感、工作本身、成长和进步的机遇，都是激励因素。与工作环境相关的因素，如工作安全、工资、监督和工作条件，不但不能造成激励，相反还会造成障碍。为了防止员工产生不满，必须给予这些工作不满意因素（维持或保健因素）必要的关注。只有两种因素都得到合理的满足，员工才会被高度激励。尽管已经很好地满足了维持工作因素，员工的需求还是会以多种形式不断地产生，所以管理者经常要面对越来越多的要求。

赫茨伯格教授这样阐释激励：

据我观察，激励因素直接源于激励和保健质量与工作绩效之间的联系。这种观点的基础是，激励因素是满足人们心理成长需求的因素，尤其是成就、认同感、责任、进步和机遇。维持（保健）因素与工作环境-工作场所周围条件和处理，特别是公司政策和管理、监督、与他人关系、工资、私人生活、地位以及安全有关。他们潜在的动力是避免工作环境中造成痛苦。激励因素与善于用人有关，有效的保健项目与待人友善有关。结果就是绩效提高。[8]

赫茨伯格的激励理论受到很多批评，但是他的研究以及所发表的关于激励的论文却鼓励人们进行更多研究。或许对于在职管理者而言，他最有价值的研究成果是重视工作本身，并将其作为激励员工的起点。当今的工作丰富化项目就是基于激励-维持理论的，用于增强员工对工作的激励程度。工作丰富化包括工作升级，增加与工人工作相关的挑战、责任和自主权，提供有成长、认同和进步机会的有意义的工作职位。

任何监督性职位的管理者都有机会丰富其员工的工作。工作丰富化要求管理者使用创造性技巧改变工作环境。例如，给予负责促销和推广的员工项目总监临时性头衔，从而增加其在所从事的特殊项目上的权限，赋予其更多的职责，直到项目结束为止。项目结束之后，再对完成得不错的工作表示认可。工作就被丰富化了，员工感到非常有成就，这种认同感会激励其今后更加出色地工作。

X 理论和 Y 理论。1960 年麻省理工大学教授道格拉斯·麦格雷戈(Douglas McGregor)写了《企业的人性面》(The Human Side of Enterprise)一书[9]。在这本书中，他提出了一种激励理论，叫做 X 理论和 Y 理论。该理论基于管理者对人性的观点提出两种风格的管理：X 理论(独裁式)和 Y 理论(民主参与式)。在每种风格的管理中关于人类行为的假设包括：

X 理论的假设：

- 大多数人天生不喜欢工作，只要有机会，他们尽量逃避工作。
- 由于人类不喜欢工作，必须用强迫、控制并用处罚威胁等手段，使他们做出适当的努力去实现组织的目标。
- 大多数人宁可让别人领导，不喜欢负什么责任，他们没有什么雄心壮志，把个人安全看得比什么都很重要。

Y 理论的假设：

- 工作是满足的源泉，就像游戏或休息一样自然。
- 惩罚的威胁只是让人们去工作的一种方法，但它通常不是最好的方法。人们愿意通过自我激励和自我引导来实现组织目标。
- 人们对组织目标的投入取决于自身对完成目标时得到的奖励的期望。
- 在适当条件下，一般人不仅会接受责任，还会主动谋求责任。
- 大多数人而不是少数人都具有创造性思维、创新能力和解决问题的能力。
- 大多数人的智慧潜能都没有得到完全发挥。

麦格雷戈对工作场所人类行为的假设备受批评，被认为过于极端，无法解释所有的情形和所有的人类行为。然而，Y 理论的流行确实鼓励了管理者们去实践民主参与式管理，更加关注员工的士气，集中精力给员工工作添加挑战和给予更多奖励以使得工作扩大化和丰富化。

多年前麦格雷戈的 X 理论和 Y 理论的发表直接导致了今天民主参与式管理的流行。让员工参与到对其有直接影响的主题中，这种方式对员工、对管理者甚至对组织都有潜在的价值。如果足球队主教练让助理教练为两周后举办的大赛起草一份比赛计划，毫无疑问，助理教练会把这看作是对自己的信任，尽自己最大的努力去完成该任务。即使后来更改比赛计划，助理教练也会觉得自己很重要，会更加投入，不会对比赛计划的最终定稿产生抗拒。

–　　　　维克托·弗鲁姆在 1964 年发表的著作《工作与激励》中提出偏好-期望理论。弗鲁姆认为，员工激励与工作中的偏好和期望有关。偏好是人们希望得到的结果。期望是采取某种行为方式时会带来什么样的结果的主观概率 。[4]

员工通过根据自己对某种情形的感觉做出选择，以期获得奖励。例如，如果某位员工认为努力工作和长时间工作工资会明显上涨，那么就会激励自己去这样做。某位运动员欲在明星云集的队伍赢得一席之地，必须努力发挥自己的最佳状态去赢取这一荣誉。

三种关系可以强化已经被激发的行为：努力与绩效之间的正向关系，良好的绩效表现与奖励之间的正向关系，以及实现有价值的成果与奖励之间的关系。

强化理论。哈佛大学已故的 B. F. 斯金纳（B. F. Skinner）在提倡把行为修正作为激励工具方面处于领先地位。

基本上，导致积极结果（奖励）的行为会重复发生，而导致消极结果（惩罚）的行为不会重复发生。[10]

积极强化包括诸如升职、加薪或调整到更好的职务之类的奖励。斯金纳认为，奖励或积极强化是修正行为的最佳激励。消极强化或惩罚可能导致不想要的结果。

实施积极强化的管理者毫不吝啬自己的表扬和鼓励，允许员工参与与其相关的问题的解决和决策的制定。

奖励形式的积极强化必须以绩效为依据。为了让奖励成为有意义的激励因素，必须和相应级别的绩效挂钩并在员工赢得奖励之后立刻给予，这样他们就不会对奖励与绩效之间的正向关系产生任何怀疑。

激励理论分类

激励理论可以分为内容型理论、过程型理论或强化型理论。

内容型理论，比如说马斯洛、赫茨伯格、麦克利兰和麦格雷戈提出的理论，关注引起个体某种行为方式的内部需求。过程型理论，比如说弗鲁姆的期望理论和亚当斯的公平理论，关注个体如果以某种方式表现或工作可能得到的奖励。强化型理论，比如说 B. F. 斯金纳和其他人提出的基于过去行为影响未来行为而产生的结果的激励。

通过对所有类型的激励理论的复习，一些对在职管理者有价值的共同线索浮现出来。表 11－1 列出了最重要的几个。

表 11－1 促进激励的共同因素

- 员工的技能符合工作要求
- 员工和管理者（老板）之间有开放式沟通
- 工作富有挑战性和刺激性
- 鼓励参与问题解决和决策制定
- 管理者的正面反馈（认同）
- 允许员工拥有部分自主权和独立行动权
- 有个人成长的机会
- 有升职的机会
- 与员工绩效相关的金钱和心理补偿是公正的
- 工作有保障（稳定的工作和福利）
- 良好的工作条件和必要的资源

士　气

《美国传统词典》把"士气(morale)"定义为"个人或集体具有的精神状态,通过信心、愉悦和纪律表现出来"[11]。管理学理论家对士气的定义则抱有不同的看法。

大卫 J. 施瓦兹把"士气高昂"定义为"一个对其领导者充分信任并且相信组织目标能够实现的集体所具有的自信心、决心和自我牺牲的态度"。[12]鲁(Rue)和拜厄斯(Byars)把"(组织)士气"定义为"通过共同目标,对这些目标实现的信心和朝着目标取得的进度,个人对员工集体的认同感和归属感。"[13]后面一个定义把士气看作是一个与员工集体而不是个人关联的模糊因素。本书认为最有用的定义是,士气是在任一已知时间点上完成任务或执行功能时,个人或集体的精神和情感状态。此定义整合了个人或集体具有的热情、价值和自信等全部情感,并说明这种态度是短暂的。表示集体士气的常用术语是团队精神(esprit de corps),即员工集体有共同的目标感、目标级别和对未来的信心。一个关于团队成员具有团队精神的经典案例是在两只棒球队在参加世界大赛时,所有的队员都具有共同的目标感、目标级别和自信,抛开私人恩怨和分歧,集体士气相当高昂!

组织对员工士气感兴趣是因为它可能与绩效和结果存在关系。其他需要回答的问题有:①被高度激励的人是否也士气高昂?②对工作或对某个情形感到满意是否等于高绩效?

士气和绩效

管理者相信,高士气产生高生产率。虽然从长远来看,士气可能与生产率存在正向关系,但是确实存在很多例外的情况。最常见的一个案例就是,在经济困难时企业进行裁员,剩下的员工士气低落,但是生产率很高。员工害怕被炒鱿鱼的心理决不会导致士气高昂,但是会促使员工对待工作更加认真,从而产生更好的工作绩效。

人们普遍相信工作集体士气高昂会减少旷工、拖沓、补缺和事故。但是士气是个模糊因素,很难被客观衡量。可以激发士气的决定因素包括对集体努力的积极认同;组织目标和集体目标保持一致;集体参与决策过程;工作安排有意思。霍桑实验是著名的研究士气和生产率的研究项目。

现在,我们知道,激励是给出行为目的和导向的一个过程。激励建立在人类需求的满足的基础之上。员工为了获得认同、职位提升或受到尊重而产生高度激励、努力表现,但是这种激励并不一定会伴随着士气高涨。很可能某个受到高度激励的员工与其工作集体的目标不协调而导致整体集体士气低落。反之,也有可能被高度激发的员工集体士气高昂,一起和谐地工作。在短期内,激励、士气和工作绩效似乎没有直接和连续的关联。

工作满意度和绩效

与士气的定义不同,工作满意度专指个人对其工作环境的精神状态。正如工作满意度可以影响士气一样,集体士气也会影响工作满意度。20 世纪 90 年代的管理者们花费相当多的时间和精力来增强员工对工作的满意度。主题就是对工作满意的员工将成为好员工。喜欢目前工作状态的员工是对工作感到满意的员工。在工作满意度对绩效的影响上，管理学学者们的意见并不一致，但是大多数在职管理者们相信二者之间有直接的正向关系。

在工作场所增加工作满意度的方法有：岗位轮换(job rotation)、工作扩大化(job enlargement)和工作丰富化(job enrichment)。

岗位轮换是定期更换员工岗位，目的是减少工作的单调性、培养多种技能和增加经验。此方法在第二次世界大战之后在可交换技能的装配工厂非常流行。今天，随着操作活动的日趋复杂和完善，几乎没有组织选择施行岗位轮换。

工作扩大化是指扩大工作的范围，增加员工的工作种类选择和职责。重新设计工作目标是为了使从事单调和重复性工作的员工的不满意程度降到最小。批评者认为，工作扩大化仍然会导致工作的单调，还可能被员工解读为一种管理策略，即使用更少的员工从事更多的工作以及获得更大的产出。工作扩大化的支持者指出，一些员工会对工作扩大化反应积极，因为他们可以在所从事工作的总体框架下学习和使用新技能，承担更多职责，有一种被重视的感觉。

工作丰富化是在工作中包含更多的激励因素(赫茨伯格)，从而导致对工作更加满意的过程。激励因素包括让工作变得更有趣和更富有挑战性，给员工更多自由和自主权，允许他们参与制定规划和决策。这里需要注意的是，除非保健因素或工作不满意因素同时得到合理的满足，否则激励因素或工作满意因素是不会有什么效果的。

近些年一些企业引入了几个概念来丰富工作，影响工作满意度和员工士气。这些概念包括弹性工作时间(flextime)、每周 4 天工作制(four - day work weeks)和休闲星期五(casual Friday)。

弹性工作时间允许员工自由选择每天的工作时间安排，只需要保证核心工作时间的几个小时在岗位上。核心时间可以是从上午 10:00 到下午 2:00，在此时间之外，某些员工可以合理安排工作时间。许多员工都喜欢弹性工作时间，比如职业母亲。

每周 4 天工作制在一些工作性质允许的组织机构里非常流行。员工每周工作 4 天，每天 10 个小时，而不是每周 5 天，每天 8 小时。这样每周就有三天的周末休息，对很多员工都非常有吸引力。但是在决定哪个员工在哪一天休息时，问题就产生了。

休闲星期五也称为“便装日”。在办公大楼，要求职员每天都穿得很正式，于是许多组织允许员工在星期五随意着装。一般而言，便装意味着员工可以穿牛仔和夹克而不是制服或套裙。休闲星期五在“白领”阶层中非常流行，但是在工厂车间里就毫无价值。一个很有趣的现象是，世界上其他文化群体把星期五看作是工作中的员工的“盛装日”，比如波多黎各和墨西哥。

小　结

管理者面临的最常见的问题就是如何激励某些员工，让他们的工作表现更加出色。受到高度激发的员工会带来业绩的明显增长和问题的显著减少。激励与激发人类行为的措施相关。一些激励来自生理需求(如生存)，一些激励来自心理需求(如认同、地位和自尊)。

大量的激励理论相继出现，其中最古老的激励理论是奖励-惩罚理论(对好的表现进行奖励，对差的表现进行惩罚)。F. W. 泰勒通过差别计件工资制的例子证明了这一传统理论，即超过工作标准的员工的工资高于未达到工作标准的员工的工资。泰勒推断说，如果潜在的经济激励足够高，金钱就成为最主要的激励因素。

亚伯拉罕·马斯洛的需求层次理论世人皆知。该理论包含了五个层次的需求:生理、安全、爱和归属、自尊和自我实现。马斯洛认为,人们的需求从最低层次(生理需求)开始沿需求层次依次向上,前一层次的低级需求得到满足之后,新的更高的需求才会出现。他认为,不管人们处于需求层次的哪个位置,最低层次的未满足需求总是占据主要地位。

弗雷德里克·赫茨伯格基于工作满意因素和工作不满意因素提出了激励-维持理论。工作满意因素与工作性质有关,如成就、认同和工作本身。工作不满意因素是工作周边条件,如工资、工作条件、监督和公司政策。工作不满意因素必须得到完全满足,但是不会促进激励。工作满意因素和保健因素或工作不满意因素一同作为激励因素。

本章提到的激励理论还有道格拉斯·麦格雷戈的X理论和Y理论、维克托·弗鲁姆的偏好-期望理论、B. F. 斯金纳的强化理论以及J. 斯达西·亚当斯的公平理论。激励理论可以分为内容型、过程型或强化型理论。

士气有几种定义,其中一种定义是"通过共同目标,对这些目标实现的信心和朝着目标取得的进度,个人对员工集体的认同感和归属感"。士气是无形的,在许多方面对员工绩效产生影响。尽管激励和士气之间没有直接关系,但是它们之间也许有(也许没有)某种关联。

霍桑实验代表了美国管理学中人际关系运动的开端。研究者们的发现是有重大意义的,因为这些研究证明了工作条件以外的因素也可以影响员工绩效。

工作满意度指个人对其工作环境的精神状态。对工作感到满意,"愉悦"的员工就会是好员工,不过也有人对这一点发表了不同看法。增加工作场所工作满意度的方法包括岗位轮换、工作扩大化和工作丰富化。工作丰富化是在工作中包含更多的激励因素的过程。

复习题

1. 讨论激励的含义和高度激励员工必不可少的三个条件。
2. 指出泰勒的传统激励理论和马斯洛以及赫茨伯格的理论之间的区别。
3. X理论和Y理论建立在关于人类行为的假设的基础上,是哪些假设?你认为全部员工要么是X类,要么是Y类吗?
4. 复习激励理论研究的共同线索。请添加几个线索。
5. 给士气下定义并讨论员工绩效和激励的关系。
6. 说明为什么霍桑实验代表着管理学中人际关系运功的开端?
7. 区分士气和工作满意度。在工作场所采取哪些方法来增加员工的工作满意度?
8. 激励理论可分为内容型理论、过程型理论或强化型理论。请区分这三类理论。
9. 说明B. F. 斯金纳的强化理论是如何修正行为和激励个人的。

个人能力实践

对有固定职业的四到五个朋友实施一项小调查。按照赫茨伯格研究的做法,问他们对自己的工作最喜欢和最讨厌的地方。整理这些说法,看是否与赫茨伯格的工作满意因素和工作不满意因素相符。(注意:所有的理论都有缺陷,没有"完美无瑕"的理论。)

案例

金钱激励

校长阿瑟·霍恩布拉特希望他的学校获得全国冠军。他去找体育指导主任(校友兼教师)和参赛学生,尽力创造条件让他们去实现此目标。在咨询男队和女队主教练该怎样赢得比赛之后,校长决定听从橄榄球教练的建议:聘请全国最好的进攻型教练。

体育指导主任和教练们把候选人范围缩小为两个顶级教练,每一个都是经验丰富、非常成功的职业教练。他们也都乐意和学校领导接洽,表达了对这份工作以及赢得全国冠军的渴望。但是在薪酬包(compensation package)的问题上产生了争执。校长霍恩布拉特认为钱不是问题,他有足够的资金支持。但是任何一个教练开出的工资和福利是现有体育部门员工,包括体育指导主任和主教练的两到三倍。

校长霍恩布拉特把决定权留给了体育指导主任和橄榄球教练,让他们自己搞明白如何去指挥一个工资是他们两倍的下属。

问题:

1.请全面说明体育指导主任和橄榄球主教练该如何指挥一个工资比他们高很多的下属,用什么方法去激励他。

2.万一高薪教练被解雇,你认为这会对教练组的士气造成什么样的影响?体育指导主任是否为此做好了准备,能否由此带来消除消极的影响?

关键术语

内容型理论:重心在于引起个体某种行为方式的内部需求的激励理论。

公平理论:重心在于员工间公平感的一种激励理论。

期望:采取某种行为方式时会带来什么样的结果的主观概率。

激励的目的:促使人们满怀热情地并有效地发挥自己最大的努力以实现和希望超越组织目标。

霍桑实验:埃尔顿·梅奥和其他学者在1924年到1932年间所做的研究,代表了美国管理学中人类关系运动的开端,引起对工人士气的重视。

工作扩大化:扩大工作的范围,增加员工的工作种类选择和职责。

工作丰富化:在工作中包含更多的激励因素,从而导致对工作更加满意的过程。

岗位轮换:定期更换员工岗位,目的是维持或激发员工的热情或激励员工。

工作满意度:个人对工作环境的精神状态。

士气:在任一已知时间点上完成任务或执行功能时,个人或集体的精神和情感状态。

激励:给出行为目的和引导行为的心理过程。

动机(也称作需求):组织和/或个人内在的需求、需要、动力或冲动。

激励-维持理论:基于工作满意因素和工作不满意因素两类与工作相关的因素的动机理论。

需求层次理论:为了激励个人,金字塔式的五个层次的需求必须一个接一个地得到满足;低层次的"占主导地位"的需求满足之后,更高层次的需求才会作为激励因素产生。

偏好-期望理论:员工激励和工作中的偏好与期望有关。

偏好:人们希望得到的结果。

过程型理论:关注个体如果以某种方式表现或工作可能得到的奖励的一种激励理论类型。

强化型理论:将激励建立在过去行为的结果的基础上,进而影响未来行为。

斯金纳的强化理论:导致积极结果的行为会重复发生,而导致消极结果的行为不会重复发生。行为调整的基础(社会学和心理学)。

X 理论和 Y 理论:关于人类行为和激励的观点,区分两种基于管理者对人性的感知的管理风格。

传统理论:把金钱作为激励因素进行激励的科学管理方法。

参考文献及本章注释

[1]David Schwartz. *Introduction to Management*(New York: Harcourt Brace Jovanovich, Inc., 1980), p. 465

[2]Paul Hersey and Kenneth H. Blanchard. *Management of Organizational Behavior. sixth edition*(Englewood Cliffs, NJ: Prentice-Hall, Inc., 1993), pp. 19～20

[3]Stan Kossen. *The Human Side of Organization*. sixth edition(New York: Harper Collins College Publishers, 1994), p. 156

[4]Victor H. Vroom. *Work and Motivation*(New York: John Wiley and Sons, 1967)

[5]Hersey and Blanchard. *Organizational Behavior*, pp. 56～59

[6]J. Stacey Adams. Toward and Understanding of Inequity. *Journal of Abnormal and Social Psychology*. November, 1963, pp. 422～436

[7]A. H. Maslow. A Theory of Human Motivation. Copyright 1943 by the American Psychological Association. Reprinted by permission in *Critical Incidents in Organizational Behavior* by Francis J. Bridges and James E. Chapman(Englewood Cliffs, NJ: Prentice-Hall, Inc., 1997), p. 195

[8]Frederick Herzberg. The Wise Old Turk. *Harvard Business Review*. September-October 1974, p. 71

[9]Douglas McGregor. *The Human Side of Enterprise*(New Tork: McGraw-Hill Book Company, 1960), pp. 33～34, 47～48

[10]See B. F. Skinner. *About Behaviorism*(New York: Random House, 1976)

[11]Morale. *The American Heritage Dictionary*(New York: Dell Publishing Co., Inc., 1983), p. 444

[12]Schwartz. *Management*. p. 481

[13]Leslie W. Rue and Llod L. Byars. *Management, Theory and Application*(Homewood, IL: Richard D. Irwin, 1989), p. 381

课后阅读材料

Davis Keith, and John W. Newstrom. *Human Behavior at Work: Organizational Behavior*. 7th ed. New York: McGraw-Hill, 1985

McGregor Douglas. *Leadership and Motivation*. Cambridge, Ma: M. I. T Press, 1966

第十二章 领导力

本章内容包括：

- 领导力的定义
- 领导者和管理者
- 权力、权威和影响力的来源
- 对于领导力的早期研究兴趣
- 领导风格和态度
- 领导力研究
- 领导理论的应用

引 言

也许管理领域中没有科目比领导的科目叙述得少。人们对领导科目的兴趣促使相关的研究作品、研究和理论迅速增加。加里·尤可教授说："……领导领域现在正处于混乱状态。大多数领导理论都趋于概念化而缺乏有力的经验支持。"

"领导文献包括 5 000 多部研究作品；但是领导领域的混乱状态大体上可归因于大量的出版物、方法的多种多样、令人混淆的术语、许多琐碎的研究和对简单解释的偏爱。"[1]

尽管存在混淆和争议，领导力研究对于将来踏上领导岗位的学生是很重要的。罗伯特·特克勒特(Robert Turknett)协会领导集团的罗伯特·特克勒特先生说，未来的组织可能要求所有的员工、管理层和非管理层都成为领导者。他说这是因为有扁平的组织结构，这种结构的管理等级在逐渐缩小，官僚主义程度更轻，其推动力能加快工作速度，提高消费反应并推动持续创新。要求每个员工都像企业的所有者一样思考和行动：一天领导，第二天遵从；保持消息灵通并且能够评估企业的各个方面，不考虑个人在组织中的职位；冒更大的风险、制定更多决策和承担结果的责任。特克勒特先生的总结是：未来的所有员工都将需要通过影响和说服他人的方式达到目标，从而利用最基本形式的领导力。[2]

历史已经反复证明了高效领导者在帮助团体和组织达到目标方面的重要性。政治、军事和商业领域产生的伟大领导者影响了民族的特点和未来。相关的例子可以追溯到乔治·华盛顿时代以及亚伯拉罕·林肯、富兰克林·罗斯福、德怀特·艾森豪威尔、亨利·福特和约翰 D. 洛克菲勒，等等。从更加现代的意义上说，美国的大多数人见证了商界、政界和军事界的高效领导者李·艾科卡、罗纳德·里根和科林·鲍威尔。在足球史上，杰出的领导者包括圣母大学的纽特·罗克尼、俄克拉荷马州的巴德·威尔金森、"绿湾包装工"橄榄球队的文斯·隆巴迪和亚拉巴马州的保罗·布莱恩特。

相对于任何其他方式，人们更容易通过高效领导者的努力成果和追随者的热情来识别他们。高效领导者的素质因人而异。还没有确定能用于挑选领导者的、屡试不爽的一套共同特质。

领导力对于管理和组织的成功非常重要。本章对此科目进行了概述并回顾了领导领域中一些更重要的研究。

领导力的定义

学生在理解了领导力的含义后才能学习和复习领导这门科目。

乔治·特里(George R. Terry)说："领导力是影响人们自愿为团体目标努力的活动。"[3]

斯通勒(Stoner)将管理领导力定义为"指导和影响团体成员完成任务活动的过程。"[4]

鲁和拜厄斯(Rue and Byars)将领导力定义为"影响人们自愿遵守个人的指导或决策的能力。"[5]

这些定义中的共同点是：领导者必须具备影响人们自愿开展活动的能力。

我们的定义是：领导力是鼓舞或影响团体成员热情、胜任地完成他们的任务的过程。

罗伯特·费尔莫(Robert M. Fulmer)教授说，鼓舞或影响他人的能力是一个领导者的"不确定要素"。他说："领导力的不确定要素不能被购买、出售或转移给个人。如果一个人拥有了领导力，它可以被培养或教化。如果一个人不具备领导力，世界上所有的领导力培训课程都不能使其成为领导者。"[6]

几个世纪以来，各学科的学者都在研究和探讨领导力这个科目。仔细思考一下2500年前中国的哲学家老子说的话：

> 太上，只知有之；其次，亲而誉之；其次，畏之；其次，侮之。信不足焉，有不信焉。悠兮，其贵言！功成事遂，百姓皆谓"我自然"。[7]

我们的国家缺少高效领导者吗？大多数人都认为缺少。在各种组织和各个级别都需要高效领导者。

领导者和管理者

人们在使用词语"领导者"和"管理者"时常常认为它们是可互换的或同义的。管理者应该是高效领导者，但有可能不是高效领导者。许多高效领导者都没有担任管理职务。管理者的手下有根据他们的指导工作并服从他们的"员工"。管理者完全负责这些员工的行动。领导者有忠心的"追随者"，只要追随者不对领导者的目标或策略感到失望。员工因为完成管理者分配的工作任务而得到工资和福利。领导者的追随者因为作为领导者团体的一分子朝着目标努力工作而获得个人满意感和价值感。

从员工的热情、忠诚度和为达到目标做出的努力，人们可以清楚地识别出谁是高效领导者的管理者。基思·戴维斯(Keith Davis)阐述了管理和领导力的区别：

> 领导力是管理的一部分，但是并非全部……领导力是说服他人带着热情达到规定目标的能力。这是一种人为因素，它将一个团体凝聚在一起并激励团体向目标奋进。在领导者激发人们的动力并指导他们朝着目标奋斗之前，像制订计划、组织和作

决策一类的管理活动都是休眠的茧。[8]

简言之,作为高效领导者,管理者的员工不仅按照他的指示完成工作,而且他们这样做是因为想要为这个管理者工作。

亚伯拉罕·扎莱兹尼克(Abraham Zaleznik)在担任哈佛商学院的社会心理学教授时曾写道:“管理者和领导者是非常不同的两类人。他们的不同之处在于动机、成长历程以及如何思考和行动。”[9]

扎莱兹尼克阐述了管理者和领导者在认识自我方面的区别:

> 管理者认为他们自己是已有事务秩序的保护者和调节者,他们将自身与这种秩序联系在一起并且从中获得回报。对现有制度的维持和加强可以提高管理者的自我价值感;他们所扮演的角色是与职责和责任的观点相符合的。(领导者)往往……感觉他们脱离了包括其他人的环境。他们可以在组织中工作,但是他们从来都不属于这些组织。他们对自我的认识不取决于成员资格、工作角色或其他的社会身份指标。[10]

赫赛和布兰查德(Hersey and Blanchard)以不同的方式区分了管理和领导力:

> 在本质上,领导力的概念比管理的概念更加宽广。管理被认为是一种特殊的领导力,其中组织目标的获得极为重要。因此,两者概念的关键不同在于词汇的组成。当一个人试图影响个体或团体的行为时,不管是什么原因,都会运用领导力。这可以是为了获得个人或他人的目标,也许等同于或不等同于组织目标。[11]

权力、权威和影响力的来源

要知道管理者是怎样影响员工绩效的就要知道权力的来源。表 12-1 显示了各类权力并分别做出了说明。权力是管理者影响员工态度和行为的能力。[12] 权力还可以影响物质事物,但是此处的重点是对人们的影响。

表 12-1 权力来源

奖赏权力	提供奖赏的个人能力
强制权力	惩罚他人的个人能力
合法权力	个人在组织中的正式职务
专家权力	个人的专门技术、知识和技能
参照性权力	能吸引他人的独特的个人特点

资料来源:基于 J. R. P. French 和 B. H. Raven 的著作《社会权力研究》. 密歇根州安阿伯:社会研究所,1959,pp. 15～167

正式组织中的管理者根据他们在组织阶层中的职务而具有合法权力。与职位相称的权威伴随着这种形式的权力。为了达到目标,管理者可以对员工和资源施加足够的权威,但是他们不能被视为高效领导者。一般地,管理者拥有的合法奖赏权力和强制权力的多少决定了他们权威的大小。

高效的管理领导者主要依赖于奖赏权和参照权来影响个体和团体的行为和表现。必然的

(天生的)领导者一般用专家权力和参照性权力来影响追随者,因为他们没有能执行奖赏权和强制权的正式的权威职位。政治领导者如约翰·肯尼迪总统和罗纳德·里根总统主要是依靠参照性权力来影响公众态度的。在竞技性比赛中,伟大的运动员常常是必然的领导者。他们有强大的技巧(专家权)和独特的个性(参照性权力),可以激发队友发挥最高水平。

对于领导力的早期研究兴趣

科学管理时代。在管理先驱弗雷德里克 W.泰勒、劳伦斯·甘特、弗兰克·吉尔布勒斯和哈林顿·爱默生等人所处的时期,领导力学科几乎不被重视。当美国在20世纪初迅速发展成为主要的工业大国时,所有者、管理者和顾问重视的是制造经营中不断增加产量和不断减少成本。在主要的工业城市,员工的薪水很低,而劳动力的供应量却很大。达到经营管理者制定的绩效目标比关心员工的需求重要。当时所谓的管理者/领导者同时运用合法(职位)权力和强制权力来影响工人达到组织目标。之后,当泰勒和甘特提出他们的激励工资计划时,他们开始执行对有杰出工作绩效的员工进行奖励的现代实践。泰勒的差额计件工资激励计划是运用货币(工资)作为动力提高员工绩效的经典例子。当更多的公司引进货币激励计划后,这些公司中的管理者/领导者的角色转变使他们开始重视通过提高的生产力来满足员工需求和组织需要。

霍桑研究。正如第十一章中提到的,这些研究历时数年并且很有意义,埃尔顿·梅奥和他的助手总结道:社会、心理因素和其他因素影响了员工的工作绩效。这些研究标志着美国管理史上人际关系运动的开始。从1940年至今,美国管理者更加注意员工的工作需求、工作场所的个人或团体关系,以及为员工的发展提供更多的机会。管理者/领导者仍然关注产量计划的获得,但是现在是通过关心员工的个人需要从而给予更高工作满意度来表现的。

特质理论。研究领导力的最古老、最受欢迎的方式之一是专注于确定高效领导者所拥有的共同特质。这些特质也许是身体特质、社会特质或人格特质,例如身高、吸引力、智力、创造力、热情、自信、知识、机智和共鸣,等等。

特质理论认为高效的领导具有可识别的特质。此外,这些理论认为所有的高效领导者都有某些共同的特质。如果情况是这样,有这些特质(假设这些特质可被识别)的个人可以被挑选出来并培养成未来的领导者。含义是,有潜力的领导者具有天生的特质,这些特质将他们与那些缺乏这些必要特质和素质的人区别开来。

研究领导力的特质方法受到了许多对预言观持怀疑态度的学者的挑战。尤金·詹宁斯(Eugene E. Jennings)说:"50年的研究都没有得出可以用来区别领导者和非领导者的一种人格特质或一套素质。"[13]

继续这个主题,加里·尤可写道:"'领导者是天生的'这种旧的假设已经完全受到怀疑,某些领导特质对于高效领导者有绝对必要性的这种前提在数十年的特质研究中从未被证明过。"[14]

可能拥有某种特质的人与其他人相比更具有成为高效领导者的潜力;但是并没有确保这一点的通用的、可识别的特质。而且,领导力的情形范围广泛,一种情况所必需的个人特质也许并不符合另一种情况的需要。

领导风格和态度

领导风格因领导而异。但是领导者对他人的态度、领导者所处的环境以及他们的追随者的类型都极大地影响着他们的领导风格。

魅力型领导。有些个人具有超凡魅力。他们有权力和特殊的能力,能够获得很多人的热爱。这类领导的例子有前总统约翰·肯尼迪和罗纳德·里根,他们都有强大的魅力(个人吸引力),并且都是高效的领导者。魅力是一种难以界定但是容易从一个人身上观察出来的素质。魅力型领导者通常不担任管理职务,但是他们深深地影响着尊敬和极其信任他们的人。魅力型领导者主要运用他们的人格和特有的技巧来影响他们追随者的行为。

负面型领导。负面的领导风格与领导者对人的态度有关。负面管理者对员工的工作期望持怀疑态度。他们采用强制和畏惧技巧刺激并"过分监督"员工的工作活动。负面领导者支持道格拉斯·麦格雷戈对员工态度的 X 理论。他们的观点是:典型的工人是以自我为中心的,几乎不关心组织目标。

参与型领导。参与型领导是这样的:当主题直接影响到员工时,允许员工有更多的机会参与到决策制定过程中来。参与型领导懂得,当员工参加(P)决策制定时,他们将认同(I)所发生的事情;应该很少有人(如果有的话)对结果不满意。参加(P)和认同(I)是员工参与(EI)的基础。这种领导风格又被称为民主型领导。参与型领导基于道格拉斯·麦格雷戈的 Y 理论(对人们的假设),即人们将工作视为与玩乐和休息一样自然的活动,并且当他们直接认同组织目标时,会自愿期待达到目标。

参与型领导与追随者分享权力有关。现在流行的管理词汇之一"授权"就是此意,例如自我管理团队。

领导力和皮格马利翁效应。多年前,J. 斯特林·利文斯顿(J. Sterling Livingston)写过一篇名为"管理中的皮格马利翁"(Pygmalion in Management)的文章,文中强调,管理者的期望是,下属表现和发展是关键。[15]这个概念基于乔治·萧伯纳的剧本《皮格马利翁》和它的音乐改编剧《窈窕淑女》。在希腊神话中,一个叫皮格马利翁的雕刻家创造了一尊美丽的女性雕像并爱上了她,后来在女神维纳斯的帮助下使雕像有了生命。在上述剧本和音乐剧里,享利·希金斯教授把一个普通的、举止粗俗的、伦敦腔的卖花姑娘从街上带回来,通过艰难的努力和不屈的意志,将她变成了一个公认为高贵的美丽女人。这个故事的主旨是一个人可以通过待人方式或对行为的期望让另一个人产生转变。

利文斯顿教授的文章和其他人的作品得出了一个著名的管理概念,即皮格马利翁效应或自我实现预言。

这个流行的概念认为,对一件事情或行为的期望可以真正促使它的发生。教育领域的重要研究表明,老师对学生的期望可以被当作教育的自我实现预言。

在管理或领导方面,领导者对员工采取积极态度,向他们灌输达到目标的信心,同时表达对员工获得成功的期望,这样的领导者对于员工的表现和行为会有强大的影响。出色的教练常常采用这种方法。

领导风格分类。对领导风格的区分没有精确的方法。我们可以说一些领导是积极的,一些是消极的。可以列出传统的三大领导风格:专制或独裁、参与或民主、行动自由或自由放任。

一个专制的领导者为团体制定所有的决策。民主的领导者鼓励和允许团体成员参与决策过程。自由放任的领导者完全允许团体中的追随者自己作决策。

领导风格可能重叠:根据情况,一个领导者可能在某些场合是参与型的,但是在其他场合是专制型的。一个高效领导者可使他的风格适应于情况、追随者的类型、他们的个人特质和对人的态度。这就是情境领导。

领导力研究

人们进行了5 000多种关于领导力的研究并出版了研究结果。此处简述了一些最著名的研究。每种研究都对领导力的理解作出了贡献;然而,有关领导力的许多问题仍未解决。

密歇根大学的研究。密歇根大学社会研究所的这些研究是由伦西斯·利克特(Rensis Likert)指导的。研究的目的是确定高生产效率管理者采用的一般管理模式,并与其他低生产效率管理者的模式相比较。利克特教授发现,那些关心员工的问题、人际关系和工作中人性化方面的"以员工为中心的"管理者具有最好的绩效与成绩。密切监督员工的工作并不断对员工施加压力的"以工作为中心的"的管理者所带领的部门效率低。

利克特在他的经典著作《管理的新模式》(New Patterns of Management)中确定了下列四种领导模式或领导风格:

模式1:专制权威式。试图剥削下属的自由专制管理形式。

模式2:温和专制式。专制管理形式,但本质上为家长式作风。

模式3:民主协商式。管理者要求并接受下属的建议,但是保留制定最终决策的权力。

模式4:民主参与式。管理者给出一些指导,但是在全体参与的基础上根据大部分人的一致同意制定决策。[16]

利克特总结出模式4是最高效的领导/管理风格。自利克特的研究之后,许多学者挑战了他的结论,指出在无数的场合中,管理者是采用与模式4大相径庭的一种领导风格的高效生产者。2003年,作者兼领导顾问约翰·麦克斯维尔(John Maxwell)强调了建立多样、高效团队的概念,并单独列出了管理者/领导者极其需要的这种人格天赋。团队的建立是多数体育组织的运营重点。运动场合中的团队建设领导者带领着不同的人,这些人的个人目标可能发生冲突,但是所有人形成了一个具有凝聚力的整体,支持着个体的努力。他还强调领导者应当有能力对组织进行指导,并拥有策略技巧和经营技巧。[17]

菲德勒的权变领导理论。弗雷德·菲德勒(Fred E. Fiedler)教授对领导风格的研究涉及到许多不同的团体,它们的背景和工作经验各不相同。他总结出:一个领导者的成功不仅仅基于人格特质,其他的因素如工作性质、被管理的员工的类型、组织的种类等也对领导效力有影响。

菲德勒单独列出了影响领导风格的三个主要因素:

职位权力:领导者因组织阶层和有权威的职位而拥有的权力。

任务结构:指规定任务或工作的明确性。

领导者-成员关系:员工/追随者对领导者的信任、信心和忠诚度。菲德勒认为这是最重要的因素。

有明确工作目标的位高权重的管理者在激发员工表现方面远比那些有模糊或朦胧目标且职权低的管理者所遇到的困难小。

菲德勒的研究促进了权变或情境领导理论的发展。他在著作《一种领导效能理论》(A Theory of Leadership Effectiveness)中说:"也许除了异常情况以外,谈论高效的领导者或无效率的领导者都是没有意义的;我们只能说领导者在一种情况下是高效的,而在另一种情况下是无效率的。"[18]

路径-目标法。研究领导力的路径-目标法是一种权变方法,它预测不同情况下的领导效力。马丁 G. 埃文斯(Martin G. Evans)和罗伯特 J. 豪斯(Robert J. House)是此方法的创始人,他们称个人激励取决于对奖励的期望和奖励的吸引力。[19]领导者是奖励的来源。路径-目标理论试图预测奖励类型和不同领导风格影响员工激励、员工表现和员工满意度的方式。[20]

根据路径-目标理论,领导行为对员工满意度和员工努力的影响取决于情景、任务或工作的特点以及下属或员工的特性。这些情形条件决定了提高员工动力的潜力并影响着领导者为提高动力所必须采取的行动。

在路径-目标理论中,领导者的行为被划分为下列几类:支持型领导、指导型领导、参与型领导和成就取向型领导。

现在,选择合适的领导行为来影响员工激励取决于上述情形条件。例如,如果一个员工的工作是无聊和单调的,支持型领导倾向于提高绩效并创造更多的员工满意度。当新的员工处于无秩序的工作状态且没有正式的工作方法和工作程序时,指导型领导可以取得最好的结果。

根据这种理论,每种领导行为都很重要。但是由于情境变化的动态特征,在应用时任何一种领导行为都可能无法获得期望的下属表现。

变革型领导者和交易型领导者。有关领导科目的更多近期研究注重变革型领导,它关注的是领导者对追随者的影响。变革型领导者的追随者信任、钦佩、忠诚于和尊敬领导者;他们受到鼓舞后可以完成多于预期的工作。[21]变革型领导者培养员工/追随者接受团体任务。通常,这样的领导者非常有魅力,能通过智性激发和个性化关怀鼓励他们的追随者。[22]

领导者可以与他们的员工/追随者讨价还价并在绩效标准达到后提供奖赏,这是交易型领导研究的基础。这意味着员工或追随者必须清楚地知道获得奖赏需要什么要求,即什么样的任务、工作或行为。如果员工/追随者未能有效地达到绩效目标,则管理者/领导者只用采取纠正措施。一些学者认为,交易型领导是用奖励来交换服从。

虽然变革型领导和交易型领导是有明显区别的不同过程,领导者/管理者可以根据具体情形在不同的时候同时采用这两种领导类型。

领导理论的应用

对于实践中的管理者和管理专业的学生而言,也许领导理论的最大价值是能让他们更好地领悟这门科目。领导理论鼓励做出更多的研究和讨论;但是,领导理论似乎不能提供一种过程来准确地预测高效、成功的领导者,也不能提供一种基础将管理者培训成这样的领导者/管理者。

领导力培训的价值在于帮助管理者更多地意识到需要领导力的情况以及建议不同的领导方式。领导力是一种艺术,因而同样地依赖于处于领导位置的个人所具备的智力、经验、人格和知识。大多数学者和专业人员都认同，领导力是很难（如果并非不可能）确定的品质，它被罗伯特·费尔莫教授称为“不确定要素”（见表 12－2）。[23]

表 12－2　关于领导力的名言

人生像狗拉雪橇，如果你不是领头犬，风景永远不会改变。 ——幽默家和作家刘易斯·格瑞扎德
领导力是促使他人做他们不喜欢的事情并且喜欢上做这些事情的能力。 ——哈利 S. 杜鲁门总统
如果你想和鹰一起翱翔，就不要和乌龟赛跑。 ——匿名
简言之，领导就是知道他想去哪里并且立即采取行动的那个人。 ——约翰·厄斯金
有时候绕开障碍开路比浪费时间绕着它们转要好很多。 ——亚伯拉罕·林肯总统
在人类战争史上，从来也没有一次像这样，以如此少的兵力，取得如此大的成功，保护如此多的众生。 ——温斯顿·丘吉尔
伟大的领导者总是使事情简单化的伟人，他们通过争论、辩论和怀疑，提供一个人人都能理解的解决方案。 ——编者和作者迈克尔·科尔达
领导力就是鼓励人们完成目标的能力，即解决问题的能力。 ——美国前国务卿科林·鲍威尔将军

根据对领导力研究的回顾和对高效领导者的评估，在事后发现了某些共同的个人特征。不应将这些特征看成是可以提前衡量的用于预测领导潜力的个人特质。当管理者作为高效领导者且狂热地追随他们的团队成员合格地完成任务和目标时，它们是管理者所表现出的个人特征。

必需的领导特征。耶鲁大学完成的发表于《今日心理学》（Psychology Today）[24]的研究列出了领导者的 10 个主要特征，这些特征是作为高效领导者的因素：

有忍耐力。在危机时刻尽量保持冷静；不要慌张，这样你的情绪就不会影响你的思考和行动。

鼓励他人的参与。请员工/追随者给出关于（影响他们的）工作的意见和建议；允许他们形成和执行他们的意见。这是将 P 概念和 I 概念付诸实践。

不要陈腐守旧。向自己提出问题；寻找新的意见；从自身和自己的思想中找出错误并消除它们；从他人那里获得反馈。

公平合理地竞争。知道竞争的存在，但是不要心存敌意。设定并达到自己的目标；不要追逐他人的目标。

当心报复的冲动。怀恨在心或寻求机会“报复”他人的行动都是在浪费时间。诚实地告诉他人你知道正在发生什么，但是在报复中没有真正的结果。

做一个好的赢家。赢了，但是不会欣喜若狂。和追随者/员工一起分享胜利的喜悦。

优雅地失败。不要闷闷不乐或沉浸在失败中；迅速开始下一个任务或项目。为你的行动承担责任，不要责备他人，但是要从失败和错误中吸取教训。反复用同样的方式做一件事情却期望获得不同的结果，管理者/领导者应该认识到这种谬误，这是很重要的。

遵循合法限制。在法律和组织政策和规则/限制的范围内工作。

忠诚于你的团体。在内部和外部商业环境中（例如教堂附属机构、公民协会、房屋所有者协会、社会俱乐部等），帮助和/或促进你所属团体的发展。

设定高级别的目标。但是确保可达到这些目标，这也许是领导力中最重要的因素之一。目标的达到需要努力工作和奉献，但是目标应该是实际的。员工/追随者应能同时注重目标的获得和努力的付出。

高效管理者知道，领导力不要求具备与员工/追随者交朋友的魅力人格或特殊才能。高效领导者确实需要影响人们做出最大努力。所以，高效管理者掌握了一套领导技巧或实践经验，以便使个人具有更高的目标，提高员工/追随者的绩效标准，注重员工/追随者的实力并且将弱点最小化。高效管理者/领导者鼓励员工/追随者达到目标并鼓舞他们接受挑战和持续表现出最佳状态。表12－3列出了高效领导者的某些共同个人特征，这些特征使他们能识别和采用有效的领导力经验。

表12－3　高效领导者的共同个人特征

• 领导者有鼓舞他人的能力。这就是领导力中不能被购买、出售或转移的“不确定要素”。如果一个人拥有了领导力，他可以被培养或教化。如果一个人不具备领导力，世界上所有的领导力培训课程都不能使其成为领导者。
• 领导者有良好的人际关系技巧。他们尊重他人，为人正直，强调合作和公正，而且不害怕赞赏他人。
• 领导者有良好的言辞技巧。他们知道如何有效地去陈述事实，表达想法，并且怎样以自信的方式去劝说他人。
• 领导者非常专注团体的目标。通过不懈努力和自我牺牲，领导者的行动表现着责任和义务。领导者树立榜样让他人去效仿。领导者也有筹划令人振奋的、重要的和必需的团体目标的能力。
• 领导者常常是敢于冒险者，能影响他人在获得目标的过程中发挥超常能力。在没有成功保证的前提下，对于挑战新视野的领导者，追随者也积极响应。这样的行动总是能让追随者感到振奋并且感到他们是“特别的”。
• 无论发生什么事情，领导者总是能承担全部责任并且以鼓励来支持其员工，显示出对问题的兴趣，并在更高级别的管理层面前作为员工的代表。

管理者必须记住的一个事实是，他们向直属的非管理人员所表现的一切都是有关管理的。管理者和领导者拥有的影响力构成了员工的全部工作条件和环境，无论这些条件和环境是更好或是更差。不管领导者是否有意识地试图施加影响，他们都对周围的人有这样的影响力。个人从领导力和管理技巧中创造出来的这种条件或环境决定了员工的生产力、产品和/或服务的质量、承诺、团队合作和最终的成功。

影响领导力的因素。许多因素都影响着高素质领导力表现的机会。例如，如果组织是高度集中的或官僚主义的，个人行动的灵活性会降低，并且更加依赖于遵循规定的行为规则。当管理活动更加分散时，管理者就有机会按照他们的方式行事并发挥领导技巧。分散型的组织为员工提供更多的方便性，并且更高级别的管理层对管理行动采取更少的控制。

其次，团体具有人格特征。如果一个部门中的大多数员工都是专业人员和“自我启动者”，某种领导风格可能是最高效的，如参与式领导。如果员工产生了消极情绪，仅仅满足于完成自己的工作后准时下班回家，同样的管理者采用其他的领导风格可能会更加有效，例如更加专制式的领导。这叫做情境领导，包括在选择和实施一种领导风格之前对个人特点或团体的人格特征进行评估。

最后，一个团队的所有成员都带着热情朝着共同的目标努力是很重要的。目标管理(Management by Objectives, MBO)就是为了这一点而创造的计划。如果每个人都朝着自己的目标努力而违背了整体的利益，将会产生过度的紧张和冲突，并且缺乏有效的领导。最初的管理目标是使每个员工都朝着对于员工和团体都很重要的共同目标而奋斗。这称为“协调目标”，是管理层应予最优先考虑的事。

领导情境。在一种领导情境中，员工自由选择成为领导者的追随者。每个个体都可以决定自己是否希望成为追随者。追随者的“容易进/容易出”是所有领导情境的一种特征。追随者必须对领导者和集体的目标感兴趣甚至狂热。领导者必须经常对追随者给予赞赏和荣誉，要让他们感到保持这些赞赏和荣誉很重要。

小　结

关于领导力的文献有 5 000 多篇，但是大量的出版物、方法的多种多样、令人混淆的术语、许多琐碎的研究和对简单解释的偏爱使领导领域陷入了混乱状态。然而，对于将来踏上领导岗位的学生来说，领导力研究是很重要的。

领导力是鼓舞或影响团体成员自愿、热情、胜任地完成他们的任务的过程。

词语“领导者”和“管理者”常常被互换使用。管理者应该是但不一定是高效领导者。许多高效领导者都没有担任管理职务。管理者的手下有根据他们的指导工作，并服从他们的“员工”。管理者完全负责这些员工的行动。领导者有忠心的“追随者”，只要追随者不对领导者的目标或策略感到失望。员工因为完成管理者分配的工作任务而得到工资和福利。领导者的追随者因为作为领导者团体的一分子朝着共同目标努力工作而获得个人满意感和价值感。

要知道管理者是怎样影响员工绩效的就要知道权力的来源。权力来源可分为：奖赏权力(提供奖励的个人能力)；强制权力(惩罚他人的个人能力)；合法权力(个人在组织中的正式职务)；专家权力(个人的专门技术、知识和技能)；以及参照性权力(能吸引他人的独特的个人特点)。

在 20 世纪初期的美国，对领导力的研究没有得到重视。到 20 世纪中期，领导力的特质论非常流行。根据特质论，高效领导者具有共同特质，并且这些特质可以转移，即一种情况下的高效领导者在另一种情况下也是高效的。特质论从未被证明过。

领导风格因领导而异。领导者对他人的态度、领导者所处的环境以及领导者的追随者的类型都极大地影响着他们的领导风格。领导风格可以是魅力型、负面型、参与型、积极型和自我实现型的(皮格马利翁效应)。领导风格还可以被分为：专制或独裁；参与或民主；行动自由或自由放任。

本章中最重要的领导力研究包括由密歇根大学的伦西斯·利克特指导的研究;菲德勒的权变领导理论;路径-目标法;以及对变革型和交易型领导者的评论。

对于实践中的管理者而言,也许领导理论的最大价值是能让他们更好地领悟这一科目。领导理论鼓励做出更多的研究和讨论;但是,领导理论似乎不能提供一种过程来准确地预测高效、成功的领导者,也不能提供一种基础将管理者培训成这样的领导者/管理者。

领导力培训的价值在于帮助管理者更多地意识到需要领导力的情况以及建议不同的领导方式。领导力是一种艺术,但是相当依赖处于领导职位的个人的智力、经验、人格和知识。

根据对领导力的研究和对高效领导者的观察,可以发现某些共同特征:

- 领导者有鼓舞他人的能力。
- 领导者有良好的人际关系技巧。
- 领导者有良好的言辞表达技巧。
- 领导者总是全身心地投入到团体目标中。
- 领导者是敢于冒险的人。
- 领导者能对发生的任何事情承担责任。

管理者/领导者设定基调并为员工控制工作环境的氛围,记住这一点是很重要的。

一种领导情境的主要特征是:易进/易出、吸引人的目标、感到自己很特别或很重要的追随者。

复习题

1. 对领导力下定义。
2. 区分领导者和管理者。
3. 描述组织中的权力来源。
4. 解释领导力的特质论。为什么这种理论打了折扣?
5. 什么是魅力?拥有魅力对于成为高效领导者来说有多重要?
6. 参与型领导风格是以P和I概念为基础的,对此作出解释。
7. 解释“皮格马利翁效应”,即“自我实现预言”。它与领导力有什么联系?
8. 描述下列的领导风格:(a)专制式;(b)民主式;(c)自由放任式。
9. 从密歇根大学的领导研究中得出的一些重要结果是什么?
10. 讨论菲德勒的权变领导理论的重要性。
11. 什么是路径-目标领导理论。
12. 为变革型和交易型领导下定义。

个人能力实践

当一个运动队或项目不能令人满意地完成任务时,扭转情况的第一步总是对管理层(总教练、行业管理者等)进行改变。对经历过这种改变后获得成功的团队进行调查,并确定新管理者/领导者的领导特征和素质所产生的影响。

案 例

先驱精神

凯莉·克莱蒙特已经到达校园,去担任一个著名大学的体育指导主任,她是出现在学院以及学院会议上的第一个女性。她有20多年的体育管理和教练经验,但是这次是她所面临的最大的任务。学院的项目已经停滞多年了,一些运动队很成功,但是没有锦标赛级别的表现。

凯莉管理大量的员工,包括27种大学运动的男女教练。她在两天内对校园和运动设施进行了考查并会见了高层管理人员和校友领导者,之后决定在今天下午召开第一次员工大会。

问题:

1. 回顾凯莉可以在第一次会议上采用的各种领导风格。她应该努力留下什么样的印象?
2. 选择适用于此情况的一种风格并证明它的用处。

关键术语

专制领导者:为团体制定决策的人。

魅力:某些人所拥有的能确保许多人都全力以赴地工作的力量。

强制权力:惩罚他人的个人能力。

权变领导理论:根据当前情况和条件采用最合适的领导风格,也被称为情境领导。

民主领导者:鼓励团队参与决策制定过程的领导者。

专家权力:个人的专门技术、知识和技能。

必然的领导者:自然形成的或天生的领导者。

自由放任型领导者:允许团体中的追随者自己作出决策的领导者。

领导力:鼓舞或影响团体成员热情、合格地完成他们的任务的过程。

合法权力:个人在组织中的正式职务。

参与型领导:当主题直接影响到下属时,允许他们有更多的机会参与到决策制定过程中。

权力:管理者影响员工的态度和行为的能力。

皮格马利翁效应(也称为自我实现预言):对一件事情的期望可以真正促使它的发生。

参照性权力:独特的个人特点。

奖赏权力:提供奖赏的个人能力。

特质论:注重识别高效领导者所具备的共同特质的领导理论。

交易型领导者:与员工/追随者讨价还价并在绩效标准达到后提供奖赏的领导者。

变革型领导者:培养员工/追随者接受团体任务的领导者。

参考文献及本章注释

[1]Gary Yukl. *Leadership in Organizations*. Third Edition(Englewood Cliffs, NJ: Prentice - Hall, 1944), pp. 438 ~ 439

[2]Robert Turknett. New Workplace to Require Leadership Qualities in All. *The Atlanta Journal/Constitution*, March 12, 1995, p. B3. Mr. Turknett is President of Turknett Associates Leadership Group, executive leadership consultants

[3]George R. Terry. *Principles of Management*. Third Edition(Homewood, IL: Richard D. Irwin, 1960), p. 493

[4]James A. F. Stoner. *Management*. Second Edition(Englewood Cliffs, NJ: Prentice - Hall, Inc., 1982), p. 468

[5]Leslie W. Rue and Lloyd L. Byars. *Management*. Seventh Edition(Chicago, IL: Irwin, 1995), p. 375

[6]Robert M. Fulmer. *The New Management*(New York: Macmillan, 1974), p. 336

[7]Andrew D. Szilagyi, Jr., and Marc J. Wallace, Jr.. *Organizational Behavior and Performance* (Glenview, IL; Scott, Foreman and Company, 1990), p. 384

[8]Keith Davis. *Human Relations at Work*(New York: McGraw - Hill, 1967), pp. 96～97

[9]Abraham Zaleznik. Managers and Leaders: Are They Different?". *Harvard Business Review*, May - June, 1977, p. 70

[10]Zaleznik. Managers and Leaders. pp. 74～75

[11]Paul Hersey and Kenneth H. Blanchard. *Management of Organizational Behavior*(Englewood Cliffs, NJ: Prentice - Hall, 1993), p. 5

[12]Yukl. *Leadership in Organizations*. p. 195

[13]Eugene E. Jennings. The Anatomy of Leadership. *Management of Personnel Quarterly*, I, No. 1, Autumn, 1961

[14]Gary A. Yukl. *Leadership in Organizations*. Second Edition(Englewood Cliffs, NJ: Prentice - Hall, 1989), p. 176

[15]J. Sterling Livingston. Pygmalion in Management. *Harvard Business Review*, July - August, 1969, pp. 81～89

[16]Rensis Likert. *New Patterns of Management*(New York: McGraw - Hill, 1961)

[17]John Maxwell. Build a Diverse and Effective Team. *Atlanta Business Chronicle*, July 11～17, 2003, p. 2B

[18]Fred E. Fiedler. *A Theory of Leadership Effectiveness*(New York: McGraw - Hill, 1967), p. 371

[19]Robert J. House. A Path - Goal Theory of Leader Effectiveness. *Administrative Science Quarterly*, 16, No. 5(September 1971), pp. 321～328

[20]See Martin G. Evans. Leadership and Motivation: A Core Concept. *Academy of Management Journal*, 13, No. 1(March 1970), pp. 91～102

[21]Yukl. *Leadership in Organizations*. Third Edition, p. 351

[22]Yukl, p. 352

[23]Fulmer. *Management*, p. 336

[24]John H. Melchinger. Leadership Essentials. *Minding Your Own Business*(Tampa, FL: John H. Melchinger Company, 1990), based on a study conducted at the Labor and Management Center at Yale and reported in *Psychology Today*.

第十三章　沟通过程

本章内容包括：

- 沟通的重要性
- 人际沟通
- 沟通过程
- 有效人际沟通的障碍
- 克服人际沟通障碍
- 沟通和正式组织
- 小道消息的传播
- 外部沟通
- 电子沟通

引　言

本章给出了任何类型组织的管理者对沟通的重要性的基本理解。体育产业的管理者和其他行业的管理者一样，需要有效实施计划和方案，精确传递信息、观点和情感给其他方。在本章中，沟通过程的步骤、有效沟通的障碍和良好沟通的一般原则是对学生而言特别有价值的部分。同样，探讨正式组织中的称作"小道消息"的非正式沟通体系也非常有意义，可成为管理者的资本或阻碍。

沟通是管理不可或缺的部分，通常一个组织的成功和高效反映了其沟通的有效性。沟通是人类活动和互动的核心。任何人，不管是管理者、员工、委员、顾客、球迷、股东、学生还是公众，都需要沟通。管理人员在行使日常职责的过程中，必须和所有这些群体和类型的大众交流。

本章中提出的有效沟通的基本原则经历了时间的考验，学生应关注沟通领域的巨大变化。电子沟通革命性地改变了个人到个人、群体到群体和/或个人到群体的信息传递。注意本章结尾部分的电子沟通和第十七章对信息技术和管理信息系统的探讨。

沟通的重要性

从前面的章节中我们可以看出，如果没有管理者，一切将变得混乱不堪，也就没有了组织性的努力。有了管理者，世界变得更美妙，人们有工作做，生活水平也提高了，整个社会普遍受益。要成为一个有效的管理者，必须掌握工作情况和外部环境，拥有多种技能，完全专注于实现组织目标。或许管理者需要具有的最重要的技能就是有效沟通的能力。

有效沟通是指信息接收者理解发送者所要传递的信息。

下面列举了管理者的主要职责,注意沟通技巧对职责的成功履行的重要性。

计划。所有的管理者都抱着出现最少问题,以最有效和高效的方式来实现某个时期的组织目标的目的来制订计划。计划通常涉及到很多人;计划必须得到最高管理层批准;计划必须通过其他人来实施;计划能够对员工和组织内外的其他个人或群体产生影响。现在你认为沟通技能对于成功实施计划是必要的吗?答案是肯定的。一个管理者在纸上谈兵阶段可能是大师级的计划者,但是在实际实施阶段,如果沟通能力很差,有可能会悲惨地失败。

决策。管理决策在组织中向下流动,触发导致组织产生"变化"的"行动"。管理者必须有效沟通行动和变化的必要性,以使决策能够被接受而不会被受到决策影响的人拒绝。

协调。管理者的一个主要职责就是在正确的时间和正确的地点协调正确数量和质量的资源和人力,激发高效率以实现组织目标。要做到这一点,管理者要具有有效的沟通技巧,这是因为管理者必须向所涉及的员工解释,使问题形象化,使其理解并进行协调以实现协作。

领导。有追随者的领导必须沟通努力的目标从而让追随者变得热情、兴奋和受到鼓舞。如果做不到这一点,就没有人愿意追随。有效的领导者,不管是不是管理者,都必须是优秀的沟通大师。

工作分配。管理的一个主要任务就是给他人分配工作。管理者的职责不是亲自去"工作",而是通过他人去"完成"工作。你能够想出比这更需要沟通技巧的管理活动吗?如果受委派人不能真正理解工作的目标、重要性,不知道工作什么时候完成,那么最后的结果肯定是让人感到不满意的绩效和失败。管理者的优劣是根据结果来判断的。

控制。此管理职能出现在组织运行的方方面面。必须设立标准,并对涉及到的员工说明预期目标。员工绩效根据标准来衡量,如果没有达到标准,就要采取纠正措施。控制程序是必不可少的并且如果涉及到的员工和部门理解控制的重要性,如果他们相信标准是公平的,如果评价和纠正措施是积极的,能够对个人和组织起到帮助作用,那么就会执行得顺利。除非管理者在控制程序的管理中能有效地进行沟通,否则是无法达成预期目标的。

组织。一个健全的组织需要把合格的员工放在合适的位置上,同时平衡人力资源和物质资源的工作产出。这会使工作保持高效率。组织结构化是指清晰地定义岗位权力、职责、义务和沟通通道。组织图中的线条代表沟通的正式渠道(图 13 - 1)。组织中的缺陷,特别是沟通方面的缺陷是日常管理问题的头号来源。健全的组织需要管理者发出通知,使问题形象化,使员工理解,定期培训和评审员工,这些都需要良好的沟通技巧。

总之,管理工作的每一个方面都需要良好的沟通技巧,管理者花费大量的时间在沟通上。美国组织机构正在学习如何发挥有效沟通的价值。D. M. 柯西在对 1 700 名国际商务沟通者协会的成员调查报告中说,组织中的有效沟通意味着高利润和改善员工关系。他说,沟通专家对客户关系、员工培训、利益传递和投资者关系等领域的沟通很有帮助。当然,现在沟通部门对商业计划和战略制定的参与程度更高。[1]

另一个强调有效管理沟通的作用的重要研究是由波斯纳、库泽斯和施密特实施的。他们的研究是关于管理者和员工共有的组织价值观及其对工作满意度、效率和员工对组织目的的投入程度的影响。他们的发现表明,组织价值体系和员工价值体系的一个共同之处就是强调把个人和组织作为一个整体。他们建议,管理者可以运用这些成果开发传达组织价值的方案。并招收和培训最适合企业价值体系的人员。[2]

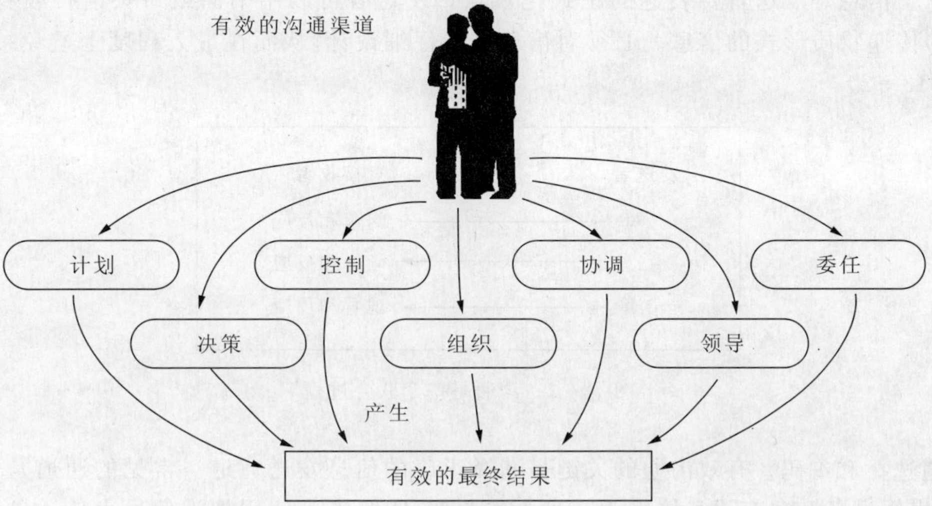

图 13-1　有效沟通产生有效的最终结果

人际沟通

沟通可以定义为向另一方告知或发送观点、信息、事实或情感的行为或动作。

沟通有几十个定义,不过所有的定义都是双向的,必须要有接收者和发送者,他们可以是个人或群体。沟通发生于个人与个人、个人与群体以及群体与群体之间。

沟通是一个联合的过程。有说话者就有倾听者,有写作者就有读者,有表演者就有观看者。如果另一方没有在听、读或看,沟通就不会发生,因为有效的沟通必须有接收者的理解和反应。如果接收者的反应和要传递的信息一致,那么沟通是有效的;如果接收者的反应和要传递的信息不一致,那么沟通无效。此时沟通也发生了,但是接收者的反应表明发送者的要求被误解、误读或直接被拒绝,最终的结果是无效沟通。当橄榄球教练给四分卫做出一个战术安排,但是四分卫却采用了另一种战术,那么沟通是无效的。

沟通过程

当认真研究向另一方或群体发送观点、信息、事实或情感的活动时,显然存在着一个沟通过程。沟通过程包含了一系列按次序排列的步骤。这些步骤是每个有效的沟通者必须经历的(不管是否意识到):信息源、信息、通道选择和编码、发送、接收、解码和反馈。

信息源。观点是计划进行的沟通的信息源。如果管理者对员工士气低落的原因有几点看法,就会希望在集体会议上跟上级沟通这些观点。如果运动员对提高球队的成绩有些建议,就会希望把这些观点传达给教练或球队经理人。如果球迷对改善球队成绩或某位运动员的表现有一个建议,就会直接把这个观点表达给球队经理人或运动员。但是要注意,发送者在传递信息之前必须认真考虑,此观点应有合理的价值,能保证有效传递给另一方的时间和精力。考虑过这些问题之后,再决定是否沟通。

信息。信息是发送者要表达的正式化观点。发送者可以用书面或口头语言或身体语言(非言语)传递物质形式的信息。必须对信息进行仔细设计,从而在最大程度上避免接收者的误解(图 13-2)。

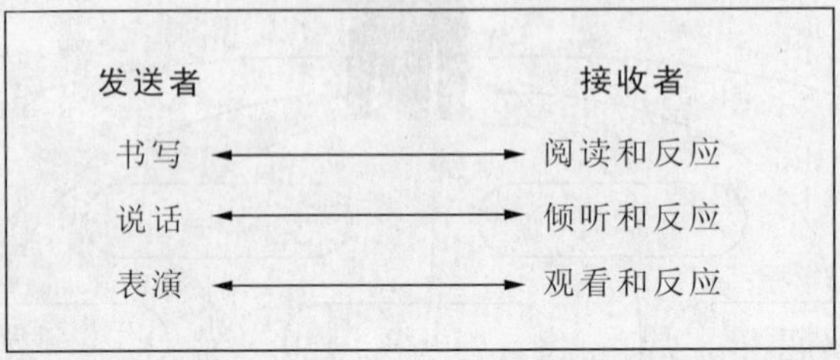

图 13-2　沟通是一个联合过程

通道选择和编码。有效沟通的关键是选择正确的信息发送通道。常见的通道是书写、言语、电子媒体设备和非言语身体行为。过去在西部,印第安人使用烟雾信号来传达危险、部落迁移和警告。选择的通道必须和编码的符号兼容。发送信息的特殊通道有:面对面会议、写信、传真、电脑印刷品、电话和其他。

编码。指发送者选择符号或姿势通过发送通道传送信息,目的在于使接收者正确地解码。表达的形式有图、表、面部表情、有目的的生气、话语和书面总结。

发送。通过选定通道发送信息是沟通过程的下一步。这是把已编码信息传送给接收者的物质活动。在发送信息时偶尔会出现问题,例如,办公室间信件传递时丢失了备忘录。不过发送是沟通过程中最容易的一步,因为不需要解读。

接收者。接收者是信息发送的对象。如果信息没有发送到预期的接收者,不会发生沟通。

解码。解码是接收者把发送的符号和姿势编译为有意义的想法的沟通步骤。如果接收者和发送者有相同的价值观、经历和语言表达方式,沟通很少会失败。如果接收者以发送者预期的方式解读信息,那么沟通是有效的。

反馈。反馈是接收者对发送信息的反应。它可以是对已收到信息的确认,或者是接收者采取了发送者预期的行动。反馈是沟通过程的逆转:接收者变成发送者,发送者变成接收者。接收者现在作为发送者,向原发送者发送对所接收信息的反应(图 13-3)。

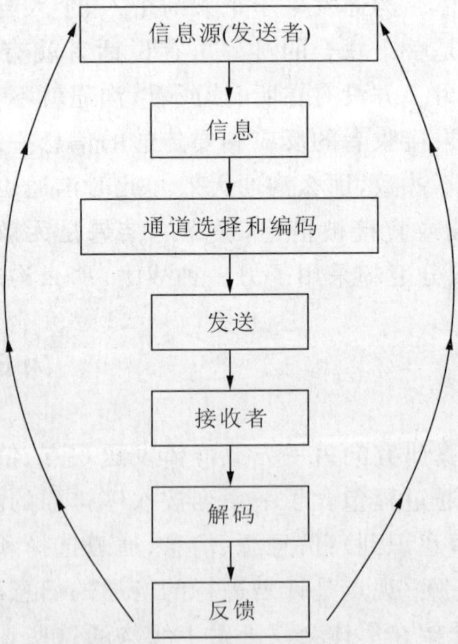

图 13-3　沟通过程的步骤

有效人际沟通的障碍

关于沟通失败的原因的研究列出了几十个理由，每一个理由都可能成为有效沟通的障碍。从接收者不信任发送者到偏见及物质条件，沟通失败的原因涉及范围相当广泛。表 13－1 列出了一些有效人际沟通的典型障碍。

表 13－1 有效人际沟通的障碍

发送者缺少信誉
接收者倾听习惯差
语义问题——词语意义差异
接收者的性情（自闭症）
接收者和发送者之间的地位差异
躁音——所有干扰性的物理因素
工作场所风气
偏见和根深蒂固的情感
接收者和发送者间的认知差异
信息超负荷——一次性发送过多信息
拒绝变化

根据本章的目的，此处只探讨六个最常见的有效人际沟通的障碍，分别是语义学障碍、拒绝变化障碍、感知差异障碍、倾听障碍、信誉障碍和噪音障碍。

语义学障碍。当人们在书面和口头交流中对词语有不同的含义或理解，语义学障碍就产生了。语义学是词语意义的科学研究。如果发送者使用的词在其大脑中是某种含义，而接收者对此却有不同的解读，那么传送的信息被歪曲了。例如，在英语中，"table"有超过 100 种含义。此外，话语是否别有含义取决于发送者在传递信息给接收者时的个人表达方式。

发送者在发送信息时应该认真措词，把接收者误解的风险降到最小。

拒绝变化障碍。人们拒绝接受新观念、新的行为方式或导致组织的现状发生变化的新事物，这属于正常现象。但是个人或群体对变化经常性的拒绝会形成有效沟通的障碍。如果接收者不喜欢信息中传递的观点，就会完全拒绝；或只接受他们喜欢的部分信息；或以不造成现有环境混乱的方式解读或应用此观点。周密的计划以及使有关方理解并向其推销新观点或变化能够消除对变化的抗拒。在计划沟通的时候，对接收者的移情作用很重要。把自己放在接收者的位置或者把自己想象成信息接收者有助于发送者更好地计划沟通。通常这样做会减弱对变化的抗拒。

感知差异障碍。接收者常常会以一种完全不同于发送者预期的方式来解读所接收到的信息。接收者对信息的感知和发送者的感知具有相当大的差异。由于个体具有不同的价值观、经历、教育水平、期望和个性，对事物的感知也会不同。通常接收者只会感知符合其期望的信息。同样，他们只会看到和听到他们想看到和听到的信息。

一群管理者在一起集体讨论整体组织问题，每个人都会给出对其所在职能领域最有利的建议。他们无法感知到其他领域的问题的重要性。值得注意的是，在法庭上，几个证人作证证明他们所看到的。每个人对所发生的事情的感知可能有很大的差异。

倾听障碍。在沟通过程中,倾听是接收者的任务。这要求接收者对传递给他们的信息警觉、专心和完全专注。发送者的任务是确保接收者真的在听而不是表面上在听。在给员工分配工作的过程中,管理者必须保证员工正确地理解他们的要求。有时候管理者让员工复述对他们下达的任务以检查接收者对信息的解读和确保信息按发送者的本意被接收和理解。接收者没能听到发送的信息是有效人际沟通的常见障碍。

有一个古老的传说,上帝造人,给了人类两只耳朵一张嘴,这样我们倾听的次数是说话的次数的两倍!但是你的朋友有多少人说话的次数是倾听次数的两倍?

某些接收者未能有效地倾听,是因为他们可能在做白日梦,对谈到的话题不感兴趣,无法真的理解信息,感到枯燥乏味或者在计划下班后的活动。确保吸引接收者的注意力是非常重要的。

如果想改正这一缺点,就得培养好的倾听习惯。对此,给出一些建议:倾听的时候不要分神;要有耐心,在说话者讲完之前不要急着插嘴;确保你所提的问题和做出的评论切合话题;不要过于保守;复述说话人所说的话或做笔记。

信誉障碍。当发送者不被信任时,信誉障碍就产生了。如果接收者对发送者的知识水平、诚实度或过去的表现记录产生怀疑,发送者的信誉度就减弱了。一旦对发送者的信誉产生怀疑,下属很难对接收到的信息产生积极反应。

D. A. 萨佛(D. A. Safer)提出了一个关于机构信誉度的主要案例。他说 1985 年美国汽车行业完全有理由相信全国舆论支持他们对日本汽车进口的立场。然而,该行业的声明和接下来自相矛盾的行动使得公众对该声明的准确性和诚实性产生疑问,出现了信用差距。[3]

接收者对信誉的感知主要基于信息发送者的诚实、能力、热情和客观。[4]发送者不一定具备这些品质。起决定作用的是接收者如何看待发送者。

噪音障碍。沟通领域的噪音是指任何造成沟通混乱、扭曲或干扰的因素。“噪音”有光线差、谈话没有隐私、手写记录(很难看清)、喧闹的设备、电话铃的嗡嗡声或情绪受到干扰的员工。大部分“噪音”或干扰出现在沟通过程的编码和解码阶段。

克服人际沟通障碍

管理的有效性在很大程度上取决于管理者的沟通能力。不管是通过言语还是行为传递信息,一旦接收者按照发送者的意图理解信息或预期的行为开始,那么传递是有效的。只有在意识到所有能够阻碍沟通过程的障碍之后,管理者才能成为好的沟通者。如果知道如何克服这些障碍,他们将成为更好的沟通者。企业有责任把管理者培训成更为有效的沟通者。例如,施乐(Xerox)学习系统开发了一个帮助人们进行说服性谈话的培训项目。他们的项目建议,对于讲话者来说,最重要的一个规则是了解听众。他们给出了可以让发言者的讲话满足听众需求的六个步骤:

1. 设定目标。

2. 分析听众的需求。

3. 在讲话中运用已确定的听众的需求 。

4. 分析听众的态度。

5. 排练和加入特别感人的地方。

6. 遵循有效传达信息的基本原则。[5]

表 13－1 列出了有效人际沟通的一些障碍。对于管理者来说，克服这些障碍最好的方法是建立一套沟通价值观。价值观是指影响个人行为的标准或原则　如果在计划进行沟通时管理者时刻牢记自己的沟通价值观、标准或原则，许多沟通障碍就可以得到克服。

许多年以前，印第安纳大学的知名管理学教授和作家，约翰 F. 梅伊(John F. Mee)制定了一系列的沟通原则。如表 13－2 所示。无论是过去还是现在，这些原则都具有同样效力。管理者可以从这些原则中受益。下面我们来阐述一下几个最重要的原则。

表 13－2　有效沟通的基本原则

1. 任何一种沟通技巧都不能满足所有需求。在一个沟通方案中会使用多种技巧、方法和渠道。
2. 信心是沟通的基本原则。如果员工怀疑自己被“花言巧语”蒙骗了，就会对沟通者的侵扰感到憎恶，完全不接受传递的信息。
3. 在沟通中，行动胜过语言。
4. 每个沟通方案都要适合具体的人际组织的需要和要求。
5. 任何主要管理决策的计划都应该包括对决策执行者和受到决策影响者的沟通计划。
6. “千篇一律”的沟通不能形成流通方案的核心，面向每个人的沟通可能不能满足任何人的特殊需要。“千篇一律”的沟通只有对中心主题产生补充作用时可以使用。
7. 建立日常沟通机构。如果老板沟通的目的只是为了回应攻击，员工就会转向其他地方去获取信息。甚至更糟的是，他们会做出比事实还要糟糕的臆测。
8. 一个人的沟通能力受自己对沟通主题的了解程度的直接影响，会出现很大的差异。
9. 管理者沟通的有效性受其对充分沟通的重要性和价值的认识程度的直接影响，会产生很大差异。

10 对下行沟通的尊重与管理者在下属从其他渠道获取信息之前接收和发送信息的程度成正比。

11. 建立良好的沟通关系需要时间，不可能在一天或一年内建立起来，但是沟通双方关系可以逐步改善。

资料来源：《人际关系手册》，约翰 F. 梅伊编辑. 纽约：罗纳德出版公司，1951

任何一种沟通技巧都不能满足所有需求。创造性的沟通者明白，他们可以通过多种方式传递信息，从而确保沟通的有效性。管理者以口头和书面双重方式将工作任务分配给下属，使误解的可能降到最低。课堂上学生听教授讲课，对关键点记笔记，同时录音以备复习之用。在上述例子中，接收者使用不止一种通道来确保沟通的有效性。可口可乐是世界上最受认可的品牌，没有哪一个公司在广告的有效性上比可口可乐更出名。请注意，可口可乐公司使用了多少种渠道来做产品的广告(发送信息)？

在沟通中，行动胜过语言。管理者的语言沟通必须和行动沟通一样多。你能想象一个管理者，严格要求下属遵守 15 分钟喝咖啡的休息时间的规定而自己却喝咖啡喝了 20 到 30 分钟？管理者在行动上遵守书面或口头规定，将有助于克服有效沟通的障碍。如果管理者言行不一，员工最终也会依葫芦画瓢，把口头规定当儿戏。更严重的是，管理者失去了信誉。

了解谈话主题。一个人的沟通能力根据这个人对沟通主题的了解程度不同，会产生很大的差异。此原则称之为常理。管理者发送信息给另一方之前必须先做足功课。编制信息和决定采取何种通道发送以前，必须对沟通主题研究透彻。了解了沟通主题，管理者在沟通时就会热情、自信和明了。接收者如听话者，很快就看出来说话者对其所说的主题不了解。不详细、信息不完整或信息不清晰称为有效沟通的主要障碍。了解主题是管理者必备的技术性能力。你能想象对橄榄球或棒球等几乎没有什么了解的人能担任网球教练、橄榄球教练、足球教练或棒球教练吗？

计划沟通。任何主要管理决策的计划都应该包括与决策执行者和受决策影响者沟通的计划。前面我们已经提到，计划是“今天”所开展的关于“明天”的活动。与计划一样，沟通的目的在于获得某些最终结果。计划沟通要求提前确定理想的最终结果。随后，管理者审查可选的沟通方式以期达到理想结果。计划过程包括对事实、选项、风险（障碍）以及目标接收者了解程度的审视。未经认真考虑或计划的匆忙沟通会导致令人失望的最终结果。同目标接收者产生共鸣，是沟通计划过程中宝贵的一步。

沟通和正式组织

正式组织框架下的沟通和人际沟通一样重要。正式组织沟通的有效性取决于高级管理层的观念、组织文化、组织是否高度集权、沟通网络和其他因素。

高层管理者的观念。高层管理者控制和影响组织的一切事务。如果最高管理层的一般态度是支持开放性，实践和鼓励参与式管理，谴责死板的规则，遵循“门户开放政策”，在面临问题时鼓励团队精神，于是沟通将会进行得非常顺利。相对比较小的企业通常是这样做的。同样，研究型的组织、一些学院和大学以及员工被视为专业型人员的组织显然都采用了该原则。通常此类型的组织结构上分权，沟通向上、向下和横向流动，无须担心冒犯行政管理系统（等级原则）。

而在其他类型的组织中，最高管理者维持对组织各个方面的严格控制。如果这样的话，沟通过程根据组织结构图上的网络按更为正式的流程进行。此类组织在结构上高度集权，实际工作中更加官僚化，严格服从行政管理系统。美国军队的各部门就是最好的例子。

组织文化。组织文化直接影响正式组织内的沟通。文化的几种含义如下：

1. 人们互动时遵守的行为规则，如使用的语言，尊重和行为的礼节。
2. 工作群体中演进出来的规范。
3. 组织信奉的主导价值。
4. 指导组织对待员工和/或客户的政策原则。
5. 组织中相处的游戏规则。
6. 由组织的物理布局、组织成员、客户或其他外部人员互动的方式反映出来的组织的印象或气氛。[6]

注意：文化包括语言行为、规范、互动、礼节、价值、规则、印象和气氛。所有这些语言或主题都可成为沟通过程的一部分或对其产生影响。

集权和分权组织。集权组织是指决策、权力、职责和控制被紧紧地抓在高层管理者的手中。这是一种纵向的组织结构，低层管理者的控制范围相对较小。沟通遵循既定的通道向上和向下，有时候经高层许可，可横向传播。

相反，分权组织把决策、权力、职责和控制尽量下放。低层管理者承担更多的职责，有更大的权力去决定和控制组织中自己所管理的部门。这是水平式结构。在此组织框架中，沟通向上、向下和横向流动更加流畅。部分开放性是由于基层管理者的地位得到改善，拥有更多的职权，感觉到自己对组织很重要。基层管理者要作出更多的决策，就必须同更多的下属沟通。

沟通网络。沟通网络是指信息流，也可称为沟通体系。最常见的沟通网络是向下、向上和横向沟通。向下和向上沟通合起来构成纵向沟通（表13－3）。纵向沟通最简单的例子就是一位管理者和一位员工。管理者告诉员工做什么（向下沟通），员工确认明白要做什么（向上沟通）。

表13－3　纵向沟通的例子

向下	向上
申斥员工	提出建议——意见箱
公司会议	品管圈报告
工资袋福利变化	委员会建议
公共广播系统通告	员工评价会议反应
员工手册	调查反馈
委派工作	安抚牢骚
培训新员工	离职面谈
预定计划工作	事故报告
解雇员工	同老板非正式谈话
分红	签名请愿

起源于高层管理者向下流动。向下沟通可以是通过公共广播系统向全体员工发布通告或把重要信息张贴在公告牌上。一般而言，除了一次性把信息发送给所有员工以外，向下管理沿着行政管理系统下行（如一次向下一个层次，绝不跳过任何层次）。由于发送者具有地位和权力，向下沟通往往比向上沟通的速度要快。信息直接或亲自发送给个人、团队和部门，此时向下沟通是最有效的。当选定的发送通道不直接或非私人时，向下沟通则最无效果。例如，直接对底层员工发送的工资袋中的通知、员工手册以及任意形式的“千篇一律”的沟通。

只有在高层管理者鼓励员工与其进行沟通时才会有效。向上沟通包括建议、意见、问题的回答、已完成工作的报告、完成的销售任务和工作中遇到的问题，等等。阻止有效的向上沟通的主要问题有二：一是员工担心高层管理者不欢迎他们的评论、建议或意见，或是被从消极面误读；二是员工不太愿意向上级沟通出现的问题或坏消息。

向上沟通在以下几个方面对高层管理者非常有价值：

1. 证明向下沟通的有效性。

2. 提供关于下面的员工的进度和业绩的信息。

3. 传递员工的建议和改进意见。

4. 发送关于员工士气和工作满意度的信号给上面的管理者。

横向沟通在传统上是不可接受的，因为它冒犯了等级原则（行政管理系统）。如果“A”是老板，有两位员工，“B”和“C”都向“A”报告（参照图13－4），你会允许“B”在不经过“A”而同“C”正式沟通吗？答案是“不”，因为“A”应该先允许“B”同“C”沟通，他们才能沟通。而且“A”必须对自己权限下发生的事情负有全部责任（包括“B”和“C”采取的行动）。

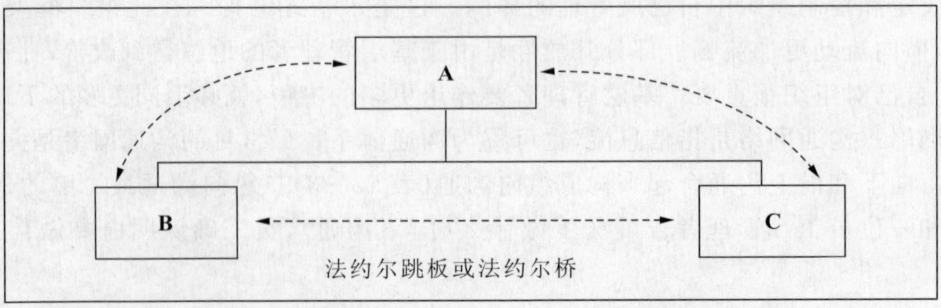

图 13-4　沟通：向上、向下和横向

亨利·法约尔1916年在法国发表的代表作《工业管理和一般管理》，促使管理者们去审视横向沟通的价值。法约尔提倡，为了节约时间、文书工作和为了方便，应该允许"B"和"C"直接沟通。"B"和"C"之间直接沟通的环节被称为"法约尔桥"或"法约尔跳板"。

如果有关各方在高层管理者的指导下，或者如果在员工的工作说明中有此责任，或是如果员工"B"和"C"直接沟通已成为一个传统和要求的工作实务，横向沟通可以有效进行并被证明是合理的。另一处合理性在于员工"B"或"C"或两者都向管理者"A"通报他们之间的直接沟通。

管理者间的横向沟通比非管理者间沟通的更常见，其优点不只是节省时间、文书工作和方便。对于相互依赖的部门协调行动和资源而言，横向沟通至关重要。同样，横向沟通对于矩阵组织结构有效行使功能是有必要的。

小道消息的传播

小道消息传播并非正式沟通系统，但是它和正式的沟通系统重叠纠结。小道消息传播是非正式组织的沟通系统。在正式的组织结构图上既没有非正式组织，也没有非正式沟通系统（小道消息传播）（表13-4）。

表 13-4　小道消息传播的特点

• 组织结构图上看不到
• 沟通网络每天/每小时都在变化
• 所有员工都是系统的一部分
• "主要的谣言传播者"是关键操盘手
• 没有是非之心！不能区分事实、真理和谣言、谎言
• 所有人均可使用输入信息和获得输出结果
• 没有正式的沟通通道
• 可成为管理的财富或阻碍

小道消息传播的神秘之处在于：它看不见却是真实存在的；永久存在却难以描述；即使沟通网络经常变化——也许一天变化很多次，传递信息却惊人地有效。任何人只要在同一个组织中全职工作数月，明显会意识到在小道消息传播中有"主要的小道消息传播者"，这些人热衷

于在组织中到处散播信息。

小道消息传播对于管理者来说重要吗？答案是极其重要，因为作为一种沟通系统，它应该成为组织的财富而不是阻碍。管理者应意识到，不管是否自愿如此，每一位员工都是小道消息传播的一部分。管理者应该明白，小道消息的输入和输出对于每个人来说都是可接近的。更进一步讲，管理者们应该知道，小道消息的传播是不分对错的：不能够区分真理和谎言或分辨谣言（和事实的差别）。

小道消息传播信息没有正式的沟通通道。在追踪谣言的起源之前，在组织结构图上绘制沿着小道消息通道的信息，会出现之字形的线和交叉。

从管理者的角度来看，如果希望某些信息在组织中传播得更快，小道消息传播可以成为一种财富。例如，向一位员工透露，明年会加薪大约5%。同样，如果管理者时不时地去了解小道消息，聆听员工们在说什么和做什么，那么小道消息传播也可成为管理者的财富。通常，这是一个很好的评估工作满意度和员工士气的信息来源。此外，获取的信息可以暗示员工对某个情形或事项的不安或不满。这对体育管理尤为适用。赛季进行不顺利的时候，队员间流传着谣言；球迷和大众就会对队员间有明显不满迹象（如更衣室里斗殴）和职业球队抱怨；在问题出现时，部门人员提出各种不同的说法。体育管理者必须意识到小道消息，并像其他管理者一样使其向自己有利的方向发展。

外部沟通

组织外部沟通的重要性也不应被忽略。前面我们已经探讨了人际沟通、组织内正式沟通和小道消息。管理者必须重视外部沟通，有效的外部沟通同样极为重要。

在体育界常见的外部沟通是通过使用直接通信、广播、电视和报纸进行。大型体育公司通常通过公共关系部门或机构与外部发生关系。公共关系公司或部门的意图是给组织、球队、运动员、运动或生产线营造合适的公共形象。关于此类型的外部公众信息在多大程度上影响各种运动奖项的获得（如海斯曼杯、赛扬奖、奈史密斯奖等），许多年来都是争论的焦点。一个普遍的观点是，没有有效的外部沟通活动，某位特别的运动员就被排除在荣誉的考虑范围之外。提供信息给公众可以获得更多的球迷支持、对产品或服务的更大需求、更多的观众、捐赠人和客户。

在大学体育运动中，设立体育信息部门，提供类似公共关系部门或公司的服务。体育信息部门或主任（通常称为体育信息主任）连接媒体、学生、校友和追随者之间的沟通。体育信息部门印刷媒体指南、统计数据、运动年鉴和体育发行物。通过有效的沟通方法，体育信息部门希望在支持者和赞助者面前营造大学体育项目的良好形象。

如果体育组织没有专业的员工或公共关系公司为其构成部门提供外部沟通服务，那么直线管理者必须行使此职能。关于此的例子有高中教练、体育用品店老板、温泉浴池管理者以及俱乐部和体育中心的教练，他们为自己做外部宣传。另外一个经典的例子是，体育明星或职业队著名教练/经理人在公众形象和各种推广措施方面对球队的职业沟通人员起到补充作用。

考虑到其沟通目标，组织应该制定进行有效外部沟通的战略。这意味着在合适的时间向合适的公众传递合适的信息的联合计划。计划和组织是必需的，应该稳固地设立目的或目标并在组织内有效地沟通目的或目标。

鉴于受到良好教育公众的苛求，未来更多的组织似乎是面临着更严格的审查。这种环境使得有效的外部沟通对任何组织来说都更加重要。有效提供优质信息的组织在已计划的外部沟通方案上获取大的“回报”。

电子沟通

前面呈现的主题极为重要，因为有效沟通的基本内容经受住了时间的考验。但是在 21 世纪开始职业生涯的学生会注意到沟通方式发生了巨大的变化。电子沟通时代的来临，使得个人与个人、群体与群体和/或个人与群体之间的信息传输发生了一场革命。通讯技术的发展带来了传真机、移动电话、电话会议和经由电脑的语音邮件和电子邮件。此外，信息高速公路服务，如因特网，正在使沟通发生不断的变革。

根据迈克·通纳给出的定义，因特网：

• 是全球计算机的网络，是世界上增长最快的通讯媒体。

• 允许人们以这个世界才开始探索的一种方式互动、分享、争论、请求、说教、求爱、骚扰或收获信息。

• 允许用户在 1/6 或 1/10 秒时间内使用电子邮件联系 147 个国家中任一国家的个人或群体。

• 预期会成为以不可预测的方式不可避免的重塑社会的技术之一。[7]

因特网是美国国防部大约在 30 年前的“冷战”期间研发出来的。20 世纪 80 年代末，美国国家科学基金会接手；1991 年国会批准拿出 20 亿美元用于拓展因特网。同样在 1991 年，政府结束对因特网商业化使用的限制。

因特网的流行是不受限制的，实质上不受监管。该网络的官方名称是　　　　　，但是其非官方的名称“信息高速公路”更受欢迎。

一旦管理者过于依赖电子沟通，问题就出现了：缺少个人间联系，沟通枯燥乏味，缺少友爱，发送者和沟通者之间没有非正式关系和面对面的会议，塑造预期组织形象更加困难。同样可以想象，管理者短期内接收到如此多的信息，不能很好地消化和处理，这会导致受挫、更大的压力和管理者“精疲力尽”。

小　结

或许管理者最重要的技能是有效沟通的能力。管理者需要有效沟通技能的主要工作是计划、决策、协调、领导、委派、控制和组织。

沟通被定义为向另一方给予或发送观点、信息、事实或情感的行为。沟通总是双向的，必须要有发送者和接收者。沟通是个联合的过程：如果有人写，就有人读；有人说，就有人听；有人表演，就有人观看。

为了进行有效的沟通，另一方必须要有理解和反应过程。当另一方的反应和发送的信息一致时，沟通是有效的。

沟通过程包括了一系列按次序排列的步骤，这些步骤是：信息源、信息、通道选择和编码、发送、接收、解码和反馈。

有效人际沟通的典型障碍是：发送者缺少信誉、接收者倾听习惯差、语义问题、接收者的倾向、发送者和接收者之间的差异、噪音、偏见等。克服沟通障碍有许多方法，其一是管理者的沟通观念包括标准、价值观或管理者在计划沟通时的指导性原则。一个重要的原则是，一个人的沟通能力根据其对沟通主题的了解程度不同而产生很大的变化。

正式组织框架内的沟通与个人间的沟通同等重要。正式组织沟通的有效性与高层管理者的观念、组织文化、组织是否集权和沟通网络有关。

沟通网络是指信息流。最常见的沟通网络或系统是向下、向上和横向的。向下和向上沟通合起来被称为纵向沟通。

小道消息传播是非正式组织的沟通体系。在正式组织结构图上既没有非正式组织也没有小道消息传播。小道消息传播的神秘之处在于：它看不见却是真实存在的；永久存在却难以描述；沟通网络经常变化，传递信息却很有效。

每位员工都是小道消息传播的一部分。管理者应把小道消息传播视为一种财富，并努力促使其为组织的利益服务。

目前，美国组织面临着向其服务的美国公众确立自己身份的挑战。因而，外部沟通日益重要，组织必须制定有效的外部沟通战略。

电子沟通是新技术发展的结果，通讯技术的发展产生了传真机、移动电话、电话会议、语音邮件和电子邮件等。因特网，也称为信息高速公路，使通讯世界发生革命性的变化，在一转眼的工夫可通过计算机向世界各地传输数百万条信息。

复习题

1. 沟通对管理的计划功能、组织功能、实施功能、控制功能的重要性？

2. 列出沟通过程的步骤。在沟通过程中，大部分的沟通问题发生在哪里？为什么？

3. 为什么说语义问题会成为有效沟通的障碍？

4. 列出并解释至少五个有效沟通的障碍。

5. 本章提到许多沟通原则。你认为哪一个对在职管理者最重要？请说明。

6. “小道消息”是非正式组织的沟通系统。请列出小道消息传播的五到六个特点。你认为管理者怎样才能把小道消息变为一种财富而不是障碍吗？

7. 为什么组织应该具有与其战略目标有关的正式化外部沟通方案？

8. 电子沟通举例及其优缺点。

个人能力实践

举例说明你所在地区在实施计划外部沟通方案方面最有效的体育组织。列出你这样认为的原因，举例可包含广告、小册子、书面发行物和个人形象等。例子可查询当地报纸。

案 例

路在何方?

哈利·史密斯是一个新成立的受到尊敬的郊区体育俱乐部的发起人之一。俱乐部对大众开放,但是在吸收新会员上有限制。业主/投资者们注入数百万美元建造体育设施,可为会员提供除了高尔夫之外的大量运动机会。哈利对这些设备的使用感到满意,不过他也注意到在项目管理上存在着混乱,包括经理在内,没有一个员工在决策的时候不请示上级。

上周,两位业主要求哈利暂停他在市区担任的大型银行副总裁的职务,至少在一年内担任俱乐部的执行董事。如果他喜欢这份工作,可以永久任职;如果不喜欢,一年后再回到原来的银行任职。他们告诉哈利,他们有能力帮他办好"停薪留职"手续,而且他们迫切需要他的帮助。他们说主要问题是,这是一个非常糟糕的组织,每个人只做自己手头的事情,不知道别人在做什么。

哈利承诺会认真考虑这个请求,要求他们给他几天时间研究俱乐部的运营状况。他们欣然同意了。

经过三天的观察和探访,哈利得出结论:俱乐部管理上的许多方面都出问题了。没有领导,计划很烂或根本没有计划,以及组织混乱。哈利发现,最直接的问题是没有有效的沟通系统向员工提供相关信息或从员工那里收集相关信息。在他接手这份工作之后,改进正式沟通方案是他的第一要务。

问题:

1. 如果你是哈利·史密斯,在担任俱乐部新的执行董事之后,你会提倡和实施哪一种沟通系统?为什么?(参照沟通注释)
2. 举例说明你将对其提倡相反的方法的另一种的体育组织并说明原因。

沟通注释:

传统的美国管理者们相信沿组织结构图的线条形成的正式沟通通道极富价值。沟通通道或网络是向上、向下(合起来称为纵向)和横向的。此类管理者理解诸如统一指挥、等级原则和分派任务原则之类的组织原则的优点。他们会在某种程度上实践参与式管理甚至是"开放性"政策,但是绝不会以伤害正式沟通通道为代价。

其他美国管理者发现,在21世纪旧的沟通系统运转不灵了。例如,遵循以上提到的原则,从不冒犯指挥系统,会抑制反应速度、问题的解决和组织的灵活性。这些新管理学家们认为,沟通的"开放性"相对动态管理而言更为重要。他们相信,今天的环境要求组织调整以适应日新月异的变化,并视员工为成长中的宝贵资源。此类管理者还相信用团队合作来解决问题。传统沟通网络被认为是过时了。这两种倾向都有自己的价值。

关键术语

沟通：向另一方告知或发送观点、信息、事实或情感的行为或动作。

沟通网络：也称为沟通系统，是正式组织中的信息流。

沟通过程：由一系列按次序排列的步骤组成：信息源、信息、通道选择、编码、发送、接收、解码和反馈。

有效沟通：沟通的目的，当接收者的反应同发送者发送的信息一致时出现。

法约尔跳板或桥：平行的人或部门之间的直接沟通（交叉沟通）。

小道消息：非正式组织的沟通系统。

因特网：计算机网络全球网络已成为世界上增长最快的沟通媒体。

语义学：词语含义的科学或研究。

价值观：影响个人行为的标准或原则。

参考文献及本章注释

[1]D. M. Kersey. Faith, Hope, and Clarity. *Management Focus*, Vol. 31, No. 4, July/August, 1984, pp. 4～5

[2]B. Z. Posner, J. M. Kouzes, and W. H. Schmidst. Shared Values Make a Difference: An Empirical Test of Corporate Culture. *Human Resource Management*, Vol. 24, Fall, 1985, pp. 293～309

[3]D. A. Safer. Institutional Body Language. *Public Relations Journal*, Vol. 41, No. 3, March 1985, pp. 26～30

[4]Jack L. Whitehead, Jr.. Factors of Source Credibility. *Quarterly Journal of Speech*, 54, Febryary 1968, 59～63

[5]J. J. Franco. Speaker, Know Thy Audience. *Training and Development Journal*, Vol. 39, No. 6, June, 1985, pp. 20～21

[6]E. H. Schein. Organizational Culture and Leadership. (San Francisco: Jossey-Bass, 1985), p. 6

[7]Mike Toner. Surfing on the Internet. Atlanta Journal-Constitution, July 24, 1994, p. F1, F4

第十四章 变化、冲突和压力管理

本章内容包括：

- 组织变化
- 变化的分类
- 抵制变化
- 执行变化
- 组织发展和变化
- 冲突管理
- 冲突的解决
- 压力管理
- 应对压力
- 过劳死
- 员工帮助计划(EAPs)
- 员工帮助计划的趋势
- 健康计划

组织变化

第三章介绍了影响组织活动和管理决策的管理环境。外部环境的重大变化常常会影响组织的内部运行，而组织的内部运行又会反过来影响组织员工、组织策略和资源利用。

当员工遵循的现有政策、做法、程序、方法、策略或技术被作修改时，就会产生组织变化。组织变化不仅会影响客户，还会影响其他团队。

体育领域的变化频繁发生，如表 14－1 所示。

赫西(Hersey)和布兰查德(Blanchard)曾说过：

> 今天，组织周围的社会环境日新月异，因而变化也屡屡发生。关键问题是为了保持组织的活力和朝气，管理者该如何应对他们每日都会遇到的变化？尽管变化是不可避免的，但是优秀的管理者不会让变化肆意横行。管理者必须有能力制定策略，对变化进行计划、引导和控制。[1]

一般来说，社会变化呈不断上升趋势。例如，J. Lewis Powell 曾于 35 年前做过这样一次演讲：

> 如果人类的全部历史(5 万年)浓缩在短短的 50 年时间内发生，那会发生什么事情，而这些事情又在何时发生呢？如果人类的全部历史浓缩在你的一生内发生，那又

会发生何事，而这些事情又在何时发生呢？嗯，情况可能会是这样的：10 年前，你不再是个穴居人；5 年前，这里最聪明的人发明了图画文字；2 年前，基督教开始出现；15 个月前，你买到了一台印刷机；20 天前，有人发明了电；18 天前，有人发明了飞机；10 天前，有人发明了收音机；4 天前，电视也随之而至。[2]

表 14－1　体育领域变化的例子

◆有关大学生运动员校际体育奖学金的财政援助计划的修改
◆政府机构重组
◆协会间的新合同与职业体育的新协议
◆某团队所有权/管理权的转移
◆高中生和/或大学生运动员的学业达标规定的修改
◆交由某管理机构进行鉴定
◆造成某运动员或教练死亡或重伤
◆教育修正案第九条(性别平等)执行规定的修改
◆某联合会暂停/取消某明星运动员的参赛资格
◆公众对体育态度的改观
◆体育用品供应商的变动，产品从美国制造转为国外进口
◆职业运动员参与奥运会等方面的改动

现在，回首一下过去 35 年中究竟发生了哪些事情：计算机面世并投入应用；太空探索和人类登陆月球；苏联解体；恐怖主义的持续威胁；高校课本价格从 20 或 25 美元上涨到今天的 80 美元。而这些仅仅是一些事情而已。

管理者应积极应对这些变化，而不是抵制。如果不能适应这些变化，组织将会陷入困境或付出惨重代价，甚至组织生存也将受到威胁。

变化的分类

组织变化可分为技术变化、环境变化和内部变化。技术变化包括新设备、新过程、机器人、自动化、计算机辅助活动等。环境变化是源自组织外部但可对组织运营产生影响的变化，例如新联邦立法、演进中的社会趋势、人口变化、市场国际化以及新竞争者。内部变化是指发生于组织之内的变化，例如，裁减员工、员工组织工会、引入新的工资标准、新的工作方法和程序等。

管理者面对所有类型的变化。如何应对变化以及如何实施变化都面临着巨大的挑战。

单个管理者可以处理组织内部相对较小的变化，确认相关问题并采取措施纠正。这是反应式管理。管理者同样可以确认需要变化的情形，采取行动在造成最少的问题的情况下实现此变化。这是积极管理行为。

在理想情况下，当组织决定主要的内部变化时，应制订一个变化计划。Thomas 和 Bennis 认为，变化计划是“对结构创新、新政策或目标或运行哲学、气候或样式的变化的精心设计和实施。”[3]

抵制变化

大多数人都拒绝接受意味着改变现状的新奇事物。这并非异常行为，而是人类面对变化的自然反应。员工拒绝变化可能会采取工作拖沓或更精明的抗拒形式，如沉默对抗或缺乏自信。不管员工采取什么形式的拒绝变化，管理者都必须意识到产生了对变化的抗拒，制订变化计划，想办法尽可能地减轻、缓解和消除抗拒。

员工拒绝接受变化的最常见的原因如下：

1. 工作安全和收入。不管是想象中还是真实的，员工习惯于把变化看作是对自己地位的威胁，即使此变化可增加组织的效率和流畅性。员工怀疑如果执行此变化，他们会丢掉工作。

2. 不确定性。如果没有提前向员工说明变化的目的，员工就会有一种对未知事物的恐惧。对变化的结果或影响的不确定性会导致相当程度的抗拒。当受欢迎的老板被陌生的管理者代替，员工会产生疑惑。当外面请来的顾问开始监测员工工作业绩，员工们开始担心。当变化引起不确定性，常常会产生误解。

3. 个人不便。员工会把工作地点、工作时间或班次的任何变化视为会造成个人不便或需要个人做出牺牲，因此他们拒绝接受。

4. 丧失地位或权力。企业改组可能会造成一些员工和管理者被安排到其他部门的新岗位上。离开熟悉的环境和同事，结果会造成长时间树立起来的权力和地位的消减，因此受到影响的员工会拒绝变化。

5. 人际关系变化。许多员工非常享受工作中的友谊和合作。这些人际关系通常会超越工作关系而成为社会关系。任何可能影响这种关系的变化会引起强烈的抗拒。工作中的朋友经常一起吃午餐，下班后出去玩，工作上相互支持。这种友谊是非正式组织的一部分，并存在于每一个正式组织。

执行变化

引入任何变化都要求管理者计划好执行变化的原因、地点、方式和时间。首先，必须有合理的原因来引入变化；其次，确定好变化发生的地点；再次，认真规划必须遵守的适当的变化步骤，引导管理者执行变化；最后，制定一个时间表，规定管理者何时执行变化。

如果在执行变化时制订健全的计划并达成共识，基本上可以消除或缓解对变化的抗拒。

消除对变化的抗拒。管理者是变化的主要发起者。如果管理者预先知道变化执行的原因、地点、方式和产生效力的时间，大部分员工对变化的抗拒是能够被消除或缓解的。为达成此目的，一些需要遵守的有效的常识性建议如下：

1. 移情作用。在告知员工即将执行的变化之前，管理者站在员工的角度预测会产生的问题、情绪和反应等。这应该有助于制订执行变化的计划。

2. 开放性沟通渠道。同员工讨论预期的变化并引导出他们的反馈，有助于员工们减轻对未知事物的恐惧。

3. 员工参与。让员工参与整个变化过程，邀请他们输入并提出建议。当员工参与到会对其造成直接影响的活动中,他们不大会拒绝变化,因为他们参与了决策过程。

4. 树立信任。让员工知道管理层是诚实的、坦率的和真诚的,是很重要的。若希望员工信任管理层,那么管理者对变化、变化对组织的价值以及对员工的影响进行解释时就必须诚实。

5. 阐明变化的时间和地点。向员工认真解释变化发生的时间和地点。对变化做出时间安排需要认真地思考,选择执行变化的合适地点同样如此。例如,在放假前执行变化是不好的;同样,如果某一部门或地区从所实施的变化中获得的利益大于更需要变化的部门或地区,这也是不明智的。

6. 强调积极作用。企业发生变化是因为这个变化是对整个企业最有利的。企业的任何改善都带给员工利益。管理者应该告诉员工变化会带来的长期利益,事实上,真诚地向他们推销变化的积极作用(即使短期内造成的一些结果可能是消极的)。任何变化都应该是合理的,强迫或威胁员工接受只会引起抗拒。

组织发展和变化

在过去的20年中,产生了一种旨在改善整体组织效率的方法,称作组织发展(Organization Development, OD)。OD是帮助组织处理变化的观念和方法集合。[4]鲁(Rue)和拜厄斯(Byars)认为,"OD"是在组织范围内,通过组织内计划性的干涉,根据增加组织业绩的目的,从上而下的管理工作。OD特别关注组织的人性面。[5]

OD并非是用于解决孤立的问题的方法。相反,它是一种长期的、宽泛的方法,以多种方式鼓动,以期实现员工对变化的态度和价值观的转变,这样,组织和员工都可以受益。

OD产生的原因在于部门之间缺乏合作,责任规定模糊,劳资冲突,项目组解决问题能力差或技术变化导致组织目标变化。[6]通过诊断,其他问题区域也可确认。

诊断是对通过问卷、调查、个人访谈、直接观察和翻阅记录从员工处获得信息的分析。诊断是执行OD计划的第一步。

实施诊断并分析所收到的信息,可揭示出组织内部需要改进的地方。这一步完成后,管理层必须认真制订带有可计量标准的计划,以实现预期的组织变化和改善。OD计划的第三步是决定如何告知员工对变化的需求,说服他们接受变化,并实施变化。

最后,管理者应评估OD计划,决定此过程是否产生预期结果。

作为正式计划,组织发展在理论和实践上有相当大的差别。然而,其主要目的是改变员工以及员工工作关系的性质和质量。[7]此结果应能改善组织效率和业绩。

冲突管理

冲突是导致意见不一致的相反意见和利益。冲突中的各方持有相反和不同的意见。

在组织中,当一方或双方表现出敌意并妨碍另一方达到目标时,冲突就会出现。[8]从历史观点看,"冲突"这个术语具有负面含义,应尽可能地避免使用。冲突出现在所有的组织情况中,然而却是社会相互作用的自然产物。

因为组织中不可避免地会出现冲突，管理者应努力将有害冲突引起的损坏最小化，并将冲突的有利方面最大化。

斯通勒(Stoner)说过："从本质上看，冲突既非功能性的，也非功能障碍性的，仅仅是具有增强或削弱组织绩效的潜力，这取决于管理方式。"[9]这清楚地表明管理者有责任让冲突为组织服务而不是与管理背道而驰。

冲突的原因和结果。许多因素都可以引起冲突：个体之间为获得晋升而展开的竞争；稀缺资源在部门之间的分配；沟通障碍；分配不合理的工作目标；人格冲突；管理上的偏袒；工资涨幅不同以及许多其他事情。在职业体育组织中，影响选手个人决定的工资上限给管理带来了更多的压力和冲突。在大学中，必须根据《第九条》的要求进行分配的有限资源可能会导致营利性和非营利性体育项目之间的冲突。冲突的负面结果可能导致人员流失、士气下降、员工绩效降低、各方之间缺乏合作以及表现出敌意。冲突的潜在正面影响是为达到目标获得的新动力；解决问题的创造性方法；创新的沟通方式；表达被压抑情感的健康渠道；以及对管理层没有注意到的问题的识别。此外，参与到冲突情况中也可以是一种教育过程，在此过程中一方或双方可以获得信息并预先得出未知的见解。

冲突的类型。冲突主要分为四类：人际冲突、群体间冲突、部门间冲突和组织冲突。

人际冲突出现在两人或多人之间。人际冲突的原因包括：

- 人格类型相反的两个员工在一起工作；
- 老员工和新员工获得的工资相同；
- 工会工人和非工会工人一起工作；
- 一些员工对其他员工存在年龄、性别、种族、宗教、婚姻状况方面的歧视；
- 一起工作的工人有不同的学历背景和级别。

当同一部门中的两个或多个群体之间存在对立时，就会出现群体间冲突。通常，生产线员工和职员之间的冲突是谁对谁行使什么方面的权力。当内部审计员和会计主管都在财务部门工作时，内部审计员可以询问后者的工作和工作流程，因此产生了冲突。一个部门中的非正式群体之间也会出现冲突。一个群体可能会支持弹性工作时间，而另一个群体可能会争取四天的工作周。

部门间冲突涉及的是部门而非个人或群体，通常在有某种偏袒迹象的情况下出现。在商业组织中，销售、生产和财务职能都直接关系到盈利性目标的实现。每个方面似乎都同样重要，然而，当更高管理层对销售额和营销的重视超过对优质生产价值时，两个部门之间就会出现冲突和对立。销售主管可能会对消费者做出承诺，而这种承诺会对生产部门的生产能力造成很大压力。争论和冲突因此产生。其他的潜在冲突还包括预算，尤其是当预算要求受到擅自承兑并怀疑有偏袒时。大学体育的主教练可能会因预算要求受到拒绝而感到失望，尤其是当他们认为另一个体育项目受到了偏袒待遇。

组织冲突(如果是公司之间的竞争引起的)通常被视为美国经济体制的内在特征。竞争带来了新产品和服务、更低的价格和更有效的资源利用。社会从这种冲突中获益。当竞争组织之间的冲突对社会有害或会导致功能失常时，例如涉及到受贿或蓄意扭曲事实，政府可能会出台法规来处理产生的冲突。联邦贸易委员会(FTC)和食品药品监督管理局(FDA)就是常常处理竞争组织之间冲突的联邦机构。

职员体育界中充满了组织冲突。当一个队伍声称要转到另外一个城市时，就会出现重大冲突情况。这种情况扰乱了联盟的结盟、电视覆盖率、收入分配和传统的竞赛并使运动迷、城市官员、选手和那些从事支持性服务的人员(特许权持有人、维护人员等)感到烦恼。一个篮球队员拒绝遵守国家篮球协会的要求(在奏国歌时立正),这是职业体育中最近出现的冲突情况。这名队员的球队管理者竭尽全力来影响他的行为,而且联盟令其暂停比赛。经过数天的负面公众反响后,达成了可接受的和解。

冲突的解决

没有能保证成功的、用于解决冲突的专利方法。每种冲突情况都是独特的,管理者在引入解决方法前应给予特别注意。与管理情况中的权变方法非常相似的是,正确的冲突解决方法的选择取决于冲突发生的环境。

如果冲突情况是组织的冲突,管理层除了提高自身的竞争能力或向相应的管理机构报告竞争者的不公平贸易行为或非法活动以外,对此几乎无能为力。

当出现部门间冲突时,更高的管理层可以对组织进行改组;重新设计工作流程;重新分配权力中心;调任职能管理者;对涉及的各方进行必要的培训;让各方在一起认识他们之间的区别;创立联合委员会来研究冲突并给出建议;或自主宣布“这就是将采取的解决方法”。

当存在群体间冲突和人际冲突时,管理者可选择下面的几种解决方法:

调解冲突。这要求有第三方在两个群体间做工作并使各方都平息下来。调解员应消除各方之间的敌意或对立情绪并创造出善意。这通常被称为消除冲突。如果调解员是从冲突群体中挑选出来的,他们可以被称为“联结销”,因为他们能代表群体的意见并倾听另一个或几个群体的意见。有时,这类调解的结果是和解。

调和冲突。调和要求有第三方与个人和群体对话并将两者聚在一起解决问题。这也被称为　　,但是如果双方能一起解决他们的问题,这将是一种有效的方法。

对冲突进行仲裁。仲裁是双方同意接受独立第三方的裁决结果来解决个人或群体之间纠纷的方法。双方必须相信仲裁人是公正客观的、能倾听所有的意见并能作出公正的决定。在联合管理情况中,仲裁是一种普通的解决冲突的方法,但是很少用于解决个人之间的冲突。管理层可以要求冲突方陈述自己的情况,但是听完陈述后所作出的决定具有约束力、无需获得有关各方的同意。这是自主作出的决策,但是确实能迫使冲突结束。

就冲突进行协商。管理者常常要解决员工之间的纠纷。这时,管理者就是调和人和调解人,要设法达成可接受的和解,使问题得到缓解,并且使工人恢复生产力。管理者的作用是使各方保持冷静并关注具体的冲突主题,同时尽可能地满足各方的要求。

在选择合适的解决冲突的方法时,需要考虑很多因素,以便采用正确的或最佳的方法。对组织的经济效益产生负面影响的冲突问题需要立即得到管理层的重视和解决。其他冲突,如果不加干涉,也可能会使组织受益。管理层必须根据各种冲突的具体情况来制定解决方法。

压力管理

变化和冲突是美国人工作生活中的正常现象。组织中和日常生活中的各个方面都充满了压力。

汉斯·薛利博士(Dr. Hans Selye)是第一个对“压力”进行定义和研究的人。他认为,压力是对向身体挑战的任何事情的一种非特异性生理反应。[10]

压力对人们生活的影响既有积极的,也有消极的,这取决于个人对压力的反应。积极地利用压力能促进个人的成长、发展和心理健康。薛利博士的研究表明,人们对压力的反应是心律加快,肌肉紧张加剧,血压和血糖升高,等等。今天的研究认为许多的身体小毛病都与压力有关,其中包括冠心病、高血压、肥胖、糖尿病、紧张性头疼、偏头痛、溃疡、癌症和更严重的传染病。

压力在人们的生活中也能产生积极作用。薛利博士在他的著作《Stress Without Distress》(1974)中提到了这一点。他确定了三种压力类型:负面压力或不良压力;正常压力;以及正面压力或良好压力。压力是正面的还是负面的,取决于个人对压力的评价和感受。[11]因此,将不良压力变为良好压力的最有效方法是努力改变个人的思维定势。[12]

员工的过度压力可能会导致员工出现生理和心理问题。这些问题又会导致缺勤率和工作流动率增加,生产力、工作质量和士气下降并使决策过程中出现更多冲突和错误。对于管理层而言,帮助员工消除压力很重要,因为工人的心理和生理健康问题所造成的成本是惊人的。

管理层和员工都应认识到压力源。压力源是引起压力反应的任何生理、心理或环境事件或条件。[13]问题是导致压力的因素随着员工的不同而变化。部门领导可能会让一个员工在部门会议上对委员会的工作进行口头总结,但是却没有意识到这名员工害怕在群体(主要的压力源)面前发表讲话。另一个员工也许会享受这一任务。许多学生在考试期间或尤其在接受标准化检验时会有“考试焦虑症”,而其他的一些学生可以轻松地应对它们。

安斯帕夫(Anspaugh)、哈姆里克(Hamrick)和罗萨托(Rosato)认为压力反应不是遗传特质;因为这是对外部条件的反应,所以个人容易对它进行控制。[14]如果压力的影响容易被个人所控制,那么人们应该学会减轻这些影响。要减轻压力影响,个人必须能够确定压力来源。表14-2展示了组织环境中的一些压力源。

表 14-2　引起压力的典型情况

- 工作被委派时没有给予完成工作所需的权力。
- 连续加班的要求。
- 上司是完美主义者和/或没有设身处地为员工着想。
- 没有受到适当的培训就被安排到一个工作岗位上。
- 被管理的员工是自己的同辈或朋友。
- 为合并、整顿或精简后的组织工作。
- 向两位上司提交报告,他们都要求付出全部工作时间和才能。

对于由工作产生的压力源,员工只有有限的控制力。专家建议,当你不能改变客观条件时,可以试着改变你的观点。即使如此,改变观点也不能改变引起压力的糟糕的管理行为。更重要的是,一旦警报信号出现,要懂得怎样处理不良压力(见表 14-3)。

表 14－3　显示不良压力过度的警报信号

慢性疲劳	烦躁
背部疼痛	消极
难以入睡	焦虑
体力透支	过度饱食
淡漠	不能进食
不能集中精神	体质虚弱
过度哭泣	多汗
神经抽搐	健忘

应对压力

应对是管理或应付压力的努力。应对并不意味着要消除压力，而仅仅是应付压力、不让它毁掉我们生活的一种努力。在一些组织里，情形极其糟糕，员工非常苦恼，唯一的应对办法就是辞职。然而更多的情形是，产生的压力是可管理和应付的，因此可以消除或控制压力的负面影响。许多舒缓压力的方法都是有益的，不过每个人应根据自己的情况加以选择。表 14－4 中列出了最常见的舒缓压力的方法。当然，还有其他更多选择，比如园艺、垂钓、木工或其他手工艺活。从严格意义上讲，个人根据自己的爱好做出选择，但是不管选择什么样的方法，最后的结果必定是压力得到舒缓，私人时间增多，从而生活变得更加幸福、健康。

表 14－4　有效压力控制和舒缓方法

• 深呼吸练习	• 生物反馈
• 按摩疗法	• 音乐
• 自感应放松	• 幽默
• 冥想	• 有效的时间管理
• 想象	

过劳死

压力的一个后果是过劳死。当员工感觉不到工作的意义时，可能会过劳死。过劳死是由压力太大或其他原因造成的，比如工作上的问题，或家庭、社会和个人因素的共同作用。每年都有数不清的执行官、小时工、专业运动员、学生、教练以及家庭主妇由于过劳死离世。他们所从事的活动压力太大，以致于他们无法再履行自己的职责，他们已经油尽灯枯。

从管理学的角度来看，应确认哪些职业最有可能造成员工过劳死（见表 14－5）。一旦这些职业确定了，管理者就可以制订行动计划，把员工过劳死的可能性降到最低。此类计划包括：岗位轮换，使员工从事此类岗位的时间不超过半年；工作简化，可以消除一些苛刻的要求；缩短工作时间；工作丰富化；以及可以改善员工技能的职业培训。

表 14－5　可能造成过劳死的压力职业

• 中小学教师	• 外科医师
• 长途运输卡车司机	• 警探
• 服务员	• 篮球教练
• 空中交通管制员	• 缓刑监督官
• 战斗机飞行员	

员工帮助计划(EAPs)

员工帮助计划(Employee Assistance Programs，EAPs)是大型和小型组织帮助员工应对压力、过劳死、滥用药物和许多其他个人、医学或精神方面的问题而设立的计划。EAPS 计划有双重目的：向员工提供帮助和节约组织成本。

大卫・肯诺恩斯(David Chenoweth)教授研究了在工作场所滥用药物的后果。他的结论如下：

• 每年由于滥用药物而导致的劳动浪费和质量缺陷给美国商业带来的损失是 300 亿美元。

• 每年每位药物上瘾者给雇主造成的劳动浪费、增加的医疗费用和财产损失超过 7 500 美元。

• 在美国至少有 10％的医疗费被浪费在滥用药物的人身上。

• 大约有 15％的美国工人酗酒和/或吸食其他毒品。

• 在发生的所有工伤事故中，47％与喝酒有关。

• 工作场所发生的所有意外死亡，40％与酗酒有关。

滥用药物只是会对组织员工造成直接影响的一系列个人问题之一。这些问题会影响组织员工的生产率、事故发生率、保险费用，造成旷工、工作拖沓、士气低下等。管理者处理此类问题的传统方法是实行"开除"政策。他们认为，一旦帮助了一个问题员工，就必须为所有的员工提供相同的帮助。如果该员工的个人问题明显影响其工作绩效，那么就解雇该员工。

这种观点在许多组织中流行，但是现在更多的企业意识到，当员工的个人问题开始影响到工作绩效时，对他们进行帮助对企业来说是有利的、合算的。工会压力和政府立法促成了这一转变。

虽然对员工提供了医疗帮助，但是员工的各种个人问题必须通过正式的 EAPs 计划单独得以解决。据肯诺恩斯教授统计，在 20 世纪 70 年代早期只有大约 50 家企业实施 EAPs 计划，而目前已经超过 1 000 家。[16]

一类 EAP 计划是组织直接向员工提供帮助和治疗。组织请合格的心理医师来聆听和诊断员工们的问题，然后向他们提供合适的治疗方法。另一种类型的 EAP 计划则是组织安排一个心理咨询者最低程度地聆听员工们的问题，然后建议他们到合适的机构或诊所做进一步的检查和治疗。

EAPs计划可以在工作现场设立,也可以不在工作现场,两种各有优缺点。必须考虑隐私问题:许多员工不想让别人了解自己的问题,他们宁愿选择不在工作现场。

小型组织在设立EAP计划时有特殊难题,其中最主要的就是成本问题。其中一个解决办法就是和其他小型组织联合设立EAP项目,各方共同出资和管理,各联合企业内的所有员工(及其家属)共享此EAP服务。

员工帮助计划的趋势

肯诺恩斯教授认为以下为现今EAPs的发展趋势:

- EAPs主要关注疾病的早期确认和自行转诊。
- 越来越多的EAP提供者通过扩充传统的EAP服务(疾病鉴定、转诊服务和心理咨询),转变为"心理健康HMO(健康维护组织)",在一些公司甚至变成心理健康门诊计划。
- EAPs计划扩大了范围,从只治疗酒精中毒扩大到心理健康、财务管理、压力管理和退休准备计划等领域。
- EAPs和其他健康促进和医疗计划一起把管理程序连成一个整体,同时提高了参与率。
- 许多公司都把EAPs计划设立在工作现场外,聘请更多的心理咨询师,更好地保护隐私。
- EAP项目主任日益努力确认EAP对旷工、医疗费用使用、生产效率、营业额和其他底线指标的影响。[17]

对于成功的EAP计划,必不可少的条件包括:高层管理者必须全力支持并提供充足的资金;EAP人员必须是专业的;员工能够理解EAP服务的目的,勇于去使用这些服务。

健康计划

除了EAPs计划外,诸如银行、保险公司和医院之类的大量组织也制订了健康计划(wellness program)。健康计划的目的是改善员工健康状况,保持良好的健康,预防身体和精神疾病。健康预防的方法包括:定期医疗检查、戒烟诊所、高血压检查和控制、饮食行为探讨、体重控制、压力管理、免疫、锻炼和健身设备。

出资设立保健中心的组织相信这样做利大于弊。结果表明,员工的病假减少了,整体健康改善了,同时主要医疗费用也降低了。参与锻炼和健身项目的员工以积极的精神状态对待工作,生产效率大大提高。大量的研究表明,经常锻炼可以增强自尊,减少焦虑和恶意,甚至能减轻抑郁症。[18]健康计划的结果很难被量化和在底线结构上表示,但是参与此计划的员工都认为这是一个极好的额外福利。

小结

外部环境的重大变化常常会影响组织的内部运行，而组织的内部运行也会反过来影响组织职员、组织策略和资源利用。

若职员所遵循的现有政策、做法、程序、方法、策略或技术被修改时，就会发生组织变化。社会变化呈不断上升趋势。

组织变化可分为技术变化、环境变化和内部变化。技术变化包括新设备、新过程、机器人、自动化、计算机辅助活动等；环境变化是源自组织外部但可对组织运营产生影响的变化，例如新联邦立法、演进中的社会趋势、人口变化、市场国际化以及新竞争者；内部变化是指发生于组织之内的变化，例如，裁减员工、员工组织工会、引入新的工资标准、新的工作方法和程序等。

在理想情况下，当组织决定主要的内部变化时，应制订一个变化计划。

大多数人会拒绝接受将改变现状的新奇事物。职员抵制变化的最常见原因包括工作安全和收入、变化结果的不确定性、个人不便、丧失地位或权力和人际关系变化。

管理者可以通过移情作用、开放性沟通渠道、员工参与、树立信任、阐明变化的时间和地点，以及强调积极作用来消除员工对变化的抵制。

组织发展(OD)指提高组织整体效率的一种方法。OD是帮助组织处理变化的观念和方法集合。OD主要目的是为了通过改变员工及其工作关系的性质和质量，来提高组织整体效率。

冲突是导致意见不一致的相反意见和利益。冲突出现在所有的组织中，是社会相互作用的自然产物。管理者应努力将有害冲突引起的损坏最小化并将冲突的有利方面最大化。冲突的负面结果可能导致人员流失、士气下降、生产力降低以及各方之间缺乏合作。冲突的潜在正面影响是获得动力的提高、解决问题的创造性方法和更好的沟通，等等。四种主要的冲突类型是：人际冲突、群体间冲突、部门间冲突和组织冲突。

解决冲突可能是个难题，而且也没有专门的方法可以遵循。当存在群体冲突和人际冲突时，管理者可以试着通过调解、调和、仲裁或协商的方式来解决冲突问题。

对于管理者和个人而言，压力处理是一个重要的主题。压力是对向身体挑战的任何事情的一种非特异性生理反应。压力带给人们生活的影响既有积极的，也有消极的，这取决于个人对压力的反应。积极地利用压力能促进个人的成长、发展和心理健康。三种压力类型分别是：负面压力(不良压力)、正常压力和正面压力(良好压力)。压力是正面的还是负面的取决于个人对压力的评价和感受。

压力的一个后果是过劳死。当员工感觉不到工作的意义时，可能会过劳死。管理者试图确认哪些职业更容易引起过劳死，然后制订行动计划，把员工过劳死的可能性降到最低。可选择的计划包括：岗位轮换、工作简单化、缩短工作时间和工作丰富化。

员工帮助计划(EAPs)是指大型和小型组织帮助员工应对压力、过劳死、滥用药物和许多其他个人、医学或精神方面的问题而设立的计划。EAPs计划可以在工作现场设立，也可以不在工作现场；但是员工们宁愿选择不在工作现场以保护自己的个人隐私。越来越多的EAP提供者通过扩充传统的EAP服务而转变为“心理健康HMO(健康维护组织)”。组织制定EAPs计划的目的是为了帮助员工，同时减少成本和提高员工的绩效。

除了 EAPs 外，许多组织也制订了健康计划，目的是改善员工健康状况，保持良好的健康，预防身体和精神疾病。健康预防的方法包括：定期医疗检查、饮食行为探讨、体重控制、锻炼和健身设备等。

复习题

1. 组织变化什么时候发生？
2. 请谈谈三种类型的组织变化。
3. 为什么抵制变化被认为是自然反应？
4. 列出员工抵制变化的最常见的理由。
5. 管理者可以引入什么样的常识性建议来消除员工对变化的抵制？
6. 组织发展(OD)的定义及其主要目的。
7. 冲突的定义。
8. 冲突的主要原因及后果。
9. 列出并简要说明主要冲突的四种类型。
10. 如果团体之间或个人之间发生冲突，管理者应采取哪种方法解决冲突？
11. 给出压力的定义并说明压力的积极作用和消极作用。
12. 识别压力的三种类型。
13. 什么是过劳死？
14. 请解释员工帮助计划(EAPs)。
15. 健康计划的目的。

个人能力实践

许多极为成功的大学教练直接去职业队担任主教练，但是一些人成功了，更多的人失败了。有些人甚至非常沮丧，就此中止了职业生涯。造成这些大学教练失败的压力因素以及可能的冲突是什么？

案 例

新闻报道之后

本地电视台晚间新闻播报的画面让人烦恼。当警察把一个男人从撞毁的车里扶出来的时候，画面上的这个人精神萎靡、衣衫不整。他是一家职业篮球队主教练，在整个体育界都非常有名气。球队总经理在看到电视画面之后，立刻召集球队管理层成员、教练组成员和球队律师召开紧急会议。

第二天早晨，球队律师确认主教练醉酒后驾车被罚款，不过由于该事故中只有主教练的车被毁，并未涉及他人，因而没有其他指控。在昨天晚间，主教练的私人律师缴了保释金之后，他就被放出来了。中午时分，总经理和球队律师前往主教练的家中同他会面并协商解决办法。

起初，主教练很紧张，矢口否认，后来他崩溃了，承认自己酗酒。他告诉他们自己很久以前就开始喝酒，用于缓解压力，但是直到发生这次事故他才明白自己酗酒有多严重。他请求再给他一次机会，并且保证在剩下的赛季控制自己的行为以及适量饮酒。

在回去的路上，球队律师问总经理如何处理这件事。

问题：

1. 主教练的压力和酗酒问题是如何影响整个球队的？
2. 提出几种管理中处理此问题的备选方案。挑出一个行动方案加以详细证实。

关键术语

仲裁：仲裁是双方同意接受独立第三方的裁决结果来解决个人或群体之间纠纷的方法。

过劳死：当员工感觉不到工作的意义时，就会产生过劳死。

调解：在冲突情况中，第三方使各方都平息下来。

冲突：冲突是导致意见不一致的相反意见和利益。

应对：处理或应付压力的努力。

不良压力：负面压力。

员工帮助计划(EAPs)：指大型和小型组织帮助员工解决个人、医学或精神方面的问题而设立的计划。

环境变化：影响组织的外部变化，如新联邦法规等。

良好压力：正面压力。

部门间冲突：同一组织中两个或多个部门之间的冲突。

群体间冲突：当同一部门中的两个或多个群体之间有对立时，就会出现群体间冲突。

内部变化：发生于组织内部的变化，如员工裁减等。

人际冲突：同一部门中的两个或多个人员之间的冲突。

调和：冲突情况中的第三方让冲突双方一起找出他们之间的不同。

协商：一种冲突解决方法，在此方法中，第三方(协商者)努力让各方冷静地交换意见并达成一致，以解决他们之间的争端。

组织变化：当职员遵守的现有政策、做法、程序、方法、策略或技术被修改时，就会产生组织变化。

组织发展(OD)：是提高组织整体效率的一种方法，其包含一套帮助组织处理变化的观念和方法。

组织冲突：两个或多个公司之间的冲突。

压力：对向身体挑战的任何事情的一种非特异性生理反应。

压力源：引起压力反应的任何生理、心理或环境事件或条件。

技术变化：新设备、新过程、机器人、自动化、计算机辅助设备的变化等。

健康计划：改善员工健康状况，预防员工身体和精神疾病的一种附加福利。

参考文献及本章注释

[1]Paul Hersey and Kenneth H. Blanchard. *Management of Organizational Behavior. sixth edition* (Englewood Cliffs, NJ: Prentice-Hall, Inc., 1993), p. 363

[2]Excerpt from a speech by J. Lewis Powell entitled. The Collapse of Time. June, 1958

[3]John M. Thomas and Warren G. Bennis, editors. *The Management of Change and Conflict* (New York: Penguin Books, 1972), p. 109

[4]Robert Mathis and John H. Jackson, *Personnel*, 3rd edition (St. Paul, Minnesota: West Publishing Co., 1982), p. 37

[5]Leslie W. Rue and Lloyd L. Byars. *Management, Skills and Application*, 7th ed. (Chicago, IL: Richard D. Irwin, Inc., 1995), p. 427

[6]Donald P. Crane, Personnel. *The Management of Human Resources*, 4th ed. (Boston, Ma: Kent Publishing Company, 1986), p. 318

[7]James A. F. Stoner. *Management*, 2nd ed. (Englewood Cliffs, NJ: Prentice Hall, Inc., 1982), p. 392

[8]Gary Yukl. Leadership in Organizations, 3rd ed. (Englewood Cliffs, NJ: Prentice-Hall, Inc., 1994), p. 137

[9]Stoner. *Management*, p. 408

[10]Hans Selye. *Stress Without Distress* (New York: New American Library, 1975)

[11]Selye. *Stress Without Distress*

[12]Health. Annual Additions, 95/96 (Guilford, CT: Dushkin Publishing Group and Benchmark Publishers), 1995, pp 70～71

[13]David J. Anspaugh, Michael H. Hamrich and Frank D. Rosato. *Wellness, Concepts and Applications*, 2nd ed. (St. Louis, MO: Mosby Year Book, Inc., 1994), p. 233

[14]Anspaugh *et al*. *Wellness*, p. 233

[15]David Chenoweth. *Planning Health Promotion at the Worksite* (Dubuque, Iowa: William C. Brown, Publishers, 1991), pp. 117～118

[16]Chenoweth. *Planning Health*, p. 117

[17]Chenoweth. *Planning Health*, p. 124

[18]Kathleen McAucliffe. Out of the Blues. *Walking*, March/April, 1994, pp. 42～44

第五部分　控制过程

第十五章　控制职能

第十六章　绩效评估和奖励

第十七章　管理信息系统

第十五章　控制职能

本章内容包括：

- 控制的起源和含义
- 控制过程
- 控制的需要
- 控制程度
- 计划和控制
- 控制的类型
- 有效控制的特征
- 员工抵制控制
- 组织和控制
- 调控式控制
- 财务控制方法
- 预算
- 零基预算(ZBB)
- 全面质量控制(TQC)

引　言

从理论上讲，控制是唯一可以省略的管理职能。如果管理者对计划、组织和实施的执行都相当完美，那么就无理由制定控制方案以跟踪活动。但是，我们知道这是不可能的；从某种程度上讲，控制职能存在于所有组织中。

控制职能在体育管理中的重要性无论如何强调都不为过。一旦组织活动涉及到顾客、体育迷、学生、客户、会员、员工或职员，就有必要实施一定程度的控制。在体育界，有几十种情况都需要制定控制方案。例如，在足球比赛中的"噪音控制"，篮球比赛中的"球迷控制"，竞赛中的参赛者控制，等等，此类例子不胜枚举。许多组织都要求员工在工作中严格遵循着装规定，而且多数大学和一些职业队伍都有自己特定的着装要求。着装规范已成为一种控制方案。

需要实施控制方案的其他主要地方包括财务支出控制和维持预期的工作质量的控制。管理者对员工负责，所有"官样文章"或组织准则都用于影响(控制)员工行为。员工手册通常以书面形式规定那些最重要的员工行为标准。手册中的大部分内容都从属于控制方案。总而言之，大多数控制方案都是依据财务、物质、人力和信息等资源制定的。

请仔细阅读本章。控制可能过度。换言之，控制方案的效益未超过其实施成本。实施成本可用金钱计量，然而它也包括了士气低落、人事变动和工作拖沓等。正如本章中所述，需要执行控制活动来保证活动、产量和行为的一致，但是管理者必须避免过度控制。

控制活动并不能替代完善的管理。在某种意义上，控制活动是预防或避免出现消极后果的健全计划的产物。未能对组织的所有活动进行合理计划和控制是管理者变更的主要原因之一。

控制的起源和含义

控制是源自需要的一种管理活动。管理者需要保证工作的合理实施，准确的报价和可靠稳定的成品质量。控制职能也向管理者提供决策所需信息。此外，控制活动源自于组织以合理的价格向顾客提供令人满意的服务和产品的需要。事实上，如果没有控制职能，组织管理者将会是“瞎子过河”。

控制的本质在于调整工作活动，以符合基于在此工作活动中获取的信息而制定的预期标准。

值得注意的是，如果管理者在制定完善的战略、可行的目标、可实现的使命陈述、清晰的组织结构图、合理的进度安排时，将这些活动同控制相混淆，就会容易引发严重后果。控制是用于确保有效实现预定目标的一个附加步骤(图 15－1)。

引入控制，不应将其视为惩罚、束缚或限制组织内外表现出的个体性或创造性的消极活动。控制方案的目的是积极的：保证活动、产量和行为的一致。

除非控制方案过于复杂繁琐导致其实施的代价超过效益，否则控制职能自身的效益通常都能够弥补其成本。

通常要求体育部门的员工保存所有旅行支出的收据，以保证支出根据预算种类做出合理分配，并为报销实际支出提供依据。此类控制活动的目的是积极的。

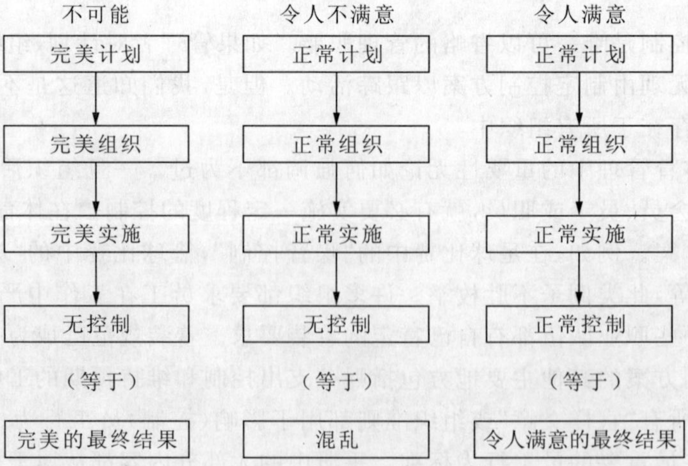

图 15－1　控制方法

控制过程

所有的控制过程都有三个步骤：

1. 设立标准。

2. 评价和绩效的一致性。

3. 如果未满足标准或超出标准，采取适当的纠正或补救措施。

第一步：设立标准。标准起源于管理计划，同时建立在组织目的和目标的基础之上。标准涉及到所有事情：从产品的质量到员工病假的天数，从销售限额到存货量再到工作日内员工休息的时间和次数。为了使其自身具有价值，标准必须用可衡量、易于理解且被受其影响的人员接受的条款来表示。例如，如果美国司机不接受每小时 55 英里的高速公路标准限速，那么此标准失去了价值；如果员工习惯休息 30 分钟，超出了规定的 15 分钟，那么标准变得毫无意义。标准的设立应客观、易于衡量，并与组织目的相关。在标准实施的过程中应限制管理者的主观性和判断力，同时标准应表示为可量化和可实施的条款。组织哲学，比如，"我们要提供该行业最优的质量和服务"，是一个高尚的目标，却不是一种好的标准，因为其结果无法量化。

通常，标准同容许公差共同设定。实际绩效很少能满足精确的标准和计划。在大多数情况下，与标准存在某种程度的偏差是可接受的。管理者设定符合特殊情况或需要的控制公差。公差的范围有时比较窄，有时比较宽。但是，无论什么样的控制公差都最好纳入正式的书面形式，并通知给所有涉及的人员。

由于决定奥林匹克比赛举办地点的不规律性，国际奥林匹克委员会(IOC)成为近期争论和正在进行调查的焦点。国际奥委会对于奥运会申办城市对其工作人员的接待规格，甚至以美元为单位的金钱数额都制定了明确的标准。但是，还是暴露出很多违规案例：向奥委会官员所提供的服务、礼品和便利远远超出这些标准的规定。这些丑闻导致很多人辞职，并且在问题了结之前还可能引发更严重的诉讼。

第二步：评价和绩效的一致性。评价和绩效的一致性通常被称为监控或检查，分两步进行。首先，绩效衡量；其次，对比绩效和标准。

绩效衡量要求确定衡量的时间、地点和方式。绩效衡量的频率决定了控制和成本的有效性。同时，管理者需要及时获得信息以作出完善的决策。绩效衡量的重复频率取决于受控工作活动的性质。

绩效衡量的方法可以是定量衡量、定性衡量或两者的结合。对达到质量标准的完成工作量的测量是定量衡量。通过观察和评价员工之间的互动来测量员工与其他同事交往的能力，这是定性衡量。职业运动队教练的绩效可以根据年度输赢记录进行衡量，但是运动队也可以通过其他因素来评价，比如运动员的士气和态度，教练的个人行为以及与媒体和社区的关系等。这种与标准一致的衡量属于定量和定性的组合衡量。

对比绩效和标准是一致性评价的第二步。绩效可能会满足标准、未达到标准或者超出标准。对纠正措施的需要取决于容许偏差。如果组织允许员工每年有六天不需要医生说明的病假，那么只有员工在超过休假期限的情况下才有必要采取纠正措施。

第三步：采取纠正或补救措施。如果根据第二步的绩效衡量，标准得到满足，就没有必要执行第三步。然而，若绩效未满足标准，则应采取某种纠正或补救措施。假设一名司机的驾驶速度为每小时70英里，超过每小时55英里的速度限制，因此被拦停、开罚单，那么纠正措施识别了问题（超过最高标准）并做出补救。制造出的没达到质量标准的零件可以废弃，或者再加工，直到满足标准为止。对偏差的纠正需要主管的评估。管理者将重点放在计划（是否有缺陷）；标准本身（是否不切合实际）；或者所涉及的人员（是否经过培训并有资格执行任务）。无论原因是什么，除非采取适当的纠正措施解决可能发生的问题，否则问题还是会继续发生。

2000年初，一位著名的大学教练被控告虐待运动员。他在比赛中的行为已经成为许多辩论的焦点。校长不得不决定是解雇教练还是采取其他纠正措施。校长相信：学校的员工行为准则就此作出适当规定，并且为教练规定了最特殊最严格的标准。他认为，这是一次行为出错，必须马上解雇教练。

控制的需要

控制的需要取决于对以下问题的回答：如果没有控制，运营的代价有多大？在规模非常小的组织中，控制活动可能是非正式的，并且大多没有经过计划。出现问题时，管理者做出反应。但是，在管理良好的组织中，如果条件允许，控制活动会经过计划、实施、定期审查和变动。

影响控制的需要的主要因素包括：

- 组织结构构成方式
- 员工类型和工作性质
- 内部和外部环境的变化

组织结构。高度集权型（直线型组织结构）[1]组织将权力、职责、决策和控制集中在组织结构的顶层。此类组织的官僚主义比分散型公司（扁平化组织结构）更强，"官样文章"也更多。银行等高度集权型组织中存在更多刚性控制方案，以保证所有员工遵循同样的标准、程序、守则和政策。当管理者按常规作出决策时，我们认为这是在一个具有严格控制的、高度集权型组织中运营，不存在个人发扬独创精神或发挥创造力的空间。在此类组织中，由于工作活动的敏感性，控制职能就变得格外重要。具有诸多刚性控制方案的高度集权型组织包括：商业银行、政府机关、军队和大多数教育机构。

虽然大多数教育机构具有官僚机构的资格，但是其职员被认为是专业人员。又如，教练并非每天都接受严格控制；但是，他们努力的结果会按年同预期结果进行比较。

高度分散（扁平化组织结构）的组织在结构顶层的控制比较弱。控制职能向下层管理者推进。如低层管理层主要控制方案包括预算、在规定期限内完成预期目标（比如计划销售额）等。

员工类型及工作。技能相对不熟练以及正在学习更多技能的员工通常必须接受更严格的控制，直到达到符合预期质量和数量标准的能力水平。之后就可以执行最小化的控制方案以保证符合标准。尽管在医药实验室研制医药品的研究员需要严格的质量控制，但是此类高度专业化的员工只需要很少的活动控制。发射航天飞船或筹备一种新的公共股票则需要严格的控制方案。设计新广告活动的创造性团队，直到展出作品之前可能都只需要少量的控制（或许只规定最后期限）。如果要在居民区建造一栋住宅楼，为此项目聘请工匠时可能需要严格控制；工匠开工之后，除观察实际进度以及是否与每日计划一致之外，只需要很少的控制。影响控制的需要的其他因素包括：员工年龄、教育背景、拥有的已证明技能、工作的复杂程度、工作活动中投入资金、工人的地理分布、竣工时间限制和预算限制。

环境变化。变化是不可避免的。管理者必须对导致活动控制方式变化的内部和外部因素的变化保持警觉。内部变化包括劳动力的联合、预算缩减、所提供的服务增加、引进新设备、产生新的工作原则或不同的工作方法的所有权或高级管理层的变化等。外部环境变化包括新法律法规、经济低迷、超出预期的通货膨胀、异常天气变化、银行最低利率调整或汽油短缺。

有时，当前控制方案所产生的信息会影响管理者改变活动的控制方式。只有改变控制方案才能满足新需要。过去十年中体育产业药物和酒精滥用的问题日益增多，职业体育联盟所作出的反应就是一个典型的例子。

控制程度

控制方案必须能够“盈利”。如果活动控制的成本高于收益，那么就没有必要进行控制。决定控制的量时，经济利益起着重要作用。比如，接收或装运数千件物品时，没有任何组织能够承担一件件检查的成本。相反，通常会根据概率理论进行抽样检查。美国农业部的检验员在检验其管辖范围内的产品时就采用这种方法。

组织应该对活动采取什么程度的控制？正如一个老问题：一个人的腿应该有多长？答案都是“适度”（是否接触到地面或者达到预期结果）！超出“适度”的则纯属浪费。组织应采取“适度”控制以满足预期目标。控制方案应定期接受审查，确保方案是最新的、不过时的，并确定方案是否按计划运行。

除此之外，组织应考虑控制方案对员工的影响。如果员工对严格的控制方案不满，并且自身生产力和士气受到影响，控制的成本就可能大于价值。目前，许多组织都使员工参与对自己有影响的控制方案的设计和实施。促进员工参与的一个方法就是品管圈（Quality Control Circles，简称 QCC，也称为 QC 小组）。

品管圈产生于美国；随后在日本盛行。在品管圈中，一小组人在一起讨论并解决质量管理问题。这种允许受到影响的员工参与决策的理念是参与式管理的一种形式。如上所述，参与解决问题和决策的过程可以使员工对结果表示认同并降低其对变化的抵触情绪。

大学体育运动中，违反团队规则的队员通常根据赛季初大四学生所制定的标准进行处罚。这也是参与式管理的一种方式。任何体育管理情况下，特别是当小组的建议对高层管理者有实质性参考作用时，都可以采用品管圈方法。

计划和控制

计划的目的是在适当的期限内尽可能有效地完成目标，并且保证所产生的问题最少。如果不采用计划好的控制方案，实现此目的是相当渺茫的。管理者进行计划、组织和实施，随后采取控制。有效的控制方案使管理者对时间延迟、质量缺陷、不良的员工绩效、时间表问题等保持警觉，反之亦然。良好绩效、提前完成任务以及其他积极指标对管理者都是有价值的，通过控制可以产生此类结果。

计划涉及到对必要控制方案的决定。由于计划以未来为导向，而未来则意味着风险和不确定性，所以控制成为一种必不可少的活动。在计划和控制之间存在一个相互平衡的依赖关系，如图 15-2 所示。

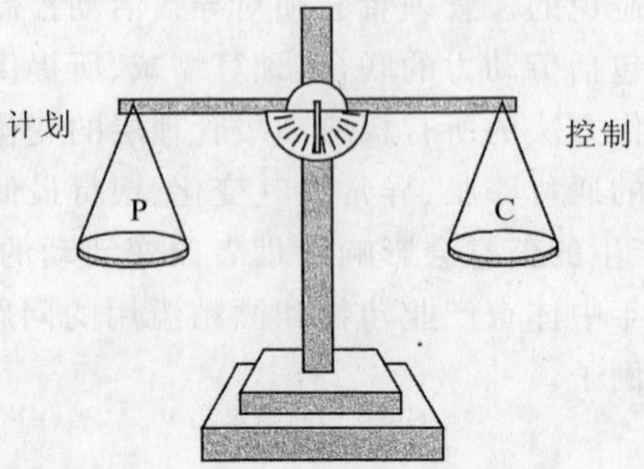

图 15－2　相互平衡的依赖关系

某些常见的体育活动需要对正式控制方案进行预测和计划，如表 15－1 所示。

表 15－1　需要正式控制方案的体育活动

• 工资封顶（职业队伍）
• 资格审查程序
• 每次运动会容许的体育奖学金
• 经许可的外出招聘及开支
• 全队旅行着装规范
• 体育比赛中的运动员行为
• 教练行为（比赛和其他情况时）
• 药物滥用检查
• 监控学业状况/进度
• 外出招聘新队员的开支/活动

控制的类型

管理者可以在工作活动持续过程中的任何时候实施控制：初期、中期或者末期。实施控制的时期同工作活动的时间安排以及各阶段工作的重要性有关。图 15－3 描述了制造组织（比如生产体育用品）通常采用的三种类型的控制。

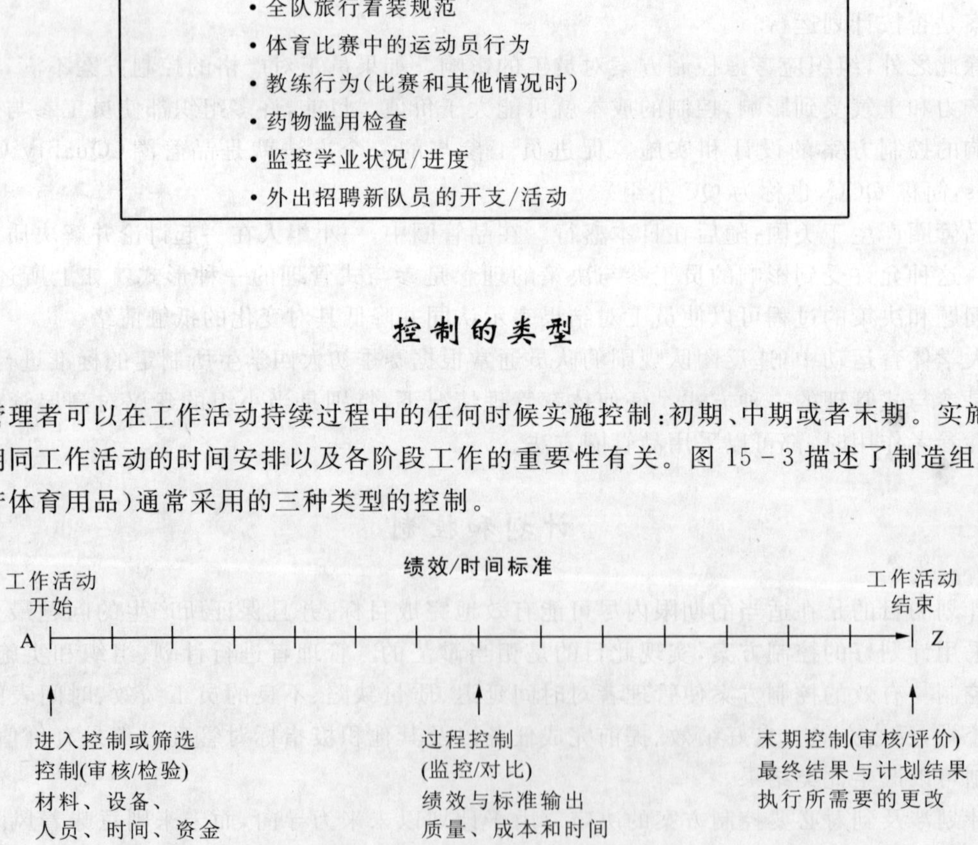

图 15－3　控制的类型

引入控制或筛选控制。如果在初期实施控制，该控制就称作引入控制或筛选控制。该阶段控制的目的在于防止出现问题。这是一种积极的控制方法，比如，在买车之前认真检查车辆的各项性能。又如，商务航线飞行员在起飞之前对设备及其系统进行检查。引入控制也称作初步控制。

过程控制。如果生产的产品在生产过程中接受质量检查(根据优秀的标准)，管理者就采用过程控制。此类控制也暴露出工作周期结束前的时间延迟、数量输出以及员工绩效。过程控制不能预防问题，但是可以在工作完成之前发现与标准之间的偏差。比如，如果过程控制检查发现生产数量不足，生产线可以加快速度。如果过程质量控制检查发现两个本应相互匹配的部件不匹配，就可以在整个单元的完整性受到威胁之前进行调整。如果一名领先一分的棒球投手使两名击球手自由上垒并且在第五局中向第三名击球手投了三个直球，可以在局面失控之前将其换下。这些都是过程控制的例子，也称作即时控制。

末期控制或事后控制。该类控制是对成品或最终服务的结果进行审查。所获得的关于标准或计划偏差的信息可以在以后用来控制和改善绩效。末期控制也提供支持主要管理决策的信息，比如取消提供广告服务；取消飞机起飞班次；产品增产或停产；或批准继续过去的工作实践。

有效控制的特征

对于确保工作绩效符合标准以及查找出现偏差的原因，控制职能是至关重要的。同样，我们知道计划和控制之间存在一个相互平衡的依赖关系。如果缺乏良好计划和经有效设计的控制方案，控制职能也是无效的。

设计控制方案时必须注意某些要点，这些要点可以认为是有效控制的特征。

1. 每个控制方案的细节都应符合特定组织的需要。组织的产品、服务、工作环境、员工类型和目标都彼此不同。确立控制职能时必须考虑到使组织具有独特性的所有变量。

2. 控制的执行必须拥有高级管理层的完全支持。如果没有这样的支持，就很难使管理者相信控制是必要的。

3. 控制方案必须成本合算。无论是资金还是员工变动，如果成本大于收益，实施控制就不具备成本合理性。

4. 控制活动应具有足够的灵活性以适应变化。如果需要新标准，修正现有控制方案比建立一个全新的系统要好。

5. 控制方案应及时提供信息。管理者必须能够根据需要通过经认真设计的沟通体系使用控制职能产生的相关信息。有时，数据必须按小时，或者按天、按周、按季度或者按年进行审核；但是如果工作情况会遇到不可预测的变化和不确定性，需要更加频繁的审核。及时意味着在正好需要的时候提供有用的信息。

6. 客观信息是有效控制的本质。通常，员工会抱怨管理者偏袒：有的员工不合理地获得更好的待遇或评价。管理者的客观性遭到质疑。要使控制方案得到有效运行，客观信息是必需的。无论信息来源是工作站员工、计算机、现场销售代表，还是对员工进行评价的管理者，这一点都是毋庸置疑的。如果控制方案中所获取的信息不够客观，就有可能变成法律问题。为提供有用的客观信息，甚至有必要设计可以自动调节的智能控制机制。

员工抵制控制

引入控制计划很容易引起员工反感。控制计划毕竟意味着变化，大多数人本能地拒绝变化。员工讨厌执行可改变长期固定的工作模式的新程序或系统；在严密的监视下他们会畏缩，因为每一个步骤都有可能被质疑，而工作业绩也按照模糊的标准评价。控制过严的后果就是压制和窒息个人的灵活性、创造力和独创性。这也许是控制计划的目的之一，但是控制过度的代价会迅速超过其带来的价值。

Jaeger 和 Baliga 认为，日本人成功引入官僚式控制和文化控制，因而他们能够生产出以合理价格销售的优质产品。他们在工作中使用的文化控制系统和技术受到广泛好评。[2] 日本的管理者们在成功执行控制计划时都把"全体"员工看作是构成整体所需要的环节。他们把员工对控制的抵制降到最低，让员工参与控制的计划和执行过程。这种做法在今天的美国大型组织里极为流行。

一旦要引入控制计划，允许员工通过意见、建议和反馈的形式参与制定控制计划可消除大量抵制行为。在计划阶段，员工的想法很重要。因为他们是受到控制计划直接影响的，通常他们对需要控制的情形更为了解，所以在任何情况下都必须鼓励、审核和确认他们的意见和建议。

组织和控制

最高管理层对控制职能负有最终责任。在小型组织中，每个员工都可能要根据管理者的指示来控制自己的工作活动。当组织发展壮大时，更高级别的管理者会聘请职员和设立职位来帮助所有的员工履行职责。通常，新职员直接参与到控制活动中，例如内部审计、安全、质量和工作调度。当组织继续发展并形成更复杂的组织结构时（例如以部门、地理区域或生产线来划分的组织），会设立控制部门，作为专业人员单位行使职责。最普遍的是处理质量、存货、预算、生产、预测、维修和安全的单位。职员控制人员向直线管理者进行报告，但是他们在某些专业领域的直线职权是有限的，例如质量控制检验员。职员控制专员或部门在所处的领域中向直线管理者做出建议，但是职员、职务或部门在组织结构图上的位置并不代表工作的相对重要程度（图 15-4）。

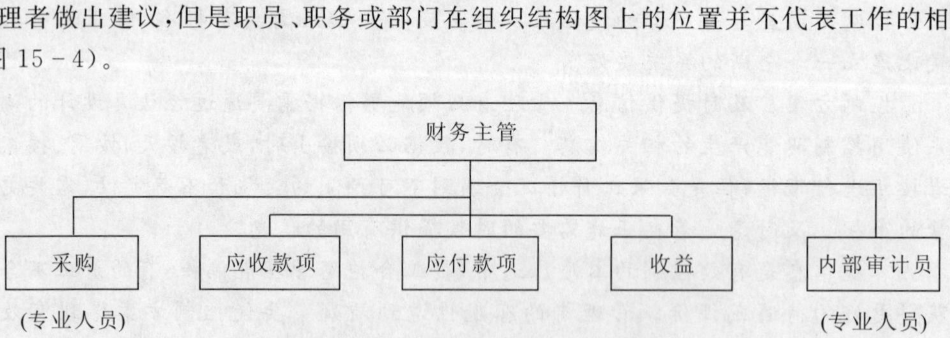

图 15-4 专业人员控制职能的设置

人事部门的设立是为了在控制方面给予直线管理者帮助和建议，这个事实并不会减少直线管理者的控制责任。

大型的组织常常设置“控制者”的职位。控制者是全部工作时间都用于控制所有组织活动的管理者。控制者协助所有的直线管理者执行控制活动，为高层管理者收集数据并进行解释。近年来产生了一些其他工作职位，这些职位与控制者职位具有相似的职责和责任。在卫生保健产业，质量保证主管的职务很受欢迎。大型医院的质量保证主管处理事实、数据、趋势、成本等方面的工作，这些关系到对提供的服务以及相关成本的控制。这些信息是依据规划好的标准进行衡量的。

许多大学的运动项目都有合规协调员，他们监控学生运动员，看他们是否符合机构和管理组织规定的学业资格标准，同时确定他们有没有滥用药物或使用提高成绩的药物。

调控式控制

控制职能是一种基本活动，但是组织可能会受到过度控制。控制方案是繁琐的公事程序，对于管理者而言是昂贵的。控制应该是高层管理者制定的控制策略的结果，而不应在危机出现时才引入。管理者应定期审查所有的控制方案，以确保它们仍然是有用的、合时的并仍然具备有效控制的特征。过度控制会导致效率低下，并会直接影响到最高管理者。

财务控制方法

有很多方法和技巧可以帮助管理者更有效地控制关于资金来源、物理资源、人力资源和信息资源的方案。

任何组织中的活动都是各式各样、不可胜数的，因而无法实施涵盖了所有需要关注领域的单一控制系统。为了使控制方案有效，管理者引进了针对特殊功能性活动的特殊控制方案。

其中一个功能领域就是财务领域。财务控制方法和技巧是大多数组织中实行的最普遍的控制形式；最广泛应用的是财务报表、财务比率、损益平衡分析、预算和财务审计。一些体育管理专业的毕业生将会在体育组织中从事财务工作。建议任何产业的所有管理者都应熟悉财务控制方法。所有的管理者都应懂得如何看财务报表、怎样制定预算并能计算与专业相关的财务比率。这些知识将帮助管理者确定充分利用所分配资金的方式以及确定继续进行某些活动是否是明智的。

财务报表。有许多财务报表以各种数值格式来说明组织在特定时间内的清偿能力、财务状况和盈利状况。这类报表是控制与货物和服务输出有关的计划和决策的关键。资产负债表就是一个例子，它显示了组织在特殊期间内的资产、负债和资本净值。收入表或损益表显示了组织在某个财政年度、月份或其他限定期间内的利润或损失。更多例子参见表 15 - 2。

管理者使用这些相同的预测财务报表来更好地进行控制并作出更加明智的决策。预测就是估计，通常包括提案、新商业冒险或某些组织型企业利润或损失的预测。过去的经营数据被用于对未来做出预测，必须采取的措施有：做出完全清晰的假设（这是预测的基础）；留意提议者对于你所考虑的任何事情提交的预测（有时过于乐观）；始终意识到对未来的预测很可能是错误的，有时候要留出广泛的回旋余地。预测是一种有用的、（有时候是）基本的工具，主要是因为它要求对方案进行客观的定量分析。如果新的管理者被要求为新产品或商业冒险做出预测，他们必须记住自己的资格并做好充分的准备来维护他们的预测。这样可以更好地进行控制和制定决策。[3]

表 15-2　体育设备零售商的资产负债表和损益表

资产负债表(单位:百万美元)			损益表		
流动资产		350	销售额		800
应收账款	80		支出		700
存货	250		利息	50	
其他款项	20		折旧	80	
(净)固定资产		800	所有其他款项	570	
总资产		1 150	营业利润		100
流动负债		250	税		40
长期负债		400	净收益		60
股本		500			
普通股[已发行 20 000 股]	100				
未分配利润	400				
总负债和股本		1 150			

财务比率。在控制过程中，对管理者有帮助的最普通的财务比率涉及到利润、清偿能力、负债和经营方面。利润率的计算包括总利润率和纯利润率以及投资收益率(ROI)。对于任何组织，投资收益率都始终是一个重要的问题。管理者必须在几种备选方案(如新设备、新厂房、补充人员、收购另一家公司以及其他方案)中进行选择来确定怎样进行资本投资。必须计算出每种选择方案的投资收益率，以便确定能在一定期间内为组织带来最大收益的一个方案。对于大多数公司，另一个重要的比率是净值收益率或股东资产净值的盈利率或以净收益除以股本的比率。这是计算组织和管理绩效的关键方法；管理者可以通过提高效率和生产力、增加市场份额和增强财务杠杆的作用来增加股东资产净值的盈利率。

流动资产除以流动负债得到的结果为流动比率。流动比率决定了一个公司支付其短期负债的能力并说明了公司的清偿能力，这些主要与债权人有关。另一个重要的比率是负债股权比率，这是由长期负债除以股本得到的。这个比率向投资人和长期贷款人显示了组织的负债负担和长期保障。对于一个组织，增加负债或财务杠杆会是非常理想的利益行为，但缺点是要承担更大的风险。管理者在制订计划和方案时必须确定能够接受的风险数额；通过计算这些特殊的比率、流动比率、负债股本比率和杠杆率(总资产除以股本)，管理者有更多机会增加财务杠杆或发现过度延伸和清偿问题，从而可以作出谨慎的决策。所有这些因素最终影响到组织的管理质量。

经营比率是由销售或制造等职能确定的。计算销售成本在总销售额中所占的比例可以提供信息与之前的年份作比较。经营比率是进行比较的标准，这些标准对于在控制过程中评定一定期间内的绩效提高很重要。

表 15-3 中描述的比率向管理者显示了组织的相对实力。各级别的所有管理者都应学习如何看懂和计算这些重要的组织符号。

表 15-3　每个管理者都应懂得如何使用的财务比率

利润比率:

销售边际利润:净收入÷总销售额

净值收益:净收入÷股本

资产收益率:净收入÷总资产

清偿能力比率:

流动比率:流动资产÷流动负债

速动比率:流动资产/存货÷流动负债

负债比率:

负债/股本比率:长期负债÷股本

杠杆率:总资本÷股本

负债/总资产比率:长期负债÷总资产

负债/资本总额比率:长期负债÷(长期负债+股本)

固定费用偿付比率:可支付固定费用的收入÷固定费用

盈利对利息的倍数:纳税前所得+利息÷利息费用

经营比率:

存货周转率:总销售额÷存货价值

平均收款期:应收款项总额÷每日销售额

销售额/固定资产比率:总销售额÷固定资产

总资产周转率:总销售额÷总资产

直接销售成本(%):总销售薪金÷销售总额

每小时销售额:销售总额÷销售人员的总工作时间

每个销售人员的销售额(#):销售数目÷全职人员或等同全职人员的数目

每个销售人员的销售额($):销售总额÷全职人员或等同全职人员的数目

每笔交易的平均销售额($):销售总额÷销售交易的数目

销售成本/总销售额比率(%):销售总成本÷总销售收入

在专业体育特许经营店,管理者可以改变这些比率并确定选手对出席人数的影响,从而判断选手对团队的价值。例如,当棒球队的某些棒球投手参加比赛并认识到选手对团队收入的影响时,棒球队可以按"日"计算出席人数和/或入场券销售额。这种方法在商谈薪酬或买卖选手时特别有用。

损益平衡分析。损益平衡分析是一种财务控制技巧,能确定各种销售和生产水平下的成本和收入的关系。它显示了生产和销售一种产品的获利点。损益平衡表给出了这种信息的可视图像(图 15-5)。专业体育特许经营店可以利用损益平衡分析确定需要出售多少季票来满足收入要求。矿泉疗养地、俱乐部或乡村娱乐项目可以利用损益平衡分析来计算需要多少成员或参加者来确保项目的投资或工厂的开设是正确的。

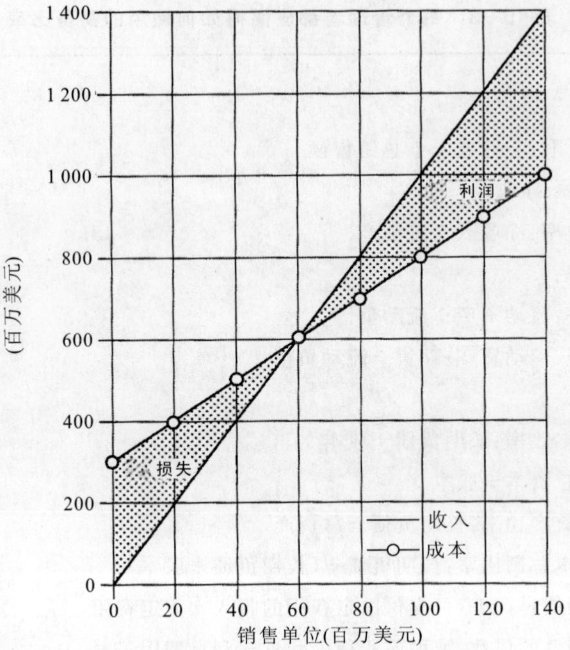

图 15-5　损益平衡图

预　算

预算是一种财务预测或计划,用于估算既定时期内的预期收入和支出。

预算影响许多管理决策,例如劳动力规模、工资、可用于供应品和设备的资金、经营支出,等等。最常见的预算是经营预算、资本预算和财务预算。经营预算将预测的收入和支出联系在一起,以确定适当的现金流量和盈亏平衡点并预测净利润或损失。经营预算的期间一般为一年。资本预算预测资本的来源和使用。财务预算用于确定现金流量和资产负债表项目。管理者可能对经营预算最感兴趣,有时会对资本预算感兴趣,例如,制订新工厂计划时。预算作为计划/决策的辅助工具,在管理者解决问题及制定和执行决策时有很大帮助。

零基预算(ZBB)

这种预算方法只不过是常识性的,但是自从吉米·卡特在担任佐治亚州州长期间以及后来担任总统期间进行推广后,这种方法赢得了大量的关注(见表 15-4)。

零基预算是由彼得·皮尔在 20 世纪 60 年代后期构思的,他当时是德州仪器公司的雇员。这个构思给州长卡特留下了深刻印象,于是聘请皮尔为乔治亚州的州政府制定零基预算。零基预算是一种经营、计划和预算过程,要求每个管理者以零支出进行预算并给出每项预算要求的详细证明。管理者/准备者承担的压力是,要对任何项目的支出给出证明。高层管理者审查预算要求,通过参与性的过程后,分配资金用于可接受的适当支出。与从顶层管理者开始并在组织中向下传播的目标管理(MBO)不同,零基预算起始于低层管理并向上移动。

表 15 - 4　零基预算的好处

前总统吉米・卡特： 根据我在政府就任期间的经验以及商界公司的经验，有效的零基预算可以带来很多显而易见的好处，这些好处包括： ◆使管理过程注重分析和决策，而不是仅仅注重数字——换句话说，即什么、为什么、怎样和多少的问题。 ◆将计划、预算和经营性决策结合在一个过程中。 ◆迫使管理者详细评估经营活动的成本效益。这包括特殊的新老项目，清楚地确定所有的项目，而不是埋没它们的功能。 ◆提供一个系统，在预算期间的长期和短期需要之间进行权衡，并提供工具对一年内的成本和绩效进行跟踪。 ◆考虑到一年内的快速预算调整或资源转移。当收入不足时，如有必要，可以采用。通过零基预算，管理者能对目标和期望值做出快速、合理的更改，以对应实际可行的计划或经营活动。 ◆确定不同部门之间的相似职能，从而进行比较和评估。 ◆对我而言，最重要的好处是，广泛地扩大了计划、预算和决策过程中的管理介入和培训。

资料来源：吉米・卡特. Jimmy Carter Tells Why He Will Use Zero - Base Budgeting. 翻印自 *Nation's Business* 65 (1977 年 1 月)：26，美国商会于 1977 年 1 月出版

零基预算在非营利性组织中尤其有用，例如大学运动协会，这些协会常常缺少资金，必须仔细预算各种资金使用项目。许多组织的资金都是有限的而且没有额外资金来补充或弥补预算超额。几乎所有的非营利性组织或服务性公司都可以采用零基预算，但是大型的组织（如制造商）可能会发现它难以执行。

审计。审计是对组织活动的审查或调查。尽管审计常常与公司的财务实践有关，但可以被运用于组织的任何活动。当审计涉及到组织的非财务性活动时，它就被称为管理审计。对一个公司的政策和程序进行评估就是管理审计的一个例子。

审计可由组织自己的人员来执行，也可由外部的顾问/专业人员执行。由公司内部人员进行的内部审计用于检查财务信息的正确性和真实性。会计师事务所常常被请来执行外部审计，他们会在审计期间将组织的财务实践和财务报告与专业会计标准进行比较。外部审计员标明所有的变动并向管理者做出改进建议。专业人员（如管理顾问或行为科学家）进行外部管理审计来改进实践和程序、确定管理人员和非管理人员的态度和质量、提高生产力、改善质量控制以及确定和补救组织整体绩效中的任何问题。

任何类型的组织中的各级管理者都需要知道如何看懂和解释重要的财务数据。一级管理者会关心预算、成本和其他财务计算，即使他们的专业知识或工作领域与组织的财务经营没有直接关系。

全面质量控制（TQC）

全面质量控制（TQC）不是一种方法，而是对组织的所有相关部分进行质量控制的一种实用的理性途径。在部门中，质量控制涉及到管理者、设计者、维护人员、卖方和一线员工，以便

为组织中的各项职能实施质量控制计划。这种途径不同于某些试图通过改变工人的态度来提高质量的历史计划(如"零缺陷")。采用全面质量控制的先驱者之一是菲根堡姆(A. V. Feigenbaum),他曾任职于通用电气公司。

菲根堡姆关于全面质量控制的表述:

> 全面质量控制是一种有效的制度,用于整合组织中各群体的质量发展、质量维护以及质量改善工作,能使营销、工程、生产和服务达到最经济的水平,同时充分考虑到消费者满意度。[4]

今天,全面质量管理(TQM)是美国最广为人知的运动,作用是控制质量并改善组织活动的所有方面。然而,许多人认为此运动是一时的狂热甚至是破坏性的,还有些人认为它是一个持续的过程,可提高质量、增加效率和提高员工的士气。所有的这些特点促使美国组织的生产力得到提高,而生产力是经济发展(无通货膨胀)和国际竞争的关键。在经营任何类型的体育组织时,可以运用全面质量管理来分析全部经营活动的所有方面。

全面质量管理的四个关键方面是连续的过程,在此过程中组织将执行以下措施:

1. 对工作的完成方式进行统计分析。
2. 处理无效的程序。
3. 利用所有员工的最广阔的专业知识并对这些知识给予有意义的奖励。
4. 清除刻板式的思考。

全面质量管理是乔治·爱德华兹(George Edwards)、沃尔特·休哈特(Walter Shewhart)、W.爱德华兹·德明(W. Edwards Deming)和菲根堡姆建立的。这些人提倡将质量控制理念应用到组织的各个职能领域中(从设计领域到销售领域)。他们强调要采用预防性(积极主动的)方法来控制质量而不是依赖于改正性(反应性)活动。

W.爱德华兹·德明在这个群体中最为著名。他因影响了二战后的日本工业家而著名。虽然他的想法和方法在当时没有得到美国的广泛认可,但是引起了日本人的兴趣,他们利用德明的方法使日本产品的质量成为了世界第一。今天,德明的想法获得了新的关注和认可并传遍了美国。德明的管理哲学是现在大多数 TQM 计划的哲学基础,它强调持续地改善产品和服务;采用现代培训和监督方法;有活力的教育和培训计划;团队态度和以工作质量为骄傲(对于德明的完整管理哲学,参见 Gitlow and Gitlow, *The Deming Guide*, pp. 29～31)。

小　结

控制是根据需要而产生的一种管理活动。对于确保工作正确执行需要;确保报价精确的需要;确保商品和服务的质量可靠的需要;等等。

控制的本质在于对工作活动进行调整,使其符合根据从工作活动监控中所获得信息制定的预定标准。

从理论上讲,控制是唯一可以省略的管理职能。但是,只有当管理者对计划、组织和实施的执行都相当完美时才可以省略。实际上,这种情况是不存在的。

控制活动来源于组织以合理价格向顾客提供令人满意的服务和产品的需要。

控制过程涉及三个步骤:设立标准;评价与标准的一致性;如果超过标准,采取适当的纠正或补救措施。

影响控制需要的主要因素包括:建构组织的方式;员工类型及工作性质;内部和外部环境的变化。

品管圈在日本公司得到广泛采用,并且在美国盛行。在品管圈中,一小组人在一起讨论并解决质量管理问题。品管圈的理念产生于美国。但是,在美国过去十年中,员工参与解决控制问题的价值并没有得到完全认同,也没有被广泛实践。

有效的计划包括确定目标后对所需控制的决定。计划和控制之间存在一个互相平衡的依赖关系。

控制有三种类型:引入控制或筛选控制;过程控制;末期控制。也称作初步控制、即时控制和事后控制。

有效控制的特征如下:

1. 每个控制方案的细节都应符合特定组织的需要。
2. 控制的执行必须拥有最高管理层的完全支持。
3. 控制方案必须成本合算。
4. 控制活动应具有足够的灵活性以适应变化。
5. 控制方案应及时提供信息。
6. 客观信息是有效控制的基础。

最高管理层对控制职能负有最终责任。控制是一种基本活动,但是组织可能会受到过度的控制。管理者应定期审查所有的控制方案,以确保它们仍然是有用的、合时的并继续具备有效控制的特征。过度的控制会导致效率低下,并且影响到最高管理层。

财务控制方法和技巧是大多数组织中实行的最普遍的控制形式;最广泛应用的是财务报表、财务比率、损益平衡分析、预算和财务审计。组织的各级管理者都需要对财务分析有所了解。

全面质量控制和全面质量管理是改善产品和服务的一种可行的理性方法,包括组织实施的各个部分。

复习题

1. 什么情况下组织不需要控制职能?
2. 控制过程的基本步骤是什么?详细解释每个步骤。
3. 论述计划和控制之间互相平衡的依赖关系。
4. 控制有三种类型。每种控制都有特殊的目的。阐述各个目的。
5. 列举并简要论述有效控制的特征。
6. 管理者如何消除或避免员工对新控制措施的抵制?
7. 为什么控制方案必须能够"盈利"?
8. 论述品管圈的目的。
9. 描述在大多数组织中常见的财务控制方法。

个人能力实践

设法进入一家中学或大学体育运动机构。与负责人、体育指导主任或总教练交谈，以确定一个体育运动机构在行政管理中存在多少种不同的控制方案。例如，大多数的机构都要求计划采购用品或设备的人员办理采购申请手续，并在下订单之前获得上级的最后批准。查明这些方案是怎样控制参与者的资格，监控教练的行为，确保符合管理规章制度，等等。

案 例

在控制之中

耶西·约顿(Jesse Jurdon)是一所一流的州立大学的体育指导主任，他打算雇用一位新足球总教练。校长针对该职位提出了候选人，该候选人是曾在他们职业生涯早期在一所小规模学校中共事多年的老朋友。在那份早期工作中，他取得了很大成功，其所管理的项目遵守各项规章制度，自那以后，该教练曾从事过两份其他工作。在第一所学校，在发现违规之前，他的项目还曾争夺国家称号，但后来由于违规而使该项目受到审查，并且他也因此被解雇。在他现在所服务的学校，在他工作的第三年他的项目变得十分成功，但存在关于不当招聘行为的传闻，尽管没有任何正式的通知。在这两份工作之间，他有两年没担任教练。

尽管存在这些历史问题，校长确信该教练适合于他的学校并劝说所有相关人员同意雇用他。耶西还记得曾听说过的一句格言："过去的行为是对未来行为的最佳预测"，并思考着他怎样能管理好这个教练并使其不为学校带来任何麻烦。

问题：

1. 耶西·约顿能采用哪种控制方案影响该教练的行为？
2. 怎样利用 TQM 改进对该教练的监管。

关键术语

审计：财务或管理领域内对组织活动的审查。

损益平衡分析：一种财务控制技巧，能确定各种销售和生产水平下的成本和收入的关系。显示生产和销售一种产品的获利点。

预算：一种财务预测或计划，预计给定期间内的预期收入和支出。

控制：控制的本质在于对工作活动进行调整，使其符合根据从相同的工作活动中所获得的信息制定的预定标准。

控制过程：涉及三个步骤：设立标准；评价与标准的一致性；如果超过标准，采取适当的纠正或补救措施。

财务控制方法和技巧：包括财务报表、财务比率、损益平衡分析、预算和财务审计，以及其他组织用于保持良好运营的财务措施。

末期控制：也称作事后控制，审查成品或最终服务的结果。

引入控制：也称作筛选控制或初步控制，用于防止出现问题。

收益表：一种损益表，显示组织在某个财政年度的利润或损失。预计损益表显示财政年度的预计利润和损失。

过程控制：也称作即时控制，发现工作开展过程中与标准的偏差。

品管圈：一小组员工一起讨论并解决质量控制问题。

投资收益率：每个组织如何投入资金的中心问题；通常，决策建立在预期收益或还本分析的基础上。

净值收益：净收益与股东权益之间的比率。

全面质量控制和全面质量管理：改善产品和服务的一种可行的理性方法，包括组织实施的各个部分。

零基预算：一种经营、计划和预算过程，要求每个管理者以"零"支出进行预算并给出每项预算要求的详细证明。

参考文献及本章注释

[1]关于组织结构的全部论述，参见第八章。

[2]A. M. Jaeger and B. R. Baliga. Control Systems and Strategic Adaptation: Lessons from Japanese Experience. *Strategic Management Journal*, April/June 1985, Vol. 6, No. 2, pp. 115～134

[3]Alan S. Donnahoe. *What Every Manager Should Know About Financial Analysis*(New York: Fireside Book, Simon & Schuster, Inc., 1989), pp. 80～81

[4]Armand V. Feigenbaum. *Total Quality Control*. Third Edition(New York: McGraw - Hill Book Company, 1986), p. 6

[5]Susan Harte. Total Quality. *The Atlanta Journal/ Constitution*, October 11, 1992, p. R1

课后阅读材料

Gitlow Howard S. and Shelly J. Gitlow. *The Deming Guide to Quality and Competitive Position*. Englewood Cliffs, NJ: Prentice - Hall, Inc., 1987

Hutchins David. *Quality Circles Handbook*. New York: Nichols Publishing, 1985

Mockler Robert J., ed., *Readings in Management Control*. New York: Appleton - Century - Crofts, 1970

Rhodes David and Mike Wright. Management Control for Effective Corporate Planning. *Long - Range Planning* 17(August 1984), pp. 115～121

Shetty Y. K. Product Quality and Competitive Strategy. *Business Horizons*(May/June 1987), 46～52

第十六章　绩效评估和奖励

本章内容包括：

- 绩效评估的定义
- 绩效评估的应用
- 实施问题
- 影响评估活动的政府规定
- 影响员工绩效的因素
- 评估标准
- 评估过程
- 评估方法
- 选择绩效评估方法
- 常见的评估错误
- 评估面谈
- 绩效评估和奖励

引　言

员工工作活动的整体控制与存货、产量、产品质量和资金运用的控制同样重要。控制员工绩效的机制称为绩效评估体系。绩效评估过程包括确定员工工作绩效并就此与员工进行交流以及制订改进计划。[1]

绩效评估的定义

绩效评估也称为绩效评定、员工评估、员工绩效考评和考绩。

绩效评估主要是为了肯定杰出员工的工作并鼓励员工继续努力达到组织的目标。有时绩效评估的目的是为做出与晋升、换岗、临时解雇、解雇和绩效工资增长等相关的决定。

体育产业中存在着许多绩效评估方法，也有人在进行绩效评估时什么方法都不用。体育营销和推广的公司、体育用品和设备工业制造商、公共关系公司、体育场管理组织、职业运动队等，这些组织都是营利性组织。同任何其他商业公司一样，它们利用绩效评估结果决定晋升、临时解雇、解雇、工资增长和其他问题。非营利性组织的管理层较少使用绩效评估结果。

非营利性组织包括中小学和高等院校、YMCAs 和 YWCAs、社区和县娱乐设施管理机构以及其他类似组织。这些组织在性质上更官僚化，通常限制了管理者的灵活性。例如，如果之前更高级别的管理层所引入了传统方法，管理者偏爱的绩效评估方法可能永远都不会被采用。这种情况可能出现在公立学校系统中，在这种系统中，教育总署或负责人决定绩效评估的标准方法。高等院校倾向于要求院长、系主任和行政管理人员，包括体育行政管理人员，都必须使用固定的方法评估员工绩效。在教育领域中绩效评估决策的其他限制因素与被评估人的资历、任期状况、工作专业化等级和范畴有关。

对于中学、学院和大学级别的教练而言，绩效可能依据输赢记录被评为好或差。然而，许多情况并非如此，例如对体育队进行赞助的目的不是为了赢得比赛。

对于许多大学来说，保持赞助的体育项目遵守其制定的组织管理规章制度是最重要的。在此情况下，教练必须签订一份协议并在协议中明确规定，如果故意违反任何规定，他们将会被解雇。

本章的材料对于体育管理专业的学生十分重要。寻求管理职位的毕业生应熟悉绩效评估的目的和方法。体育产业中的所有人员都应理解绩效评估的价值并学习怎样利用评估体系，使自己成长为专业人员。

绩效评估的应用

Mathis 和杰克逊提出绩效评估所提供的信息在以下三个主要方面是有用的：薪酬、任用和培训。[2]

薪酬。奖励表现超出期望的员工能刺激他们继续保持良好的表现。绩效评估结果常常用来作为加薪的依据。

任用。绩效评估结果往往是高效率的员工被提升到更高职位的理由。同样，获取的评估结果也可以作为员工横向换岗或降职的依据。绩效评估所得到的信息不能精确地预测员工在另一项工作中的表现，但可以提供有关工作习惯、学习能力、对组织的献身精神及其与上司和同行协作的能力等有用信息。

培训和发展。填写完的评估表格应能指出员工在工作中的优点和缺点。缺点代表需要专门培训和改进的方面，当这些缺点得到改进或改正后，工作绩效将得到改进。

理查德 I. 亨德森（Richard I. Henderson）是薪酬管理方面的知名专家和研究员，他认为绩效评估资料可主要用于以下几方面的决策：

1. 组织和人力资源规划。
2. 员工培训和发展。
3. 薪酬管理。
4. 员工调动（横向换岗、降职、晋升、临时解雇和解雇）。
5. 选拔程序的有效性。[3]

关于绩效评估应用的其他专家的研究显示绩效评估可用于以下一项或多项目的：

1. 向员工提供关于个人表现的反馈。
2. 作为为实现更高绩效而修正行为的依据。
3. 向管理层提供资料，供其做出关于未来工作分配、晋升和薪酬方面的判断。
4. 确定可晋升的员工。
5. 迫使管理者将员工行为与实际结果挂钩。

6. 淘汰绩效特别差的管理者。

7. 提供资料以显示培训活动的需要和效果。

8. 从员工处收集关于奖励结构有效性的反馈。

9. 提供在选拔和任用过程中使用的预测值的证实依据。

10. 将人力资源的职能与组织的长期计划联系起来。[4]

毫无疑问,绩效评估中获得的信息对于管理十分有价值。

绩效评估的频率是具有不确定性的。许多组织每年进行一次正式的员工评估,另一些组织则每季度评估一次。管理层应每年进行足够的评估,使管理层和员工都知道每位员工当前的工作绩效。尽可能早地修正员工表现,而不是在错误发生数月后才修正,这对于管理层和员工双方而言都更容易、更有利。如果主管每天都对员工绩效进行非正式评估,公开讨论工作表现中的优点和缺点的机会就会消失。每年开展不止一次评估也能够更快地指出是否需要额外的培训,以便克服员工工作中的缺陷。

实施问题

对于大多数组织来说,确定一个有效的绩效评估方法是一个难题。许多组织已经完全淘汰了正式的评估程序,其他一些组织还在继续寻找"正确的"程序。隶属工会的工人通常反对正式的评估程序,因为他们不相信这种方法是评估工作绩效的有效方法。工会更倾向于使用"资历"作为奖励的标准。员工的资历是客观决定的,消除了评估者的可能的偏见。资历是所有员工都理解的体系,但它也有缺陷。一位员工的工作年限并不能真正说明其工作表现的好坏。有句谚语是"一个人可以有 20 年的工作资历(暗示在成长和发展)或一个人可以有重复了 20 次的一年的资历和经验(暗示停滞不前)"。

如果绩效评估的主要目的是为了证明员工奖励的合理性并改进员工工作表现,则两者之间必须要有直接的联系。

弗雷德里克 W. 泰勒(Frederick W. Taylor)的差别计件工资制是一种激励性的方法,当达到或超过工作标准时,对员工表现给予奖励(参见第十一章),它是工作绩效评估和奖励直接关联的例子。如今,工作场所比泰勒那时的要复杂得多,在很多情况下很难确定工作的特性。

评估过程应促进目标的实现,这意味着就所花费的时间和精力而言开展正式的评估活动的价值应远远大于实施的成本。管理不善的评估活动可能导致员工的敌对、士气低下、生产率下降、人员的高流动率和经营成本上升。

除了这些需考虑的因素外,管理层还必须知道直接影响评估活动复杂的政府规定。

影响评估活动的政府规定

大多数员工想了解他们在哪些方面同上级主管一致,工人们经常迫使薪酬管理者将工资与工作绩效公平地挂钩。除了组织内的这些需考虑的因素外,联邦立法和法院裁决也使管理层的绩效评估工作更复杂,更难以完成。

《1964 年民权法案第七条》和均等就业机会委员会(EEOC)准则规定:

1. 雇主必须采取反歧视行动,在作雇用决定时,不因种族、肤色、宗教信仰、性别或族源而歧视。

2.雇用决定包括涉及选拔、培训、调动、保留、晋升和计酬过程的决定。

3.在作雇用决定时所采用的笔头或绩效衡量都是测试。

4.必须公平地给予测试并凭经验验证测试的有效性。

大多数正式绩效评估方法都含有确定员工工作表现的书面方法。通过这些方法获得信息,帮助管理层做出雇用决定。EEOC和法院认识到评估过程对就业机会的影响以及评估过程的某些环节中可能存在着固有的偏见。EEOC和法院在开发和调整绩效评估过程中发挥了并且将继续发挥主要作用。[5]

影响员工绩效的因素

影响员工工作绩效的因素可以归纳为两类:个人因素和环境因素(表16-1)。

表16-1 影响员工绩效的因素

个人因素(受员工控制)
付出的努力:履行工作职责需投入的精力
能力:个人才能、技能和其他个人特点
角色理解:员工对于工作要求的看法和理解
环境因素(不受员工控制)
极佳的工作条件:现代设备、充足的光线、清洁的工作环境
恶劣的工作条件:过热或过冷、光线不足、陈旧的设备
直接管理:积极的和支持性的或消极的和对员工构成威胁的管理
培训机会:员工经管理层适当的培训或在工作中学习

影响绩效的个人因素。绩效评估主要取决于员工工作优秀程度如何,试图回答下列问题:是否达到工作要求?员工是否取得想要的结果?员工满足工作要求的程度如何?这并不权衡员工所付出的努力。努力是激励的结果,指的是用于工作的精力。巨大的努力并不一定意味着工作能成功。一个学生可能在学期项目上非常努力,但可能由于某种原因,只得了"C"。尽管很努力,但效果很差。同样的情况也会出现在工作中。

个人能力和工人对工作本身的理解也影响着工作绩效。能力包括员工的才能和技能加上其他个人特点。对角色或工作的理解与员工对于工作要求的看法和理解有关。这种理解影响着员工在工作时所付出的努力。

为了满意地完成工作,员工应清晰准确地理解工作,较好地运用其能力,并投入达到预期最终结果所需的精力。

影响绩效的环境因素。以上所讨论的个人因素都在员工的控制范围之内。妨碍工作绩效的环境因素不在员工的控制范围内,员工不应对此负责。

有害环境因素包括恶劣的工作条件(过热或过冷)、光线不足、嘈杂、陈旧且不安全的设备以及直接管理。有害的管理包括不明确的工作程序、委以责任但并不授予完成工作所需的足够的权力、所提出的关于员工工作时间的要求有冲突、未能适当地培训员工使其能完全发挥其能力。

当管理层向员工提供适当的工作培训、令人满意的工作条件和积极的管理支持时，绩效评估结果最有意义。

评估标准

正式的工作标准对于绩效评估的发展和管理十分重要。如果不将实际绩效同产出预期相比较，就无法评估工作绩效。这种目标方法依赖于量化结果与已知的工作标准（工作期望）之间的比较。制定工作标准的方法有：时间动作研究、计算担任相同职务的前任工人过去的产量的平均值、利用（能用以设定员工工作速度的）设备产量以及简单地由上司估计在一段时间内应完成的工作量。不论采用何种方法设定工作标准，都应该将作为绩效评估依据的标准告知员工。

负责客观绩效评估的管理者知道工作描述对于评估过程至关重要。在大公司中，通常由人事部开展工作分析，准备工作说明。工作描述详细规定了工人完成某项工作的所有职责，是评估过程的基础。

除了对工作绩效的客观评估外，还会经常对员工进行主观性的评价。评估人可以评估员工的协作情况、与其他人相处的情况、对组织的忠诚度、员工接受批评的态度，等等。主观评估容易受到批评，但许多组织仍然认为主观评估是重要的。

鉴于当今商业活动的复杂性，许多工作都难以衡量。一位员工的工作职责可能与其他人的重叠，评估人可能看不到该员工所完成的其他许多工作。电脑程序员和研究员的工作以及一些工程工作都很难客观评估。这些都能解释为什么一些组织放弃了绩效评估活动，更愿意评估一个部门或一个团队的年度工作成果，而不是评估个人绩效。

评估过程

一旦组织决定了最合适的绩效评估体系，评估过程就形成了。它包括在开展评估活动时所遵循的步骤以及每年的评估次数。在大型组织中，人事部或人力资源部向适合的评估人或监督管理者分发评估表。先由管理者评估员工，然后管理者和员工开放地讨论评估情况。最后，管理者与其上级管理者讨论评估情况并由该管理者审查评估情况。如果监督管理者并非评估人，则可以修改这一传统的评估过程。

有时下属也可能评价上级，同事之间也可以互相评价。有时还会采用评估小组。最常见的方法是上级评价下属。不论谁评价员工，被评估人都必须作出反馈，理解其他人对其工作绩效的看法，且知道怎样能改进绩效以增大评估活动的效益并接收与绩效相关的奖励。图 16-1 列出了绩效评估过程中的重要步骤。

评估方法

现在人们所使用的绩效评估方法有很多。最不正式的方法是：直接问监督管理者：“员工 X 是什么样的员工？”通常的回答为：“X 并不是很差，事实上，X 还不错。”这样的回答不能提供多少有用的信息。但这是对员工 X 的评价，是一种作用不大的绩效评估。

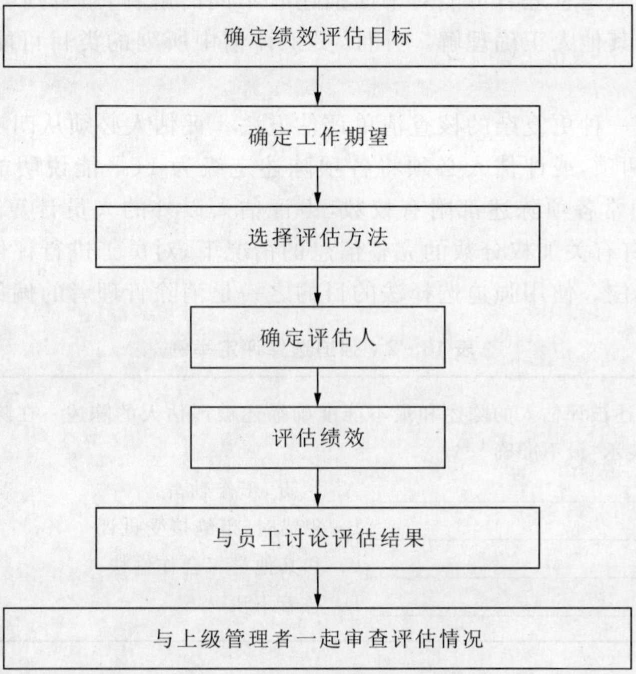

图 16-1　绩效评估过程的步骤

重视绩效评估的组织会采用更复杂的方法。人们熟知的方法有：核查清单、图示评定量表、强迫选择、等级评定、成对比较、强制分配、评语、关键事件、现场考查、同事评定、目标管理(MBO)和评估中心。下面对以上各种方法作简要的介绍。

核查清单。核查清单是一种简单的评定方法，管理者对一系列的关于员工工作表现的陈述回答是或否。例如：

问题：	是	否
员工是否能和他人合作？	( )	( )
员工对组织的态度是否积极？	( )	( )

可以对这样的一系列陈述进行加权，使结果量化。通常评估人不知道各个问题的权数，由其他人(最好是人事专家)计算结果。这种方法的缺点是评估人不分配权数，也不知道权数；不同的评估人可能对陈述有不同的解释；在只能获得有限的信息的情况下，很难进行有效的绩效评估面谈。

图示评定量表。这是用于评估工作绩效和员工表现的常用方法。对考勤情况、准确性、工作质量、工作知识等因素进行评估。不仅要求用数字表示评定结果(通常从 1 至 5)，而且还要求对数字化评定做书面说明。评估人圈出合适的数字，写下简要的说明，例如：

类目：工作质量

1	2	3	4	5
不满意	达到最低工作标准	满意	平均水平以上/少量缺陷	卓越

解释：____

本方法的主要缺点是管理者可能对书面描述有不同的解释,解释所勾出的数字等级时所用的语言可能不能被其他人正确理解。并且,员工评估中所列的类目可能与每日的工作绩效无密切关联。

强迫选择。这是一种更复杂的核查清单评估方法。评估人必须从四项陈述中选取“最类似”或“最不类似”的两项,或评估人必须将各项陈述定级为1(最能说明的)至4(最不能说明的)(见表16-2)。通常各项陈述都附有权数,由评估人以外的人员计算最后得分。同样,本方法的缺点是:在没有有关加权分数的完整信息的情况下,对员工进行评估的管理者在绩效评估审查中处于不利地位。使用强迫选择法的目的之一是消除管理者的偏见。

表16-2　强迫选择评定举例

选择最能准确描述被评估人的陈述和最不能准确描述被评估人的陈述。在陈述旁填写“1”,表示“最准确”;填写“4”,表示“最不准确”。

______ A. 尽责,工作勤奋

______ B. 犯错时,拒绝接受批评

______ C. 和其他员工合作愉快

______ D. 急着下班

等级评定。等级评定是一种比较法,根据具体的特点或整体工作绩效,按从最高至最低对个人进行评定。本方法的缺点是不能清楚地说明各个员工之间的区别;另外,评估人可能存在偏见。等级评定法的消极方面是:有些员工在某个类目中被排在最后或接近底部,但事实上,从整体绩效来看,他们也许是优秀的员工。

成对比较。这是另一种等级评定法,将各个员工与所有其他员工做正式的比较,一次只比较一对。所用的每个评定因素都要求评估人做大量的比较。这是本方法的主要缺点。如果整体绩效是主要评定因素,主管人员指出当与所有其他员工相比时哪位员工是最佳员工。计分系统将决定哪位员工被选为较佳者的次数最多。可以按从最高至最低对所有员工进行评定。

强制分配。采用本评估方法,监督管理者或评估人必须为各个类别(最低、最高和平均绩效级)设定一定的百分数或员工人数。本方法基于“钟形曲线”并假定正常的个人绩效按钟形曲线形状分布(见图16-2)。

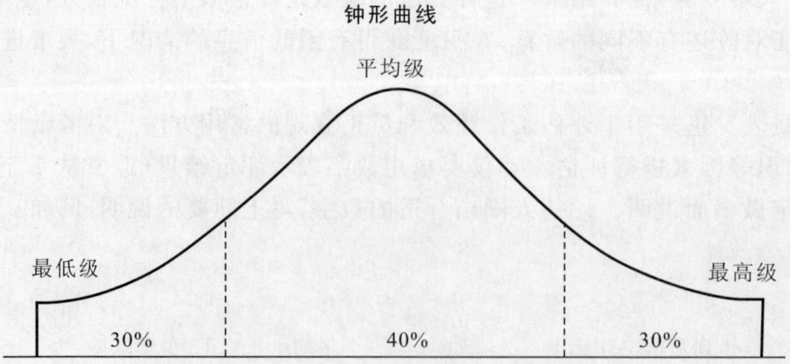

图16-2　强制分配员工定级举例

当评估人试图解释其决定时，被归入最低级的员工可能产生敌对情绪。许多评估人也不将员工归入较低的级别，因为很难说明其决定的合理性。学生们不欣赏采用强制性的等级分配法的指导老师。这种方法将产生很多敌对情绪，并且如果班级中有一半人在考试中得了 A，那它就是不公平的。许多班级采用了本方法，然而，其情况和许多绩效评估活动中的情况一样。

评语。现在人们所使用的书面的绩效评估方法只有几种。评语或自由形式法是最古老的评估形式之一，允许评估人书面描述被评估人在评估期间的绩效。该描述将包括该员工的优点和缺点，或许还有关于员工的发展潜力的评价。由于在书写评语时评估人不受限于特定的类目或需考虑的因素，本方法被认为是形式自由的评估方法。

本方法的缺点涉及监督管理者或评估人的写作能力。写作技能影响评估的质量，并且这种方法将耗费评估人许多时间。

关键事件。用于绩效评估的关键事件法采用的形式为关于员工表现的书面观察资料，这些观察资料要么非常有利，要么非常不利。这种方法很费时间，但可以形成一种文件，其价值超出绩效评估本身。书面记载的事件成为评估人和员工/被评估人之间的评估会议上的讨论焦点。可以基于对不利事件的回顾，建议做出改变以改进员工整体绩效。本方法的缺点是主管们对事件的看法可能不一致，有些主管可能忽视员工所认为的有利事件。

现场考查。现场考查是一种书面的绩效评估方法，其执行人并不是直接上司。由人事专家或其他人与主管讨论每位员工的绩效，编写资料，为每位员工定级。然后，由人事专家和直接上司讨论每位员工的等级，并在交换意见后，就员工的等级达成一致。如果两位都认为所定等级可以公平地代表员工绩效，则主管在所定等级上签字。

同事评定。同事评定或伙伴评定是一种通过合作者进行评估的人员评估方法。在评估过程中，各个团队成员评价所有其他团队成员的一项或多项可辨别的品质，例如，"合作性"。各个团队成员为所有其他团队成员分配一个分值，例如 1～10，或将他们归类，例如"高"或"低"。按结果排定在某些可辨别的品质方面个人在团队中的位次。

目标管理(MBO)。在第五章中曾讨论过 MBO。在计划中，它是一种有效的方法；但当组织的员工、管理者和各个单位的书面年度目标成为工作标准或工作期望时，它也是一种绩效评估方法。将年度绩效(结果)与正式目标作比较；如果未实现目标，则做出改正、解决方案或其他改变。为了使 MBO 成为有效的绩效评估方法，目标应为可量化的和可衡量的，还必须清晰、简洁并且应为书面形式。

评估中心。评估中心是一种特别的机构，旨在评估有经验的管理者和新管理者的管理潜力。如第十章所述，评估中心是二战的产物，当时使用这种方法为战略服务办公室(OSS，中央情报局的前身)选择特工。美国的许多大型组织现在都有评估中心。据估计，有 500 多个组织有评估中心并且这个数字还在稳步增长。

评估中心可以用于管理人员初选或晋升。在评估中心内，候选人被要求参加各种模拟演练，同时由受过训练的观察人员记录并评估候选人的表现。整个程序还包括个人面谈、管理游戏、无领导小组讨论、个人陈述、篮中演练、模拟面谈、笔试和其他内容。

在对评估活动进行总结(通常需要好几天)之后，经特别训练的管理评估人将花费几天时间评估各位参与者的管理潜力。在评估报告中总结各位候选人的优点和缺点，并就是否适合雇用或晋升提出建议。[6]

选择绩效评估方法

所选择的绩效评估方法必须与工作本身有关。这一点强调了工作描述对评估过程的重要性。在进行工作分析之后,编写工作描述。工作分析报告是通过观察、面谈和研究获得的有关工作的书面材料。在编写工作分析报告时,努力收集所有与工作相关的信息,这项工作可以称为"实地调查"任务,以得知与工作性质有关的所有信息、在完成工作中工人所需的技能、在开展工作中遇到的问题,等等。通过研究这些信息,编写工作描述。工作描述包括承担某一工作的人的所有职责。它还可能包括绩效期望、总的责任范围和有效责任界限。

一旦编写完工作描述,就可以选择适合于该项工作的绩效评估方法。

常见的评估错误

无效绩效评估活动的主要原因涉及评估人所犯的错误。表 16-3 是理查德 I. 亨德森(Richard I. Henderson)列出的评估人最常见的错误。注意观察与个人喜好和偏见相关的评估人的错误次数。由于这些因素,组织应向监督管理者或评估人提供有关绩效评估的专门培训。通过这种培训可以消除评估人在绩效评估中犯的许多错误。

表 16-3 常见评估错误

光环效应:	在某一品质上将员工评为"优秀"将使评估人受到影响,并在其他品质上给出比应得分值更高的分值。
尖角效应:	在某一品质上将员工评为"不令人满意",并受影响降低其他品质上的分值。
集中趋势:	倾向于在所有品质上都将员工评为"中等"。
严格评定:	给出正常或中等以下的评分;在绩效评估中一贯过于严格。
宽松评定:	给出正常或中等以上的评分;在绩效评估中一贯宽松。
最近表现:	评定受到最近表现的影响;忽视整个评估期内的最经常的表现。
第一印象:	基于第一印象评定;忽视整个评估期内的一贯表现。
溢出效应:	以前的绩效评分不恰当地影响当前评分。
身份效应:	对于拥有高级别的工作或受人尊重的工作的员工给予过高评分,同时对拥有低级别的或不太受人尊重的工作的员工给予过低评分。
与己相同:	因员工具有与评估人相似的品质(或高度重视的品质),而给出比应得评分更高的评分。
与己不同:	因员工具有不太合意的品质或与评估人不同的品质,而给出比应得评分更低的评分。

资料来源:理查德 I. 亨德森,《薪酬管理》,pp. 428～429

评估面谈

应该同员工就员工绩效评估的结果展开交流。如果面谈不能顺利地进行,员工和管理者都会变得消极,进而影响未来的工作绩效。下面的建议可以帮助开展对员工和主管双方都有利的评估面谈。

• 确保在令人愉快的环境中面谈。可以在主管的办公室或在会议室；然而，环境一定不能使员工有压迫感。或许可提供一些饮料。

• 主管或评估人应在转入话题前，先肯定和表扬员工表现良好的方面。使用积极的方法；批评要有建设性。

• 允许员工自由谈论工作上的问题，显示出真诚的理解，并相互讨论克服或改进这些问题的方法。

• 当讨论改进工作绩效时，在主管给出建设性的评价后请员工提出建议。员工需要管理层的支持和理解。

• 讨论与工作绩效有关的组织奖励。明确员工通过持续的良好表现或通过更好的表现可以获得的奖励。

绩效评估和奖励

开展绩效评估活动的唯一目的是为了实现组织目标而保持和改进员工绩效。如果没有奖励制度正面激发员工保持高水平的工作绩效是不可能达到这个目的的。

组织奖励可以描述为内在奖励和外在奖励。内在奖励是个人内在的并且源于工作本身，例如，成就感所带来的骄傲、工作满意感、感觉在工作上取得进步以及与所任职位相关的身份。外在奖励是由更高级别的管理层分配的并且不受员工控制，例如，加薪、晋升、附加福利以及某种形式的正式褒奖。

审度奖励的另一种方式是指明员工所收到的三种收入：货币收入、实际收入和精神收入。

货币收入是指针对所完成的工作向员工支付的工资和福利的总和。实际收入是员工使用所得到的钱能购买到的货物和服务。精神收入是在工作上取得的心理效益。

管理层不能控制实际收入，实际收入涉及员工在市场上为商品和服务必须支付的价款。但是管理层直接控制着员工在工作中取得的货币和精神收入。正如许多动机研究人员所发现的，除非直接与工作绩效挂钩，否则工资本身并不是激发因素。对杰出的工作绩效给予年度加薪能增加员工的工作满意度，但这种奖励的精神性比货币性更大。管理层所能给予的并且认为合适的其他形式的精神收入有：针对出色的工作发出表扬备忘录；“谢谢”，“好样的”或诸如“我不愿意将你与世界上任何其他员工交换！”这样的话语。管理者还可以通过创造积极的工作环境奖励员工，只要保持可接受的工作绩效，就可以给予工作安全感。

如果奖励有实际的意义并且能产生想得到的效果，就应该及早给予员工应得的奖励。延迟数天才肯定员工的工作将不能产生预期效果。拖延数周才加薪将减损积极的效果。

著名的林肯电气公司（俄亥俄州克利夫兰）每年按利润分享计划分配员工红利，而不是在员工退休时才分红。员工收到的红利从未少于其年度工资的 55%，并且所有 2 500 名员工都有资格通过考绩活动参加年度分红。

确定与绩效评估活动有关联的奖励制度与选择恰当的绩效评估方法同样重要。

小　结

控制员工表现与控制存货、质量和费用同样重要。所使用的机制称为绩效评估。绩效评估过程包括确定员工工作绩效，并就此与员工进行交流以及制订改进计划。有时绩效评估的目的是做出与晋升、换岗、临时解雇、解雇、绩效工资增长、培训和奖励相关的决定。

绩效评估可以每年或每季度进行一次，也可以按组织认为适合的频率进行。然而，不建议在评估数周后才评价员工绩效，与员工讨论评估结果。并且如果奖励制度旨在增加或保持较高的工作积极性，则应在绩效评估之后，尽快将与绩效评估活动相关的奖励给予应得奖励的员工。

政府规定影响着绩效评估活动。《1964 年民权法案第七条》和 EEOC 准则规定：

1. 雇主必须采取反歧视行动，在作雇用决定时，不因种族、肤色、宗教信仰、性别或族源而歧视。

2. 雇用决定包括涉及选拔、培训、调动、保留、晋升和计酬过程的决定。

3. 在作雇用决定时所采用的笔头或绩效衡量都是测试。

4. 必须公平地给予测试并凭经验验证测试的有效性。

影响员工绩效的个人因素包括其才能和技能（称为能力）、在工作中所投入的精力及其有关工作的角色理解。影响员工绩效的环境因素通常不受员工的控制，包括：工作场所的条件、设备状况、其他员工的态度以及监督管理的质量。

评估过程包括在开展评估活动时所遵循的步骤。传统的评估活动步骤为：确定绩效评估目标、确定工作期望、选择评估方法、确定评估人、与员工讨论评估结果。

现在人们所使用的绩效评估方法有许多，包括：核查清单、图示评定量表、强迫选择、等级评定、成对比较、强制分配、评语、关键事件、现场考查、同事评定、MBO 和评估中心。

所选择的绩效评估方法必须与工作本身有关。评估过程的基础是工作描述。工作描述是在进行工作分析之后正式编写的材料。

所选择的评估人应经过培训才能进行专业的绩效评估，以避免评估人的常见错误。这些常见错误包括：光环效应、尖角效应、集中趋势、严格评定、宽松评定、最近表现、第一印象、溢出效应、身份效应、与己相同、与己不同效应。这些错误都将降低绩效评估的价值。

评估面谈涉及评估人和被评估人。如果不能顺利地进行面谈，员工/被评估人和经理/评估人将会出现消极情绪。评估人应确保在令人愉快的环境中面谈；肯定和表扬员工表现良好的方面；允许员工自由谈论工作上的问题。

与绩效评估有关的组织奖励分为内在奖励和外在奖励。内在奖励是个人内在的并且源于工作本身，包括：成就感、工作满意感、与所任职位相关的身份。外在奖励是由更高级别的管理层分配的奖励，包括：加薪、晋升、附加福利以及其他形式的正式褒奖。

复习题

1. 给出绩效评估的定义。

2. 绩效评估信息的主要作用是什么？

3. 解释绩效评估对于员工的价值。

4. 给出绩效的定义并讨论影响员工绩效的三项个人因素。

5. 列出并解释评估过程中的传统步骤。

6. 为什么工作描述对于评估过程十分重要。

7. 描述以下绩效评估方法：核查清单、强迫选择、图示评定量表、等级评定、强制分配、评语、关键事件和同事评定。

8. 指出在评估员工绩效时可能出现的四种评估人的常见错误。

9. 列出几点关于开展积极有效的评估面谈的建议。

10. 内在奖励和外在奖励的区别。

个人能力实践

美国的县娱乐设施管理机构的主要问题之一是人员的高流动率。安排与本地娱乐机构的管理者会面，然后决定如果你处在他（她）的位置上会使用哪种绩效评估方法以及哪种奖励能有效降低员工流动率。略述评估和奖励计划。

案 例

改变游戏规则

埃利奥特·威姆斯(Eliot Weems)是一家有线体育网的新任总经理。该网络覆盖各种运动，包括大学体育运动和职业体育运动；员工队伍庞大，包括制片人、导演和其他技术人员，加上播音人员，例如，实况播报员、体育比赛解说员以及采访人员。这两类员工的流动率都很高，并且有些人员是兼职的。

埃利奥特在增加电视台的赢利方面承受了很大压力。他与销售人员会面，寻找增加收入的机会，并且检查旅行费用和设备费用。当他要求人事部门提供现有员工的最近一次绩效评估资料时，他吃惊地发现他的前任并未作过任何绩效评估。而他之前的雇主，一家有线新闻网，则每六个月进行一次绩效评估，从未间断。

当人们传说埃利奥特在准备削减费用时查看了人事档案，许多员工变得很消沉。有些技术人员是同业工会的成员，他们确定埃利奥特知道他们是根据与电视台签订的合同而工作的。埃利奥特意识到对该电视台的员工开展评估将是一项棘手的任务。

问题：

1. 对于埃利奥特来说，对该电视台的员工开展评估的价值何在？

2. 就埃利奥特可以使用的绩效评估方法和技巧提出建议，要求对于不同类别的员工同样公平，并且不违反要求平等待遇的法律。

关键术语

能力：包括员工的才能和技能以及其他个人特点。

评估过程：包括在开展绩效评估活动时所遵循的步骤。

评估中心：评估中心是一种特别的机构，旨在评估有经验的管理者和新管理者的管理潜力。经特别培训的评估人在几天的时间内评估候选人的品质。

核查清单:是一种简单的评定方法,管理者对一系列的关于员工工作表现的陈述回答是或否。

努力:为完成工作所消耗的精力。

评语:形式自由的员工评估方法,允许评估人书面描述员工在评估期间的绩效。

外在奖励:由更高级别的管理层分配的并且不受员工控制的奖励,例如,加薪和晋升。

实地考查:由直接上司以外的其他人与直接上司讨论员工绩效后对员工进行评定的员工评定方法。

强迫选择:评估人必须从四项陈述中选取与员工情况"最类似"或"最不类似"的两项,并且各项陈述应被加权。本方法由许多陈述组成。

强制分配:使用钟形曲线并假定正常的个人绩效按钟形曲线形状分布的评定方法。

图示评定量表:为评估人从 1 到 5 分等级评估员工的各项绩效和表现并附上书面说明的评定方法。

光环效应:在某一品质上将员工评为"优秀"将使评估人受到影响,并在其他品质上给出比应得分值更高的分值。

内在奖励:个人内在的并且源于工作本身的奖励。

工作分析:研究和观察一项工作,以收集与工作性质有关的信息。

工作描述:某项工作的所有职责的书面描述。

成对比较:对于每个评定因素,将各个员工与所有其他员工作正式的比较,一次只比较一对的评定方法。

同事评定:允许合作者互相评估可辨别的品质的评定方法;也称为伙伴评定。

绩效:指员工符合工作要求的程度。

绩效评估:包括确定员工工作绩效,就此与员工进行交流,并制订改进计划的一个过程。

等级评定:根据具体的特点或整体工作绩效,按从最高至最低对个人进行评定的比较方法。

角色理解:员工对于工作要求的看法和理解。

参考文献及本章注释

[1]Leslie W. Rue and Lloyd L. Byars. *Management, Skills and Application*. seventh edition(Chicago, IL: Richard D. Irwin,1995),p. 482

[2]Robert L. Mathis and John H. Jackson. *Personnel*. third edition(St. Paul, MN: West Publishing Co.,1982),p. 283

[3]Richard I. Henderson. *Compensation Management*(Englewood Cliffs, NJ: Prentice - Hall, Inc., 1994),p. 412

[4]Charles J. Fonbrun and Robert L. Laud. Strategic Issues in Performance Appraisal: Theory and Practice. *Personnel*, November - December,1983,pp. 23～31

[5]Henderson. *Compensation Management*, pp. 413～414

[6]Donald P. Crane. *Personnel, The Management of Human Resources*, *4th ed*.(Boston, MA: Kent Publishing Company,1986),pp. 213～214

第十七章　管理信息系统

本章内容包括：

- 信息和管理
- 有用的信息
- 管理信息系统(MIS)
- MIS 系统的开发
- 操作 MIS 系统
- 决策支持系统
- 全球信息基础设施
- 内联网
- 数据安全
- 全球电信

引　言

今天的组织需要熟悉电脑操作和精通信息技术(IT)的管理人员和员工。信息技术是关于在工作执行中使用和应用信息的计算机和通讯技术。计算机时代改变了管理人员的信息可获得性，以及读取、编制、评价和交流信息的方式。各种交流渠道(例如互联网)为组织提供了快速、有效地触及顾客和供应商的新方法。体育管理人员可以通过 E－mail 同全世界迅速交流；通过电子商务买卖从设备到比赛门票的所有商品；通过网站广告宣传其计划和活动、吸引赞助商、招募参赛者以及扩大知名度。许多可以在互联网上获得的服务，例如行程安排等，价格都比较便宜，或者有折扣。使用信息技术节约下来的任何成本都可以用在体育计划或组织的其他需要上。

华盛顿特区经济战略研究所助理研究员罗伯特·科汉对信息技术的益处作了如下归纳：

> 虽然对于信息技术的益处一直存在争论，但现在更加明显的是，企业可以从使用先进的交流和计算能够获得重要的好处。此外，通过信息技术的使用，企业经营和产品开发也已经有了实质性的进步。消费者也可能成为追求更高带宽交流的运动的受益者，因为它能够在顾客依赖其提供服务的众多机构[例如医院和健康维护组织(HMO)]中提供更好的服务。在将来，在线服务易获得性的扩大很可能会通过减少取得服务和商品的时间带来更进一步的发展。

科汉教授对在线服务(例如美国在线)的成长的预言已经成为事实，如今个人和组织都有其他可用的方法来访问互联网。通过互联网服务商提供的点对点协议(PPP)，你可以以网络成员而不仅仅是一个终端的身份连接到互联网。还有一种选择仍没有普及，即通过当地有线电视服务供应商用电视信号线访问互联网。

1994年，田纳西大学的凯利教授、贝特尔教授、德森西教授和布兰顿教授进行了一项研究，这项研究旨在提出大学生和研究生体育管理课程模型，以供体育管理专业人员在执行认证指标时使用。研究中提出了所有体育管理人员都需要掌握六个方面的知识。第一个方面就是沟通。沟通的基本原则（见第十三章）十分重要，但信息技术（IT）正在迅速地改变着人们沟通的方式。本章将重点放在信息以及管理者如何通过管理信息系统（MIS）和管理决策支持系统（MDSS）来利用信息上。本章还包括对在组织内部使用信息技术（内联网）以及维护信息安全的建议。

信息和管理

管理者必须掌握相关的信息，以便更好地计划、组织、实施、控制和决策。一些管理课题的作者相信，信息在管理者的工作中处于中心地位，于是他们将信息加入到他们对管理的定义中：管理即通过决策将信息转化为行动。为了开发这些信息，管理者们开始收集事实、数字或统计（统称为数据）。一旦积累到一定量，数据就会被评价和分析。信息是从这些数据分析中得出的、管理者可以在工作中应用的一系列结论。例如，一名县娱乐设施管理主任会收集全县所有地区前几年有关活动参与的数据以及可能的有关人口组成变化的统计数据，以便获得有关下一个夏季在各个地区分别提供什么类型的体育运动和休闲娱乐活动的信息。

35年前，几乎没有人能想到，计算机的出现会导致今天许多情况下的信息过载。信息过载意味着管理者们拥有的信息量超过了他们的消化能力。信息来源不仅有电脑，还有印刷品和声音，例如，传真、语音邮件、电子邮件、报纸、行业刊物、备忘录、对话、会议、报告等。在这个时代到来之前，管理人员获得信息的方式既困难又缓慢。研究者们要扫描报告、查阅图书材料、阅读报纸、进行调查和采访，收集来的信息常常不是最新的，但能够被消化。

如今，当一个管理者面对信息过载时，问题可能不在于信息的质量，而是在于用来区分这些信息价值的优先次序的方法或系统。信息的价值比较主观，取决于使用者/管理者。使用者可以辨别信息是否有用。

有用的信息

有用的信息通常可以描述为那些准确、及时、全面和相关的信息。信息的价值与组织使用它能够得到的好处直接相关联（图17-1）。

准确的信息是有效和正确的。也许信息质量差的一个显著原因就是数据污染，而数据污染可能通过不准确的数据收集或从有意改动了的数据中产生。在体育管理中曾经多次出现过篡改学生运动员在学校的记录以获取入选资格的事例。要收集到准确的信息，必须证实和复查任何可疑的数据。

及时的信息是指管理者在决策之前就掌握可用于研究的事实、数据、数字等，以便用来为组织获得有利条件。这些信息也必须是能够得到的最新信息。一家企业健身中心的主任应当定期（如每月或至少每季度）收集有关设施使用、白天和晚上使用的次数、哪些种类和部分得到

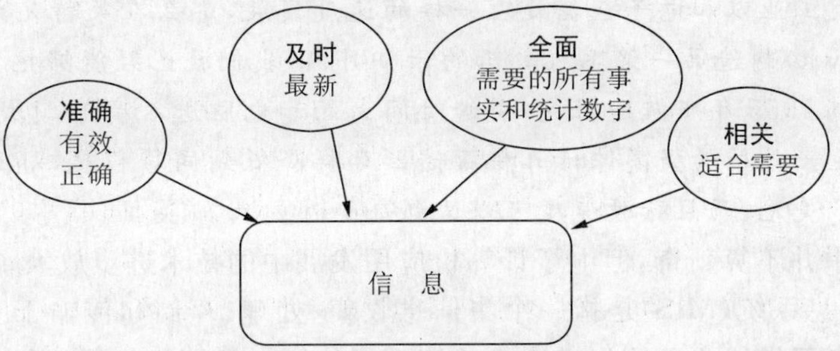

图 17－1　有用信息的特点

了较好的维护、人们正在使用哪些具体的设备等数据，以便确定营业时间、决定提供的新服务、订购新设备、更换损坏的设备或决定是否需要增加人手。

全面的信息可以为管理者提供所有有关决策情况的事实和信息。一家体育用品商店的老板/管理者是不会在评估一种新产品的市场前就进货的。例如，即使有几位顾客来到店里询问曲棍球设备，如果不收集尽可能多的有关这个地区参与程度的数据，就购进只能用于这一种运动的设备，将是很不明智的。要收集的数据包括：当地有多少球队？有没有联盟？学校里是否开展这项运动？在这个市场中会不会有竞争？比赛能否吸引球迷？一旦体育管理者掌握了尽可能多的必要信息，他就可以进一步作出决策了。

相关的信息指的是管理者掌握特定的决策形势所需要的某种信息。总的来说，信息对于决策过程的价值与这些信息的适当性或相关程度直接成正比。决策的范围——即这个决策是对短期经营有影响还是长期战略管理的一部分——会影响这些信息的适当性。如果一支大联盟棒球队想要赢得当年的世界锦标赛而对此后的战绩并不关心，那么他们会尝试引进并留住那些正在创造职业生涯最佳统计数据的球员。如果他们的目标是提高竞争力、每年都能竞争奖旗，那么他们就会寻求一种不同的球员组合方式。管理者们会带着这些目标去查看每一位在他们考虑之中的球员的信息。

在某种意义上，应当以使用信息能够获得的利益来评价产生信息的成本。对大多数体育管理者来说，与不能掌握决策所需要的所有相关、及时和准确的信息有关的许多问题要比收集数据花费更多的成本。大多数体育组织都对媒体和公共研究开放。因此他们的错误就会广为人知，并且对计划、俱乐部或组织产生长期不良影响。

管理信息系统(MIS)

作为计划者、组织者、实施者、控制者和决策者，管理人员想要成功，必须拥有足够的信息。这些信息必须及时并与管理者面临的情况相关。在计算机广泛应用之前，收集这些信息十分单调乏味和费力。很多必要的信息都已经过时或不准确。管理者要依靠员工研究报纸、行业出版物或进行访问，等等。这种收集信息的工作需要花费大量时间。现在，管理者们随时可获得比他们能够消化的更多的信息，并且他们的精力集中在决定使用哪些信息和管理及时的信息流动上。管理人员成功的关键在于确定哪些信息可以依靠，哪些信息应该丢弃。

詹姆斯·塞恩教授曾写道：

如果航空工业以和电子数据处理一样的速度发展，那么在莱特兄弟在基蒂霍克村(Kitty Hawk)制造第一架飞机之后的六个月内，我们就已经能够把人类送上月球了。如果一辆1955年版凯迪拉克(引进时间大约和电脑进入商业领域的时间相同)的成本随着生产效率的提高像计算机存储器那样降低到同等程度，那么现在一辆凯迪拉克只要5美元，而且行驶速度可以达到每小时20 000英里。

MIS在组织中并不算新奇，但电子计算机应用发展中的技术进步放大了MIS的重要性。

如今，管理信息系统(MIS)是指一个集信息收集、处理、存储和传输于一体的基于计算机的网络。这些信息可供那些必须作出决策的管理者使用。计算机是无法作出决策的！专家们把信息看作一种当管理人员认为合适时可以使用的资源。其中一种把信息看做资源的观点是由约翰·康奈尔(John J. Connell)提出的：

信息不是一种与人员、资金、材料和设施有相同意义的资源。信息并不像人员那样具有固有价值；它的价值是完全主观的。信息并不会像资金那样因为外部因素而改变价值；它的价值在使用者心中。信息不像材料那样会在使用中被消耗掉。信息不像设备那样具有物质性。记录和传输信息的媒介可以是物质的，但它所承载的信息是无形的，而且只对思考着的人类有用。

如果信息本身并不称其为资源，那么信息是什么呢？信息是精神食粮，它是在管理其他资源的智能过程中使用的原材料。

一个人不应当混淆MIS系统和数据处理。数据处理是数据的获取、加工和存储，而MIS系统利用这些数据来管理生产信息。数据处理为MIS系统提供数据库。数据由有关地点、事物、人物、事件等尚未被解析的事实组成。数据一旦经过解析以供管理人员使用，便称为信息。

计算机是MIS系统的核心。计算机已经从20世纪50年代的一堆大型设备发展到了60年代的大型机，再到70年代的小型机，然后发展到今天的微机(个人电脑——PC)。个人电脑花几百美元就能买到，能够处理大量数据，而且并不比打字机大。它们现在已经被广泛地运用在许多方面。

MIS系统最重要的组成部分是硬件和软件。硬件包括计算机、打印机、监视器(显示器)、键盘等物质组成部分。软件是指各种各样可以在硬件上运行的程序，包括对计算机发出的执行特定任务的指令。软件可以是标准化的，也可以是定制的。标准化软件可以在任何计算机商店购买到。定制软件是顾问或计算机专业人员专门为一个组织执行某项特别任务而编写。程序员是指编写告诉计算机该做什么的指令性程序的人。系统分析员指的是调查潜在的计算机应用并确定所需要的程序类型的人。

MIS系统的开发

MIS系统的开发包括四个步骤：计划、设计、实施和改进。

在计划阶段，要评估和确定设备需求、评价人员要求并比较潜在利益和成本。计划是第一个阶段，因为它需要花费时间来获得必要的设备、雇用或培训合格的操作人员，还因为必须确定大量经济和管理资源。

MIS系统的设计阶段是这个系统的关键。MIS系统的目的是为了在正确的时间为正确的管理者提供正确的信息，以便其更好地进行决策。任何MIS系统的设计都应当从管理者的决策类型开始。一所学院的体育系的 MIS 系统与一家高尔夫用品店老板所需要和使用的 MIS 系统之间会有所不同。设计中必须要考虑的因素包括哪些政策会影响管理层的决策。一位大学体育主管在许多决策情形中需要考虑管理规则、学校政策和步骤以及法律因素。而高尔夫用品店老板可能更关心库存周转数据、空间限制和竞争中的价格战略。各种决策类别所需要的数据的确切类型也必须确定。设计这一步骤的最后一部分是建立正确地收集和处理数据的程序，以便获得需要的信息。

在执行 MIS 系统时，计划和设计被付诸实施：设备被安装并融入组织；数据被收集、分析并送到适当的管理者那里以供决策使用。MIS 系统应尽量保持简单，并且满足管理人员的信息需求，否则执行就不会成功。如果 MIS 系统过于复杂，或不能提供管理者需要的信息，管理者就会拒绝使用。为了帮助系统成功执行，最高管理层应当理解并支持 MIS 系统及其使用。每一个要用到 MIS 系统的人都应该了解这一点，并由于最高管理层的这种支持所暗示的重要性而有动力去使用该系统。

改进运行中的 MIS 系统相当于决策情形中的跟踪。管理层需要努力不断地对 MIS 系统进行细微调整并监测其是否按照计划和设计工作，从而使 MIS 系统对组织的价值最大化。

如果 MIS 系统出现问题或缺陷，可能需要采取纠正措施。对于一名体育主管而言，出现问题的信号可能包括预算短缺或超出某项运动的奖学金限制。而高尔夫用品店老板可能因为意外的产品短缺或因为竞争者的价格变化而遭受营业额损失。

为了查明缺点并找出问题的解决办法，MIS 系统管理者会检查信息是否来自最优的资源以及是否最及时。管理者必须恰当地使用信息以获取 MIS 系统设计提供的结果；因此，MIS 系统管理者会问，那些使用 MIS 系统的管理者们为了利益最大化，是否等待太久或行动太快。MIS 系统管理者希望完善管理者知识并确保来自 MIS 系统的信息在最大程度上弥补知识的任何不足之处。

操作 MIS 系统

从传统意义上讲，MIS 系统对管理者们更好地进行决策的价值是无法估量的，尤其是在要求进行程序化决策的情况下。程序化决策是例行的、重复的，并受到传统习惯或做法、规定的准则或固定的步骤的影响。计算机不断地产生管理者们做这些决策所需要的信息。因此，在 MIS 系统的操作中，第一步也是最重要的一步就是确定并明确地定义信息需求：谁需要哪些信息，并确定期限和确定需要的信息是什么形式。要确定管理信息需求，MIS 系统工作人员必须分析以下几个方面：

1. 需要管理决策的领域。
2. 在这些领域内必须做出哪些具体决策。
3. 在做出这些具体决策时可以考虑的备选方案。

例如，某个县的娱乐设施管理机构主任必须翻修一座运动场。这个县有采购程序；这座运动场有预算；可接受的设备有三家制造商。

操作 MIS 系统的第二步是把将提供所需要信息的合适数据组合起来。收集来的数据必须与信息需求有相当的关联，否则 MIS 系统无法产生需要的信息。对于这位设施主管的情况，预算数字必须是最新的，而且制造商的设备的规格必须全面且没有过时。

一旦确定了必要的信息、收集了适当的数据，就必须对这些数据进行归纳和分析。在进行这两步的时候，计算机会有很大帮助。对这位娱乐设施主管来说，计算机可以以比较的形式显示每个备选制造商设备的各种规格。正确操作 MIS 系统的最后两个步骤：通过数据分析获得的信息传送给适当的管理者，并让这位管理者在决策时使用这些信息。MIS 系统的最终目标是在正确的时间为正确的管理者提供正确的信息，以便获得更好的决策。MIS 系统会规定限制、提供订购设备时要遵循的步骤，并让这位娱乐设施主管能够随时得到有关设备备选方案的最新信息。这位主管可以把这些信息组合起来，并通过行使管理判断来确定最佳选择（图 17－2）。

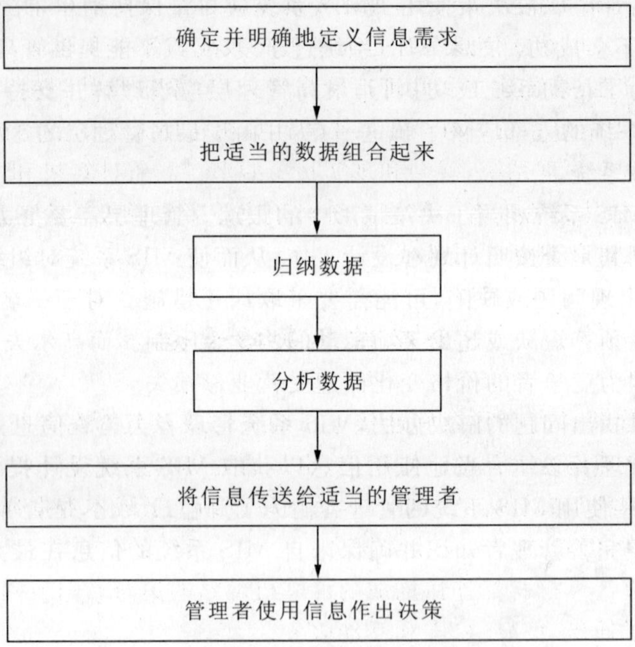

图 17－2　正确操作 MIS 要求的六个步骤

决策支持系统

有一种特别的信息系统被称为决策支持系统（DSS）。这种系统的开发相当耗时间，而且相当复杂。DSS 系统的目的就是在问题出在半形成状态、需要具体决策的时候为管理决策提供支持。通常 DSS 系统可支持管理者们作为解决问题的团队而工作的相对较小的组织。[8] MIS 系统和 DSS 系统之间的一个主要区别就在于各自的价值。MIS 系统提供信息，而 DSS 系统直接参与决策过程。DSS 系统决策可能涉及例如评价新产品的利润潜力、选择新场所和收购其他公司等主题。

高层管理信息系统。信息系统的最新形式是高层管理信息系统（EIS）。这些系统是设计用来满足高层管理人员的具体信息处理需求的。高管们使用这些系统并不需要有基本的计算机操作技能，它们可以提供高度专门化的信息。EIS 系统以人性化为特点被开发，获得信息对技能的要求低。典型的来自 EIS 的信息会显示影响战略计划和决策的趋势和模式。EIS 系统将信息归纳起来，排除具体的详情。[9]这种系统开发起来相当复杂，但使用简单。它们已经成为处在战略性管理职位上的高管们的有力帮助。

信息中心。如今在美国的大型组织中,信息中心变得越来越普遍。与公共图书馆十分相似,它们用来帮助管理人员在缺少自己单独处理所需要的时间或(和)技能时直接获得信息。信息中心的员工由高技能专业人员组成,能够帮助和训练不熟悉计算机的人读取数据并使用可用的软件。[10]

外包。许多企业不希望投入大量的金钱引进设备和人员来设立内部信息系统。于是,这些企业把信息系统工作分包给独立的外部来源。当一个企业不在自己的设施上进行信息系统工作时,它就拥有成本低的优势。当然,独立外部来源都是全职信息系统专家。

信息系统现状。公司建立信息系统是为了提高效能和效率。通常,这只是最终结果,信息系统有其自身的局限性:系统建立和管理造价昂贵;一些系统设计粗糙,无法满足使用者的需要;许多员工认为管理信息系统(MIS)和工作的计算机化使人类的活动机械化并失去个性;管理者如果过度依赖信息管理系统,就会和现实社会脱节。尽管计算机和 MIS 系统技术不断进步,作出最终决策的依然是管理者。信息系统对于决策者来说极具价值,但是在面临复杂的人类问题时管理者的人性化判断无可替代。

全球信息基础设施

今天和未来的管理者们必须做好迎接电子商务时代及其对商务行为和战略的影响的准备。因特网是通往全球沟通大门的一把钥匙,也是研究等的重要资料来源。

因特网是全球信息基础设施的原型。因特网以及新型低成本数据通信基础设施对四种商业过程造成特殊影响:创新、生产、交换和服务。

因特网是全世界计算机相互连接构成的计算机网络的集合。因特网上的计算机用户可以使用各种各样的电子通讯、信息、检索和互动服务。

因特网上有包括万维网(WWW)在内的广域信息服务。这些服务允许用户定位和浏览多媒体文件,进行社会交往或实施商业交易。[11]

WWW 或许是因特网增长最快的部分。任何人和企业对网站都不陌生。高校招生以及在全世界做广告,体育组织从发布消息到招聘等,无一例外都要用到网站。由此衍生出从网页设计师到网站管理者的一整个行业。网站强化了全球范围内诸如产品营销和服务、招聘、推广和沟通等活动的实施。

企业对因特网的使用也在飞速增长。因特网提供了世界上最大的常用互动数据通信基础设施。鉴于使用因特网的成本不断下降,企业使用因特网主要是为了削减沟通和印刷成本以及完善自身的创新、生产、销售和服务过程。

内联网

内联网是使用因特网产品和技术、功能类似因特网的企业内部网络。内联网成为企业信息中心,在企业内部为所有需要者和使用者提供信息和知识。内联网执行成本低、效率高、使用简单。内联网可用于存储人力资源信息、会员信息、捐赠人名单、项目参与者和成员的历史数据以及所有类别的记录。对大学和中学体育管理者来说,内联网最有用的用途之一是保存记录。对学生运动员资格至关重要的学业成绩记录可从录入的计算机上直接获取。这加快了资格鉴定的过程,降低了篡改记录的可能。

数据安全

电子数据增加了数据安全的风险和威胁,对于内联网来说,尤为如此。据旧金山的计算机安全学院统计,75%的企业曾经由于计算机系统崩溃造成经济损失,而计算机系统最大的威胁通常来自企业内部。[12]

数据安全专家建议,对敏感数据的保护需要精密的硬件和软件保护以及培训员工遵守特别的步骤和政策。在体育企业中,参赛者记录、人事信息、财政数据和其他需要安全保护的记录必须加以保护以避免引起经济损失或被篡改。管理者应创造敏感且具有数据安全意识的环境。以下为实现此环境的建议:

- 将所有敏感文件加密,只允许确实需要查阅数据的员工访问。
- 评估所有需要此文件的员工采取的数据安全措施。
- 对所有新员工进行背景调查,包括那些不使用计算机的员工在内。
- 在新员工培训中加入数据安全专题讨论。
- 制定一组行为规范,要求员工确保理解并遵守此规范。
- 千方百计地不间断强调数据安全培训。
- 采取数据安全的团队方法,让所有涉及到的部门和员工参与。
- 上锁,使用碎纸机和要求连署签名。
- 实行抽查和审核。

管理者营造重视和保护数据安全的环境是至关重要的。企业应对无效信息和信息被不正当传播负责。

全球电信

全球电信并非仅限于在计算机和因特网上使用和发送全球信息。声音和数据的发送也是令人愉悦和有利可图的。每个人都有或想要一部电话。专家预测,大多数人和企业都会看到通信的渐进式变化:从基本服务到增值服务的变化,从模拟到数字网络的变化,从有线到无线设备的变化,从监管到自由化的变化,从垄断到一大批的竞争者的变化。[13]

电信增值服务包括语音邮件、电子邮件(E-mail)、传真发送、数据获取和存储以及在线数据库接入。所有的管理信息服务都与电信有直接关联。

小　结

如今的组织需要熟悉电脑操作和精通信息技术(IT)的管理人员和员工。信息技术是计算机和交流技术及其应用。

管理者必须掌握相关的信息,以便更好地计划、组织、实施、控制和决策。管理者们拥有的信息量超过了他们的消化能力称作信息过载。信息的价值比较主观,取决于使用者。有用的信息可以描述为那些准确、及时、全面和相关的信息。

管理信息系统(MIS)是指一个集信息收集、处理、存储和传输于一体的以计算机为基础的网络。MIS系统不同于数据处理:数据处理是数据的获取、加工和存储,而MIS系统利用这些数据来为管理生产信息。

MIS系统的开发包括四个步骤:计划、设计、实施和改进。MIS对那些做例行、重复(程序化)决策的管理者尤其有用。操作MIS的六个步骤分别为:确定并明确地定义信息需求、把适当的数据组合起来、归纳数据、分析数据、将信息传送给适当的管理者、管理者使用信息作出决策。

有一种特别的信息系统被称为决策支持系统(DSS)。DSS系统的目的就是在问题处在半形成状态、需要具体决策的时候为管理性决策提供支持。信息系统的最新形式是高层管理信息系统(EIS),是用来满足高层管理人员的具体信息处理需求的。EIS系统以人性化为特点,对在战略计划和决策中获得信息的技能的要求低。

外包是指组织把信息系统工作分包给拥有全职信息系统专业人员的独立外部来源。

因特网是全球信息基础设施的原型。今天和未来的管理者们必须做好迎接电子商务时代及其对商务行为和战略的影响的准备。因特网是全世界计算机相互连接构成的计算机网络的集合。因特网向用户提供了做研究、进行社会交往或实施商业交易的机会。

内联网是使用因特网产品和技术、功能类似因特网的企业内部网络。内联网成为企业信息中心,在企业内部为所有需要者和使用者提供信息和知识。

计算机信息系统安全是所有管理者关心的重要事项。为保护敏感信息,管理者必须营造培养保护性态度和强调责任感的环境。

全球通信领域发生了大量变化。从基本服务到增值服务,从模拟到数字网络,从有线到无线设备,从监管到自由化,从垄断到一大批的竞争者等方面都产生了渐进式变化。电信增值服务包括语音邮件、电子邮件、传真发送、数据获取和存储以及在线数据库接入。

复习题

1. 为什么现代企业要求管理者和员工精通计算机?
2. 请说明信息过载的含义。
3. 列出四种让信息变得有用的事物。
4. 给出MIS的定义。
5. 请阐述MIS系统和数据处理的不同之处。
6. 列出并简要说明开发MIS系统的步骤。
7. 按照执行顺序列举MIS系统的操作步骤。
8. 区分决策支持系统(DSS)和高层管理信息系统(EIS)。
9. 企业进行外包有什么好处?
10. 什么是因特网?
11. 内联网和因特网有什么不同之处?在体育管理中,内联网有什么潜在的用途?
12. 探讨在因特网中使用类似万维网(WWW)的信息服务的目的。
13. 企业应该如何让计算机信息系统更安全,避免欺诈行为、误用和滥用?

14. 列出电信行业对商业组织有利的一些增值服务。

个人能力实践

请列出任何体育组织都必须采用的预防和安全措施，以防止计算机信息系统被滥用以及对存储信息的欺骗行为或更改。

案 例

了解的需要

这是 Marla Levin 任职米德韦尔州立大学院际体育主任的第一周。她有20年的在不同学校担任体育管理者的经验，作为米德韦尔第一位全职体育主任，她迫切渴望处理所面临的问题。

全美大学体育协会(NCAA)对米德韦尔州立大学男篮项目的指控导致了教练被解雇，大部分前球员辞职以及该部门完全重组。Marla 不得不聘请新教练填补管理职位空缺，而最迫在眉睫的问题是助学金。

上学年，有3位球员的全部运动员奖学金和佩尔助学金加起来超过了财政资助允许的最大额度。内部调查揭露了这一问题，并导致助学金主任和体育工作人员辞职。

她同新助学金主任 Jere Dean 和大学律师会晤，讨论提出预防未来出现类似问题的几点建议。律师否决了她提出的让同时收到两种助学金的运动员把佩尔助学金转让给体育部门(她在之前的学校里所采用的系统)的建议。律师担心这种行为是不合法的，会导致整个大学的助学金出现重大问题。Dean 重申，必须将佩尔助学金授予任何有资格得到的人，学校不会不发给他们，也不会阻止任何人申请此助学金。会议延期，Levin 需要制定一份既可满足 NCAA 限制要求，又不妨碍大学助学金项目的提议。

问题：

1. 内联网可以如何对这种情况进行监控？哪些人可访问内联网系统中的信息？
2. 设计一个可让 Levin 和 Dean 获取信息的 MIS 系统。

关键术语

数据处理：数据的获取、加工和存储。

决策支持系统(DSS)：在问题处在半形成状态、需要具体决策的时候为管理决策提供支持的一种特殊信息系统。

高层管理信息系统(EIS)：用来满足高层管理人员的具体信息处理需求；比较人性化且使用要求低。

硬件：计算机、打印机、监视器、键盘等物质组成部分。

信息中心:高技能人员帮助和训练不熟悉计算机的人读取数据并使用可用的软件的场所。

信息过载:管理者们拥有的信息量超过了他们的消化能力。

信息技术(IT):计算机和交流技术及其应用。

因特网:全世界计算机相互连接构成的计算机网络的集合。

内联网:使用因特网产品和技术,功能类似因特网的企业内部网络。

管理信息系统(MIS):集信息收集、处理、存储和传输于一体的以计算机为基础的网络。

外包:组织把信息系统工作分包给拥有全职信息系统专业人员的独立外部来源。

程序员:编写告诉计算机该做什么的指令性程序的人。

软件:指各种各样可以在硬件上运行的程序,包括对计算机发出的执行特定任务的指令。

系统分析员:调查潜在的计算机应用并确定所需要的程序类型的人。

电信:通过电话、语音邮件、电子邮件、传真等传送语音和数据。

有用信息:准确、及时、全面和相关的信息。

万维网(WWW):允许用户操作和浏览多媒体文件,进行社会交往或实施商业交易的广域信息服务。

参考文献及本章注释

[1]Robert B. Cohen. The Economic Impact of Information. *Business Economics*, October 1995, Vol. XXX. No. 4, p. 21

[2]Henry Mintzberg. The Myths of MIS. *California Management Review*(Fall 1972): 92～97;Jay W. Forrester. Managerial Decision Making. in *Management and the Computer of the Future*, ed. Martin Greenberger(Cambridge, MA and New York: MIT Press and Wiley, 1962), 37

[3]Charles A. O'Reilly. Variations in Decision Makers Use of Information Sources: the Impact of Quality and Accessibility of Information. *Academy of Management Journal*, December 1982, pp. 756～771

[4]James A. Senn. *Information Systems in Management*, 2nd ed. (Belmont, CA : Wadsworth, 1982), p. 83

[5]Robert Kreitner. *Management*, 2nd ed. (Boston: Houghton Mifflin Company, 1983), p. 495

[6]John J. Connell. The Fallacy of Information Resource Management. *Infrosystem* 28. May 1981, 81～82

[7]Using MIS Strategically. *Management Review*, April 1984, p. 5

[8]Raymond Mcleod, Jr., *Management Information Systems*, 4th ed. (New York: Macmillan, 1990), p. 340

[9]Jeremy Main. At Last, Software CEO's Can Use. *Fortune*, March 13, 1989, pp. 78～83

[10]William Clarke. How Managers with Little DP Know - How Learn to Go Online with the Company Database. *Management Review*, June, 1983, pp. 9～11

[11]Ajit Kambil. Electronic Commerce: Implications of the Internet for Business Practice and Strategy. *Business Economics*, October, 1995, Vol. XXX, No. 4, pp. 27～28

[12]This Discussion is based on Samuel Greengard. How Secure is Your Data? *Workforce*, May 1998, pp. 53～60

[13]Andrew C. Gross, Edward D. Hester and Rajsnekhar G. Javalgi. Global Telecommunications: The Market and the Industry. *Business Economics*, October 1995, Vo. XXX, No. 4, p. 55